国家社科基金
GUOJIA SHEKE JIJIN HOUQI ZIZHU XIANGMU
后期资助项目

抗战时期国民政府关税政策研究（1937—1945）

On Tariff Policy of the National Goverment
during the Anti-Japanese War (1937-1945)

孙宝根　著

中国社会科学出版社

图书在版编目（CIP）数据

抗战时期国民政府关税政策研究(1937—1945)／孙宝根著 . —北京：
中国社会科学出版社，2014.5
　ISBN 978 - 7 - 5161 - 3822 - 9

　Ⅰ . ①抗…　Ⅱ . ①孙…　Ⅲ . ①关税政策—研究—中国—民国
Ⅳ . ①F752.96

　中国版本图书馆 CIP 数据核字 (2013) 第 310075 号

出 版 人	赵剑英
选题策划	郭沂纹
责任编辑	郭沂纹
特约编辑	丁玉灵
责任校对	刘　俊
责任印制	王　超

出　　版	中国社会科学出版社
社　　址	北京鼓楼西大街甲 158 号（邮编 100720）
网　　址	http://www.csspw.cn
	中文域名:中国社科网　　010 - 64070619
发 行 部	010 - 84083685
门 市 部	010 - 84029450
经　　销	新华书店及其他书店

印　　刷	北京市大兴区新魏印刷厂
装　　订	廊坊市广阳区广增装订厂
版　　次	2014 年 5 月第 1 版
印　　次	2014 年 5 月第 1 次印刷

开　　本	710 × 1000　1/16
印　　张	21
插　　页	2
字　　数	378 千字
定　　价	59.00 元

凡购买中国社会科学出版社图书，如有质量问题请与本社联系调换
电话：010 - 64009791

国家社科基金后期资助项目

出 版 说 明

后期资助项目是国家社科基金设立的一类重要项目，旨在鼓励广大社科研究者潜心治学，支持基础研究多出优秀成果。它是经过严格评审，从接近完成的科研成果中遴选立项的。为扩大后期资助项目的影响，更好地推动学术发展，促进成果转化，全国哲学社会科学规划办公室按照"统一设计、统一标识、统一版式、形成系列"的总体要求，组织出版国家社科基金后期资助项目成果。

全国哲学社会科学规划办公室

目　录

绪　　论

第一节　研究缘起

一　目的与意义

经济是一个国家生存的命脉，尤其是在战时，经济更是左右战争胜负的主要条件。[①] 尽管经济绝不是决定战争胜负的唯一原因，但却可以说是一个最有力的原因。[②] 经济政策是运用经济和发挥经济力量的一把双刃剑，如果不能很好地使用这把剑，非但不能处理好战时的经济问题，更会造成军事上的失败。

抗战时期国民政府关税政策及其实施是抗战经济史、民国海关史研究中的一个重要问题，迄今学界许多论著大多仅是涉及，或语焉不详，而全面系统地阐述这一问题的专论甚少。事实上，为苦撑抗战，国民政府充分运用了关税政策并取得了一定的经济绩效。

从学术角度来看，关税政策是国家对外贸易政策的组成部分，也是国家宏观经济政策的重要内容。关税政策是一国政府在一定时期内为运用关税达到其特定经济、政治目的而采用的行为准则，是国家经济政策、政治政策及社会政策在对外贸易活动中的具体体现。一国实行什么样的关税政策受其经济发展水平、国家经济运行状况及经济发展模式等多种客观因素的制约。[③] "一国工商业之发达与民生之优裕与否，莫不有关乎关税政策。"[④]

---

① 冯子超：《中国抗战史》，正气书局 1946 年版，第 11 页。

② 王亚南：《战时经济问题与经济政策》，光明书局 1938 年版，第 64 页。

③ ［韩］裴沫烨：《论中国关税制度改革》，对外经济贸易大学硕士论文，2000 年 4 月，第 1 页。

④ 余由道：《中国对外贸易论》，温嗣芳教授指导，国立武汉大学法学院经济系毕业论文，1945 年。

关税政策"即国家运用关税之征免，税率之增减，或退税记账等措施，以图达到其财政经济或社会之目的也。概括言之，有关税的财政政策，关税的经济政策，关税的社会政策等。各种政策之采用，胥视其国财政经济及社会状况而决定"①。

抗战时期国民政府关税政策极富学术价值，它的研究价值不仅在于揭示日寇对我国沿海海关侵夺及战时遍及全国各地走私泛滥的异象对抗战时期国民政府的政治、经济、文化、民众生活等各个方面产生庞杂的影响，而且在于关税本身就凝结着战时社会的种种异象与矛盾，如它涉及中国政府的债赔和财政收入问题，涉及我国民族工业的生存与发展问题，涉及战时中国对内对外贸易问题，更涉及战时国民政府军需民用物资的供应问题、大后方物价问题及通货膨胀问题。

研究抗战时期国民政府关税政策不仅需要厘清战时中国关税制度的变迁、战时国民政府关税政策的制定与实施概况；而且还需要阐明战时国民政府关税政策对国民政府财政经济和广大民众社会生活等方面产生的直接影响。若能析透抗战时期国民政府关税政策，就能使抗战财政经济史研究进一步深入，扩大抗日战争经济史和社会史的研究视野。从关税政策史角度去诠释抗日战争，也有益于丰富抗日战争史的内涵，推动诸如近现代的中国经济史、中国社会史、中外贸易史、中国商业史、中国财政史、中国海关史、中国关税史、中外关系史、中国法律制度史的深入研究。

从现实角度来看，海关税收是国家财政的重要和稳定来源，在中央财政中占有特别重要的地位。入世后我国的关税税率大幅度下调，一度导致我国的海关税收明显下降。按照我国的入世承诺，将分五年的时间将关税平均税率由 15.3% 降至 10%。事实上，2001 年 12 月加入世界贸易组织后，我国的进口税率逐年下降，2002 年由 15% 降到 12%，2003 年从 12% 降低到 11%，2004 年由 11% 降低到 10.4%；另一方面，大幅度降低关税造成国内外商品差价日见缩小，走私获利的空间被压缩，部分商品由走私转为正式进口，从而利于增加海关的税收，但不法分子的走私漏税活动依旧存在。

如何借鉴历史经验，加强海关税收征管以及建立健全海关缉私制度，仍是当前中国海关所面临的重大课题。正如郝如建指出的那样："入世以后，走私犯罪现象将总体呈下降趋势，受关税影响较大的贸易性走私犯罪对象将集中在少数商品，不受关税影响的非贸易性走私将有所上升，走私

---

① 张鸿春：《关税概论》，第 51 页。

犯罪主体更趋多元化，犯罪手段更趋智能化。因此，调整反走私的重点和方向，完善进出口管理体制等，才能预防和控制走私犯罪。"① 因此，研究战时国民政府关税政策，对当前我国调整今后关税政策方向有一定的借鉴意义。

本书根据大量历史档案文件和前人研究成果，试图回答以下几个问题：战时我国关税制度是如何变迁的？战时国民政府关税政策是如何演进的？战时国民政府关税政策实施及其对战时财政经济的影响如何？

本书只是对抗战时期关税政策与措施进行了一些浅显的探索，目的有二：一方面，厘清战时国民政府关税政策及其实施情况；另一方面，揭露日本侵华给中国经济所造成的巨大破坏，阐明国民政府为苦撑抗战在关税方面所作的种种措置，借此了解中国政府和人民为维护国家主权和民族生存所作的不懈努力。

二　对象及范围

本书力求在已有学术研究成果的基础上，依据近代关税理论，系统地阐述抗战时期国民政府控制区（国统区）关税政策及其实施过程，以期能够真实地再现在那艰苦卓绝的抗战年代，国民政府为苦撑抗战，在争取关税收入方面，以及通过关税政策调整统制进出口贸易方面所作的种种努力。

对"抗日战争"这一历史概念的时空范畴，本书采用中国社会科学院近代史研究所研究员张振鹍的观点，② 采用"八年抗战"一说，即中国人民全面抗战时期，时间跨度为1937年7月7日至1945年9月2日。

第二节　概念界定

海关是一国监督管理进出口国境的货物、物品和运输工具并执行关税法规及其他进出口管制法令、规章的行政管理机关，其监督管理职能，主要体现在海关监管、海关征税、海关缉私和海关统计等四个方面。③ 因此，海关肩负着征收关税、打击走私、维护国家经济主权、保护国家经济

---

① 郝如建：《加入WTO对我国走私犯罪的影响及对策》，《苏州科技学院学报》（社会科学版）2003年第1期。

② 张振鹍：《抗日战争：八年还是十四年？》，《抗日战争研究》2006年第1期。

③ 赵林如编：《市场经济学大辞典》，经济科学出版社1999年版，第574页。

安全的职责。按王意家等编著的《海关概论》释义:"海关是国家的进出关境的监督管理机关。海关是依照法令,对进出关境的运输工具、货物、行李物品、邮递物品和其他物品进行监官管理,征收关税和其他税、费,查缉走私,并编制海关统计和办理其他海关业务的国家行政管理机关。"①

国境和关境是两个既有联系、又有区别的概念。

国境是指主权国家行使行政权力的领域范围,也就是主权国家的领土范围;关境又称税境,是指一个国家的海关征收关税的领域,即主权国家的关税法令实施的领域,按海关合作理事会的界定,即"一个国家的海关法令完全实施的境域"②。

关境,是一个国家执行统一海关法律的境域。一般情况下国境与关境是一致的。但在设立了关税同盟、自由港、自由贸易区的情况下,国境与关境就不一致了。例如,数个国家所结成的关税同盟,实施统一的关税法令和统一的对外税则,关境就大于国境;当一国政府在其境内设立自由港、自由贸易区,关境就小于其国境。而当前我国由于台湾还未统一,香港、澳门回归后也实行的是独立的关税政策,所以我国的关境实际上小于国境。所以,关税的征税范围是以关境为界,而不是以国境为界。

抗战时期的大后方,是指正面战场上中方军事第一线后面的广大地区,由于战局变化,战线移动,大后方的地域范围亦随之变化,所以这只能是一个相对的概念。③

在抗战时期所指的"境",既指实际的国境或关境,也指战时封锁线,各自独立执行"统一海关法律"的境域,如1939年9月8日,国民政府军事委员会和行政院共同颁布《封锁敌区交通办法》,④规定:除特殊情况外,限制人民通过敌区(指已被敌人暴力控制的区域)、封锁区(指与敌区接近的区域)或封锁线(指敌区与封锁区交界的处所),严厉取缔禁运资敌物品及查禁敌货之进出,并规定封锁区民营工厂、交通工具以及物资之处置的各种办法。

关税是一个主权国家为了维护本国利益对进出口贸易采取的一种限制措施,是海关依据关税税法对进出口国境或关境的货物和物品所征收的一

①　王意家等编著:《海关概论》,中山大学出版社1998年版,第1页。

②　黄天华编:《WTO与中国关税》,复旦大学出版社2002年版,第1页。

③　抗日战争时期国民政府财政经济战略措施研究课题组编:《抗日战争时期国民政府财政经济战略措施研究》,西南财经大学出版社1988年版,第7—8页。

④　全文见第三战区司令长官司令部编《经济游击队应用法令汇编》,编者刊,油印本,1941年,以下简称《经济游击队应用法令汇编》,上海图书馆藏,第423—425页。

种税。① 关税是对进出关境的货物和物品征收的一种流转税，其特点主要有强制性、无偿性和固定性。② 据一些学者研究，在我国，关税最早产生于西周时期，《周礼·地官》中就有"关市之征"的记载，关市之征是我国关税的雏形，我国"关税"的名称也是由此演变而来的。根据梁敬锌的研究："我国唐宋元明清各朝，均有关税之制，唐代创始之市舶司，当为我国关税制度之嚆失，代远年湮，兹且姑置勿论；迨至清制，名称浩繁陋规百出，其时中外通商颇频繁，清初坚持闭关主义，意在消极地限制外商之行动，但以时势所趋，中外商业仍续有发展。进出口事务日见繁多，清廷鉴于此种事实，康熙二十三年（1684 年）乃设置粤海、闽海、浙海、江海等四关，管理征税事务，规模粗具，洵为我国现代关税制度之起源。"③

研究关税收入、关税结构及关税的管理问题，就需要对关税所具有的共同特征或一定的标志进行分门别类。根据不同的研究目的，可按不同的标准对关税进行分类。④ 从广义上讲，关税分为国境关税和国内关税。国境关税又称外部关税，它是指货物通过国境时征收的关税，一般来讲，各国所征收的关税都是国境关税。国内关税又称内部关税，它是指货物在国内流通时征收的关税。

鸦片战争以后，我国才引进西方近代关税概念和关税制度，国境关税和内地关税才逐渐有所区别，在 1886 年（光绪十二年）签订的中法《越南边界通商章程》中已注意区别进口税与出口税。⑤ 到 1931 年国民政府财政部取消常关税、子口税、厘金税等国内税以后，我国关税才成为现代

① 黄天华编：《WTO 与中国关税》，第 1 页。

② 陈大钢编著：《海关关税制度》，上海财经大学出版社 2002 年版，第 2—3 页；张亚雄编：《关税》，机械工业出版社 1994 年版，第 1 页。

③ 梁敬锌：《不平等条约与中国关税制度》，载《经济汇报》第 7 卷第 1、2 期，1943 年 1 月 16 日。关于中国古代的关及关税问题，有些学者进行了专门的考察，如郑功成曾对古代的"关"和古代关税史进行了简单梳理，他指出：在我国的历史古籍中，有许多关于"关"和"关市之征"的记载。所谓"关"就是一个封建领主领地或国家的边界上设立的关卡，即"关者诸侯之阨隧也，而外财之门户也"（郑功成：《古代的"关"和关税》，《商业研究》1985 年第 6 期）。李金明对清代海关的设置与关税的征收进行了考察，他指出：康熙二十三年（1684 年）清政府开放海禁后，则分别于广东、福建、浙江、江南四省设立粤海关、闽海关、浙海关和江海关，目的是管理海上贸易与征收进出口关税，这就是我国历史上正式设立海关的开始，当时海关的职责，不仅管理对外贸易，而且亦管理国内的沿海贸易，甚至于内河航运。故为了论述方便，本文仅著重谈其与海外贸易有关的部分。（李金明：《清代海关的设置与关税的征收》，《南洋问题研究》1992 年第 3 期）

④ 主要参见黄天华编《WTO 与中国关税》，第 12—17 页。

⑤ 参见中法《越南边界通商章程》，载《中外旧约章汇编》第 1 册，第 479 页。

意义的进口税和出口税。由此，我国近代关税是指对进出国境和内地关卡的商品货物所征收的税捐，其主要内容包括商品进出口税以及子口税、厘金税等。1937 年国民政府正式废除所有的内地关税，全部实行外部的国境关税，这就结束了自唐宋以来 1000 多年内部关税与外部关税并行的历史，从此真正进入近代关税时期。

抗战期间，国民政府治下的国统区与日本侵略军占领下的沦陷区互相对立，政权形态不同，基本上没有正常的经济贸易活动往来。因此，抗战期间国统区与沦陷区施行不同的关税，这种关税的性质一般视同"国境关税"。

关税制度是国家关税法令和稽征办法的总称，是国家以法律形式规定的征税依据和规定，是税务机关依法征税和纳税人依法纳税的法律依据、工作准则和章程。关税制度构成要素包括：纳税人、征税对象、税目、税率、纳税环节、纳税期限、减税免税和违章处理等。[①] 关税立法是关税制度的核心，目的是为了保证国家和纳税人的合法权益不受侵犯，使征纳上的一切活动均有法律依据。[②]

关税政策"就是国家为谋本国经济福利起见，对于管理对外商业关系所作的一切措施。关税政策的对象在对外贸易，关税政策施行的目的，一方面在防止外国货物的竞争，保护本国的生产；一方面则在替本国生产品扩充销路于国外，以图本国生产的发达，所以在对外贸易方面，国家本身即为国民经济的领导者，是当担负起积极的任务，俾使整个国民经济走向繁荣兴旺之途"[③]。

第三节　文献资料与研究现状

一　文献资料

（一）档案史料

档案资料主要集中于南京中国第二历史档案馆（以下简称二档馆）。

---

① 张群主编：《中外关税税制比较》，中国财政经济出版社 2002 年版，第 4—5 页。
② 刘广平、王意家、林利忠编著：《海关征税》，中山大学出版社 1999 年版，第 165—166 页。
③ 王屏藩著，温嗣芳教授指导：《论我国战后关税政策》，国立武汉大学法学院经济系毕业论文，1945 年。

其中，成立于 1927 年 5 月的国民政府财政部是全国财务行政的最高管理机关，1928 年 11 月，该部改隶行政院，财政部档案有大量的相关资料，如中国海关的关务法令、章则；各地海关收支报告；报运军火清单、物资报关免税及核准验放的文件；进出口货物数量与净值报告表；海关代征统税的文件；还有缉私法令、章则，缉私署工作报告；缉获军火报告；有关查缉处理猪鬃、桐油走私情形的文件，各地走私调查报告；经济部于 1938 年 1 月由实业部改组和扩大职权而成立，隶属于行政院，职掌全国经济行政事务，其档案资料也相当丰富，如在国际贸易方面，有关于进出口贸易统制、统筹的法规、计划；办理关税、参加和举办商品展览的文件；有关纺织品、农畜产品、茶叶等外销情况的调查材料等。

1937 年 10 月，为调整和指导对外贸易，国民政府军事委员会设立了贸易调整委员会，1938 年 2 月 16 日，该会改名贸易委员会，并改隶于财政部。其主要任务是负责进出口贸易的管制，国营、民营对外贸易的促进和考核，出口外汇的管理以及对外借款、油料、易货偿还等事项；该会内部设有总务处、财务处、进口贸易处、出口贸易处、技术处、外汇处、储运处等机构。其档案资料非常庞杂，如在进出口贸易管制方面，有关于查禁、扣留违禁出口物资以及物资在国外销售情形的文件；有关桐油、茶叶、生丝、猪鬃、皮毛等物品的产制及统购统销的文件；有关促进上述物资增产的计划、办法以及产制技术的改进等文件；在对敌封锁及抢购沦陷区物资方面，有封锁日伪占领的中心城市办法；夺获沦陷区日伪物资奖惩办法；白崇禧所拟关于对敌封锁办法；抢购沦陷区物资和查禁敌货走私进口的文件等。

战时货运管理局有 370 卷档案资料，大多是涉及货运抢购抢运与物资缉私方面的资料；缉私署成立于 1942 年 8 月，由缉私处改组而来，隶属于财政部，它掌管缉私团队，拟定缉私章则，搜集走私情报，调立缉私案件。该署设编练、查缉、侦讯、经理、总务、医务 6 处，会计、统计 2 室，该署于 1945 年 1 月撤销。缉私署（处）档案资料有 3584 卷，其中有关查缉、督察的资料相当丰富，有缉私法令章则；督察各省缉私机关的文件；缉务报告；有关各缉私机构缉获私运白银、铜元、盐斤、布匹、桐油、硝磺等走私案件的文件；查缉案件清册、统计表等。

1927 年 6 月 1 日，财政部设立关税处，10 月，改为关务署负责管理全国关务行政。该署设总务、关政、税则 3 科，会计统计 2 室及税则估价评议会、海关罚则评议会。其中，总类方面有海关的各项条例；对外贸易及关税立法原则;关于海关的各项政策;关务署署长的各项手谕;关务署也有许多查缉处理走私的文件;关政方面,关于统一检查进出口货物、旅客及查验古物珠宝、影片、有价证券、外币、鸦片毒品进出口问题的文件;华侨要求海关停止对归侨非法搜查及改善检查办法的文书;关于查缉和处理走私的文件材料(内有外交官员走私、外国人走私、武装军警走私等);税则方面,有关于关税税则审订修改及解释的文件;关于进出口物品征税、免税事项的来往文件;关于制止各地军阀强提海关税款,各省地方当局提拨关款的文件;海关关税收入与分配情形的文件等。

1859年,清王朝设海关总税务司署于上海,1864年海关总税务司署迁北京,隶属总理各国通商事务衙门(1901年改名外务部),1906年,清政府成立税务处,海关总税务司署归税务处领导。1927年,总署隶属于南京国民政府财政部关务署。1928年海关总税务司署迁往上海。1937年"七七事变"后上海沦陷,但海关总税务司署设在上海租界,仍继续工作。1941年12月,日本以武力接收海关总税务司署,不久,国民政府在重庆另组海关总税务司署开展工作。海关总税务司署的任务是征收关税,兼管常关税收、航政、港务、引水、疏浚航道、设置灯塔及参与制定税则与贸易业务,并办理邮政事项。海关总税务司署有关关税方面的资料可谓汗牛充栋,如在税则方面,有关税税则的议订、修改、解释的文件及各方对税则的意见;有关进出口货物的分类与验估、海关实施关金单位计征、特别待遇制度(庋税制度、免重征制度、保税仓库制度、派司制度、红箱制度)及洋药税厘并征和邮包纳税问题的文件。

在征收方面,有国民政府各时期关税收入情形、海关代征税捐种类、数额及免税事项的文件。在关税自主方面,有反映中国人民要求关税自主的斗争、巴黎和会拒绝处理中国关税自主权及海关洋人反对中国关税自主等文件。在缉私方面,有中英香港、中葡澳门关税协定;华北日、韩浪人走私与海关采取措施的文件;驻外人员走私、外轮私运鸦片和军火、华南走私、陆路边境走私及各关查获私运军火的文件;有关防止邮包走私、查禁金银出口和海军舰队协助海关缉私的文件;海关缉私条例执行情况、海关对于查获走私物资的处理及管理海上民船等文件。在财务方面,有国民政府提取海关税款的文件;各关损失税款报告,各种债款、赔款的账册报表。在贸易管理方面,有开放通商口岸、中英香港、中葡澳门边缘区小额贸易管理,中俄边境自由贸易区问题和江海关设立自由贸易区的文件;管制进出口物品,各省对输出入货物的限制及新疆、云南、广西等边远地区进出口贸易的文件；各关编送的贸易概况报告和各项进出口货物统计表；中国与英、美、俄、法、德、意、日等国的贸易及美国租借法案货物进口问题的文件等。

抗战时期，山河破碎，国门洞开，沿海各处海关绝大多数已经撤销或者转入内地继续开展工作，有些地方的关税征收与稽查职能，被各地成立的形形色色的查禁走私的机构所取代，因而各地省级档案馆（包括部分市、县档案馆）里，也保存着一些相关档案，反映地方关税征收和稽查具体情况有的比第二档案馆还要详细，其中天津档案馆、上海档案馆、广东省档案馆、重庆市档案馆、武汉档案馆等馆藏档案较丰富。以上这些资料，一方面比较零散且大多是手写或油印稿件，纸张质量也较差，有许多文字模糊不清，需要仔细斟酌；另一方面，许多资料尤其是海关总税务司署的资料大多是英文，查阅和誊写十分耗费时间、精力，笔者费时甚多，也只能查个大概。

已经整理出版的档案资料汇编类书籍程度不同地包含一些零散的相关内容，可资利用度较高。

台湾地区主要有：秦孝仪主编《中华民国重要史料初编——对日抗战时期》①、《先总统蒋公抗战方策手稿汇辑》②、《中华民国史事纪要》③等书，有大量抗战时期关税问题以及有关日伪对华走私、国内奸商走私和国民政府各级机关查禁的档案资料。

大陆地区主要有：Stanley F. Wright，"Documents Illustrative of Origin, Development, and Activities of the Chinese Customs Service"（海关税务司魏尔特编著：《中国海关起源、发展和活动文件》，又名《中国近代海关历史文件汇编》），④ 该丛书除附件外，全是英文，共 7 卷，前 5 卷是从几千篇总税务司通札中精选出来的，后两卷是关于海关文件、信函、半官函以及英、美外交部和国会档案、私人日记及书信、报刊有关记载与评论，这是一部系统研究中国近现代关税史的权威资料；海关总税务司造册处

---

① 秦孝仪主编：《中华民国重要史料初编——对日抗战时期》，台北中国国民党中央委员会党史委员会编印，1988 年。

② 国民党中央委员会编辑：《先总统蒋公抗战方策手稿汇辑》，载《近代中国》总第 11、14、15、21 期，1979—1981 年陆续出版；李云汉主编：《蒋委员长中正抗战方策手稿汇编》，台北国民党中央党史委员会，1992 年。

③ 瞿绍华、朱汇森主编：《中华民国史事纪要》，台北"国史馆"印行，1985—1994 年陆续出版。

④ 魏尔特编著：《中国海关起源、发展和活动文件》，海关总税务司署统计科印行，1940 年。

（后改为统计科）印行的"Inspector General's Circulars"（《总税务司通令》，后改为《总税务司署通令》）是发给各个海关具有普遍性的命令，其中第二辑包含 1931—1945 年的 9 卷最为重要；"Inspector General's Semi-Official Circulars"（《总税务司机要通令》）第一卷（1911—1933），第二卷（1933—1949）；专门记录近代海关关于关税及查禁走私问题的各种来往函件"Preventive Secretary's Printed Note"（《查缉科通启》）也是研究近现代海关关税和缉私的基本资料；中国第二历史档案馆编《中华民国史档案资料汇编》第五辑第二编财政经济，[①] 共 10 册，涵盖战时国统区经济各个方面基本资料，其中财政经济（一）、（二）、（五）和（九）中有大量关于抗战时期关税制度和关税政策及其实施情况的档案资料；由陈翰笙、范文澜、千家驹主持的中国近代经济史资料丛刊编辑委员会与海关总署研究室编译了一套"帝国主义与中国海关"丛书，[②] 专门辑录了海关密档中总税务司在近代中国重大事件中活动的档案资料，或多或少地反映了一些近代中国关税问题。

　　中国第二历史档案馆和中国海关总署办公厅合作编辑《中国旧海关史料》共计 170 册，[③] 收录了 1859—1948 年中国海关各分关、海关总税务司造册处以及伪满洲国财政部、经济部所编辑的进出口贸易报告、贸易统计报告、各口岸贸易统计报告和调查报告、通商各关华洋贸易总册、伪满洲国对外贸易统计年报、月报等，主要汇集海关总税务司署编印的华洋贸易资料，为研究全国和各口岸的贸易情形和经济变迁提供了莫大的方便。这套资料主要收集了海关年刊（年度贸易统计和贸易报告）、十年报告，即旧海关出版物中 StatisticalSeries 的核心内容，其中 1931—1945 年的 14 册有大量反映抗战时期关税征收情况的原始档案资料。这些史料为战时抗战时期的关税问题研究起了重要作用。

---

　　① 　中国第二历史档案馆编：《中华民国史档案资料汇编》（以下简称《资料汇编》）第五辑第二编《财政经济》，江苏古籍出版社 1997 年版。

　　② 　该丛书已经出版十本，分别是第四编《中国海关与中法战争》；第五编《中国海关与缅甸问题》；第六编《中国海关与中葡里斯本草约》；第七编《中国海关与中日战争》；第八编《中国海关与英德续借款》；第九编《中国海关与义和团运动》；第十编《中国海关与庚子赔款》；第十二编《中国海关与邮政》；第十三编《中国海关与辛亥革命》；第十五编《1938 年英日关于中国海关的非法协定》，中国近代经济史资料丛刊编辑委员会、海关总署研究室编辑，中华书局 1983 年重版。

　　③ 　中国第二历史档案馆、中国海关总署办公厅《中国旧海关史料》编辑委员会编：《中国旧海关史料（1859—1948 年）》，京华出版社 2001 年版，共计 170 册，以下简称《中国旧海关史料》。

旧中国海关是一个以洋人为核心的行政管理机构，它的主要行政行为经常以《海关总税务司署通令》（以下简称《通令》）的形式公布实施，《通令》完整、真实、准确地记载了旧中国海关的起源、发展及丰富、持续的业务活动，这是深入研究中国近、现代史和中国外交、外经贸、海关、航运等专业史的重要史料。从 1999 年起，海关总署组织熟悉海关业务档案的老海关人员及专业翻译人员拼搏四年，于 2003 年完成《旧中国海关总税务司署通令选编》一书（分三卷），① 选择了 1862—1942 年先后82 年中具有重要历史价值的总税务司通令 757 件，约占此一时期通令总量的 12.4%，它是旧中国海关洋人税务司制度从初创至鼎盛时期的真实记录，从中可以具体审视中国海关制度的历史演变轨迹和洋员总税务司对中国海关的设计方案和实施结果。

中国第二历史档案馆整理、编辑的《行政院经济会议、国家总动员会议会议录》收录行政院经济会议、国家总动员会议、战区经济委员会等三个不同时期与类型的中国战时经济机构的会议录资料。1941 年 2 月，行政院专门设立经济会议，以制定各项紧急措施，调剂粮食，平抑物价，使之成为全国物价管制的最高权力机关，统筹办理全国一切平抑物价事宜。1942 年 5 月，国民政府根据国家总动员法，将行政院经济会议进行改组，成立国家总动员会议，规定国家总动员会议常务委员会议为全国最高物价决策机构，除继续统筹一切平抑物价事宜外，主要推行限价政策。1940 年 4 月至 1942 年 1 月，行政院分别在第一、二、三、四、五、八、九战区先后成立战区经济委员会，在各战区构筑缉私、物资、运输、金融四大阵网，积极开展"严密缉私"、"购储物资"、"促进生产"、"调整金融"等工作。这三个机构的各种会议录资料，系统地反映了这三个机构制定管制物价政策、开展对敌经济斗争的决策过程，对了解抗战期间国民政府经济决策过程，以及对研究抗战期间物价史、经济史和对敌经济斗争史，都有重要的参考价值。②

在 1939 年 1 月召开的国民党五届五中全会上，时任行政院副院长兼财政部长的孔祥熙向大会作财政报告，吴菊英编选的《国民党五届五中全会财政部财政报告》和喻春生编选的《孔祥熙在国民党五届五中全会上的财政报告》内容一样，反映了这个报告的内容，在报告中，孔祥熙

---

① 黄胜强主编：《旧中国海关总税务司署通令选编》（1—3 卷）（1861—1942 年），中国海关出版社 2003 年版。

② 中国第二历史档案馆编：《行政院经济会议、国家总动员会议会议录》，广西师范大学出版社 2004 年版。

汇报当前国家财政金融状况，同时也全面回顾和总结了其就任财政部长后，特别是抗战全面爆发以来国民政府的财政金融对策，这个报告对确立抗战中后期国民政府关税政策具有指导意义。①

中国第二历史档案馆所藏《一千九百十八年巴黎和平会议上应议之中国经济问题》第一章《最近关税情状》，详细反映了民国成立之后至1918年间北洋政府与各国交涉修改通商进口税则的经过，对于研究民初关税及财经、对外贸易乃至中外关系均具有参考价值，该章内容刊布后，易名为《北洋政府修改通商进口税则经过（1912—1918）》。② 郑会欣编选的《九·一八事变后有关东北关税问题档案资料选》这组资料反映了"九·一八"事变发生后，东北地区关税收入在收汇比值、缴款过程上所受到的影响与干扰，以及南京国民党政府在解决这些问题时所采用的对策，说明了日伪对东北关税的掠夺霸占经过，对研究"九·一八"以后国内特别是东北地区财经状况具有一定参考价值。③ 第二历史档案馆选编的《财政部第二期战时行政计划实施方案》及《财政部第二期战时行政计划实施方案》（续），提供了1939年3月财政部制订计划以构成健全的战时税制适应战时需要，其中计划推行保持战区海关行政、减征进口税、减免出口税、减免转口税、修改进口税则、厉行缉私等一系列战时关税措施的史料。④

值得提及的是，1957年中国现代史资料编辑委员会翻印发行的《抗战中的中国经济》⑤汇辑至1940年上半年为止的有关战时中国经济的报刊书籍资料，共分8编：（1）抗战中的农村；（2）抗战中的工业；（3）抗战中的交通事业；（4）抗战中的对外贸易；（5）抗战中的金融与管制；（6）抗战中的财政；（7）抗战中的物价问题与人民生活；（8）抗战中新经济生活之模范。上述有关抗战时期经济史料的整理刊布，为本书的研究打下了一定的史料基础。

---

　①　吴菊英：《国民党五届五中全会财政部财政报告》，《民国档案》1986年第2期；喻春生：《孔祥熙在国民党五届五中全会上的财政报告》，《民国档案》2006年第1期。

　②　陈铁生：《北洋政府修改通商进口税则经过（1912—1918）》，《民国档案》1990年第1期。

　③　郑会欣：《九·一八事变后有关东北关税问题档案资料选》，《民国档案》1989年第1期。

　④　第二历史档案馆编：《财政部第二期战时行政计划实施方案》及《财政部第二期战时行政计划实施方案》（续），《民国档案》1993年第4期和1994年第1期。

　⑤　延安时事问题研究会编：《抗战中的中国经济》，抗战书店1940年版，中国现代史资料编辑委员会翻印，1957年发行。

（二）各地海关志

各地海关或海关学会陆续出版的海关志，各有专题描述各地海关执行关税政策情况的章节。已出版且可资利用的主要有：《北海海关志》、《北京海关志（1929—1999）》、《福建省志·海关志》、《福州海关志》、《拱北海关志》、《广西通志·海关志》、《广州海关志》、《江苏省志·海关志》、《九龙海关志（1887—1990）》、《山东省志·海关志》、《上海海关志》、《天津海关志》、《温州海关志》、《武汉海关志》、《厦门海关志》等，① 这些海关志凝结了编写人员的辛勤汗水，是我们研究抗战时期关税问题的重要资料，需要指出的是，因篇幅和体裁的限制，这些志书对所在地区或关区的执行关税政策情况一般只是叙述或介绍。

各地学者先后组织编译海关档案中反映近代社会经济变迁的贸易报告，这些贸易报告对分析抗战时期关税政策实施裨益良多，海关贸易报告属于《统计集》，包括统计日报、统计月报、统计季报、统计年刊、商务年报和十年报告六种，涉及政治事件、贸易、金融、教育、市政、交通、

---

① 北海海关编：《北海海关志》，广西人民出版社 1997 年版；甄朴：《北京海关志（1929—1999）》，《北京海关》编纂委员会出版，内部发行，2002 年；福建省地方志编纂委员会编：《福建省志·海关志》，方志出版社 1995 年版；福州海关编：《福州海关志》，鹭江出版社 1991 年版；拱北海关编：《拱北海关志》，海洋出版社 1993 年版；周荣国主编：《广西通志·海关志》，广西人民出版社 1997 年版；广州海关志编纂办公室编：《广州海关志》，广东人民出版社 1997 年版；哈尔滨海关志编纂委员会编：《哈尔滨海关志》，黑龙江人民出版社 1999 年版；中华人民共和国海口海关编：《海口海关志》，编者印行，内部发行，1992 年；海南省地方史志办公室编：《海南省志》第九卷《海关志》，南海出版公司 1997 年版；徐蔚葳：《杭州海关志》，浙江人民出版社 2003 年版；黑河海关编：《黑河海关志》，中国社会科学出版社 1999 年版；吉林省地方志编纂委员会编纂：《吉林省志·海关商检志》，吉林人民出版社 1995 年版；江门海关编：《江门海关志（1904—1990）》，编者印行，1996 年；江苏省地方志编纂委员会编：《江苏省志·海关志》，江苏古籍出版社 1998 年版；九龙海关志办公室编：《九龙海关志（1887—1990）》，广东人民出版社 1993 年版；南京市地方编纂委员会编：《南京海关志》，中国城市出版社 1993 年版；南宁海关修志办公室编：《南宁海关志》，南宁海关修志办公室出版发行 1997 年版；任与孝主编：《宁波海关志》，浙江科学技术出版社 2000 年版；山东省地方史志编纂委员会编纂：《山东省志·海关志》，山东人民出版社 1997 年版；汕头海关编志办公室编：《汕头海关志》，编者印行，1988 年；《上海海关志》编纂委员会编：《上海海关志》，上海社会科学院出版社 1997 年版；四川省地方志编纂委员会编纂：《四川省志·海关志》，四川科学技术出版社 1998 年版；绥芬河海关编：《绥芬河海关志（1907—1996）》，新华出版社 1998 年版；天津海关志室编：《天津海关志》，天津海关志室印行，1993 年；温州海关志编委会编著：《温州海关志》，上海社会科学院出版社 1996 年版；武汉海关编：《武汉海关志》，中华人民共和国武汉海关印行，1995 年；厦门海关编著：《厦门海关志》，科学出版社 1994 年版；新疆维吾尔自治区地方志编纂委员会编：《新疆通志·海关志》，新疆人民出版社 2000 年版。

人口、通信和自然灾害等各个方面。①

（三）报刊资料

战时关税政策也是时论（主要是报纸杂志）关注焦点和热点问题之一，检视战时出版的报纸与杂志，② 可以找到许多战时关税政策相关内容的报道与评述，有些评论切中时弊，或鼓躁一时，颇吸引时人的眼球，或理性解读，很有见地。但有些战时报纸和杂志宣传成分较重，引用时得倍加小心谨慎。

二　相关研究③

（一）基本研究

1990 年，叶松年指出：学习和研究关税史，对于激发爱国热情，加强爱国主义教育具有重大的意义，为此，应该建立一门专门考察和研究海关税则自主权丧失和收回的历史过程及其规律的学科，那便是中国近代海

---

① 近 20 年来整理出版的主要有：徐雪筠等译编：《上海近代社会经济发展概况（1882—1931）——〈海关十年报告〉译编》，上海社会科学院出版社 1985 年版；青岛市档案馆：《帝国主义与胶海关》，档案出版社 1986 年版；交通部烟台港务管理局编：《近代山东沿海通商口岸贸易统计资料》，对外贸易教育出版社 1986 年版；周勇、刘竞修译编：《近代重庆经济与社会发展（1876—1949）》，四川大学出版社 1987 年版；厦门市志编纂委员会、厦门海关志编委会编：《近代厦门社会经济概况》，鹭江出版社 1990 年版；陆允昌编：《苏州洋关史料》，南京大学出版社 1991 年版；池贤仁主编：《近代福州及闽东地区社会经济概况》，华艺出版社 1992 年版；李策编译：《近代武汉经济与社会——〈海关十年报告·汉口江海关〉》，香港天马图书有限公司 1993 年版；李必樟译：《上海近代贸易经济发展概况——1854—1898 年英国驻沪领事贸易报告汇编》，上海社会科学院出版社 1993 年版；广州地方志编纂委员会办公室、广州海关志编纂委员会译：《近代广州口岸经济社会概况——粤海关报告汇集》，暨南大学出版社 1996 年版；黄富三等编：《清末台湾海关历年资料》，台北"中研院"台湾史研究所筹备处，1997 年；莫世祥等编译：《近代拱北海关报告汇编（1887—1946）》，澳门基金会，1998 年；中华人民共和国杭州海关译编：《近代浙江通商口岸经济社会概况——浙海关、瓯海关、杭海关贸易报告集成》，浙江人民出版社 2002 年版；等等。

② 如《申报》、《中行月刊》、《关声》、《中央日报》、《禁烟半月刊》、《经纬》、《中山文化教育馆季刊》、《经济情报》、《银行周报》、《申报每周增刊》、《时事评论周刊》、《资源委员会季刊》、《禁烟委员会公报》、《时事月报》、《民国日报》、《时代批评》、《缉政月刊》、《经济周报》、《永生周刊》、《新闻报》、《观察》、《晨报》、《大公报》、《拒毒月刊》、《华商报》等。

③ 参见陈锋《20 世纪的清代财政史研究》，《史学月刊》2004 年第 1 期；佳宏伟《近 20 年来近代中国海关史研究述评》，《近代史研究》2005 年第 6 期；夏良才《近代中外关系史研究概况》，天津人民出版社 1991 年版；阮芳纪《近年来中国海关史研究述评》，载吴伦霓霞、何佩然主编《中国海关史论文集》，香港中文大学历史系，1997 年，第 3—24 页；戴一峰《中国近代海关史研究的回顾与展望》，载吴伦霓霞等《中国海关史论文集》，第 47—69 页；戴一峰《中国近代海关史研究述评》，《厦门大学学报》1996 年第 3 期。

关税则史。①

近代中国海关殖民地化的一个重要特征即表现在税则税率制定权的丧失上。鸦片战争后的中国关税变化基本上是被帝国主义所控制的，中国的关税不能自主，进出口税率长期以来一直很低，帝国主义列强以此对中国进行了触目惊心的经济掠夺和政治欺诈。列强在近代进行的四次税则修订，实质上只不过是为满足其对华经济侵略的需要而进行的局部改动。中国的关税完全丧失了主权，中国的关税失缺了保护其稚嫩民族经济发展的基本功能；中国不仅丧失了关税行政管理权，而且丧失了关税的税收保管权和支配使用权，关税成了历届中国政府向外举债和赔款的抵押品。

在中国关税史研究领域，日本学者吉田虎雄是较早的拓荒者，其《中国关税及厘金制度》② 对中国税关的沿革、常关税征收、海关税征收的论述具有初步的系统性，为后人研究中国关税问题提供了便捷。

日本学者高柳松一郎的《中国关税制度论》③ 和英国学者莱特（即魏尔特）的《中国关税沿革史》，④ 则是研究中国近代海关制度和关税制度的两大力作，一直受到史学界的青睐且常被引据为史料。《中国关税制度论》共分为五编：（1）关税制度之沿革；（2）关税制度之特质；（3）海关论；（4）关税制度之内容；（5）关税制度之影响及将来。《中国关税沿革史》共分为六章：第一章值百抽五协定关税的起源；第二章关税行政：海关税务司制度的起源；第三章关税行政：从海关税务司制度建立到1868 年修订税则失败；第四章从修订关税失败到 1902 年的修订关税；第五章从1902 年的修订关税到 1925 年、1926 年北京关税会议；第六章1925—1926 年的北京关税会议。

武堉幹在 1937 年撰写《中国的关税制度》一文，回答了当时中国的关税是否为自主关税、我国关税在财政上占怎样重要的地位、我国关税具有多少保护的性质、我国关税能否促进对外贸易、近年我国关税制度的兴革等问题，并提出了当时我国关税制度存在的危机就是作为日本侵略中国的政治运动——华北走私的勃兴，这一危机的发展势必完全破坏我国的关税制度，所有中国海关税则将来就会等于具文。⑤

---

① 叶松年：《中国近代海关税则史》，三联书店 1991 年版，前言，第 2 页。
② ［日］吉田虎雄：《中国关税及厘金制度》，北文馆 1915 年版。
③ ［日］高柳松一郎：《中国关税制度论》，李达译，商务印书馆 1924 年版。
④ ［英］莱特：《中国关税沿革史》，姚曾廙译，三联书店 1958 年版。
⑤ 武堉幹：《中国的关税制度》，载《新中华》第 5 卷第 13 期，1937 年 7 月 10 日。

　　彭雨新的《清代关税制度》一书，虽篇幅不长，但语句简洁、精练，是新中国成立之后较早系统研究清代关税的重要著作，该书扼要介绍了鸦片战争前户部关和工部关的设置及征税制度，论述了鸦片战争后中国海关和关税权的被侵占。彭雨新在该书中指出：通过清代关税制度的研究，可以明白中国封建社会末期原有关税制度在当时闭关政策对外贸易中所表现的基本特质及其对国民经济的影响；可以明白鸦片战争以后中国半殖民地半封建社会形成中中国关税在外国侵略者控制下所起的作用；以鸦片战争为界标，中国关税性质发生了根本改变；鸦片战争以后，中国海关税制具有明显半殖民地性质，帝国主义者为了加强对华的商品侵略和投资侵略，更进一步攫夺中国的海关行政权和侵占中国的关税支配权，造成长时期外人控制中国财政大权的恶劣形势。①

　　叶松年的《中国近代海关税则史》专著运用大量的旧中国海关档案资料，全面分析了近代中国海关税则演变的历史，对近代中国关税制度演化作了全面、详尽的论述，该书对 1843 年中国第一个不平等的协定税则、1858 年海关税则的第一次全面修订、1858 年子口税制度的建立、1858—1902 年海关税则的局部修订、1902 年海关税则的第二次全面修订、1918 年海关税则的第三次全面修订、1922 年华盛顿会议与海关税则的第四次全面修订、1925 年关税特别会议、1929—1934 年南京政府的关税自主运动、1948 年《关税与贸易总协定》减税谈判与"国定税则"的修订等都作了全面的阐述，对租借地海关等特殊关税制度，对保税关栈等也作了初步研究，填补了这方面的研究空白，他还专门考察和研究了海关税则自主权丧失和收回的整个历史演变过程，涉及各个时期税则沿革及历次税则修订情况。②

　　汤象龙的《中国近代海关税收和分配统计》主要利用了清代档案，罗尔纲在为该书所写的序中评价道："汤象龙同志撰著本书所用的档案多达六千件，只不过是他所收集的档案资料总数的百分之五。他把海关报告中的旧管、新收、开除、实在的四柱数字编成统计表格，在本书中发表了共计 118 个统计表，其中全国海关历年税收和分配综合统计表 46 个，全国各海关历年税收和分配关别统计表 72 个。可见著者在发掘和利用清代档案进行研究工作规模之大，在我国史学界是仅有的，也是最早的，至于

---

① 彭雨新：《清代关税制度》，湖北人民出版社 1956 年版。
② 叶松年：《中国近代海关税则史》，三联书店 1991 年版。

著者运用统计方法整理大量财政经济档案更是我国史学界的第一人。"①

张湘豫、杜志华的《简述近代中国海关税率的四次修订》一文指出，在近代中国海关的殖民化过程中，关税税则税率制定权逐步丧失，使帝国主义列强得以从中对海关加以操纵并为其利用，为其侵华政策服务；同时，中国海关也完全成为列强进行殖民掠夺和侵略的工具，成为凌驾于中国主权之上的独立王国。帝国主义在近代所进行的几次所谓税则税率的修订，实质上完全是为了满足其侵略中国的需要，是以"切实值百抽五"为名对中国关税的大掠夺，中国海关完全殖民地化的这一状况，在中国近代社会的其他方面都是罕见的。②

近代中国关税制度，是半殖民地半封建社会的产物，反映了中国海关"国际性"实质，徐思彦的《关税与中外约章》一文通过对中外旧约章条约研究后认为：分析近代中国关税与中外约章之间的辩证关系，有助于进一步认识近代中国海关的性质，进一步认识清政府惧外、媚外政策的实质。她指出：鸦片战争前，清政府奉行闭关锁国政策，限制沿海贸易，但在征收海关税上是自定税则条例的，如康熙五年（1666 年）刊刻有《关税条例》，康熙二十三年（1684 年）制定《福建、广东海关征税则例》，五年后又制定江苏、浙江、福建、广东四省海关征税条例，这些税则基本根据中国财政、生产及社会生活的实际情况订定税率及征免范围，一切通过中国海关的商品必须按章纳税；第一次鸦片战争失败后，随着国家主权和领土完整的被破坏，关税自主权也不复存在，自《江宁条约》始，清政府与列强陆续签订了一系列不平等条约。③

尉亚春的硕士论文《中国海关关税税率的变迁（1912—2001）》，④ 对1912—2001 年期间中国海关关税税率的变化进行了比较系统的梳理，这为研究抗战时期关税税率的变迁提供了一定的借鉴，也为研究各个历史时期走私问题的出现以及海关缉私措施的出台背景奠定了一定基础。该文指出国民政府统治期间（1927—1949 年），中国一共颁布了六部税则；该文对国民党统治时期中国海关税率做了划阶段分析，肯定了一些进步作用，如废除片面协定税则和领事裁判权，收回关税税款保管、支配使用权，收回海关行政和人事管理权，自主制定了六部税则。

① 汤象龙：《中国近代海关税收和分配统计》，中华书局 1992 年版，第 2 页。
② 张湘豫、杜志华：《简述近代中国海关税率的四次修订》，《河南商业高等专科学校学报》2000 年第 4 期。
③ 徐思彦：《关税与中外约章》，《历史教学》1992 年第 9 期。
④ 尉亚春：《中国海关关税税率的变迁（1912—2001）》，新疆大学，2001 年 5 月。

王永起的《浅析近代中国对外贸易的曲折发展与海关税率的变化（1840—1931）》硕士论文分三个时期对中国近代对外贸易的发展以及与海关税率变化的关系进行论述：第一时期从世界范围内的国际贸易兴起到中英鸦片战争；第二时期从 1840 年到 1894 年，鉴于贸易和税率的变化；第三时期从 1895 年到 1931 年。①

为维护其利益，旧中国政府展开了收回关税自主权的外交斗争。吴正俊对旧中国收回关税自主权的艰难历程进行了阐述，其文章认为，中国政府在历时数十年，历经艰辛，在各种力量的共同努力下，付出了沉重代价，最终在原则上收回了关税自主权，这在客观上具有争取民族独立与自由的意义。②

学界一般认为，近代中国长期低关税税率是造成中国经济落后的主因，但也有一些学者提出了不同的看法。陈赞绵、胡艳杰撰文指出：近代中国海关在鸦片战争后根据不平等条约的规定而设立，至 1845 年前，中英《南京条约》规定开辟的五处通商口岸俱征夷税，然而，整个近代中国却一直处于严重的低关税局面，这成了近代中国海关的异态之一，该文就这种局面形成的原因从三个方面加以论述：近代中国海关成立的特殊历史背景使其成为维护列强利益的工具，列强根据自身利益必然压低关税；近代中国关税自主权的丧失，列强强加给清政府的协定税则是近代中国低关税局面形成的最直接原因；列强对关税税则修改的种种限制又决定了近代中国一直处于低关税局面。③

冯杨的《低关税与近代中国经济发展研究》硕士论文④认为：近代中国经济中最突出的特点之一就是被迫实行超低关税，学术界一般认为低关税在我国近代经济中一直发挥着消极的作用，这只是从国际价值层面加以衡量，而忽略了近代中国综合的社会效益和经济效益。不能否认，低关税是西方列强将我国纳入世界市场的殖民工具之一，但同时，它也不自觉地从客观上促使了我国在世界性的自由贸易中获得很大收益。低关税是一把双刃剑，考察它在近代中国经济中产生的双重作用，尤其是其如何在客观

---

① 王永起：《浅析近代中国对外贸易的曲折发展与海关税率的变化（1840—1931）》，东北师范大学硕士论文，2004 年。

② 吴正俊：《旧中国收回关税自主权的艰难历程》，载《重庆交通学院学报》（社会科学版）2001 年第 4 期。

③ 陈赞绵、胡艳杰：《近代中国低关税局面形成的原因》，载《苏州市职业大学学报》2005 年第 1 期。

④ 冯杨：《低关税与近代中国经济发展研究》，西南财经大学硕士论文，2001 年。

上推动了中国经济在融入世界市场的过程中得以发展，对我国如今加入世贸、降低关税具有相当大的借鉴意义。

关税与厘金的复杂关系是近代中外经济关系中长期存在的重要问题，从晚清到民国，一直是外交谈判中的主要议题之一。

郑率的《近代中外经济关系中关税与厘金的纠葛》文章指出，从近代关税和厘金的纠葛来看，这是中国历届政府和列强为本国经济利益而进行的较量，也暗含了中国政府加强自身统治力量与列强控制中国这两者之间的冲突。①

朱洁论述了清末资产阶级改良主义者郑观应提出的改革厘金和关税制度的主张，其文章分析了这两种税收制度的弊端和解决办法，反映了中国早期民族工商业者发展本国经济的愿望。② 肖美贞对郑观应与张謇的厘税改革思想进行了比较后认为：近代民族企业家和思想家郑观应、著名实业家张謇都曾提出裁撤厘金、改革关税的主张，他们关于厘税改革的一些观点、主张有许多相似之处，如都对厘金制的弊端进行了激烈的批判，都主张改革关税以增加税收，并且都企图以国际公法为依据收回中国的关税主权，但在对国际公法的理解上，又不尽相同。③ 陈跃的《论厘金的裁撤及意义》一文指出，厘金制度的实施，支撑了晚清和北洋军阀的反动统治，同时严重阻碍了民族工商业的发展；它的裁撤虽然也支持了国民党的统治，却对现代社会的发展起到一定的积极作用。④

连心豪通过对厦门、泉州常关内地税个案的研究认为，地理概念上的口岸与内地分别指沿海港口和内陆腹地，但在近代中国，口岸是根据中外不平等条约的规定而对外开放的商埠，称为通商口岸，或称条约口岸、约开口岸；除此之外，即便是沿海港口亦属内地，这是中国近代半殖民地社会的特殊产物，完全是一种政治概念；作为出入境口岸，厦门充当了对外传播中华民族文化和吸纳外来文化的枢纽，同时也必然首当殖民文化之冲击；在经济贸易方面，在厦华商得以分沾外国商人在通商口岸所享有特权利益之余沥；厦门对地处沿海的泉州等内地具有通商口岸的优越感，并力图保持和维护这种经济贸易主从关系的优势地位，这在中国近代社会是一

---

① 郑率：《近代中外经济关系中关税与厘金的纠葛》，《史学集刊》2006 年第 6 期。
② 朱洁：《郑观应的厘税改革主张》，《廊坊师范学院学报》2001 年第 1 期。
③ 肖美贞：《试比较郑观应与张謇的厘税改革思想》，《甘肃农业》2004 年第 10 期。
④ 陈跃：《论厘金的裁撤及意义》，《芜湖职业技术学院学报》2005 年第 4 期。

种相当典型的现象。①

张生在其《南京国民政府的税收（1927—1937）》著作中指出：自1934 年税则颁布至抗战发生，关税税则本身十分稳定，但缉私渐成关税中之重要问题。作者在财政部的档案中看到的最早的走私报道是 1930 年12 月，当时，主要是南部沿海一带，财政部的对策是派员前去调查，并令华南各关税务司详细报告，还规定 100 吨以上的轮船或电动船，不准在本国与外国各埠间运行，违者扣留充公。客观地说，统税中有走私现象，但远较关、盐两税中轻微，所以，统税缉私也不像关、盐两税缉私那样始终为宋、孔二人所重视。实际上，统税机关长期没有自己的缉私队伍，平常有事，全靠其他税务机关的缉私队或地方警察。②

关税的征收与税率条则的制定，是主权国家最重要的行政权力之一，对于调剂与发展本国经济，具有极大的作用。李秀领《列强在华协定关税特权的废除》③ 一文认为，中国争取关税自主的进程越来越取决于中国自己的抗争，至 1930 年终于从法理上废除了协定关税制度，使列强失去了干涉中国关税事务的条约依据，至少也使列强干涉中国海关的程度和方式发生了变化；自 1932 年 3 月 1 日，关税税款全部集中存在中央银行，结束了关税税款一直存于外国在华银行且听凭列强支配的局面。至此，列强在华享有的协定关税特权被废除。

值得一提的是，史学大师郭廷以的弟子王尔敏先生研究学问谨严真诚，王尔敏先生花了 30 多年的时间写就的《五口通商变局》一书，④ 虽非直接探讨近代中国关税问题，但就近代中国开埠通商问题的研究新意迭出，如该书认为近代中国自来就是开放的，并没有闭关绝市；鸦片战争前清廷限制洋商在广州一口通商是前朝定制，也是一个主权国家体制尊严的体现，无可非议；中国封贡制度值得肯定；明清两代 500 余年，中国之被称为"天朝"是世界之公理、天下之公义；前代国人有资格自大等观点，令人耳目一新。

关税自主权是一个主权国根据国家的需要，自行依法制定并实施国家关税税则而不被他国掣肘和牵制的权利。学界一般完全抨击近代中国

① 连心豪：《近代中国通商口岸与内地——厦门、泉州常关内地税个案研究》，《民国档案》2005 年第 4 期。
② 张生：《南京国民政府的税收（1927—1937）》，南京出版社 2001 年版，第 25—26、77页。
③ 李秀领：《列强在华协定关税特权的废除》，《江海学刊》1997 年第 4 期。
④ 王尔敏：《五口通商变局》，广西师范大学出版社 2006 年版。

"协定关税制度"，有学者提出新看法，如王国平的《论近代中国的协定税则》一文详论了协定税则与片面协定税则的内涵，他指出协定税则是国际贸易发展的产物，是国际贸易格局中普遍适用的关税制度，协定税则并不必然对国家的关税主权构成侵犯，只是作为协定税则形式之一的片面协定税则才对国家的关税主权构成侵犯。鸦片战争前，清政府的税则制度是自主单一税则制度，近代中国的关税税则是列强强加于清政府的片面协定税则，近代中国的税则制度对中国造成的危害和屈辱并不在于它是协定税则，而是因为它是片面协定税则。在论及近现代中国关税制度时，应区分协定税则的不同形式，以利于准确地表述协定税则与国家关税主权的关系和准确地揭示中外不平等条约中的协定税则作为"片面协定关税"的特性，以利于对中国近代的协定税则作准确严谨的评判。① 蔡晓荣的《对近代中国第一个海关税则的一点新认识》一文认为，第一次鸦片战争前后，在清政府"抚夷"的外交背景之下，中英双方最终通过"协定"产生了近代中国第一个海关税则，这个税则在侵蚀中国关税自主权的同时，也在一定程度上为中国当时的关税体制和财政制度带来了一些新的经济因素。②

（二）战时中国海关问题研究

海关是一个国家监督管理进出口国境的货物、物品和运输工具并执行关税法规及其他进出口管制法令、规章的行政管理机关，其监督管理职能，主要体现在海关监管、海关征税、海关缉私和海关统计等四个方面。③ 可见，海关是关税征收的主体，对近代关税征收机关的研究实际上就是探寻近代中国海关的变迁。

近代中国海关，④ 一方面是作为资本主义因素出现在中国的，这就不可避免地带进了资本主义的新事物；另一方面，也是主导方面，它是作为维护、发展列强在华经济的工具。

近代中国海关实行的是一套外籍税务司制度，它涉及的业务非常庞杂，除征收对外贸易关税、监督对外贸易之外，还兼办港务、航政、气

---

① 王国平：《论近代中国的协定税则》，《江海学刊》2003 年第 3 期。
② 蔡晓荣：《对近代中国第一个海关税则的一点新认识》，《福建论坛》（人文社会科学版）2003 年第 4 期。
③ 赵林如：《市场经济学大辞典》，经济科学出版社 1999 年版，第 574 页。
④ 涉及抗战时期中国海关问题的著作主要有：陈诗启的《中国近代海关史问题初探》和《中国近代海关史》、蔡渭洲的《中国海关简史》、赵淑敏的《中国海关史》、姚梅琳的《中国海关史话》等。

象、检疫、引水、灯塔、航标等海事业务，同时还经办外债、内债、赔款及以邮政为主的大量洋务，并从事大量的"业余外交"活动，涉及近代中国财政史、对外贸易史、港务史、洋务史、外交史以及中外关系史等专门学科。

最早全面阐述抗战时期海关机构变迁的资料性书籍是国民政府行政院新闻局于 1947 年编写出版的《关政》，该书简要地回顾了我国关政沿革情况，并阐述了关税自主、抗战时期的关政和抗战胜利至 1947 年的关政情况。[①]

陈诗启倾注了 30 多年的艰辛心血，以惊人的毅力和深厚的功力，先后在 78 岁和 84 岁高龄完成了《中国近代海关史（晚清部分）》和《中国近代海关史（民国部分）》两部巨著（计 91 万字），填补了历史学领域长期遗存的一大空白，为中国近代海关史研究留下了传世之作。他的《中国近代海关史》是研究抗战时期中国海关开拓性著作，该书中第三十八章日本大举入侵东北和东北海关的沦丧，"华北特殊化"和规模空前的武装走私狂潮；第三十九章海关缉私问题；第四十一章中国近代的海关税则和国定税则的修改摆脱不了列强的掣肘；第四十三章抗战全面爆发，总税务司奉命厉行战时措施，税务司署留驻上海公共租界；第四十四章日本侵夺沦陷区海关税款保管权和英日关于中国海关问题的非法协定，日伪接管江海关；第四十五章适应战时的缉私措施；第四十六章太平洋战争爆发和总税务司署的分裂，美员李度出任总税务司和华员丁贵堂擢升副总税务司及其开拓新疆海关，重庆区税务员改善待遇运动；第四十七章适应战时需要海关关税制度的变革和海关任务的转变，外债赔款的停付和海关《公库法》的施行，各国声明放弃庚子赔款，比较全面系统地阐述了抗战时期中国海关机构的变迁、职能的变化以及中国政府在收回海关主权方面所作的种种努力。[②]

蔡渭洲的《中国海关简史》一书，简要论述了国统区的海关行政、海关税收及海关缉私，他指出，纵观抗战以来的海关行政，海关华洋官员人数比例及华员地位开始发生较明显的变化，但这些变化并未能从根本上改变海关受控于某一个或几个帝国主义国家的半殖民地性质，也未能革除推行了近九十年的外籍税务司制度；战争期间，海关组织经历了动荡、洗劫，多有增减，但在行政制度和组织机构上仍维持了昔日的面

---

①　行政院新闻局编：《关政》，行政院新闻局出版 1947 年版。

②　陈诗启：《中国近代海关史》，人民出版社 2002 年版。

貌，并无大的更改，海关仍在维护帝国主义的在华势力和国民党统治中发挥着作用；为筹措经费，扩充财源，国民政府对海关所征各税多次进行调整；总的来看，战时无论海关还是财政部缉私署，在缉私工作上，虽有所努力但均无明显的作为，一些官员甚至收受贿赂，暗助走私。①《中国海关简史》一书也附录了大量参考文献资料，尤其是一些论文资料非常珍贵。

赵淑敏著的《中国海关史》不仅阐述了中国海关发展的沿革历程（分闭关自守到通商开埠、协定关税时代的海关、关税自主后的海关），而且还详细分析了近代中国关税税则的修订、关税的分类、关税与中国财政之间的关系以及关税与中国的经济发展变化），该书条陈缕析，思路开阔，论证充分，还附录了大量的中英文参考资料，为我们进一步研究近代中国海关提供了便利。是非常好的一本关于近代中国海关关税沿革的参考书，本人为此获益匪浅。但该书有关抗战时期的中国关税问题的阐述非常简略。

对海关历史的研究又是建设海关管理理论的重要组成部分。通过分析中国海关的各种历史现象，剖析各历史时期海关管理理念、管理内涵、管理技术、管理方法，辩证地评价历代海关管理的得失，可以研究总结中国海关管理制度或体制的发展规律和历史经验，为海关管理理论体系的完善和海关制度的建设提供参考。

姚梅琳以多年来探索中国海关史的心得为基础，利用中外学者的研究成果和丰富翔实的资料，加以系统梳理，选取了 150 项涉及中国海关的重大历史事件、重要人物、重要制度、重要管理思想或理念等方面的内容，运用易于理解的文字，生动流畅地叙说端详，撰写了《中国海关史话》，该书不仅介绍中国古代海关的产生和发展，而且还介绍近现代中国的屈辱历史，有利于读者了解中国海关历史发展的始末，增长并丰富历史知识，领会海关历史文化的深厚底蕴，这也是该书的优点和特色。该书有许多部分可资参考，如片面协定关税的由来、1843 年海关税则、值百抽五、子口税制度、复进口税、不平等条约减免税制度、1858 年海关税则执行中的变异、近代中国保税仓库制度、税务处的设立、海关隶属关系变更的背景、收回海关主权的呼吁、反对关税特别会议、四部国定税则的颁布、抗战时期及战后的海关管理的论述。②

---

① 蔡渭洲：《中国海关简史》，中国展望出版社 1989 年版。
② 姚梅琳：《中国海关史话》，中国海关出版社 2005 年版。

　　其他论述抗战时期中国海关的论著主要是论述抗战时期日本侵占中国华北海关及其后果以及 1938 年英日为了各自利益而牺牲中国签订关于中国海关问题的非法协定的评述,如曾业英的《日本侵占华北海关及其后果》论述了日本侵占华北海关及其后果,日本对我国华北各海关久存觊觎之心。① 1937 年发动全面侵华战争之前,它一度与政治上的"华北自治运动"相配合,企图通过有组织的海关走私活动,实现其"华北海关独立"的目的。王洪涛的《浅谈日本对华北海关的侵占》一文认为,"七七事变"前后,日本觊觎中国海关,首先把魔爪伸向了华北海关,开始争夺华北海关的关税保管权和行政管理权。南京国民政府实行亲英美政策,而英国试图把战争祸水引往苏联,对日步步妥协。日本渗透中国华北海关的阴谋步步得逞。华北海关被日本掌控,华北的政治、经济遭到很大损害,并加重了中国抗战的困难。② 吴铁稳、张亚东撰文指出:19 世纪中叶以后,中国海关即处于英国为首的西方列强控制下,成为它们侵略中国的重要工具之一,关税也逐渐成为外债和赔款的担保品。对于英帝国主义长期把持中国海关大权,日本帝国主义久怀觊觎之心,在发动全面对华侵略以后,就对海关税款展开劫夺。1938 年 5 月,英日签订《关于中国海关问题的协定》,它是在完全把中国排除在外的情况下签订的,给中国的抗战带来深重灾难,极大地鼓励了日本的侵略野心,此后更加变本加厉地侵略中国和英国在远东的利益。③ 邱霖通过对1938 年英日签订《关于中国海关的非法协定》的研究,指出:认清英国推行"远东慕尼黑"的阴谋,有助于了解英、日等帝国主义侵略中国的罪行。④

　　相关论述还有孙修福的《试论近代海关监督及其维权斗争》,文章认为,关税是国家税收的重要组成部分,负责关税征收和保管的海关监督历来是个肥缺,炙手可热。中国近代海关大权自操于外国人之手以后,原拥有主管海关大权的海关监督,其地位越来越低,职权也逐渐被剥夺,甚至变成徒有虚名的傀儡;而外籍税务司不断与监督争夺管理海关权力,反客

---

　　① 曾业英:《日本侵占华北海关及其后果》,《近代史研究》1995 年第 4 期。

　　② 王洪涛:《浅谈日本对华北海关的侵占》,《江西师范大学学报》(哲学社会科学版) 2005 年第 5 期。

　　③ 吴铁稳、张亚东:《论 1938 年英日关于中国海关问题的非法协定》,《湖南科技大学学报》(社会科学版)2006 年第 3 期。

　　④ 邱霖:《论 1938 年海关协定和英日在华冲突》,《南京建筑工程学院学报》(社会科学版)2001 年第 1 期。

为主，俨然成了中国海关的主人，形成一种世所罕见的畸形关系。海关监督为了维护国家主权，围绕监督的地位和权力进行坚持不懈的斗争。随着中国关税自主进程的改变，海关华员的地位不断提高，特别是抗战胜利后，许多海关的负责人已是华人，海关的监督职能已失去作用，最终走向消亡。① 张少华撰文指出：随着近代中国社会的开放，关税在中国政府财政收入中所占的比重日益重要。中国政府对其重视程度也随之增长，该文叙述了近代中国关税控制权逐步丧失的详细过程，分析了列强谋夺中国关税控制权的特点，并简要分析了关税控制权失落的影响。② 吴亚敏指出：中国海关在中国内战（1911—1937 年）中的"中立"，是指中国海关在中国发生内部纠纷时，严格奉行"不介入政争党争"的政策，在中央政府与地方政府、地方政府与地方政府之间保持中立，使海关的"征收、保管和汇解关税"工作不受中国内部纷争的影响，维护外籍税务司制度，从而达到维护西方各国在中国的航运、贸易和金融利益的目的，显然作者是根据海关中立原则的发展和在各时期的特点所作阐述，揭示了近代中国海关"中立"的本质在于获取更大的经济利益。③ 郭亚非的《试论云南近代海关》④ 一文主要论述了云南近代海关形成及其演变的历史过程，帝国主义对海关行政权和关税权的侵夺，使云南近代经济的发展受到危害。郭亚非的《再论云南近代海关》主要论述云南近代海关税率，在国民政府税制改订下的具体规定，以及税制等变动后在云南对外贸易中的反映。⑤ 刘云长的《南京国民政府初期的税务整顿》一文指出，南京国民政府成立初期，为增加财政收入，扭转财政混乱和亏空的局面，巩固统治地位，采取了一些稳定财政的经济措施，整顿税务是其主要措施之一，重点是收回海关自主权，整顿关税和盐税、裁撤厘金并改征货物统税。⑥

（三）战时关税问题研究

抗战时期国民政府关税政策及其实施是抗战经济史、民国海关史研究

---

① 孙修福：《试论近代海关监督及其维权斗争》，《民国档案》2005 年第 4 期。

② 张少华：《近代中国关税控制权的失落》，《文教资料》2005 年第 32 期。

③ 吴亚敏：《论海关在中国内战中的中立原则》，《福建论坛》（人文社会科学版）1992 年第 2 期。

④ 郭亚非：《试论云南近代海关》，《云南师范大学学报》（哲学社会科学版）1995 年第 2 期。

⑤ 郭亚非：《再论云南近代海关》，《云南师范大学学报》（哲学社会科学版）1996 年第 2 期。

⑥ 刘云长：《南京国民政府初期的税务整顿》，《历史教学》1996 年第 8 期。

中的一个重要问题，战时关税问题具有重要的学术价值和学术意义。但笔者目前所能查到的许多论著大多仅是涉及，或语焉不详，全面系统地阐述这一问题的专论甚少。

如前述叶松年所著的《中国近代海关税则史》一书虽然是全面分析了近代中国海关税则演变的历史，但对抗战期间国民政府的关税政策及其实施过程，仅在其著作第 361 页提到："抗战期间，（南京国民政府）为适应非常时期的需要，以 1934 年税则为基准，曾进行数次的局部调整，实行一些临时性的权宜措施，例如，1939 年 7 月 2 日，公布《非常时期禁止进口物品办法》，附订《禁止进口物品表》计 168 号列，凡奢侈品或半奢侈品大多列入禁止进口之列。1939 年 9 月，公布《进口减税办法》。为奖励输入抗战必需物资，对必需品的进口税率按 1934 年进口税则征 1/3。抗战结束后，此项减税办法停止执行，恢复 1934 年税率。"

通论类著作主要有：童蒙正①的《关税概论》和《关税论》，关吉玉②的《中国税制》，赵淑敏的《中国海关史》，陈诗启的《中国近代海关史问题初探》，蔡渭洲的《中国海关简史》，陈诗启的《中国近代海关

---

① 童蒙正（1903—1989），字果顺，新中国建立后以字代名，龙游人。1923 年毕业于北京中国大学商科，任北京《京报》经济版编辑，兼中国大学出版部主任。后任北京银行公会创办的《银行月刊》编辑。1926 年冬留学日本明治大学专攻财政金融学科。1929 年 4 月学成回国，任国民政府立法院统计处《统计月报》编辑。1930 年，任国民政府主计处岁计局地方预算审核。同年任国防设计委员会专员，主持地方财政调查研究工作。主编江、浙、赣、皖、鄂、湘、鲁、豫、陕、晋、冀、察哈尔、绥远、南京、北平、汉口等省市地方财政实地调查报告，足迹遍及大江南北，调查数据翔实，颇具史料价值。抗日战争爆发后，任财政部钱币司技正帮办，协助金融行政工作。不久调任外汇管理委员会处长，主持进出口外汇审核。1942 年，任交通银行总管理处储蓄部副经理、经理，直到抗日战争胜利。1947 年，任浙江省银行常务董事兼总经理，次年初辞职。1950 年，应邀至上海商业专科学校执教，加入中国民主建国会。后进上海健轮织布厂任会计、统计、计划等工作。1956 年评为先进工作者。1958 年被错划右派。1982 年 10 月任上海市文史馆馆员。1985 年平反纠错，恢复公职。建国前，曾兼任南京中央政治学校、中央大学和文化学院等院校教授。在金融界工作近 20 年，两袖清风。工作之暇，潜心著述，著作有《中国陆路关税史》、《中国之汇兑》、《关税论》、《关税概论》、《财政学》、《中国营业税之研究》、《瓦格涅财政之提要》、《中国战时外汇管理》等。

② 关吉玉（1899—1975），中国国民党政府高级官员。奉天辽宁（今辽宁）人。字佩恒。1924 年入北京朝阳大学，毕业后留学德国柏林大学。1932 年回国，历任财政部天津统税查验所查验员、主任、所长。1934 年任庐山军官训练团教官。1935 年随军入川，参与"围剿"红军。1940 年任江苏省财政厅厅长。抗日战争胜利后，曾任松江省政府主席、东北行辕经济委员会主任委员、粮食部政务次长。1949 年调任蒙藏委员会委员长，曾主持十世班禅坐床大典。同年去台湾。曾任台湾"考试院"秘书长、高雄硫酸亚公司董事长等职。

史》，陈大钢的《海关关税制度》，戴一峰的《近代中国海关与中国财政》等。①

厘清抗战时期的关税税率是研究抗战时期关税问题的一个重要内容，学界虽然注视不够，但已有一些专家学者试图展开全面论述，比较重要的论著有：赵淑敏的《中国海关史》，该书虽然名为研究近代中国海关全史，实际上大部分主要论述近代中国海关税则沿革，如全书共五篇，除了第一篇论述中国海关发展的沿革外，其他各篇主要阐述关税问题，如第二篇分析近代中国关税税则的演变与修订，第三篇阐述近代中国关税的种类，第四篇论述关税与中国财政之间的关系，第五篇论述近代中国关税与中国的经济发展，文章在涉及抗战时期国民政府关税政策及其实施方面较为简略。

孙文学主编的《中国关税史》系统全面地叙述了中国3000年关税发展的历史史实，客观地评价了历代关税的利弊得失及其历史作用，从而揭示了关税这一范畴的内在运行规律，该书将历史上的关税方针、政策、征管中的经验、教训以及关税的运行规律进行了深刻的总结，对现行的关税方针政策及征管办法作出了如实的反映，是一部贯通古今的专业通史。书中第十一章抗战时期的国民政府关税，从抗战时期的国民政府政治经济概况与关税政策、抗战时期的国民政府关税税则、抗战时期的国民政府关税收入以及抗战时期国民政府的海关行政管理四个方面论述抗战时期的关税问题，但该段专题论述绝大部分直接采用了《财政年鉴（续编）》和《财政年鉴（三编）》的原文，缺少其他相关史料的支撑和论述。②

---

① 涉及抗战时期关税问题的论述主要有：关吉玉：《中国税制》，经济研究社1945年版；童蒙正：《关税概论》，商务印书馆1946年版；谷志杰：《关税概论》，中国财政经济出版社1989年版；陈诗启：《中国近代海关史问题初探》，中国展望出版社1987年版；陈诗启：《中国近代海关史》，人民出版社2002年版；蔡渭洲：《中国海关简史》，中国展望出版社1989年版；[日]久保亨：《抗战时期中国的关税贸易问题》，载张宪文等编《民国档案与民国史学术讨论会论文集》，档案出版社1988年版，第514—519页；郑友揆：《中国的对外贸易和工业发展（1840—1948）——史实的综合分析》，程麟荪译，上海社会科学院出版社1984年版；戴一峰：《近代中国海关与中国财政》，厦门大学出版社1993年版；张鸿春：《关税概论》，台北世界书局1977年版；赵淑敏：《中国海关史》，台北"中央"文物供应社1982年版；叶松年：《中国近代海关税则史》，三联书店1991年版；崔国华主编：《抗日战争时期国民政府财政金融政策》，西南财经大学出版社1995年版；陈大钢编著：《海关关税制度》，上海财经大学出版社2002年版；孙文学主编：《中国关税史》，中国财政经济出版社2003年版；孙宝根：《抗战时期国民政府缉私研究（1931—1945）》，中国档案出版社2006年版。

② 孙文学主编：《中国关税史》，中国财政经济出版社2003年版。

陈诗启的《中国近代海关史》①一书，不仅分析了近代以来中国海关关税税则的演变过程、近代中国海关关税的作用和分配问题，而且也分析指出历次国定进口税则的修订摆脱不了列强的掣肘。该书第四十七章专门论述了国民政府为适应战时需要将海关关税制度进行变革，简要分析了抗战时期海关进出口税则的修订、转口税的整理、转口税的裁撤和战时消费税的开征。战时中国海关的任务发生了重大转变——"此时原以收税为重要任务的海关一变而为散处内地之惟一缉私机关。此为海关90余年历史之重要变化。"②

蔡渭洲的《中国海关简史》一书在第四章《帝国主义控制下的近代半殖民地海关（下）》第四节《抗战时期的海关》一节中不仅论述了国统区海关（海关行政、海关税收、战时走私与缉私），而且论述了沦陷区海关（税款管理权丧失、沦陷区海关关税、沦陷区海关行政），并指出："由于日军大举进犯，沿海重要口岸及工业中心城市沦陷，直接由总税务司统辖的海关不断减少，外汇和物资匮缺，财政与经济均处于一片混乱，海关税收锐减，但财政支出急剧增长为筹措经费，扩充财源，国民党政府对海关所征各税多次进行调整。抗战时期，国民党政府对进出口贸易实施一些临时管理措施，但征收进出口税均以1934年税则为基础。"③ 这些论述使笔者受益匪浅。

尉亚春硕士论文专门研究了1912年到2001年中国海关关税税率变化的历史，该文不仅对北洋政府在巴黎和会、华盛顿会议、关税特别会议上为恢复中国关税自主权所做的工作作了客观的评价，承认它的积极性和对中国关税自主运动的推进作用；对《中日关税协定》做了实事求是的判断，指出这是一个不平等的双边贸易协定，不是一些学者所说的片面协定税则；而且该文还比较详细地列出近代以来中国海关税率变化的脉络，对国民党统治时期中国海关税率做了划阶段分析，肯定了一些进步作用；并指出，在抗战全面爆发前，中国部分地做到了关税自主；在抗战胜利后，中国基本上做到了关税自主。④

日本学者久保亨《抗战时期中国的关税贸易问题》一文以抗战时期国民政府进口关税政策和进口贸易政策为例探讨抗战时期国民政府的经济政策，他指出，国民政府对于进口贸易的各种措施分为两个阶段，第一阶

① 陈诗启：《中国近代海关史》，人民出版社2002年版。
② 同上书，第841页。
③ 蔡渭洲：《中国海关简史》，中国展望出版社1989年版。
④ 尉亚春：《中国海关关税税率的变迁》，新疆大学，硕士论文，2001年。

段，是以限制非必需品进口和禁止敌货进口为主；第二阶段，是以鼓励必需品进口为主的一个阶段，促进西南西北进出口贸易，争取战略物资进口支持抗战。接着他分析了沦陷区傀儡政府施行的"新关税政策"虽然促进了日本对华输出，但是它同日本政府的战时经济战略却产生了严重的矛盾。最后他得出结论：不管在国统区或者在沦陷区，对于进口关税和进口贸易的政策如何变化，其内容与作用都有很大的区别。国民政府方面，先是为了限制进口贸易，其后又为了促进进口贸易，因而有效地运用了各种政策。这些活动确实对于维持抗战产生了积极作用。与此相反，傀儡组织方面，尽管竭力向日本帝国主义提供了低率进口税等有利条件，可是到头来却产生了矛盾，结果是徒劳无功。①

从 1936 年起，随着国际局势日益恶化和中日战争阴影逐渐迫近，学术界开始关注国民政府困厄不堪的财政状况。一些著名学者和政要如马寅初、钱俊瑞、千家驹、何伯雄、章乃器、张一凡、朱偰、丁洪范、何廉、孔祥熙等，纷纷发表文章，阐述自己的战时财政主张。学者们在筹划解决这些问题时，对战争可能给中国经济造成的巨大破坏有一个清醒的认识。他们认为战端一开，中国财政的主要来源：关税、盐税和统税，将大幅度减少。② 以关税为例，战争爆发后，日本必将封锁中国沿海通商口岸，使中国对外贸易受到严重影响，所以"关税收入减少，自为意想中事"③。在抗战时期，宋同福撰写《战时关税》④ 一文，详细论述了战时（1937年 7 月—1943 年年底）关税问题；马寅初是我国著名的经济学家。一生著述颇丰，对各种经济问题都有其深刻的见解，他在抗战全面爆发前以及抗战时期对关税问题的一些重要论述，曾或多或少地影响国民政府战时税收政策的制定，并产生一定的社会影响。⑤ 黎建军撰文指出：从第一次世界大战结束后到抗战全面爆发前，他主张依靠民族资本集团，通过资本主义生产方式下的扩大再生产，发达中国民族工业，与西方资本竞胜，达到其"实业救国"的目的。因此，这个时期，围绕着如何发达民族资本集团这一核心问题，他主张对内实行自由经济，要求政府不干预经济，对外

---

①　[日] 久保亨：《抗战时期中国的关税贸易问题》，载张宪文等编《民国档案与民国史学术讨论会论文集》，档案出版社 1988 年版，第 514—519 页。

②　张鸿石：《1936—1937 年中国学术界的战时财政主张》，《河北学刊》1996 年第 3 期。

③　朱偰：《中国战时财政之出路》，《东方杂志》33 卷 7 号，1936 年 4 月 1 日。

④　宋同福：《战时关税》（上），《经济汇报》第 9 卷第 3 期，1944 年 2 月 1 日；宋同福：《战时关税》（下），《经济汇报》第 9 卷第 4 期，1944 年 2 月 16 日。

⑤　马寅初：《中国关税问题》，商务印书馆 1930 年版；马寅初著，田原主编：《马寅初全集》，浙江人民出版社 1999 年版。

主张实行适度的保护贸易，要求从外人手中收回关税自主权，以关税保护民族资本集团的利益。在收回关税自主权的依靠力量上，他经历了由依靠北洋政府到依靠民众、依靠民族资本家，最后到依靠南京国民政府的多种变化。而其在五卅时期提出的以抵制洋货代保护关税思想，则是其依靠民众力量收回关税自主权的尝试，表现出中国民族资产阶级上层一定程度的反帝要求。但是，马寅初这一尝试最终以失败告终，其根源则在于民族资产阶级上层的软弱性。① 牛林豪的硕士论文《1945 年前马寅初财政金融思想研究》指出，财政金融思想是马寅初整个经济思想体系中最为完整、理论性也最强的部分。其中马寅初对财政和金融问题的观点和主张，可视为当时国民政府财政、金融制度和政策嬗变的权威性解读。作者选取了1945 年以前马寅初的财政金融思想作为研究对象，分为两个时期（即1937 年前和 1937—1945 年）进行系统研究。主要思想包括整顿财政、税制改革、保护关税、整理债务等五方面内容。其中在保护关税方面，他主张政府应抵制洋货和维护关税，以平等贸易为原则。②

财政在国家生活中处于十分重要的地位。战时财政作为非常时期的财政范畴，其军事和经济地位都相当重要。孔祥熙对此有着确切的说明，他指出："财政为庶政之母。所有国家政治、经济、军事、外交各种设施，皆赖有健全之财政政策为之策动，国家整个政策之能否推行，全恃财政情形以为转移。至于战时财政尤关重要。战时一切军需调度、物资接济、兵员补充、伤兵难民之救护，在在均需巨款，财政关系尤为重大。战事相持愈久消耗财力愈多，故持久战亦可谓之财政战。"战时"战费之筹措，无不以增税与借债同时并进，但出自税收愈多者，其政策愈为健全，故为树立健全之战时财政政策，应以公债为主干，以增税为后盾，以极谨慎之发钞流通产业金融为临时之补充"③。

一些学者专门研究孔祥熙的财政理论和财政实践。如吕志茹的硕士论文《孔祥熙与战时财政》对孔祥熙主持下的战时财政做了全面研究。全文分四个部分：第一部分阐述了孔祥熙筹划财政收入举措，指出孔祥熙主

---

① 黎建军：《试论五卅时期马寅初收回关税自主权思想》，《江西财经大学学报》2001 年第5 期。

② 牛林豪：《1945 年前马寅初财政金融思想研究》，河南大学，硕士论文，2005 年。

③ 《孔祥熙战时财政与金融》、《全国财务人员训练所开学典礼训词》，载刘振东编《孔庸之先生演训集》，台北文海出版有限公司 1972 年版，第 239、353 页。孔祥熙：《四年来的财政金融》，中国国民党中央宣传部印行，1941 年，第 2—5 页。孔祥熙：《抗战以来的财政》，胜利出版社 1942 年版，以下简称《抗战以来的财政》，第 4—6 页。

要从增税、募债、发钞三方面来增加收入，重点说明孔制定各类措施时的认识及所取得的效果。第二部分阐述孔祥熙对财政管理方面的调整，包括机构调整、收支系统改订、国库管理及人员考训，指出这些举措有利于战时财政效能的增强。第三部分分析财政支出的分配，明确孔祥熙及其所代表的国民政府的施政重心。第四部分在总结全文的基础上得出孔祥熙战时财政的特点及成效与不足。文章认为，孔祥熙在制定财政政策时，不仅借鉴了国外的先进经验，而且具有战时应急性特点，同时也反映出孔的一些先进的理财思想。基于上述分析，作者认为孔祥熙的战时财政措施虽有诸多不足之处，如引发了严重的通货膨胀，措施推行不力等，但基本上是成功的，它不仅支持了抗战，促进了生产，而且一些举措具有划时代意义，促进了财政体制的现代化。孔祥熙在战时极端困难的条件下，综理财政，对维护民族生存所做的贡献，是值得肯定的。①

抗战时期，身为国民政府财政部长的孔祥熙提出了一套系统的战时财政理论。有一个重要观点就是主张实行以借债为核心的战时财政政策来应付战争需要。蔡志新撰文指出：显然，孔氏在理论上主张实行以借债为核心，以增税、发钞为补充的战时财政政策。他之所以持有这种观点，既是他在权衡借债、增税、发钞的利弊的基础上得出的结论，又是他在借鉴西方国家战时财政的历史经验之后得出的认识，孔祥熙仅仅在抗战初期信守过这一观点，在抗战中后期则改弦易辙，实行了以发钞为核心的战时财政政策。他还指出：有两位学者对孔氏的战时财政政策做过初步研究，一位是丁孝智，他在《西北师范大学学报》（社会科学版）1996 年第 2 期发表《孔祥熙战时财政政策及其评价》，对孔氏战时财政政策的具体内容作了简介和评价。另一位是杨斌，他在《民国研究》第 3 辑（南京大学出版社 1996 年版）中发表了《孔祥熙与战时财政金融政策》，对孔氏在抗战时期实行的一系列财政金融政策作了较详细的述评。但是，由于研究视角的局限，这两位学者都未涉及孔氏的战时财政理论，也没有指出孔氏的战时财政政策在抗战不同阶段的明显变化及其形成原因和历史效应。②

刘冰的《抗战期间国民政府的赋税政策》指出：国民政府在战争爆发后立即对关税进行了整理，其主要目的：一为增加税收；二为构成经济防线为配合军事防线。所以，战时关税政策的实施，一方面在于便利必需品进口，防止非必需品及奢侈品进口；另一方面则奖励土货及非必需品出

① 吕志茹：《孔祥熙与战时财政》，河北大学，硕士论文，2004 年。

② 蔡志新：《孔祥熙的战时财政理论和战时财政政策》，《历史档案》2006 年第 1 期。

口，防止与军事有关的国货及资敌物品出口，并在不违背上述原则的前提下谋增加关税收入。国民政府在抗战期间的赋税政策，虽因其本身的腐败，未能充分发挥作用，存在多种弊端，但它毕竟在保证国库收入，维持战时供需，支付巨额军费等方面，对坚持抗战最后胜利起了一定的积极作用，因此，应当基本予以肯定。①

郑会欣、刘冰的《抗战初期国民政府财政金融政策述论》指出：抗战全面爆发后，国民政府为应付时局变化，稳定后方金融并支付日益庞大的财政开支，先后制定了一系列财政金融措施，对战前经济政策进行了一些改革。然而，由于抗战时期各个阶段的局势不尽一致，国民政府所采取的财政金融政策措施及其所产生的效果亦不尽相同，对此应分时期具体分析。抗战全面爆发后，我国关税损失严重，因此，国民政府在抗战初期采取了一些整顿关税的措施，但只是在调整进出口货物与扩大转口税等方面收到一些成效。②

叶玮对 20 世纪 30 年代初期国民政府进口关税征金改革进行了阐述，其文章认为，1930 年南京国民政府实行的进口关税征金改革，是中国关税自主的体现，不但增加了海关实际税收，改善了当时政府的财政状况，巩固了刚建立的政权，而且成功地避免了因金贵银贱而在偿还外债赔款时所承受的巨额损失，维护了中国的正当权益，进口关税征金改革是中国近代关税史上一次比较成功的改革，值得肯定。③

龚辉的《论国民政府战时关金政策的演变——兼论抗日战争期间中日财政金融的争斗》一文认为，1930 年南京国民政府在海关进口税计征中实施关金政策，确保了关税收入的持续增长，稳定了政府的财政，促进了国民政府的巩固。抗战全面爆发后，国民政府不断调整关金政策，将原本专用于关税缴纳的特殊票据关金券用于公债募集，并用作市面流通的货币，从而极大地发挥了关金政策的抗战功用。关金政策作为南京国民政府为避免税收损失而被迫实施的一项权宜之计，通过有效地运用了货币结算这一金融手段，从而在财政收入上获得了良好的功效。抗战全面爆发后，国民政府继续坚持海关金单位的税款征收制度，而且此时的海关金单位制

①　刘冰：《抗战期间国民政府的赋税政策》，原载《抗日战争史事探索》，上海社会科学院出版社 1988 年版，又载赵铭忠、陈兴唐主编《民国史与民国档案论文集》，档案出版社 1991 年版，第 427—438 页。

②　郑会欣、刘冰：《抗战初期国民政府财政金融政策述论》，载张宪文等编《民国档案与民国史学术讨论会论文集》，档案出版社 1988 年版，第 462—475 页。

③　叶玮：《30 年代初期国民政府进口关税征金改革述论》，《民国档案》2001 年第 3 期。

度在发挥原有的稳定关税的作用的同时，还起到了抵制日伪劫夺税款的作用。此外，国民政府还积极地扩展关金券的用途，试图通过更大范围的金融活动来缓解严重的财政经济危机。战时的财政在税收短绌、借款未成的情况下，财政开支在很大程度上只能依靠募集公债与发钞，而在这两项根本的财政手段中，国民政府都积极主动地运用了关金政策。关金公债的发行，虽然实际销售情况并不理想，但无论后来关金债券被用作借款还是垫款的抵押，都便利了国民政府得到急需的现金用于各项财政开支。关金券改按新定价的发行，替代法币执行流通手段的功能，实现了货币的多元化。一方面抵制了日伪利用法币向大后方抢购物资的货币进攻；另一方面直接向国民政府提供了维持抗战所需的大量现款，同时也减轻了实施通货膨胀政策时对于增发法币的依赖一定程度上延伸了政府继续执行通货膨胀政策的空间。由此可见，抗战时期关金政策的实施无论是对政府筹集资金维持自身的经济抗战能力、安定民心，还是用于对敌经济、抵御日本侵略方面都起了不容否认的的积极作用。①

莫建明的《抗战时期国民政府财政危机研究》硕士论文指出，抗战时期是我国历史上一个政治、经济极为动荡的时期，为各项经济问题的研究提供了极佳素材，尤其是财政危机问题。从财政危机的发生、发展到整个财政的完全崩溃，其表现极为典型。而且，在整个危机过程中，各项财政政策的效果非常显著，对财政状况的影响有很深刻的表现。因此，抗战时期的财政危机现象为我们研究财政危机问题提供了一个典型范例。通过对这一时期财政危机的发生、发展，以及在此过程中国民政府为解决此问题而制定的各项财政政策效果的剖析，揭示财政危机的机理以及国民政府财政政策的成败利钝，为我国当前的财政改革提供有益参考，以推动公共财政实践的顺利进行。②

国民政府在制定统制经济政策时曾多次强调，"战时经济统制之目的，原在发挥经济效率，增强抗战力量，而不在使政府机关牟利。例如出口物资之统制，应着眼于换取外汇，交易物资，故一面应使出口物资集中，一面应奖励其大量生产"③。虽然很多人都认为，抗战时期国统区物

① 龚辉：《论国民政府战时关金政策的演变——兼论抗日战争期间中日财政金融的争斗》，《军事历史研究》2005 年第 2 期。

② 莫建明：《抗战时期国民政府财政危机研究》，西南财经大学，硕士论文，2003 年。

③ 《军事委员会致行政院密代电》（1941 年 6 月 26 日），［贸易委员会档案］，档案号：309/2729，二档馆藏，转引自郑会欣《统制经济与国营贸易——太平洋战争爆发后复兴商业公司的经营活动》，《近代史研究》2006 年第 2 期，第 125—149 页。

资严重匮乏，国民政府应当对关税政策进行必要的调整，对贸易采取统制措施，但长期以来不少学者对此持怀疑甚至否定的态度，他们认为："在贸易管制和经营过程中，国民党政府的政策和措施多为不当，国家资本的经营活动更是以谋取垄断利润为目的，因此贸易的管制和经营不仅不能促进后方生产的发展，而且在一定程度上阻滞或扼杀了生产的发展。其结果当然不可能解决后方物资匮乏的严重问题，反而进一步助长了黑市贸易和投机商业的泛滥，使之成为战时后方经济的癌变组织。"[1]

复兴商业公司是贸易委员会属下规模最大后来也是唯一的一家国营贸易公司，是负责执行战时统购统销、易货偿债政策的重要机构，郑会欣撰写的《统制经济与国营贸易——太平洋战争爆发后复兴商业公司的经营活动》一文充分利用贸易委员会等机构的原文件，深入分析太平洋战争爆发后公司的经营活动，包括对外贸易政策上的应变、人事上的调整、国营公司的改组与合并、资金的运营以及易货偿债的执行等具体内容，并以复兴商业公司为例，对于战时国民政府推行统制经济政策的得失以及国营公司所承担的作用予以客观的评价。郑会欣指出，在商言商，不论是国营企业还是私人资本，追逐利润乃是天经地义的事。当然，复兴商业公司既是国家资本，所赚取的利润应上缴国库，我们不能因复兴公司在经营过程中获利就指责它"以谋取垄断利润为目的"，关键是要看这些利润的用途所在。

抗战期间，国家为了争取物资、坚持抗战而实施统制经济，即对重要农矿产品出口实行统购统销政策，对于一般关系国计民生的必需品实施专卖政策，应该说这些措施都是必要的也是唯一可行的对策，而且它的立意也符合抗战建国的伟大宗旨。但是战争期间局势瞬息万变，有关政策虽经历次修正，但也赶不上形势的变化。[2] 陈梅龙、沈月红撰文指出：近代浙江的洋油进口主要出于外部和内部两个因素。其进口实况，在宁波、温州、杭州三个通商口岸可以大致分为迅速发展、不平衡发展、衰退三个时期。近代浙江的洋油进口，给地方经济带来了一定的积极影响，改善了企业和城乡居民的照明条件，支持了抗战，促进了浙江的近代化。同时，也带来了一些消极影响，进一步扩大贸易逆差，打击本地的植物油业和蜡烛

---

① 吴太昌：《抗战时期国民党政府的贸易、物资管制及国家资本的商业垄断活动》，载平准学刊编辑委员会编《平准学刊》第五辑（下册），光明日报出版社 1989 年版，第 668 页。

② 郑会欣：《统制经济与国营贸易——太平洋战争爆发后复兴商业公司的经营活动》，《近代史研究》2006 年第 2 期，第 125—149 页。

业，地方经济发展更加依赖外国资本主义。①

（四）战时走私与缉私问题研究

1. 战时走私研究

许多论著从某一阶段或某一层面论述抗战时期走私的概况，如黄美真主编的《日伪对华中沦陷区经济的掠夺与统制》，②揭露日本帝国主义在侵华战争期间扶植伪政权对华中沦陷区经济进行全面掠夺和统制，书中有关于华中地区走私线路和伪缉私机构的设置、粮食及日用品走私论述。

连心豪的《近代潮汕地区的走私问题》，③分析了近代潮汕地区的走私情形，指出走私已经不是单纯谋取暴利的经济行为，而是具有复杂政治背景的严重社会问题；冯晓、陈家环、张孝先的《福建海上走私活动的历史回顾》，④论述了鸦片战争到抗战胜利后福建海上较具规模的走私活动。

李恩涵的《日本在华中的贩毒活动（1937—1945）》和《日本在华南的贩毒活动，1937—1945》，⑤详细论述了日本在1937—1945年间对华猖狂走私毒品情况；许明光的《抗日战争时期日本侵略者对海南岛经济掠夺的一些情况》⑥对抗战时期日本在海南岛地区进行走私的活动进行了揭露；邓开颂等主编的《粤澳关系史》论及抗战时期澳门与广东之间的走私；⑦张晓辉的《略论民国中后期港粤边界的走私畸态（1930—1949）》⑧和梁向阳的《20世纪30年代粤港走私问题探析》，⑨对抗战时期粤港之间的走私进行了论述。林定泗、郑炳川的《民国时期东山关区走私情况浅析》，⑩对整个民国时期，主要是30年代厦门附近地区的走私情况进行了概述。

①　陈梅龙、沈月红：《近代浙江洋油进口探析》，《宁波大学学报》（人文科学版）2006年第3期。

②　社会科学文献出版社2005年版。

③　载《中国社会经济史研究》1996年第1期。

④　载中国人民政治协商会议福建省委员会文史资料研究委员会编《福建文史资料》第10辑《闽海关史料专辑》，编者印行，1985年。

⑤　李恩涵：《日本在华中的贩毒活动（1937—1945）》，载台北《"中研院"近史所集刊》1998年第29期；李恩涵：《日本在华南的贩毒活动，1937—1945》，载台北《中研院近史所集刊》1999年第31期。

⑥　《历史教学》1962年第4期。

⑦　邓开颂等主编：《粤澳关系史》，中国书店1999年版。

⑧　《广东社会科学》2001年第1期。

⑨　《五邑大学学报》（社会科学版）2002年第1期。

⑩　厦门海关学会《学会论坛》1993年第5期。

　　齐春风的专著和系列论文：如《中日经济战中的走私活动》①、《抗战时期国统区与沦陷区走私贸易述论》②、《抗战时期西北地区的走私活动》③、《抗战时期日本在港澳湾地区的走私活动》④、《评近代日本对华军火走私活动》⑤、《抗战时期日本对国统区毒品走私活动述评》⑥、《抗战时期国统区与沦陷区的粮食走私活动》⑦，比较详细地分析了全面抗战时期走私猖獗的原因、战时日本对华走私的组织机构、走私物品、走私路线和规模，以及走私给中国经济带来的各种影响，也论及了国民政府针对战时走私所采取的一些措施。

　　辛公显的《三十年代日租界的走私》；⑧ 时事问题研究会编的《抗战中的中国经济》中《若决江河的继续走私》专章论述抗战时期猖獗的走私活动；⑨ 简笙簧的《抗战中期的走私问题》（民国二十八年—三十年），该文叙述与分析了 1939—1941 年日本对华走私路线、走私物资的种类及其影响；⑩ Lloyd E. Eastman，"Facets of an Ambivalent Relationship：Smuggling, Puppets, and Atrocities During the War, 1937 – 1945" ⑪ （易劳逸：《一项暧昧关系的诸面相——战时的走私、傀儡与屠杀（1937—1945）年》）一文，主要根据英文材料（如美国国务院和军方档案），描述战时中国从沦陷区到大后方的非法贸易走私活动，指出抗战时期政府以外的中日关系具有很大程度上的暧昧性。

　　林美莉的《抗战时期的走私活动与走私市镇》认为走私活动是战时经济史的重要课题，文章以抗战时期大后方与沦陷区之间的走私活动为主题，讨论这股地下经济的实际运用状况，以及它对于物资调节的作用。在内容安排上，首先简单说明日本军方对我方实施的战时封锁线与物资管制

　　① 　人民出版社 2002 年版。

　　② 　《民国档案》1999 年第 1 期。

　　③ 　《青海社会科学》2003 年第 2 期。

　　④ 　《中国边疆史地研究》2003 年第 3 期。

　　⑤ 　《安徽史学》2002 年第 3 期。

　　⑥ 　《民国档案》2003 年第 1 期。

　　⑦ 　《中国农史》2003 年第 4 期。

　　⑧ 　辛公显：《三十年代日租界的走私》，《经济史》1982 年第 4 期。

　　⑨ 　时事问题研究会编：《抗战中的中国经济》，抗战书店 1940 年版，中国现代史资料编辑委员会翻印，1957 年。

　　⑩ 　载中华文化复兴运动推行委员会主编《中国近代现代史论集》第二十编对日抗战（下），台湾商务印书馆 1986 年版。

　　⑪ 　in Akira Iriye（ed.），The Chinese and the Japanese：Essays in Political and Cultural Interactions, Princeton, Princeton N. J.：University Press，1980，pp. 275 – 303.

措施，勾勒走私活动的背景层面，再就走私活动的各项内容，如：形成因素、规模、利润、从业人员、机构、进行方法、走私路线的分布、贩运物品概况及走私市镇，做全面的叙述与探讨，最后以走私活动对战时物资供需所发挥的作用为焦点，重新评估其在战时经济史上的地位。[①]

唐凌的《抗战时期的特矿走私》，[②] 该文对战时特矿的走私状况作了初步的研究，内容详实、具体，并涉及国民政府查禁特矿走私措施。郑成林撰文指出：抗战全面爆发前，日本在华北的大规模走私活动不仅严重损害了中国的国家主权，而且沉重打击了中国工商业的发展。因此，商会积极投身于轰轰烈烈的缉私运动中，不仅大力宣传政府的缉私政策，而且采取多种具体行动打击走私。在缉私运动中，商会的地位和作用受到政府重视，诸多意见与建议也被后者采纳。由此可见，抗战前商会在社会经济建设中依然发挥着较大的能动自主性，是一个具有独立人格的商人团体。[③]

肖自力的《民国时期钨砂走私现象探析》文章指出：钨砂走私作为一种特殊而又有重要影响的非法贸易行为，是民国时期走私问题研究的重要课题。钨砂走私现象伴随世界风云的急剧变幻与国民政府钨砂政策的变化，经历了民国时期的大部分岁月。与同时期其他走私现象相比，钨砂走私具有很大的特殊性，主要表现在：钨砂走私花样繁多；私钨的来源、去向与走私路线均有一定的规律性；国民政府的钨砂统制政策造成了钨砂走私的盛行；钨砂走私对中国有百害而无一利；钨砂走私研究对于多角度认识民国社会，乃至探求百年来中国的社会特征与政治行为，有一定的意义。[④]

从总体上讲，学术界对抗战时期走私问题的论述视野比较开阔，程度也逐渐在加深，如连心豪的《水客走水——近代中国沿海的走私与反走私》[⑤] 是部力作，该书全面系统地论述了近代以来中国沿海地区的走私与

---

①　《纪念七七抗战六十周年学术研讨会论文集》，台北国史馆，1998 年 12 月，第 557—617 页。

②　唐凌：《抗战时期的特矿走私》，《近代史研究》1995 年第 3 期。

③　郑成林：《抗战前商会对日本在华北走私的反应与对策》，《华中师范大学学报》（人文社会科学版）2005 年第 5 期。

④　肖自力：《民国时期钨砂走私现象探析》，《近代史研究》2005 年第 4 期。肖自力致力于民国时期钨业问题的研究，相关研究成果较多，如肖自力《论民国年间（1914—1949）赣南钨业之发展》，《中国社会经济史研究》2005 年第 3 期；肖自力《中央苏区对江西钨矿的开发与钨砂贸易》，《中共党史资料》2006 年第 2 期；肖自力《抗战以前广东与赣南钨业的开发》，《江西社会科学》2006 年第 6 期。

⑤　连心豪：《水客走水——近代中国沿海的走私与反走私》，江西高校出版社 2005 年版。

反走私问题，具有很高的学术价值。

学界有关走私问题的专题研究参差不齐。从内容上看，对抗战时期走私大致的概况以及走私的危害没有多大的争议，只是对走私发生的主要原因有所分歧。大多数学者持这样的观点，认为导致中国 30 年代发生大规模走私的主要原因是日寇出于其经济、政治和军事的目的进行有组织的策动结果；也有学者认为，猖獗走私局面的形成主要是中国关税税率的提高所致；少数学者认为，国民政府自身的疏漏是战时走私猖獗的最主要原因。值得注意的是，海外学者也很重视这一问题的研究，如邱燕玲的论文《日本白糖走私进口中国对国家主权的影响（1933—1937）》，[①] 该文从 1933—1937 年间日本白糖走私及对中国主权影响的关系入手，探讨这一时期中日贸易转移至黑市及半合法市场的情形，以透视中日战争的经济因素。但她指出大量走私白糖进入中国并没有旨在打击中国政府的预谋。显然这一观点值得商榷。

由于种种原因，目前所能看到的相关论著，基本上谈及战时日本对华走私入口的概况及其影响，只强调走私对中国经济的破坏作用，缺乏深层次的研讨走私给日本自身造成的影响以及国际经济贸易影响，也没有专题论及战时出口走私的具体情况以及战时出口走私对当时中国各个主要经济部门所造成的影响。

2. 战时缉私研究

对战时海关缉私研究颇有建树并影响较大的是厦门大学中国海关史研究中心陈诗启和连心豪两位教授，他们通过扎实的史料运用与严肃的考证，对近代中国海关缉私进行了开拓性的研究，陈诗启的《中国近代海关史》[②] 第三十九章中，从回顾外籍税务司制度建立后的海关缉私开始，介绍了国民政府财政部在面对华北走私狂潮时所采取的严厉的缉私办法，以及加强内地缉私工作规章；在该书第四十五章中，陈先生从组织缉私署、统一缉私办法和加强国内民船贸易的管理三个方面介绍抗战时期中国海关在缉私方面所做的工作。

连心豪教授曾发表过系列文章：《南京国民政府建立初期海关缉私工作的整顿与加强》[③]、《南京国民政府建立初期海关缉私工作述评》[④]、《抗

---

① 中国社会科学院近代史研究所、澳门中西创新学院和美国黄兴基金会联合主办"中华民国史（1912—1949）"国际学术讨论会（北京）提交论文。

② 陈诗启：《中国近代海关史》，人民出版社 2002 年版。

③ 《厦门大学学报》（哲学社会版）1989 年第 3 期。

④ 《中国社会经济史研究》1989 年第 4 期。

日战争时期海关缉私工作的破坏》① 和《三十年代台湾海峡海上走私与海关缉私》，② 文章指出缉私是国家赋予海关的一项重要权能，国家主权是海关缉私的根本保证；鸦片战争后，中国逐步沦为列强的半殖民地，国家主权丧失殆尽，海关行政管理权也落入代表外国侵略势力的外籍税务司手中，致使海关不能独立自主地行使缉私主权；直至 20 世纪 20 年代，民族民主革命运动蓬勃发展，帝国主义在华统治出现松动，新成立的南京国民政府为了增加财政收入以稳固其统治，收回了部分海关主权，整顿加强了海关缉私；但至全面抗战期间，由于海关式微，关务没落，缉私政出多门，职能混乱，所以对国统区海关缉私工作不能有过高的估计。③ 另外，本人一直关注近代中国海关缉私问题，曾撰文认为晚清时期并不存在严格意义上的海关缉私组织与缉私制度，海关缉私的功效十分有限。直到南京国民政府时期，在国家法权思想与民族自主精神的基础上才初步确立海关缉私制度，使缉私工作取得一定成效，但抗战时期由于受到日本因素干扰，这一体制严重瘫痪。④

值得关注的还有：林美莉的《抗战时期国民政府对走私贸易的应对措施》是系统研究全面抗战时期国民政府缉私的开拓性文章，该文对战时走私贸易的内容与作用作通观式的叙述，再就国民政府的查禁与利用之双重应对措施加以分析，并由走私贸易对于人民生计的影响、管制政策的得失、政府与地方势力的纠葛等课题，多面探讨走私贸易在战时中国经济史上的整体评价；⑤ 良雄的《戴笠所主持的全面缉私工作》⑥，介绍了戴笠在缉私处（署）成立后，力主统一国民政府缉私机构，积极拓展缉私业务，为国民政府增裕战时税收作出了贡献；在 1942 年到 1944 年年底担

---

① 《中国经济史研究》1991 年第 2 期。

② 《中国社会经济史研究》1997 年第 3 期。

③ 非常感谢连心豪教授提供其硕士论文《南京国民政府统治时期海关缉私工作的演变》（厦门大学 1988 年 6 月）供本人参阅。

④ 孙宝根：《论近代中国海关缉私制度的确立》，《广西民族学院学报》2004 年第 2 期；《晚清海关缉私体制述论》，《苏州科技学院学报》2004 年第 2 期；《抗战时期国民政府缉私制度》，《苏州大学学报》2004 年第 1 期。

⑤ 林美莉：《抗战时期国民政府对走私贸易的应对措施》，载台北《史原》1991 年第 18 期。

⑥ 良雄：《戴笠所主持的全面缉私工作》，载良雄《戴笠传》，台北传记文学出版社 1985 年再版。朱偰：《孔祥熙与戴笠争夺缉私权》，载寿充一编《孔祥熙其人其事》，中国文史出版社 1987 年版，第 283—284 页。

任专卖事业司长的朱偰的《孔祥熙与戴笠争夺缉私权》一文，① 概略地介绍了抗战国民政府的一些缉私机构，很有史料价值。

蔡渭洲的《中国海关简史》，该书在概述战时日伪走私与国民政府所采取的缉私措施后，指出："总的看，战时无论海关还是财政部缉私署，在缉私工作上，虽有所努力但均无明显的作为，一些官员甚至收受贿赂，暗助走私。"② 廖振华的《海关查私学》，③ 该书简约地提及我国近代的走私与反走私情况。王相钦、吴太昌主编的《中国近代商业史论》指出："从总体上看，由于各战区和地方机构重叠，事权不一，各自为政，又缺乏交通运输、物价、税收、金融方面的配合，国民党政府在物资战中是居下风的，特别是反走私基本上是失败的。"④ 厦门海关学会黄世庆的《闽南海域海上缉私工作初探》，⑤ 文章分析了闽南海域海上走私违法活动的历史、特点、规律和情况，该文对当前闽南海域海上反走私斗争很有借鉴意义；陈丽华的《浅析1949年以前泉州沿海走私与缉私工作的斗争》，⑥ 介绍了泉州海关在口岸、海上和陆上进行缉私概貌，指出泉州海关各卡面对武装的海上走私无计可施。

关于缉私制度方面：拙文《论近代中国海关缉私制度的确立》⑦ 阐述了近代中国海关缉私制度是如何确立的，文章指出，20世纪20年代，随着民族民主革命运动蓬勃发展，南京国民政府为了增加财政收入，趁机收回部分海关主权，整顿加强了海关缉私工作，逐步确立了近代中国的海关缉私制度。拙文《抗战时期国民政府缉私制度》⑧ 一文，专门论述抗战时期国民政府缉私制度，文章指出全面抗战时期国民政府相当重视缉私工作，国民政府适应日寇走私策略演变的统一缉私制度尚能适应战时形势的需要，国民政府战时缉私制度在抗战中起到了一定的积极作用，但消极被动的应对政策和措施居多。

① 朱偰：《孔祥熙与戴笠争夺缉私权》，载寿充一编《孔祥熙其人其事》，中国文史出版社1987年版，第283—284页。

② 蔡渭洲：《中国海关简史》，中国展望出版社1989年版，第155—156页。

③ 廖振华：《海关查私学》，中国海关学会1987年版，内部发行。

④ 吴太昌主编：《中国近代商业史论》，中国财政经济出版社1999年版，第598—599页。

⑤ 黄世庆：《闽南海域海上缉私工作初探》，载厦门海关学会编《论文集（2）》（1988—1989），内部发行，1990年。

⑥ 陈丽华：《浅析1949年以前泉州沿海走私与缉私工作的斗争》，《福建论坛》1994年第5期。

⑦ 孙宝根：《论近代中国海关缉私制度的确立》，《广西民族学院学报》（哲学社会版）2004年第2期。

⑧ 孙宝根：《抗战时期国民政府缉私制度》，《苏州大学学报》（哲学社会版）2004年第1期。

关于缉私队伍建设方面：赵叔文的《原九龙关华南缉私舰队的基本情况》，① 根据九龙关起义人员何炳材提供的资料综合介绍了华南缉私舰队组建、建制以及解散情况；伯亮的《戴笠直接控制的衡阳"查干班"》和《戴笠直接控制的西安"查干班"》两文，② 介绍了缉私处（署）查缉人员干部训练班在重庆、衡阳和西安三地的成立经过、组织人事、训练内容、班期沿革以及学员（生）的招募与分发等情况，对研究缉私队伍的建设很有价值；徐志的《民国时期的税务警察》③ 一文，介绍了税务警察的发展与变迁、税警的管理以及盐务警察与税务警察的区别；甄鸣的《近代中国海关警史探微——关于缉私警察制度的历史启示》，④ 探讨了中国海关警察制度的起源与发展，指出从中国历史和现行督察制度看，调查犯罪行为和处理行政违法属于警察职责范围，没有必要分开，分开则生弊端，统一才有效率和公正可言。笔者的《抗战时期国民政府经济游击队述论》⑤ 一文，通过详实的考订，指出国民政府经济游击队在抗战时期发挥了一定的积极作用。

还有一些学者各自从不同角度对近代中国海关税款保管制度、海关廉政建设、海关监督制度、海关薪酬制度问题进行研究，其中有的论述或多或少地涉及抗战时期中国海关及关税问题，有一定的参考价值，限于篇幅，不再赘述。⑥

---

① 赵叔文：《原九龙关华南缉私舰队的基本情况》，《海关研究》1987 年第 4 期。

② 伯亮：《戴笠直接控制的衡阳"查干班"》和《戴笠直接控制的西安"查干班"》，分别载《民国春秋》1998 年第 2 期和 1999 年第 1 期。

③ 徐志：《民国时期的税务警察》，《涉外税务》2002 年第 6 期。

④ 甄鸣：《近代中国海关警史探微——关于缉私警察制度的历史启示》，《现代法学》1999 年第 1 期。

⑤ 孙宝根：《抗战时期国民政府经济游击队述论》，《民国档案》2004 年第 2 期。

⑥ 陈诗启：《海关总税务司和海关税款保管权的丧失》，《厦门大学学报》1982 年第 4 期；王中茂：《简论安格联对独立各省海关税款保管权力的剥夺及其影响》，《洛阳师专学报》1985 年第 2 期；崔祥春：《抗战初期日本劫夺华北海关税款管理权述论》，《历史教学》1998 年第 2 期；黄建洪：《辛亥革命时期列强攫取中国关税保管权和支配权析论——以〈中国海关与辛亥革命〉为中心》，《西南交通大学学报》2002 年第 2 期；陈诗启：《海关监督和外籍税务司的畸形关系》，《从明代官手工业到中国近代海关史研究》，厦门大学出版社 2004 年版，第 275—283 页；任智勇：《晚清海关监督制度初探》，《历史档案》2004 年第 4 期；刘小萌：《清末海关的薪酬制度》，《中国海关》2001 年第 10 期；李虎：《中国近代海关与清政府的薪酬制度比较研究——以赫德时期为例》，《历史教学》2003 年第 4 期；黄丰学硕士论文：《赫德与中国近代海关的廉政建设》，上海师范大学，2006 年；王志军硕士论文：《论近代中国的子口税制度》，郑州大学，2006 年；刘生文硕士论文：《近代九江海关及其商品流通（1861—1911）》，南昌大学，2005 年；靳海彬硕士论文：《中国近代海关瓷器进出口贸易研究（1868—1936）》，河北师范大学，2006 年。

第四节 研究方法与架构

一 研究方法

历史学家刘大年曾说过："抗日战争研究是科学研究，科学研究的头一条就在于遵守事实，保持客观性。"[①] 本书建立在坚实的史料基础之上，坚持以实证的史学研究为主，尽量占用大量资料，尤其是利用大量未曾引用的原始档案资料。对于史料的搜集、整理、分析和处理还借助现代化手段，尽量把握历史的整体分析方法，展现整个抗战时期国民政府关税政策及其实施情况。

本书以抗战时期国民政府关税政策研究作为抗战史研究新切入点，追求"以论据说话"，依据真实的历史资料，通过对整个抗战时期国民政府关税政策演变过程及其实施概况的考察，揭示国民政府抗战时期关税政策的特征。

本书注重跨学科综合研究，依托抗战史研究各个方面，广泛涉及中国近代社会经济史、中国近代商业史、中国近代对外贸易史、中国近代财政史、中国近代海关史、近代中外关系史、中国近代法律制度史、中国近代警察制度史等有关学科的研究内容，希图充实、拓宽整个中国近代史尤其是抗战史的研究范畴。

二 本书架构

绪论部分，阐述本书研究缘起，指出研究目的和意义，对一些基本概念进行界定；罗列相关文献资料，陈述当前有关近代中国关税问题研究的现状；介绍本书研究方法；指出本书创新之处和存在的不足。

第一章，抗战全面爆发后，随着日本对华大肆侵略，国民政府关税损失严重，国民政府财政危机日见显现。为强化中国海关战时职能，国民政府对战时中国海关机构进行了适当调整以适应战局变化。

第二章，阐述抗战时期国民政府关税政策主要内容及其演变脉络，厘清整个抗战时期国民政府关税政策演变过程，包括四个阶段，即挹注财政的关税政策、物资封锁的关税政策、争取物资的关税政策和增进财政收入

[①] 刘大年：《抗日战争时代》，中央文献出版社 1996 年版，第 3 页。

与争取物资并进的关税政策。

第三章，具体分析抗战时期国民政府关税政策的具体实施，主要阐述国民政府修订进口关税、施行从价税制、修订出口关税、整顿转口税、举办战时消费税、重订海关担保债务办法、积极运用关金政策和关税减免税政策的施行等。

第四章，结合本人先前研究成果，系统阐述抗战时期国民政府缉私成效，主要包括：为遏制战时走私，增加国民政府战时财政收入，加强对敌经济作战，国民政府实施强有力的缉私措施，国民政府通过加强缉私组织机构建设、规范缉私规章制度以及整饬缉私队伍等一系列措施，尽力争取战时国民政府关税收入的增加以及防止物资走私资敌。

第五章，分析抗战时期国民政府关税总收入及其分类收入；对抗战时期国民政府关税政策绩效进行评估，基本肯定抗战时期国民政府关税政策制定和实施的效果，同时阐述抗战时期国民政府关税政策基本特征，分析影响抗战时期国民政府关税收入的主要因素。

第五节　创新之处与不足

一　创新之处

海关税收是国家财政的重要来源，税收状况与国家税制及税收政策密切相关，故研究者不乏其人，但既有研究，大多关注近代以来列强通过不平等条约确定的协定关税，以及国人为争取关税自主所作努力，较少留意抗战时期国民政府的关税政策及相关的制度建构，这制约了海关史研究的深入发展和完整的海关历史的重建。

本书注意到既有研究的缺憾，将讨论时段延伸至全面抗战这一非常时期，选题具有一定的学术前沿性，且有总结历史经验、服务现实的意义。

作者在对中国第二历史档案馆及上海、天津、广东、重庆等档案馆相关档案及其他传世文献进行深入调查和认真梳理的基础上，重构了国民政府海关政策的制定、调整和实施的历史过程：

（1）厘清抗战时期国民政府战时关税政策的演变过程；

（2）全面分析抗战时期国民政府关税在抗战经济中的地位和作用；

（3）系统分析抗战时期国民政府关税政策实施情况；

（4）客观分析抗战时期国民政府关税征收过程中的利弊得失。

二　不足之处

（1）庋藏于海外及中国第二历史档案馆、重庆档案馆以及其他一些省市县档案馆的大量档案资料大部分未能完整查阅，尤其是海外原始档案资料基本阙如；战局混乱，导致大量统计数据缺漏、失真现象比较严重，部分重要统计数据或互有出入或完全相左，无法核对并做到相互印证，需进一步论证研究；

（2）抗战时期，我国山河支离破碎，一般来说，基本被分割成三大块：国民政府实际控制区（国统区）、中共抗日根据地（抗日根据地）、日伪实际控制区（沦陷区）。本书主要研究抗战时期国民政府控制区的关税政策及其实施过程，至于抗日根据地及日占区的关税问题及其两者或三者间的相互比较研究，留待以后继续探讨。

（3）没有同行专家在学术上的开拓以及无私奉献的精神，我们很难有一定的学术发展。学术研究贵在交流，本书尽管已广泛征求相关领域专家们的指导，但本人才疏学浅，文字功底欠缺良多，本书所论观点只是一孔之见，真诚期待各位专家学者的批评指正。

第一章　日本全面侵华与国民政府财政危局

战争是交战双方人力、物力、财力的对抗。战争一旦爆发，交战各国都要求各自的财政经济服从和服务于战争，把平时财政经济纳入战时轨道，最大限度地动员财政经济力量，以保证战争的需要。

抗战全面爆发前后的中国是一个半殖民地半封建的农业国，生产力低下，农业落后，工业化程度较低，经济基础异常薄弱，交通极不发达，币制和金融秩序极其紊乱，进出口贸易连年入超，帝国主义列强基本操纵着我国国民经济的命脉；中国军队数量虽多，但其武器装备和战斗力却十分低劣。这就是我国对日作战的经济力量和军事力量的基本概况，也是国民政府财政和国防基础的基本轮廓。

经济是战争的基本条件，任何战争都必须凭借经济力量来实现。中国抵抗日本帝国主义入侵的战争，是全民族的战争，是以经济上的总动员作为它的基础的。因此，制定战时财政经济战略措施的根本目的，是建设后方经济，发展战时生产，为支持长期抗战创设最有利的经济条件。[1]

第一节　战前我国关税制度演进及特征[2]

我国与各国通商，由来已久，早在周朝就有"关市之征"的记载。随着各国间对外贸易的发展，使我国的丝绸之路和沿海的番禺等口岸成为最早的对外贸易通道，并设关卡征税。唐代曾创建市舶司制度以管理对外贸易事宜。康熙二十三年、二十四年（1684年、1685年），清廷设置粤海、闽海、浙海、江海等四关，代替了历代市舶司管理外贸和负责征税事

---

① 《抗日战争时期国民政府财政经济战略措施研究》，第14页。
② 如前所述，学界对于战前我国关税制度的沿革已有大量论述，限于篇幅，在此主要摘录相关史料简要概述。

务，是为近代中国海关及其关税制度之肇始。[①] "关税原为保护国内产业之惟一堡垒，同时在我国财政上亦渐成为最大之收入，无如我国税则，久受条约之限制束缚，遂使国家财政及国民经济，日益窘迫。民国初年，朝野人士觉察关税协定之种种弊害，而致力于关税自主之运动。"[②]

一　战前我国关税制度之演进

我国海关税则从康熙二十三年（1684 年）直至抗战全面爆发前，主要执行以下各个历史时期的海关税则。[③]

（一）自主关税时期税则（1684—1843 年）

1. 江海关船料则例

康熙二十五年（1686 年），江海关根据清政府令，公布了《江海关船料则例》，也称《全料、平料、加平料、补料和加补料则例》。船料即船钞。"梁头"的规格从 7 尺开始到 1 丈 8 尺，12 档，每进 1 尺，征钞银 1 钱 5 分，1 丈以外每尺征钞银 2 钱 2 分 5 厘，每年分上下两次征收。各商船应于季满时赴关缴销旧牌，完缴钞银，换领新牌尚可贸易。唯往东洋办铜贸易洋船应完梁头钞银，定例 1 丈以外至 2 丈，每尺征钞银 1 两，2 丈以外每尺征钞银 2 两，各船出洋 1 次征收 1 次。船料税相应增加，江海关征收银两种类未设"全料"税则，只有平料、加平料、补料和加补料简则。船钞税额较高：一等船（长 7 丈 5 尺，宽 3 丈 4 尺，约 900 吨），额征 1400 两。

2. 江海关税则

康熙二十八年（1689 年），江海关根据清政府令，颁布实施《江海关征税则例》。该税则关于货物税分衣物、食物、用物、杂物四类，四类货物的税率，各关并不统一，海关监督可以"酌量增减定例"。进口课税 4%，另外还在货物税之外每船征收银 2000 两左右。江海关税则规定：凡安南商船进出口货税俱以 7 折征收，出口不论货物概收银 120 两；东洋闽广商船货税例免值百抽五，优免值百抽五；又凡铜铁及铜器皿禁止出洋；衣食日用货料税则俱遵照户部规定。另外，还规定民间日用物品金额在 10 余金以内的零星贸易，沿海小型船全部免税。雍正十三年（1735 年），

---

①　《关政》，第 11 页。

②　行政院新闻局编印：《关政》，1947 年 12 月，第 4 页。

③　刘天演：《编订战后进口税则之技术问题》，载《财政评论》第 11 卷，1944 年第 3 期。

清政府制定了关税税则——比例税则，税则内列明了品名和税率。乾隆十八年（1753 年），粤海关除按以前规定的基本税则征税外，还对正税则中未列名的新货比较正税则征税，并随时补充修订。

（二）协定关税时期税则（1843—1929 年）

近代协定关税制度的内容十分复杂，它拥有一个庞大的征税体系，包括各种进口税、出口税、子口税、吨税、沿岸贸易税、陆路贸易税、鸦片税厘及特别关税机器制造货物税，以及其他有关违禁品和减免税品的关税协定制度等。一个显著的特点就是进出口税则一样，极大地便利了外国商货对我国的倾销，不利于我国民族工业的发展。

近代低关税的半殖民地性质体现为被动性和非互惠性两个特征，即中国单方面受协定税则的约束，对各国减让税率，只能履行协定的义务，而不能享受相应的权利；各国则可以享受协定的权利，不必尽相应的义务。[①] 这种剥夺中国关税自主权的不平等的协定关税制度以《南京条约》的签订为标志，《南京条约》中规定："英国商民居住通商之广州等五处，应纳进口、出口货税、饷费，均宜秉公议定则例，由部颁发晓示，以便英商按例交纳。……英国货物自在某港按例纳税后，即准由中国商人遍运天下，而路所经过税关不得加重税例，只可按估价则例若干，每两加税不过分。"[②]

鸦片战争后中国的关税制度不只是成为外国对华商品侵略和投资侵略的有力杠杆，同时它与一系列不平等条约的各个环节，如商埠、租界、领事裁判权、内河航权、势力范围等，都有不可分割的联系。[③] 蒋介石在《中国之命运》第三章《不平等条约影响之深刻化》第二节《不平等条约对经济的影响》中对战前经济有极为沉痛的援引："不平等条约对中国经济的影响亦以外国租界与驻兵区域为根源。协定关税与治外法权可以说是列强经济侵略的两翼。而内地航行权，沿海贸易权，口岸设厂权，铁路建筑权，矿产开采权，以及银行纸币的发行权，更助长他们经济侵略的影响，使中国经济受莫大的损失，乃至于整个国民经济，陷于畸形状态。"[④]

协定关税时期的税则主要依据的是 1843 年关税税则。江海关于清道

① 李育民：《中国废约史》，第 19 页。
② 《中外旧约章汇编》第 1 册，第 32 页。
③ 彭雨新：《清代关税制度》，第 1 页。
④ 蒋中正：《中国之命运》，平津支团部，1946 年，第 40 页；冯子超：《中国抗战史》，正气书局 1946 年版，第 11—12 页。

光二十三年（1843 年 10 月）执行此税则，该税则首次取消传统的征税比例和估值的名目，分为出口税和进口税两种，从量从价并用，出口税则计分 12 大类 68 个税目。进口税则计分 14 大类 104 个税目。凡在上述出口税目中具体列名的货物，其税率均为从量税，进口税目绝大部分亦为从量税。从全部税则看，基本上是"值百抽五"，但这时还没有严格限定中国关税税率只能是"值百抽五"。

《1843 年税则》执行若干年后又进行了以下四次修订：

一是《1858 年税则》。其主要内容是：正式确立了进出口税值百抽五的税制；上海洋商洋货开始预纳子口税制度，以抵代内地的一切常关厘金，税率为进口正税之半（即 2.5%），而华商土货必须在各关卡重复纳税。因此，子口税成为以后片面保护洋商之工具。第一次将进口税则改列于出口税则之前，开始突出进口税则的重要位置。承认鸦片贸易合法化，列入修订后的新税则之内。为掩人耳目，在税则中以"洋药"代替鸦片为项目，上海洋商顷刻进口大量鸦片。

二是《1902 年税则》。此次进口税则计分 17 类，新添 3 类，增加 21.43%。税目 682 个，新添 505 个，增加 285.31%。从价税 117 个，从量税 565 目。

19 世纪末 20 世纪初，近代中国海关的存在价值，马士认为："主要是作为外国债权人的收款代理人，……它通过《辛丑条约》和 1902 年 1903 年诸商约的规定，变成了它的主人的主人；现在要扩大它的重要性的是外国关系方面，而不再是中国人。"[1] 在当时就有中国官员严厉谴责这些商约其实是"把过多的权力给了海关"[2]。但是，我们通过对中国近代海关历史的理解，发觉移植于当时的现代海关制度能够契合中国国情，实在让人匪夷所思。

三是《1918 年税则》。该《税则》增编税则号列，这是以往税则未曾有的，有了税则号列后，便于海关的验估征统等工作，也便利商人向海关申报，此税则共有 598 个号列，其中从量税 416 号，从价税 178 号，免税 4 号，税则分类趋向细化，此税则对货物重行分类，从粗向细发展，制定了分等分级的标准。修订后的《税则章程》第一款中对估价办法作了修订，在原"市价"两字的前面，加进"批发"字样，改为其价值以该

---

① 马士：《中华帝国对外关系史》第 3 卷，第 432 页。

② 中国近代经济史资料丛刊编辑委员会主编、中华人民共和国海关总署研究室编译：《辛丑和约订立以后的商约谈判》，第 145 页。

货物批发市价之本埠通用钱币为标准，批发市价作为估价标准，要比市价显得确切。

四是《1922 年税则》。1922 年 3 月，根据华盛顿会议计划，在上海召开修订关税特别委员会会议，会上各国代表普遍对海关估价不满，江海关验估课向海关传播信息，并当场分析和回答了许多估价难题。因此，中国海关代表团成功地使会议圆满结束，并使起初提出的许多分歧意见基本趋于一致。江海关税务司提出从市场批发价再减去 12% 后作为估价依据的方案，使上海各界外商一致赞同。总税务司赞扬江海关验估课正确地解决了征税问题，并通令各关把问题汇交该课签署意见后，再转总税务司署核定，同年 9 月 22 日，正式通过《修正进口税则》，10 月 1 日公布。因日本、意大利不同意而延至翌年 1 月 17 日实行。这次修订的税则，计分 15 类，582 列，从量税和从价税的税目数为三比一。

（三）关税自主时期税则（1929—1934 年）

我国正式主张关税自主运动，"发轫于民国八年巴黎和会之时，但和会自认无权解决，乃于民国十年华盛顿会议时，中国代表复作正当之要求，但结果仅议决大纲，允分三步骤逐渐增高进口税率至最高值百抽 12.5。嗣后我国曾派代表会同各国代表，在沪召开修改进口税则委员会，办理第一步骤，修正货价之手续，而第二第三两步骤之增税办法，则均未实行"①。

1921 年 11 月 23 日，顾维钧在太平洋及远东问题总委员会上提出关税自主案。这是北京政府第一次事实提案。此案提出中国有自行规定及区分本国税率的完全自由。议案一经提出，即遭到英、美、法、日等国反对，尤以日、英两国为最。

1922 年 1 月 3 日美国代表恩德伍提出数种办法，最后通过方案：有关各国立即派员在上海召开修正税则会议，切实执行值百抽五，满四年后得以修正，此后每七年修正一次。顾维钧提出保留案声明："将来遇适当机会，再求考虑自主权问题。"后大会据此决议制定《中国关税条约》，并于 1922 年 2 月 6 日正式签字。

1925 年 10 月 26 日，关税特别会议在北京开幕。尽管列强对中国要求关税自主这样堂堂正正的完全符合国际法的要求，不再予以正面的反对，都大体表示承认中国关税自主的原则。但他们却各自提出了不同的条件，使中国实现关税自主的路途变得困难而遥远。尽管中国未能立即和无

---

① 行政院新闻局编印：《关政》，1947 年 12 月，第 4 页。

条件地实现关税自主，与当时的民众要求还有相当的距离，但是，这一决议案的积极意义仍不能忽视。列强终于不得不明文承认中国的关税自主权，并明确了中国国定税则的实施日期，标志着实行了80多年的协定关税即将寿终正寝。这是一件具有重要意义的事情，它为以后中国最终实现关税自主提供了依据。①

南京国民政府经过关税自主运动，制定国定关税税则，将海关税务司纳入财政部的管辖范围内。在20世纪二三十年代，国民政府通过颁布四部国定税则，逐步基本实现了关税自主。②

1929年国民政府制定、公布的《进出口税则》，这是中国海关从片面协定关税逐步向自主关税的过渡。1929年税则颁布后不久，又颁布了《进出口税则暂行章程》9条和《税则分类估价评议会章程》10条。《进出口税则暂行章程》对进口货物的完税价格估定和货价争议解决办法作出了具体规定，要点如下：凡应从价纳税的进口货，其完税价格，应以输入口岸的批发市价作为计算根据，拟定完税价格的公式是批发市价×100/(100 + 税率 + 7)，呈交进口报单时应呈验真正发票。

《1929年税则》执行若干年后，又进行多次修正：

(1)《1931年税则》对上次税则部分商品、提高了税率，但仍受"中日秘密协定"的约束，对于棉布、海产品、杂货等62项，三年内不得加税，税率计12级，自5%—50%，税率分16类，647目。江海关于1931年6月1日起实施重订的出口税则，出口税则70多年内未曾修订。出口税率按照条约规定一律值百抽五课征。同年出口税则的货物分为6类

---

① 王建朗：《北京政府修约运动简论》，载《中国社会科学院近代史研究所青年学术论坛》(2000年卷)，2000年。

② 有关20世纪二三十年代的关税自主运动及其评价，请参见郑友揆《我国关税自主后进口税率水准之变迁》，商务印书馆1939年版；赵淑敏《中国海关史》，台北"中央"文物供应社1982年版；叶松年《中国近代海关税则史》，三联书店1991年版；黄逸平、叶松年《1929—1934年"国定税则"与"关税自主"剖析》，《中国社会经济史研究》1986年第1期；张生《南京国民政府初期关税改革述评》，《近代史研究》1993年第2期；王良行《1929年中国固定税则性质之数量分析》，《近代史研究》1995年第4期；陈诗启《南京政府的关税行政改革》，《历史研究》1995年第3期；董振平《1927—1937年南京国民政府关税的整理与改革述论》，《齐鲁学刊》1999年第4期；佟静《论南京政府关税自主政策的实施及意义》，《辽宁师范大学学报》(社会科学版)1999年第6期；樊卫国《论1929—1934年中国关税改革对民族经济的影响》，《上海社会科学院学术季刊》2000年第2期；叶玮《30年代初期国民政府进口关税征金改革述论》，《民国档案》2001年第3期；张徐乐《南京国民政府时期修订海关进口税则的再评价》，《历史教学问题》2003年第2期；[日]久保亨《走向自立之路(两次世界大战之间中国的关税通货政策和经济发展)》，王小嘉译，中国社会科学出版社2004年版。

270 号列。出口税率大都为 5%—7.5%，较旧税率反而有所提高。

（2）《1933 年税则》税率自 5%—50%，共计 14 级；税则分为 15 类，672 目，提高税率较多的货品为从日本输入的棉货类和鱼、海产品，同时在日本的压力和财政危机的内外交困之下，不得不终止实施仅 1 年零 1 个月的《1933 年税则》，经修订成为《1934 年税则》，于 7 月 1 日实施。该税则将日本输华货物如棉花、海产品鱼虾、纸类等税率降低。

综合学界已有观点，我们可以看到国民政府的关税自主政策包括以下内容：

第一，由均一的值百抽五的协定关税改为等差的由值百抽五至值百抽八的国定关税。

第二，纠正了海陆关税不统一的弊病，实现了海陆关税税率等同的政策。海陆关税不统一，陆关进口的关税比海关少纳 1/3，始于 1869 年 4 月 27 日签订的中俄条约。而后，法、英、日等国均按最惠国条款，也获得了此项特权。经过与各国交涉，国民政府取消了这个不合理的关税制度，实行了中国海陆关税税率等同的政策，规定陆关关税由值百抽五的低税率提高到值百抽八的高税率。

第三，在提高进口税率的同时，降低了出口税率。1931 年 6 月，国民政府制定并开始实施新的出口税则。该税则规定，根据货物的时价征税，一部分是 5%，另一部分是 7.5%，还有许多货物免征出口税。

第四，废除国内货物的多种关税，而转嫁到对外贸易上。国民政府收回关税自主权以后，取消了国内货物中多种繁苛的捐税，如子口税、过境税和常关税等等，把减少的部分税收转嫁到外国对中国的贸易上，如加征外国货的转口税、关税附加税、水灾救济附加税等。

这些措施实行以后，中国关税制度的面貌为之一新。改订新约运动收回了清朝和北洋军阀政府丧失的一些主权，限制和减少了一些帝国主义国家的特权，增加了国家收入，提高了国家地位，具有重大的进步意义。尤其是改订新约运动为国民政府增加了财政收入，关税收入 1931 年比 1911 年增加了 5 倍半，比 1927 年增加了 3 倍多。同时也为国民政府改革税制提供了条件，还保护了中国的民族市场，促进了中国农工商业的发展，在中国社会经济发展史上，具有进步意义和积极作用。"我国关税自主后，关税政策，渐由财政关税，转变为保护关税，但仍以财政关税为主，仅采适度之保护税率，以扶助国内产业之合理发展。施行之后，成效显著。自 1934 年至 1937 年，进口渐减，出口渐增，1934 年入超 4 亿 9000 万元，1937 年降为 1 亿 1000 余万元。进口贸易组成形态，随关税税则之改进，亦有显著演变。从前棉制品及米粮等,但为输入大宗,嗣后则钢铁机器及根据等输入激增。①

二 近代中国关税制度基本特征

近代中国是在沦为西方资本主义列强的半殖民地过程中逐步发展的,特殊的政治经济原因,决定了我国近代关税是一种半殖民地关税,在性质和功能上呈现出与其他各国大为不同的特征。尽管近代中国政府一直在争取关税自主,但直到20世纪30年代国民政府时期,中国政府才首次有机会实施关税自主权,修订并提高税率以满足财政和保护民族工业的需要。

综合学界已有相关评述,我们可以看到近代中国关税制度有以下几个基本特征:

(一)自主权的丧失

一方面,税则修订及税收征管无法自主。鸦片战争前,清政府对海关税则拥有完全独立的自主权,可以自行制定和修改本国海关的税则,不受任何外力的掣肘和束缚。但鸦片战争后的不平等条约改变了这种情况,从1842年中英《南京条约》到以后的中美《望厦条约》、中法《黄埔条约》,都确定了协定关税的原则,中英《五口通商章程》中又具体规定中国进出口商品按值百抽五的税率征收,中国不能单方面修订或增减,由此,我国关税制度由自主的国定税制,一变而为丧失自主权的片面协定税制,中国的关税自主权开始被剥夺。而且,《天津条约》还规定在全国各海关普遍设立税务司,邀请外国人帮办税务。英人赫德从1863年到1911年掌管中国海关近半个世纪,中国在丧失关税自主权的同时也丧失了海关行政自主权。

另一方面,近代关税税率升降无法自主,一直处于超低水平。由于西方商品输出需要,西方列强对我国进出口税规定了"值百抽五"的统一低税率,在19世纪40年代到20世纪20年代长达80余年的时间里,由于物价上涨,值百抽五的税率虽然四度修订,但实际税率仍未达到3%,即使在1902年《辛丑条约》对税则进行修订后的最初几年里,也从未超过4%。同时,极低的子口半税也是我国近代低关税的重要组成部分。《天津条约》中的子口税制度规定,外国商品除了在输入中国时享受不变的低关税特权以外,从1858年起,还可以在缴纳2.5%(即进口税率的

---

① 行政院新闻局编印:《关政》,1947年12月,第10页。

一半）的子口税后，随意输往中国各地，不再负担任何征课。而中国商品在 1931 年以前，还必须缴纳在陆路和水路上征收的为数众多的厘金。因此，我国近代低关税是半殖民地性质的关税，它首先具有完全的被动性，不仅税则、税率都由西方列强强加于我国，而且我国必须遵循关税协定的原则，没有自行修订的权力，因而，近代中国无从根据经济需要，主动制定和调整关税政策。

（二）非互惠性明显

中国协定关税的税率为值百抽五，而当时德、法、美等国实行的是保护关税，对进口货物课以高额保护税，就连实行自由贸易的英国，也对中国进口的茶叶等商品课以 200% 以上的税率。沦为半殖民地的中国对所有有利于西方国家的税则修订，都是只及于中国，并不推及对方。片面的低关税致使中国进入市场的条件极不平等。

（三）有效功能残缺

第一是财政功能削弱。晚清时期进出口贸易有较大增加，海关、常关开设增多，但由于关税的被动性和不平等性，使得关税收入不能按正常的途径进入国库。长期低于值百抽五的实际税率使晚清政府蒙受巨大的经济损失，并且在甲午战后几次大借款中，关税连续被用于担保，从而使政府财政收入所剩无几，陷于困境。

第二是保护功能丧失。关税应该具有防止外国商品冲击，保护和发展本国工商业的重要作用，但由于近代关税是被动制定，不论进口货物和出口货物，不论商品品种，也不论进出口的不同国别，统一按值百抽五的税率课税，因而使关税不能对不同商品进行针对性的税率调整以保护国内相关工业。外国商品争夺了原料和市场，冲击了中国产品，同时，由于丧失了海关行政权和关税税率的必要保护，晚清对外贸易入超数额越来越大，使民族工商业面临巨大的压力。

总之，近代中国长期维持低关税水平可以说是西方列强经济侵略中国的主要工具，也是近代中国经济长期落后的一个主要原因。

第二节　国民政府面临的财政困局

税收是国民政府财政收入的重要来源，它包括间接税和直接税，尤以间接税为主。国民政府通过推行关税自主运动，使我国关税面目一新，其后税则的多次修订，对外贸易的有力调剂，无不兼筹并顾，另外还进行盐税整理及统税创办，使关税、盐税和统税成为中国财政上的三鼎足。

抗战全面爆发前，中国的经济可以说是一种落后的双元性经济，即较小的现代化部门与庞大的传统部门同时并存的经济；而现代化部门乃是西方经济挑战（国际贸易与投资）与中国错综反应交互作用的结果。① 由此，当时大多数论著对中国的战时财政都抱悲观态度，他们说："中国战时关税收入不可靠，盐税统税收入亦不可靠，公债因平时发行过巨，战时更不足恃，通货膨胀则过于危险，故中国的战时财政比平时更无办法。"② 之所以产生这样的论点，主要还是因为我国租税制度存在严重的缺陷。战前，我国租税制度几乎全部建筑在间接税上面，以关税、盐税和统税三者为最多，就 1937 年度我国的岁入预算而论，即关税占总收入的 36.90%，盐税占总收入的 22.85%，统税占总收入的 27.55%，三者合计共占总收入的 77.2%。③ 像这样的租税制度，显然是不健全的。在平时征课此种间接税，固然很容易使税负由纳税人从经济交易尖转嫁于他人而增加人民的负担，但在战时尤其容易被敌人所操纵，并有破坏国家整个机构之虞。

事实果然如此，抗战全面爆发后，我国双元性的经济结构，带给国民政府及民众以极大的困扰与挑战。因为战争发生，便立刻影响政府支出的直线上升，与军用物资的增加。但在同一时期内，大部分现代化经济部门所在地的沿海地区，却迅速被日军占领，而现代化部门是提供政府税收和工业产品的重要来源，因此使得长期抗战的经济基础，受到严重的打击。换言之，我国必须在庞大的传统经济中，从事一次大规模的现代化战争。④

抗战全面爆发后，沿海沿江经济较为发达的富庶地区遭到沦陷，随着上海、天津、青岛、广州、汉口等关区的沦陷，使我国关税收入损失 80% 左右，乃至占整个税收 20% 以上的统税都因战事影响而大减，盐税收入在战前的 1936 年达 21781 万元，抗战全面爆发后，此项收入也大减，1937 年盐税与盐本的比例多在 100%—300% 左右，1941 年后趋于零，⑤ 税收的减少造成国家财政赤字日益严重。为解决财政赤字以及支付巨额军费开支，

---

① 薛光前编著：《八年对日抗战中之国民政府》，台湾商务印书馆 1978 年版，第 240 页。

② 千家驹：《中国的平时和战时财政问题》，载《东方杂志》第 34 卷第 1 号，1937 年 1 月 1 日。

③ 蔡次薛：《我国战时税制的改进》，载《东方杂志》第 38 卷第 17 号，1941 年 8 月 30 日。

④ 薛光前编著：《八年对日抗战中之国民政府》，第 241 页。

⑤ 杨光彦等主编：《重庆国民政府》，重庆出版社 1995 年版，第 106—107 页。

国民政府迁都重庆后不得不调整财政税收政策和措施以确立战时税制。

一 战前我国政府关税财政

自 1842 年《南京条约》迄至 1929 年关权之收回，我国关税自主权之丧失达 80 余年之久。在此 80 余年间，不仅税率无差别的仅为值百抽五，即欲修正合此值百抽五之从量税之权，亦受制于外人。实际上，因我国物价逐年上涨，从量从价合计之进口税率，多在值百抽五以下；其对国民经济之压迫，政府财政之损失，自不待言。

"关税原为保护国内产业之惟一堡垒，同时在我国财政上亦渐成为最大之收入，无如我国税则，久受条约之限制束缚，遂使国家财政及国民经济，日益窘迫。"[1] 我国关税在战前数十年间，执国家税收之牛耳，自庚子赔款之后，更以关税收入指拨为赔款及借款指担保基金。故每年税收之盈亏，不特关系国家财政之收支预算，亦且与国内外债市场息息相关。[2]

"废除一切不平等条约，收回海关、租界和领事裁判权"，争取中华民族的独立和自由，这是中国民主革命的先行者孙中山先生提出来的，这句振聋发聩的话成为引领国民革命的一面旗帜。1924 年国民党一大宣言中就曾提出："一切不平等条约，如外人租借地、领事裁判权、外人管理关税权以及外人在中国境内行使一切政治的权力侵害中国主权者，皆当取消，重订双方平等、互尊主权之条约。"[3] 自国民政府成立以后，努力于关权自主运动，向外交涉，几经波折，乃于 1928 年与各国缔结新约，1929 年 2 月始实行自主关税。是年颁布之新税则，名义上虽为自主关税，但细察其内容，系综合过去值百抽五之协定税率及 1925 年关税特别会议时英、美、日专门委员所修正之七级附加税税率而成，最高税率仅达27.5%，故仍带有协定性质，普遍称之为过渡税则。1931 年 1 月实施之新税则，其税率虽有高至 50% 者，但其性质仍为修改 1929 年之税则。且因受上年 5 月偏面的中日关税互惠协定之牵制，不能本乎自主精神，尽量修订。[4] 及至 1933 年 5 月，中日关税协定满期，政府乃将全部进口税则

① 《关政》，第 4 页。
② 宋同福：《战时关税》（上），载《经济汇报》第 9 卷，1944 年第 3 期。
③ 孙中山：《孙中山全集》第 9 卷，中华书局 1981 年版，第 122—123 页。
④ 1930 年 5 月中日关税协定附件内规定：我国进口大部分之棉货，鱼介海产品及麦粉之税率三年内不能增超从价的 2.5%。其中数货三年内绝对不能增加税率（即仍旧 1929 年税率）。又杂货 17 种，其中 6 种一年内不能增税，其余 11 种一年内可增税，其增加数亦不能过从价的2.5%。1931 年 1 月实施之新税则仍在中日关税协定有效期间，且限于最惠国条款，各国得均沾其利，故 1931 年之新税则对上述各货之增税，最多仅较 1929 年税率增从价的 2.5%。

加以修改，酌量国内工业及财政情形自动颁布新税则：关权自主，乃真正实现（1934 年 7 月又改订一次）。①

关税自主是一个国家独立自主制定本国关税，管理本国的海关和处理海关收支的权力。关税自主也是一个国家主权独立的标志。在 20 世纪二三十年代，国民政府通过颁布四部国定税则，逐步基本实现了关税自主。②《南京条约》以后我国关税即逐渐为列强所控制，从关税的行政到税款的征收保存，无不体现出列强的干预与操纵，列强通过对中国关税关政日益全面的控制左右中国政局，干涉中国革命，加深了中国半殖民地化的程度，南京国民政府经过关税自主运动，制定国定关税税则，将海关税务司纳入财政部的管辖范围内。

郑友揆依据各种税率水准，③ 回答了诸如 1929 年我国关权收回以后，历届税则之改修对于国际贸易之影响如何？保护国内实业之成分究有几何？各类进口货税率之变迁如何？对各主要贸易国之影响如何？税收之负担分配如何？以及汇价之涨落对税率之关系等等问题。根据他的研究，我国整个进口税率水准，在关税未自主前之 1926—1928 年间约为 4%。1929 年之新税准，即增至 10.9%，1931 年 1 月之新税则，又将税准增加至 16.3%，1932 年 4 月及 8 月糖与人造丝等之进口税率又有增修，税准又增至 16.7%，1933 年 5 月，国民政府财政部鉴于我国东北诸关被日本攫夺，导致国民政府税收急剧短少，因此就以中日关税协定期满为由乘机增修全部进口税则，税率水准乃增至 23.1%，1934 年 7 月，财政部又改订进口税则，对国内不生产之工业必需品，生产工具及交通工具等之税率

①　郑友揆：《我国关税自主后进口税率水准之变迁》，商务印书馆 1939 年版，第 1—2 页。

②　有关 20 世纪二三十年代的关税自主运动及其评价，可资参考的主要有：郑友揆：《我国关税自主后进口税率水准之变迁》，商务印书馆 1939 年版；赵淑敏：《中国海关史》，台北中央文物供应社 1982 年版；叶松年：《中国近代海关税则史》，三联书店 1991 年版；黄逸平、叶松年：《1929—1934 年"国定税则"与"关税自主"剖析》，《中国社会经济史研究》1986 年第 1 期；张生：《南京国民政府初期关税改革述评》，《近代史研究》1993 年第 2 期；王良行：《1929年中国固定税则性质之数量分析》，《近代史研究》1995 年第 4 期；陈诗启：《南京政府的关税行政改革》，《历史研究》1995 年第 3 期；董振平：《1927—1937 年南京国民政府关税的整理与改革述论》，《齐鲁学刊》1999 年第 4 期；佟静：《论南京政府关税自主政策的实施及意义》，《辽宁师范大学学报》（社会科学版）1999 年第 6 期；樊卫国：《论 1929—1934 年中国关税改革对民族经济的影响》，《上海社会科学院学术季刊》2000 年第 2 期；叶玮：《30 年代初期国民政府进口关税征金改革论述》，《民国档案》2001 年第 3 期；张徐乐：《南京国民政府时期修订海关进口税则的再评价》，《历史教学问题》2003 年第 2 期；［日］久保亨：《走向自立之路（两次世界大战之间中国的关税通货政策和经济发展）》，王小嘉译，中国社会科学出版社 2004 年版。

③　税率水准（Tariff Level）即税则之高度（Height of a Tariff）。一般认为税准是"各货所征之税额对其货值之平均百分数"。

略行提高；复将占进口值大宗之粮食进口税率，于同年2月间又增加不少，如粮食进口如米谷、小麦、大麦、玉米、蜀、小米等1933年之税则中，皆免税进口；仅麦粉一项，略缴进口税。及此年12月16日起，方行征税，至1934年2月间，税则又增加甚多；7月间又将大麦等杂粮进口税，由10%增至15%，故1934年进口税准，遂增至31.2%之高（表1—1）。[1]

表1—1　我国进口税应有税准与实际税准比较表（1926—1936年）[2]

时间 \ 类别	应有税准（正税）	应有税准（附加税在内）	实际税准（正税）	实际税准（附加税在内）
1926	4.1	4.1	3.8	3.8
1927	3.9	3.9	3.5	3.5
1928	4.3	4.3	3.9	3.9
1929	10.9	10.9	8.5	8.5
1930	12.0	12.0	10.4	10.4
1931	16.3	16.3	14.1	14.1
1932	16.7	18.4	14.5	15.8
1933	23.1	25.4	19.7	21.7
1934	31.2	34.3	25.3	27.8
1935	32.1	35.3	27.2	29.9
1936	31.4	34.5	27.0	29.7

南京国民政府整理与改革关税，争取关税收入的同时，也有发展国内产业的意图，如米麦进口，以民食关系，向准免税。其在粤桂闽等省多赖洋米接济，虽湘赣皖各省产米有余，惜未能挹注调剂。一方面输入大量净米，资金外流；一方面谷贱伤农，危害农业，其于国民经济上之影响，颇关重大。1933年12月间，国民政府宣布取消米谷、小麦、杂粮进口免税制度，并提高小麦粉进口税，同时督导产米各省将余米大量运销粤桂闽等省，以济民食之不足，藉谋米量自给与产销之合理化。[3]

---

①　郑友揆：《我国关税自主后进口税率水准之变迁》，商务印书馆1939年版，第10—11页。

②　同上书，第12页。

③　郑莱：《十年来中国之关税》，载《经济汇报》第8卷第9、10期合刊，1943年11月16日。

　　结果，抗战全面爆发前的"最后几年内小麦、稻谷和棉花的进口数额减少"[①]，计"1935 年米谷进口数量原为 12964000 公担，小麦为 5309000 公担，1936 年米谷降为 3103000 公担，小麦降为 1168000 公担"。[②] "中国政府实难同意法国政府关于完全取消大米进口税的要求，因为中国农民的处境很不好，他们大多依靠稻谷为生，因此中国政府有必要采取措施来保护他们的利益，或者倒不如说是减轻他们的负担。"[③]

　　同时，中国农业产品总值也有所提高，以 1933 年价格为基数，以国币 10 亿元为单位，1931 年为 18.79，1932 年为 19.66，1933 年为 19.34，1934 年为 17.11，1935 年为 18.79，1936 年为 19.89，平均每年增长 1.5%。[④] 1934 年国定进口税则规定："为补助财政及维持实业起见，对于若干进口货品，酌加税率。"[⑤] 这对外国商品的倾销起了一定的抵制作用，保护了中国民族资本企业的发展，两个国定出口税则中关于减征或免征出口税的规定也含有保护贸易、奖励实业的意义。

　　国民政府争取关税自主、颁布国定税则的目的涵盖三个方面即平衡国际贸易、保护国内产业、增裕财政收入。[⑥] 事实上，其真正目的主要是增加国民政府的财政收入。我国关税向为内外债及赔款之担保品，关税政策不得不以税收为主。1931 年以后，税则虽有调整，借以保护国内实业，但其着眼之处，仍在增加税收。因之，1929 年至 1934 年间四度增税，进口贸易虽无形中受其阻碍而减少，而进口税收则逐次增大我国关税收入年约二三亿元，其间以进口税收为最主要，1926—1936 年间，关款中除关务行政必需费等外，其间偿付外债及庚子赔款者占 43%，内债者占 42%。缴纳财部之余款，最多年份，亦仅三五千万元而已！[⑦]

　　事实上，中国争取关税自主的进程越来越取决于中国自己的抗争，至 1930 年终于从法理上废除了协定关税制度，使列强失去了干涉中国关税事务的条约依据，至少也使列强干涉中国海关的程度和方式发生了变化；

　　① ［美］杨格：《一九一七至一九三七年中国财政经济情况》，中国社会科学出版社 1981 年版，第 342 页。

　　② 郑莱：《十年来中国之关税》，载《经济汇报》第 8 卷第 9、10 期合刊，1943 年 11 月 16 日。

　　③ 《顾维钧回忆录》第 2 分册，中华书局 1985 年版，第 285 页。

　　④ ［美］杨格：《一九一七至一九三七年中国财政经济情况》，第 451 页。

　　⑤ 贾德怀：《民国财政简史》（上），商务印书馆，第 77—78 页。

　　⑥ 财政部关务署编：《十年来之关税》，中央信托局印制处印，1943 年，第 1 页。

　　⑦ 郑友揆：《我国关税自主后进口税率水准之变迁》，商务印书馆 1939 年版，第 14—15 页。

自 1932 年 3 月 1 日，关税税款全部集中存在中央银行，结束了关税税款一直存于外国在华银行且听凭列强支配的局面。至此，列强在华享有的协定关税特权被废除。[①]

30 年代前期，国民政府的财政税收有 85% 来自关税、盐税和统税（货物税），其中关税在国民政府整个财政税收中占据 50% 以上，[②] 关税在国民政府财政收入中的地位如此重要，成为支撑初创时期国民政府内政外交的主要经济支柱。经过历次修订税则后，国民政府的关税收入明显日见增聚，如 1924—1928 年年均收入只有 1.2 亿元，而在 1929 年、1930 年、1931 年就分别增长为 2.44 亿元、2.92 亿元、3.85 亿元。[③] 因此，抗战全面爆发前国民政府的关税政策是财政关税政策。但也有人指出："考察我国关税收入虽大，而其用途殆全为偿债赔款，对于国民生活公共事业固无丝毫直接利益。"[④]

二　战时国民政府关税损失

抗战全面爆发后关盐统三税之中，尤其以关税的变动为最多："一方面因为沿海沿江一带敌伪之劫持税收，另一方面因为一向把持我国关政的英国霸权之日趋没落，于是，关务方面，遂呈空前未有之剧变。"[⑤]

由于日寇侵略的步步深入，国民党正面战场上的失利频频，大片国土相继沦陷，到 1940 年 6 月的三年多时间里，北平、天津、上海、苏州、常州、南京、广州、武汉、南宁、宜昌等一些重要城市相继沦陷，我国工农业生产比较富庶的地区大多被日军占领，内地与重要沿海城市的经济联系被基本切断。当国民政府西迁重庆时，仅仅控制内地 15 个省份，而我国农业生产基础的 40%，工业生产能力的 92%，总生产量的 50%—55% 为日寇所侵占，[⑥] 我国经济遭受惨重损失。战前国民政府的关税收入的 60% 主要征自上海、天津和青岛等地，[⑦] 尽管国民政府、外籍税务司与英美等列强皆力图维持我国海关行政管理权的"完整性"，但"（关税）这

① 李秀领：《列强在华协定关税特权的废除》，载《江海学刊》1997 年第 4 期。

② 薛光前编著：《八年对日抗战中之国民政府》，第 254 页；戴一峰：《近代中国海关与中国财政》，厦门大学出版社 1993 年版，第 79 页。

③ 刘克祥、陈争平：《中国近代经济史简编》，浙江人民出版社 1999 年版，第 511 页。

④ 江南良著，钟兆璘教授指导：《我国今后关税政策之检讨》，民国时期国立武汉大学法学院经济系毕业论文，1940 年。

⑤ 朱偰：《战时及战后之关务行政问题》，载《训练月刊》第 1 卷第 4 期。

⑥ 张公权：《中国通货膨胀史》，文史资料出版社 1984 年版，第 19 页。

⑦ 薛光前编著：《八年对日抗战中之国民政府》，第 254 页。

种支持财政的柱石，在敌人方面，是早就蓄意要破坏的"①。

我国关税的减少不是自抗战全面爆发后才开始的，从东北沦陷后，我国海关贸易就突然减少2亿元，这对于以关税作为主要财源的国民政府中央财政是最大的打击，关税随即就损失了3/10。

日本全面侵华后，所劫夺的税源主要是国民政府关税、盐税、统税三大税收。随着沿海沿江各重要海关关口相继沦陷，一方面，中国的海关税款遭到日伪的劫夺；另一方面，国民政府的税政重心，逐渐由沿海各省移向于西南西北诸地。

由于经济严重落后，导致国民政府的关税收入急降不已。根据海关统计，1937年的关税收入，虽然达到342898739元，比1936年还多出18266448元，但这完全由于1937年上半年收入增加所致，如果将1937年的关税收入，分为1—7月及8—12月两个阶段，再与1936年同期相比较，那么，日本开始全面侵华的影响，就显而易见了，根据海关公报的数字，1937年1—7月的税收总额为262161262元，平均每月收入约为3750万元，及至抗战全面爆发后8—12月的收入总额，仅为80638477元，平均每月仅收入1610万元，和上半年比较，相差甚远；再将1937年前7个月的税收数目与1936年同期比较，约多1亿元，其中进口税一项，就增加了8000万元，抗战全面爆发后5个月的关税收入总额，从上年的15950万元，降为8060万元；进口税也从12740万元，降到5390万元，这样根据前7个月的数字观察，1937年后5个月的关税损失，当在1亿元左右。1938年关税收入为254565469元，和1937年比较，减少88334270元，约为26%，就各项税收分别观察，除转口税，因为提高税率和推广征收范围，有所增加外，其余各项，都比上年减少。②

关税自1936年的36900万元降至1939年的8600万元，即减少了77%。③ 国民政府《财政年鉴续编》对此统计如下：1937年14308928元，占全体关税收入的4.17%；1938年159271424元，占全体关税收入的62.57%；1939年277369688元，占全体关税收入的83.7296%；1940年423685072元，占全体关税收入的89.06%；1941年415158416元，占全体关税收入的85.17%；1941年11月以后，日军接管海关总税务司署，

---

① 《抗战以来的财政》，第30页。

② 沈雷春、陈禾章编：《中国战时经济志》，台北文海出版社，见沈云龙主编《近代中国史料丛刊》三编第20辑，第5—6页。

③ 粟寄沧：《中国战时经济问题研究》，中新印务股份有限公司1942年版，第136页；杨光彦等主编：《重庆国民政府》，重庆出版社1995年版，第107页。

关税收入不详。据国民政府估计，抗战时期，我国关税被日伪劫夺在 226 亿元以上，而此期间国民政府逐年关税收入总和不到 30 亿元。[①]

据财政部统计处 1943 年 7 月的统计，自抗战全面爆发到 1943 年 7 月，国民政府共计损失各种税收 4311588328.54 元。[②] 另据关务署编制的《九一八以来我国关税损失数目表》不完全统计，1932 年 9 月至 1943 年关税损失为国币 5955256115 元。[③]

抗战期间，沿海沿江原设海关地区相继沦陷，关税被敌伪劫夺者逐年增多，估计自 1937 年七七抗战之时起，迄 1945 年 9 月 3 日日本正式投降止，八年之中，我国关税被敌伪劫夺总计 226 亿元以上。[④]

我国重要海关被占及关款关产被劫，不仅暴增日本侵华的经济实力，而且加剧国民政府财政危机，引致国民政府财政收支严重失衡及财政赤字日渐增聚。据统计，1937—1941 年度国民政府的财政净收入（债务收入除外）分别为 558885506 元、29659934 元、715452726 元、1515415823 元、1181687380 元，而相应年度的财政支出（现金结存除外）分别是 2091324143 元、1168925314 元、2995370276 元、5388454455 元、10003300953 元，财政赤字情况十分严重。[⑤] 财政支出仅战费一项就远远超出收入，据估算，国民政府不仅要应付每日 500 万元以上、每年约 20 亿元的军费开支，还要支出各项建设经费，如国防建设费、经济建设费、文化建设费、水利建设费等等，[⑥] 军事费用至少占政府支出总数的 51%，最高时（1940 年）甚至达到 78%。[⑦]

严峻的财政局势，迫使国民政府在财政政策上尤其是税收政策方面作出一系列重大调整。战前税制改革的这些进展为战时增税奠定了一定的基础。另外，战时基于抗战需要实行增税一般也能得到舆论的支持，在抗战初期，不少经济学者就建议国民政府财政当局应当借鉴一些战时英美两国

---

① 杨荫溥：《民国财政史》，中国财政经济出版社 1985 年版，第 105 页；王真：《论日本侵华期间削弱中国国力的经济战略》，《民国档案》2000 年第 3 期。

② 参见《财政部统计处编制之抗战时期税收损失总报告表（1937 年 7 月—1943 年 7 月）》，[国民政府财政部档案]，载《资料汇编》第五辑第二编，财政经济（一），第 426 页。

③ 参见孙修福《日本侵华期间海关损失初探》，《海关研究》1996 年第 2 期。

④ 财政部财政年鉴编纂处：《财政年鉴》（三编）第六篇关税，编者发行，1948 年，第 1 页。

⑤ 杨培新编：《旧中国的通货膨胀》，三联书店 1963 年版，第 30 页。

⑥ 延安时事问题研究会编：《抗战中的中国经济》，中国现代史资料编辑委员会翻印，1957 年，第 374 页。

⑦ 薛光前编著：《八年对日抗战中之国民政府》，第 253 页、273 页表十一。

的做法，以增税为筹集经费的主要手段。

抗战时期，为筹措日益庞大的军政开支，国民政府不断尝试各种财经应变措施，税制改革便是其中的重要内容。税制改革以1941年为界分为两个阶段，两个阶段的改革在目的和程度上均有较大的差异，这些改革虽然未能从根本上解决财政困难，但仍取得了一定的成效。① 当时就有财政专家如朱偰等人认为：战时财政，应以"有钱出钱，有力出力"为原则，"必须以租税支持公债，以公债保证通货，避免通货膨胀过速，以免影响物价及财政支出"②。

三　战时中国海关机构的调整

民国时期，在关务机构方面，先是北京政府既以财政部总揽度支，而管理全国海关之税务处，始终与财政部并峙，本为畸形之组织。

1927年国民政府成立后，为了有效地控制中国海关，提高中国人在海关机构中的地位，国民政府采取了"一方面恢复中国在关政上之主权，一方面维护海关现行制度"举措，③ 1928年，国民政府北伐完成后，即撤销了税务处。其实，早在国民政府在粤成立时，就于财政部内设税务总处，管理关税事宜。由此，海关进入"改良关制及努力关税自主时代"④。如行政院下设财政部掌理全国财政事务，财政部设关税处，旋改组为关务署，关务署负责关税税则，关税政策，关务法规，进出口减免税审核，关卡设置等。海关总税务司归关务署直辖，承财政部及关务署之命，管辖全国各关税务司，于是全国关务行政，遂告统一。⑤ 张福运应其哈佛同窗、国民政府财政部长宋子文之邀，担任国民政府财政部首任关务署署长兼国定税则委员会委员长，具体实施恢复关税自主权及改革海关行政管理体制的工作。收复关税自主权及海关行政管理权的原则虽已制定，但如何具体实施这一主权，并切实控制中国海关的行政管理大权，却并非易事。⑥

依据1927年10月20日财政部公布的《财政关务署总则》规定：关务署设总务科、关政科、税务科和税则科；关务署设署长1人，署长承财

---

① 严云强：《抗战时期国民政府的税制改革》，《重庆社会科学》2005年第8期。

② 朱偰：《我所亲眼看到的通货膨胀内幕》，载中国人民政治协商会议全国委员会文史资料研究委员会编《法币、金圆券与黄金风潮》，文史资料出版社1985年版，第93页。

③ 《旧中国海关总税务司署通令选编》（第三卷）（1931—1942年），第274页。

④ 华民：《中国海关之实际状况》，神州国光社1933年版，第8页。

⑤ 《关政》，第11页。

⑥ 参见程麟荪、张之香《张福运与近代中国海关》，上海社会科学院出版社2000年版。

政部长之命，综理本署事务、监督本署职员、总税务司、全国海常务关监督、内地税关税局长及所属职员；关务署最要事项，应行呈由财政部长核定，以财政部名义行之，最要事项中包括关于变更关税政策事项和处分税款等；关务署次要事项，应行呈由财政部长核定，以本署名义行之，次要事项中包括关于变更关税制度事项，可见，国民政府施行的关税政策和关税政策主要决策部门是财政部关务署。① 而制定税率税则"则向由国定税则委员会主持，关于编订税目与解决一切有关之技术问题，则归委员会指定由海关验估员负责。不过，海关验估员在昔时多系客卿，更因种种历史关系，其所能解决的技术问题，只能适应旧时的协定税则"②。海关以往隶属关系，因外交及其他原因，屡有改变。自财政部设关务署统辖总务司署，名义上事权已得统一，但关务署与总税务司署作用类似，即同为海关之总管理处，故其设立不过多一承转机关而已；至于海关监督与税务司之关系，亦大致与关务署之于总税务司署相同。③

南京国民政府时期中国海关主要机构有：（1）关务署：关务署内设总务、关政、税则三科，主管关务行政事项。关务署下辖总务务司署、各关税务司署和海关监督。（2）总务务司署：管辖全国各海关税务司署，内设总务、汉文、机要、稽核、典职、财务、审权、缉私、统计、海务、秘书等11科。该署原设上海，太平洋战争爆发后被日寇劫持，国民政府在重庆另设海关总税务司，抗战胜利后迁往上海。（3）各关税务司署：设于各海关，管理该关事务、内设总务、文书、会计、监察、验估、缉私、港务7课，因各关事务繁简而定，各关课的设备不一。1931年裁厘、裁撤常关和五十里常关后，征收进出口洋货土货税的常关就近并入海关，海关设分卡或所管理。（4）海关监督：直属财政部，受关务署监督，办理关务和对税务司进行监督，内设总务、税务、计核3课。1945年此机构撤销。（5）缉私署：缉私署直属财政部，内设11个处，下辖各省区缉私处、税警总团、缉私骑兵团和警备大队，各省区缉私处以下设查缉所。缉私机构主管盐务、关务、税务的缉私业务。

1927年10月25日，财政部长宋子文训令代理总税务司易纨士，未

---

① 《财政关务署总则（1927年10月20日）》，[国民政府财政部档案]，档案号：三（2）／929，载财政部财政科学研究所、中国第二历史档案馆编《国民政府财政金融税收档案史料（1927—1937年）》，中国财政经济出版社1996年版，第784—785页。

② 刘天演：《编订战后进口税则之技术问题》，载《财政评论》第11卷，1944年第3期。

③ 章友江：《战后我国关税政策》，载《经济论横》第2卷，1944年第3期。

经许可不得擅自拨付税款，限制其支配税款的权力。① 31 日，又训令易纳士："前税务处事务业由本部关务署接受办理，总税务司署即由关务署管辖，仰该员秉承关务署署长命令办理，及改善海关关务一切事宜，以一事权。"② 易纳士却抗拒南京国民政府把内国公债基金由汇丰银行改存中央银行的命令，因而被免去代理总税务司职务。国民政府改派江海关税务司英员梅乐和为总税务司。易纳士被罢免代理总税务司职务，对于总税务司长久的嚣张气焰是个严重的打击。

为了有效地控制与管理近代中国海关，1929 年 1 月，国民政府令总税务司署"移京设置"③。但海关内部由总税务司专断的局面并未改变，各地税务司仍听命于总税务司，总税务司仍是各帝国主义在华代理人的状况并未真正改变。鉴于各海关行政关务人员散在各个省份，甚至由各省临时委派，关务署的政令不能切实落实，造成行政效率低下的弊端，南京国民政府规定海关人员统一由关务署任命，事权统一，大大加强了行政效率。并且，"华洋官员待遇同，已无分畛域，一律平等。而处理关务，复悉为政府之命是从"④。

1929 年 1 月，梅乐和被国民政府任命为总税务司。梅乐和就任后中国海关进行了"关制改革"。国民政府新任部长宋子文就曾训示："北伐告成，国民政府奠都南京，当时朝野对于海关方面指摘殊多。有谓中国海关俨然成为政府中之政府，不啻为列强驻华使馆之附属物，甚至谓总税务司一言，其效力等于财部之法。北京政府财政总长之命运，实操于总税务司之手；且海关收入，则尽存于外籍银行，致其在华势力日益雄厚，华商银行，坐令向隅；其海关高级人员之任命，只限于外籍关员。当时朝野一致有彻底改善海关组织之主张。"⑤

在抗战全面爆发，沿海沿江各重要城市如沪、宁等地相继沦陷之后，国民政府西撤至重庆，而总税务司梅乐和自认为中国海关及"洋掌柜"的身份和特殊地位，将海关总税务司署留守上海公共租界，以便中国海关继续清偿债赔，保全各帝国主义的在华经济利益，继续维持英帝国主义和

① 《顺天时报》1927 年 10 月 27 日。
② 《总税务司通令》第 2 辑 inspector general's circulars, second series 第 3820 号附件。
③ 《总税务司通令》第 2 辑 inspector general's circulars, second series 第 3822 号附件。
④ 《旧中国海关总税务司署通令选编》（第三卷）（1931—1942 年），第 262 页。
⑤ 1933 年 10 月 8 日宋子文在海关赠鼎仪式上之答词，《总税务司通令》第 2 辑 （1933—1934），第 143—144 页。

他自己对中国海关的行政控制权。① 当时国民政府幻想海关总税务司署在英美等列强的支持下，对日占区的中国海关拥有一定的管辖权，也就默认了海关总税务司署继续留在上海公共租界。梅乐和及海关总税务司署坐困沦陷区，当然就对国统区的海关控制鞭长莫及了，这也就给国民政府自主地调整大后方海关提供了良机。

1940 年 9 月，朱偰《战时及战后之关务行政问题》一文指出："抗战发生，引起极大之变动：许多旧时代不适宜的制度习惯，都被淘汰；许多旧时代遗留的病态及弱点，都被暴露。无论何种经济及财政政策，莫不经过根本上及方法上之改变；否则便不能适应环境；或则不能负起时代的使命；或则便逃不了失败的命运，而最后不得不归于淘汰之列。"②

1941 年 12 月，太平洋战争爆发，日军劫夺设于上海公共租界内的中国海关总税务司署，梅乐和也被日军逮捕。1942 年 1 月 12 日，代理总税务司周骊发出《海关总税务司署通令》第 5769 号，称："财政部收到日本人占领海关总税务司署上海办事处之消息，而且总税务司梅乐和爵士业已不能在上海执行其职务，责令重庆关税务司立即安排在重庆成立新总税务司署，在梅乐和抵达重庆以前，由本人以代理总税务司执行其职务。遵照部令，新总税务司署已于 1941 年 12 月 26 日开始办公，并依照关务署之授权，在本人抵达重庆之前，重庆关税务司已向各口岸发布各项指示。本代理总税务司已于 1942 年 1 月 8 日到任述职，自即日起各关人员必须遵从本人之命令，由伪政权或日方所任命之总税务司发出命令及指令概不置理。为节约计，海关总税务司署所辖各部门暂予精简，各部门名称职能及主管人员：总务科税务司霍启谦；财务科税务司班思德；审榷科税务司杜秉和；代理人事科税务司陈柏康；代理缉私科税务司李桐华；前统计科与海务科之工作业已归由总务科税务司直接掌管，而财务科税务司将掌管前计核科与财务科两科之工作。"③

直至 1942 年 8 月，因换侨，梅乐和才得以获释。不久，梅乐和辗转来到重庆的海关总税务司署新址。1943 年 5 月，梅乐和宣布退休回国，

---

① 其实，早在 1931 年梅乐和就曾提出：中日宣战时，在日本占领区中的中国海关保持中立，仍然在总税务司署统辖下，继续工作下去，这样就可以"完整地"统治两个敌对地区的海关。参见陈诗启《中国近代海关史》，人民出版社 2002 年版，第 805 页。

② 朱偰：《战时及战后之关务行政问题》，《训练月刊》第 1 卷第 4 期。

③ 《为通告海关总税务司署已于重庆组成并任命周骊先生为代理总税务司事》，载黄胜强主编《旧中国海关总税务司署通令选编》（第 3 卷）（1931—1942 年），中国海关出版社 2003 年版，以下简称《旧中国海关总税务司署通令选编》（第 3 卷）（1931—1942 年），第 453 页。

国民政府寄希望在抗战中等到美国的支持，遂决定由美籍税务司李度继任中国海关总税务司一职。

总的来看，梅乐和执掌中国海关总税务司期间，虽继续奉行西方帝国主义殖民侵略政策，但也积极推行过海关"关制改革"、修订关税税则、改进海关缉私工作等，这在一定程度上限制了日本对中国海关主权的控制。但梅乐和为维护其所代表的西方帝国主义利益，对日本帝国主义的侵略推行"绥靖政策"，加重了中国人民的灾难，在这方面，梅乐和是负有更大罪责的。[①]

抗战全面爆发前，我国海关关卡大多设于沿海及西南边区国界一带，以管理航海民船贸易及防止水陆之走私货运为主要任务。截至抗战全面爆发，全国关卡总数约为189处。为了弥补沿海各关相继沦陷的损失，海关总税务司署决定在内地增设分关分卡（见表1—2），便利征收转口税，并为防止结汇货品之私运及禁运物品之进口。

表1—2　　　　　　　海关关卡设置数目表（1937—1943年）[②]

类别 \ 数目 \ 年别	1937	1938	1939	1940	1941	1942	1943[④]
总关	36	18	16	18	16	18	18
分关	6	1	1	1	1	6 ①	5
分卡	126	66	60	70	126	261②	217
分所	21	15	12	29	48	153	151
总计	189	100	89	118	191	438③	391

上表附注：（1）包括年内撤退两处在内；（2）包括年内撤退27处在内；（3）后方各关数目，沦陷区不在内；（4）根据《十年来之海关》第20—21页和《十年来之关税》第34页绘制。

抗战全面爆发后，"芜湖、金陵、镇江、苏州、杭州、长岳、九江、三水等8关及海关防止公路内河私运稽查处海关防止路运走私总稽查处与以上各关处所属分卡分处，或因所在地沦入战区，或因职务无法执行，经已先后结束，其余各关有虽在战区，现仍然照常执行关务，至沦陷区域转

---

① 朱建忠：《梅乐和与旧中国海关》，《中国海关》1990年第2期。

② 宋同福：《战时关税》（下），《经济汇报》第9卷第4期，1944年2月16日。

运前来之货品，凡未照政府所定税制缴纳关税者，一律照现行税则十足补征"①。

全面抗战时期"海关之工作，关于税则及关税政策之调整，系由关务署主管；其有关贸易政策者，由贸易委员会主管"②。海关税收行政，在中央方面，由财政部设置关务署，综理全国关务行政事宜。而各关实际执行税收之机构，在战前原设海关监督署，与海关总税务司署分负其责。为严密组织、紧缩财政开支起见，财政部于1937年9月19日电总税务司梅乐和，将全国各海关监督署完全裁撤，仅留海关监督一人监督该关税务司执行关务。③ 财政部同时颁布《海关监督办事暂行章程》规定："海关监督奉财政部长及关务署长之命，监督该关税务司执行关务；海关监督应驻在该税务司署办公。"④

经过各方努力，原有的海关关卡分别被调整与裁并，如："广州湾为私货渊薮，原设雷州分卡，归由琼海关管辖，距离过远，节制不便，已于1935年12月间将雷州分卡，改为雷州关，并将琼海关所属一部分分卡及分所，划归该关管辖。至1939年4月及7月间，以管理便利关系，先后将闽海关所属之沙埕分卡，划归瓯海关管辖，津海关所属之义院口、界岭口两分卡，划归瓯海关管辖，津海关所属之义院口、界岭口两分卡，划归秦王岛关管辖。万县分关，原隶于重庆关，川东一带之分卡，归由该分关管辖。惟自沙市关移驻老河口后，原隶沙市宜昌两关撤退至鄂西、鄂南之分卡，均改隶于该分关。因此所管稽征事务，较前增紧，乃于1942年10月间，将万县分关，改为万县关。所有鄂省西南，及四川忠县以东之各卡，统归由该关管理。重庆关自万县分关改为万县关，脱离隶属关系后，其管辖范围，亦有变更。川省涪陵以西，及贵州、西康两省之各卡，归由该关管理。至长江上中游巡江事务，则仍由该关兼管之。福海、北海两关，以闽粤海面被敌封锁，进出口贸易锐减，于1942年1月间，改为分关，划归闽海、南宁两关分别管辖。自滇缅公路完成以后，蒙自、腾越两关同在一公路线上，且滇缅交通又有变迁，遂于1942年2月间，将该两关合并，定名为昆明关。另设腾冲、畹町两分关，归由昆明关管辖。思茅

---

① 《孔祥熙抄报战区海关分别结束等文件呈》（1939年4月14日），国民政府财政部档案，载《资料汇编》第五辑第二编，《财政经济》（一），第329页。

② 财政部海关总税务司署编：《十年来之海关》，中央信托局印制处，1943年，第28页。

③ 《十年来之关税》，第25页；宋同福：《战时关税》（下），《经济汇报》第9卷第4期，1944年2月16日。

④ Inspector General's Circulars Ⅱ. (1937—1938), pp. 371 – 372.

关，以货运减少，于 1942 年 4 月间，改为分关，隶属于昆明关。"① 以上关卡的重新调整与布置基本适应战时经济及军事防线，为增强海关的缉私效能奠定了一定的组织基础。

内地分关分卡数目的增加使海关税收征管机构日渐加强，海关缉私效能亦略有提升。1942 年，海关以开征战时消费税为由向绥西、甘肃、西北各地推行关务，增设不少分关分卡。至 1943 年由总税务司派员前往新疆接洽，在该省沿边设立关卡，以管理对苏货运及征税事宜。② 海关总税务司署同时派人前往内地增设海关，"现时海关除设有重庆、万县、沙市、宜昌、上饶、梧州、长沙、西安、兰州、洛阳、曲江、雷州、瓯海、南宁、闽海、龙州、昆明、新疆等总关外，并于货运进出要口及内地应征战时消费税货物之关产区附近，分别设置分支关所，以利稽征。……截至 1944 年 4 月为止，海关总分支机构共有 392 个单位。……内地关卡的设置，其作用有三：应受统制管理各种进出口物品之稽查、应征进出口税货物之稽查和战时消费税之稽征"③。内地关卡的增设和调整为增裕战时国民政府的货税收入奠定了组织基础。

　① 《十年来之关税》，第 26—27 页。

　② 宋同福：《战时关税》（下），《经济汇报》第 9 卷第 4 期，1944 年 2 月 16 日。

　③ 《财政部关务署向国民党五届十二中全会等会议口头报告问答资料》（1944 年），国民政府财政部关务署档案，《资料汇编》第五辑第二编，《财政经济》（二），第 67 页。

第二章　战时国民政府关税政策演变

"财政为庶政之母"，财政金融政策直接关系到国计民生，也关系到一国政治、经济、外交、军事、文化、教育等方面的建设能否顺利进行。战时财政政策不同于平时财政政策，它具有直接为战争服务的特点，坚持"一切为了前线"的原则，国民政府在抗战期间正是建立了这样一种财政金融政策：运用各种统制手段，改进财政税制，增加财政收入，稳定金融物价，实行金融管制，统制外汇，加强对敌经济战等等，竭力将财政金融政策纳入战时轨道，最大限度地动员一切财政金融力量，保证抗战的需要。

关税政策包括财政关税政策、保护关税政策和混合关税政策三大类。财政关税政策即以增加国家财政收入为目的而课征的关税，施行财政关税政策的税率比较低，因为低率关税有助于外国货物的输入，而大量外国货物的输入正是增加关税收入的基本途径，一般来讲，凡国内不能生产的产品或国内没有代用品，而需求量又很大的产品，当从国外输入时所课征的关税就是财政关税；保护关税政策是以保护本国经济发展为主要目的而课征的关税，施行保护关税政策的主要特征是税率高，使进口产品成本增大，从而削弱它在进口国国内市场的竞争能力，甚至可以阻碍外国产品的输入，达到保护本国经济发展的目的；混合关税政策是一国政府对进口货物征收的关税同时具有财政性质和保护性质，这种关税政策不仅具有保护本国产品产业生存发展的作用，而且也具有增加国家财政收入的作用。[1]

"我国关税过去受片面协定的束缚，实际上没有政策之可言。在这种不自由的状态下，反而一味地注重财政的收入，以致产业未能发展，税源

---

[1] 参见谷志杰《关税概论》，中国财政经济出版社 1989 年版，第 37—39 页。

亦无由增加，国弱民穷；置国运于今日危亡之境。"① 战时关税政策是战时财政金融政策中不可或缺的组成部分，可见，抗战时期国民政府关税政策同样必须具有直接为战争服务的特点，必须贯彻"一切为了前线"的原则。关税政策决定着一国关税职能取向和关税制度特征，关税的征收或减免主要依据的是其税则，税则具体体现一个国家的关税政策，是关税制度重要的组成部分，税率的高低直接体现着国家的关税政策，是关税政策中最重要的内容。② 因此，考察国民政府战时关税政策变迁主要是分析战时国民政府是如何调整进出口税率以及进出口物资的统制措施。

第一节　战时国民政府关税政策内容

关税政策决定着一国关税职能取向和关税制度特征。"欲求一国之强胜，必先使农工业之振兴，商业之繁荣，欲求工农商业之发达，势必实行有效之保护政策，此类政策固属甚多，然以关税政策之合理运用最易生效，而关税政策运用之如何得当，宜视关税税率订定之妥善与否以为准，是以一国农工商业发达，其与关税税率之关系，实甚密切也。"③

我国自关税自主运动后，关税政策，渐由财政关税转变为保护关税，但仍以财政关税为主，仅采适度之保护税率，以扶助国内产业之合理发展。④

据郑友揆研究，在1926—1928年之协定关税期内，我国进口税率的平均高度约为4%。1929年关税自主后，即增至10.9%；1930年因改征关金关系，无形中又增至12.0%；1931年新税则，平均增至16.3%。1933年5月，乘《中日关税协定》满期之机，乃增修整个税则，税率水准乃增至23.1%；次年增修至32.1%。如以税准之高度而言，我国税准较欧美各国已不为低。唯我国之关税内外债务及赔款之担保品，增修税则之主要目的，在乎增加税收，次及保护国内实业。故税则中乃有生产原料及生产工具的税率，与制造品的税率同时并增，或生活必需品之税率反高

---

① 马春光著，晌因教授指导：《论战后我国关税之商榷》，国立武汉大学毕业论文，1944年。

② 参见王普光等编著《关税理论政策与实务》，第280—289页。

③ 金柱著，刘秉麟教授指导：《中国关税税率问题》，民国时期国立武汉大学法学院经济系毕业论文，1946年。

④ 《关政》，第10页。

于奢侈品的现象。结果，各类进口货税额并茂齐收；而关税的保护作用，在某种限度内，已互相抵消。进口贸易也不能充分调整。况且，我国海关税收的用途，几乎全部用诸内外债额及赔款的偿付，对国内农工业殊少实惠。关税的缴纳成为国民的纯粹义务。[1]

国民政府施行 1934 年关税税则之后，我国进出口贸易成效显著，自 1934 年至 1937 年，进口渐减，出口渐增，1934 年入超 49000 万元，1937 年降为 11000 余万元。进口贸易组成形态，随关税税则的改进，也有显著演变。从前棉制品及米粮等，但为输入大宗，嗣后则钢铁机器及根据等输入激增。见表 2—1 所示。

表 2—1　　　　　　　各类进口货物所占进口总值的百分比[2]

奶粉	建设器材	一级工业原料	民生用品	奢侈品或非必需品
1933	16. 101	23. 78	49. 82	10. 30
1934	22. 83	28. 03	37. 20	11. 94
1935	24. 04	23. 23	43. 45	9. 28
1936	27. 31	26. 11	37. 40	9. 18
1937	28. 87	24. 59	37. 29	9. 25

正当国民政府各种税收增进，海关缉私已著成效之际，日本遂迫不及待，对华全面侵略，由此，"增裕战时财政与保存军需物资，并为国民政府的当前要务"[3]。财政部长孔祥熙也指出："战时财政的主要工作，在谋取巨额收入。"[4] 因此，战时关税政策制定的主要目的：一为增加税收；二为构建经济防线以配合军事防线。

为达上述目的，国民政府的战时关税政策一方面在于便利必需品进口，防止非必需品及奢侈品进口；另一方面则奖励土货及非必需品出口，防止与军事有关的国货及资敌物品出口，并在不违背上述原则的前提下力谋关税收入的增加。

著名战时财政问题专家朱偰当时指出："战时关税之任务，在于构成一种经济上之战线，以配合军事上之防线。故增加税收，犹在其次；其最

---

①　郑友揆：《我国关税自主后进口税率水准之变迁》，商务印书馆 1939 年版，第 54—55 页。

②　《关政》，第 10—11 页。

③　同上书，第 12 页。

④　《抗战以来的财政》，第 7 页。

重要者，实为调整进出口贸易，统制进出口物资。举其大要，约有六端：1. 便利必需品进口；2. 禁止与军事有关之国产物资及资敌物品出口；3. 禁止非必需品及奢侈品进口；4. 奖励外销土货及结汇物品出口；5. 制止敌货走私；6. 抢运物资及奖励反走私。"①

1946 年财政部的《抗战期中之财政》明确指出："战时关税政策之任务，在于一方面图谋税收之增加，以充裕作战经费，一方面构成巩固之经济防线，以配合军事上之防线。故战时关税政策之实施，一方面在于便利必需品进口，而防止非必需品及奢侈品进口，一方面则奖励土货及非必需品出口，而防止与军事有关之国产物资及资敌物品出口，并在不违背此项原则之前提下，谋增加关税收入，支持战时财政。"②

总的来看，国民政府战时关税政策，主要着力与日寇展开错综复杂的经济战、统制大后方的进出口物资、努力增加战时税收等三大目标，战时关税政策的主要内容，包括修订进出口关税税则、整理转口税、加强战时进出口物资管理、积极推行战时消费税以及强化中国海关的缉私职能等方面。

第二节　战时国民政府关税政策之嬗变

抗战时期国民政府关税政策嬗变大致可分为四个阶段，分别体现了抗战时期不同历史时期经济政策、产业政策和对外贸易政策，1938 年年初，王亚南就曾指出：抗战时期对外贸易政策"在输出方面，我们要采取禁止输出与增进输出两种途径。就前者而言，如有关军需品的资源，如国内日常需用的食粮，如一般感觉缺乏的用品，当禁止其输出；同时如国内消费不了的乃至节省消费所得的剩余物品，则又当多方设法增进其输出。而在输入方面，我们却又要采取限制输入与奖励输入两个途径。如奢侈品化妆品以及其他非十分必要的适用品，必限制其输入；若国内发展国防工业所需的原料品或半制品，则又当奖励其输入。像这种输入输出的因物因时

　　①　朱偰：《中国战时税制》，财政评论社 1943 年版，第 86 页。另参阅朱偰《战时及战后之关务行政问题》，载《训练月刊》第 1 卷第 4 期，及朱偰《战时财政政策与后方物资》，载《金融知识》第 1 卷第 2 期，1942 年 3 月。

　　②　《抗战期中之财政（1946 年 2 月）》，[国民政府财政部档案]，载《资料汇编》第五辑第二编，《财政经济》（一），第 444 页。

制宜的规定，当然要妥为运用关税政策"①。抗战给了国民政府一个自主制定关税政策的良机。

一　抱注财政的关税政策

关税作为一个历史范畴和经济范畴与国家的社会制度和经济制度、生产力发展状况及所处国际关系中的地位和国际贸易力量的对比等具有广泛的联系。因此，关税政策不可能一成不变，而是必须根据不同历史时期国家的经济、政治及社会需要不断地进行调整。

"关税政策乃一国政府为运用关税达到其特定经济、政治目的而采用的行为准则，是国家经济政策、政治政策及社会政策在对外贸易活动中的具体体现。无论从理论上还是实践中，关税政策都可以分为财政政策、保护政策、自由政策和社会政策这四种基本形式。"② 这是从运用关税所要达到的目的或所要取得的效应用度区分的。

在传统上，一般把关税政策分为财政关税政策与保护关税政策两大类。这是与自由贸易政策和保护贸易政策相适应划分的。因为保护贸易政策必然要采用保护关税政策。自由贸易政策原则上不应运用关税保护。征收关税的目的是为了取得财政收入。因此，财政关税政策是与自由贸易政策相适应的。

当然，要明确一国战时的关税政策是很不容易的，保护关税与财政关税之分，原难确定。严格言之，有税收即非保护关税，既为保护，即无税收。但实际上，二者往往相依为用，颇难划分；财政关税之税率提高后，税收固可增加，而进口贸易多少受其障碍，无形中乃有保护作用。保护关税之税率提高后，进口货物未必即行停止，乃仍有税收。虽然当时国民政府财政部宣布我国关税政策采取的是财政与保护并重之政策，然税则之修改，是否有保护作用，亦非觉得不能推知者。如增税于国内有生产之进口货，则直接间接即有保护作用；反之，增税于国内不生产之进口货，则多为财政关税。③

抗战全面爆发之初，国民政府鉴于关税损失严重，为支撑抗战，急需

① 王亚南：《战时经济问题与经济政策》，光明书局1938年版，第29—30页。

② 谷志杰：《关税概论》，第73页。

③ 如1932年春国民政府财政部因财政短绌乃呈请增加糖、酒、人造丝等税率，显然为财政政策，但此种货物之进口量，1932年后即行大减，对国内工业加惠不少，而变成有保护作用矣。参见郑友揆《我国关税自主后进口税率水准之变迁》，商务印书馆1939年版，第23—24页。

扩充财源以填补浩繁的军费开支，因此，国民政府采取挹注财政的关税政策，加强了关税的征收与管理。对于未沦陷的海关和能控制的海关，财政部一方面督促其坚守岗位，加强税收的稽征；另一方面要求对于因战乱来不及交纳关税的货品，采取及时的补征措施。"芜湖、金陵、镇江、苏州、杭州、长岳、九江、三水等8关及海关防止公路内河私运稽查处海关防止路运走私总稽查处与以上各关处所属分卡分处，或因所在地沦入战区，或因职务无法执行，经已先后结束，其余各关有虽在战区，但仍然照常执行关务，至沦陷区域转运前来之货品，凡未照政府所定税制缴纳关税者，一律照现行税则十足补征。"①

1938年春，中国国民党在武汉召开临时全国代表大会，3月30日大会通过的《非常时期经济方案》中明确指出："经济政策应适应时代之需要，是以在非常时期一切经济设施应以助长抗战力量求取最后胜利为目标。凡对于抗战有关之工作，悉当尽先举办，努力进行，以期集中物力、财力，早获成功。""国际收支平衡，最关重要。政府应限制进口及增加出口，以求达此目的。关于限制进口者，应用输入申请举办消费税等方法，以减少或阻止非必需品与奢侈品之输入。至于增加出口之方法，应注意下列各端：（甲）责成水陆输机构对于出口货品，特予便利。（乙）办理兵险以资保障。（丙）责成贸易专管机关，对于重要外销货品，改良品质，扩充数量，并促成国内买价及国外卖价之合理化。（丁）对于中外出口商行当充分协助，使各发挥其本能。（戊）政府备款购买大宗货品，推销国外。"②

国民政府在抗战全面爆发后所征收进出口税均以1934年税则为基础，但大片国土的沦丧以及严峻的军事情势，决定了国民政府无力通过这一税则达到激增财政收入的目的。战争全面爆发导致我国海口多被日军严密封锁，我对外贸易渐见减色，如上海的江海关，1937年8月份对外贸易，进口总额为55615966元，较同年7月份减少68749989元，出口总额为45273057元，较同年7月份减少42949343元，至9月份则更形锐减，对外贸易进口总值仅为7319714元、出口值计27932227元，厦门厦海关税收，昔日平均每月50万元，1937年8月份减至39万余元，天津的津海关虽未被非法接收，但税入大为削减，1937年8、9月较上年同期减少

① 《孔祥熙抄报战区海关分别结束等文件呈（1939年4月14日）》，［国民政府财政部档案］，载《资料汇编》第五辑第二编，《财政经济》（一），第329页。

② 《非常时期经济方案（1938年3月30日）》，［国民政府财政部档案］，《资料汇编》第五辑第二编，《财政经济》（五），第1、8页。

85%。陆路的税关，如南宁、腾越、龙州、蒙自、思茅各关的收入，格外不足道了。[①]

为适应战时经济情势，国民政府不能如平时那样轻易专图税收的增裕，施行加税方法，故对于关税上的措施，只能将以前施行的制度或政策，分别加强或变更以资因应。[②] 全面抗战一开始，国民政府立即对关税政策进行了整理，施行战时关税政策。

1937 年 8 月 5 日，财政部官员关吉玉拟订《战时财政八策》，其中关于关税政策调整方面："（1）保安办法：吾国现在关税收入年为 3 亿元，其中 80% 由沿海口岸收来。大战一发，海口立被敌人封锁，收入即行大部消灭，战争资源亦将无输入可能，是以维持对外交通线至为紧要。（A）香港线：努力维持粤汉路交通线，促成粤汉广九接轨。（B）川滇线：在最短期间内（二年），完成川黔滇铁路。（C）新疆线：修筑新疆公路，以接吉尔吉斯坦铁路。（2）调整办法：（A）提高奢侈品及无关战争用品税率至 200%。（B）减低或免除直接间接有关战争用品及其原料品税率。"[③] 8 月 30 日，国防最高委员会会议通过《总动员计划大纲》，提出："改进旧税，变更稽征办法，维持国有收入；举办新税，另辟战时特别财源；修改关税进口税则，使消费品输入减少，战时必需品输入增加；我国所产大宗而适于各国需要之物品，得由政府办理输出，交换战时必需之入口货品。"[④]

1938 年 8 月，国民政府公布《抗战建国纲领实施方案》，确立了抗战时期国民政府财政金融大政方针，对战时关税政策进一步进行了明确，主旨就是增进国民政府的财政收入。

其中有关关税整理方面："1. 改定现行出口税制：凡出口货品所得外币价款结售于国家银行者，分别减免出口税，手工艺品出口亦予免税，以奖励输出，易取外汇。奖励土货输出，迄经将各重要产品如丝、茶、绸缎及蛋品、花生等分别免税或减低税率，手工艺品如花边、刺绣、漆器等予以免税。现拟再将出口税制度重行改订，凡出口大宗货品，可以在海外推

---

① 潘祖永：《我们的战时财政》，载《国闻周报》第 14 卷第 44 期；贾士毅等执笔：《抗战与财政金融》，出版地不详：独立出版社 1938 年版，第 2—3 页。

② 童蒙正：《关税概论》，第 174 页。

③ 《关吉玉拟订战时财政八政策致陶昌善函》（1937 年 8 月 5 日—10 日），［国民政府财政部档案］，载《资料汇编》第五辑第二编，《财政经济》（一），第 4—5 页。

④ 《国民政府总动员计划大纲关于财政金融实施方案》（1937 年 8 月 30 日），［国民政府财政部档案］，载《资料汇编》第五辑第二编，《财政经济》（一），第 11—12 页。

广销路易取外汇者，如桐油、牛皮、蛋品、猪鬃、肠衣等经规定应结汇之各种货品，除于保险运输各方面予以优遇外，并得减免出口税。此外，零星货品及手工艺品亦予免征出口税。2. 改进转口税制：凡每种货品一次应收税款在国币一元以下者，免征转口税，使本产本销量少价贱之平民日用必需品得享受免税优遇。"①

《抗战建国纲领实施方案》还提出举办战时消费税这一新税："凡奢侈品及具有奢侈性之消费品，课以战时消费税。洋货按进口税则比例计算，土货按转口税则比例计算，使洋货负担较重，土货较轻。应征消费税之货品分为甲乙两类，甲类奢侈品如人造丝及海味、燕窝等40余种，年值2000余万元之货品，征收较重之消费税。乙类普通消费品如呢绒、呢帽24种，年值5000余万元之货品，征收较轻之消耗税。洋货拟按进口税则计算，使其负担较重，土货拟按转口税则计算，负担较轻。此项消费税，虽可酌调海关人员驻关征收以节经费，但应另立体系收支独立，不涉海关行政范围。"②

在改进关税稽征机关行政方面，《抗战建国纲领实施方案》提出："为海关便于稽征陷敌区域货品倾销内地起见，应添设转口税经征卡所，以资严密、并改进查验手续，力求简便。对于肩挑负贩之零星商货，悉予豁免转口税，以避苛扰。"③

在管理进出口货方面，《抗战建国纲领实施方案》提出下列办法："1. 关于管理进口贸易者：（一）从外汇上设法减少非必需品之输入，各项非战时必需进口货物，不得向政府申请购买外汇；（二）举办战时消费税；（三）对于奢侈品及非战时必需之品，从各方面向人民宣传劝告，不使用奢侈品，并减少不必要之消费。2. 关于管理出口贸易者，除将出口货物有关军用及有资敌之虞者，如米粮、金属等禁止出口外，为发展贸易计，已特设贸易委员会主持进出口调整事宜，尤置重于促进输出，已拨基金2000万元，以供营运，并设立水陆运输联合办事处，主办物资之内外运输事宜。战时兵险，已拨基金1000万元，委托中央银行信托局办理。"④《抗战建国纲领实施方案》上述内容是国民政府战时关税政策实施的基本依据。

---

① 《国民政府抗战建国纲领财政金融实施方案》（1938年8月），[国民政府财政部档案]，载《资料汇编》第五辑第二编，《财政经济》（一），第13页。
② 同上书，第15页。
③ 同上书，第15—16页。
④ 同上书，第18—19页。

为增进国民政府财政收入，国民政府着力加强对战时进出口贸易管理，在纷乱的战局中尽力繁荣进出口贸易，以增裕关税收入，为此国民政府财政部制定一系列的法令法规以进一步缩小禁止进口物品的范围，如在1938 年的《查禁敌货条例》仍然有效的情况下，1939 年 7 月 2 日，财政部又公布《非常时期禁止进口物品办法》并附表详载禁止进口的物品 16类 168 税则号列，禁运的标准是"凡非抗战建国及民生日用所切需，或有部分需要，而可以本国产品代用，或多由敌国产制输入时，容易冒牌侵销之一切物品"①，可见其禁运的范围相当大。

同年 7 月 13 日，财政部根据《非常时期禁止进口物品办法》制定《非常时期禁止进口物品领用进口特许证办法》，规定凡政府机关为调剂国内市价，公私机关团体、个人及一切正当企业，因科学、工业、医药、卫生、慈善救济、教育、文化、宗教或其他特种用途，以及政府认可者，先拟具申请书，送中央主管部会核明并附具意见转财政部核定后，可以发给进口专用特许证，报运禁止进口物品进口，规定糖类、煤油、汽油等进口商也可先具申请书，送财政部核定后，发给进口商特许证，准予报运商销品进口。②

按照财政部规定：必需品如药品、交通器材、钢铁、机器等，进口时减免关税和准予记账，对非必需品如烟、酒、玩具、化妆品等，则禁止进口。与此相应，在出口货物上，凡与军事有关的国产物资如粮食、五金等均禁止出口，而外销土货如茶叶、桐油、猪鬃等则准予免税出口，以结售外汇，③ 凡在海关所在口岸由船舶、公路、铁路、飞机、邮政、运输往来土货，一律征税，由沦陷区运来的洋货，未照国民政府税则纳税者，也一律补税。④

然而，1939 年 9 月 1 日，欧战爆发，各国对出口物资限制十分严格。因此，国民政府的进口数量再次下降，大后方必需品日益缺乏。针对这种情况，财政部呈准减免进口税 2/3 以奖励必需品的输入，对煤油、汽油与丝货、棉货带运进口订定奖励办法。⑤

---

①　《中国战时经济法规汇编》，第 1—11 页。但要注意的是，原《办法》及当时财政部所发表的讲话（见第 1 页和第 11 页），都说有 18 组 234 税则号列，而实核附表是 16 类 168 税则号列；赵淑敏也认为"此点令人十分困惑"。见赵淑敏《中国海关史》，第 44 页。

②　《中国战时经济法规汇编》，第 11—12 页。

③　《抗战以来的财政》，第 31—32 页。

④　同上书，第 32—33 页。

⑤　国民党中执会训委会编：《中国战时经济问题》，1943 年，第 80 页。

1940 年 4 月 27 日，鉴于进口商销煤油利大，油公司不愿进口商销汽油的现象，财政部和行政院液体燃料管理委员会共同公布《商销煤油进口特许证领用办法》，规定"商销煤油进口暂以九龙、拱北、雷州、北海、梧州、闽海、浙海、瓯海、长沙、荆沙、宜昌、思茅、腾越等关为限"，"商销煤油只准经液体燃料管理委员会登记之油公司在本办法所指定之海关报运；但必须在同一海关运入商销汽油"，"其运量至少为商销煤油之十倍，但因特殊情形，得由液体燃料管理委员会临时核定之"。同时还规定，油公司须填送申请书并附缴每加仑三元国币的应运汽油保证金，"油公司运入商销煤油，自进口之日起，届湖三个月并未在同一海关将应运之煤油运足定额者，其所缴保证金即予没收充公"①。结果，汽油和煤油的进口量在 1940 年分别达到 129104019 公升和 264014316 公升；1941 年则为 116888302 公升与 156807111 公升。②

国民政府把禁止进口物品范围大规模缩小的另一个重大措施是 1940 年 8 月 13 日公布《进出口物品禁运准运项目暨办法清表》，将粮食、棉花、棉纱、棉布、钢铁、五金材料、机器及工具、交通通讯及配件、水泥、汽油、柴油、植物油、医药及治疗器材、化学原料、农业除虫剂、食盐、酒精、麻袋等物品列为后方必需品，规定无论来自何国及国内何地都予进口。③ 结果，1940 年和 1941 年的棉纱、丝及人造丝织品、铜、车辆、水泥以及 1940 年的钢铁的进口量都创下抗战八年中的最高纪录。④ 可见，国民政府从扩大进出口贸易入手增裕关税以扩大财政收入。

二　物资封锁的关税政策

1938 年 10 月，抗战进入相持阶段，国民政府施行的关税政策，一反其为挹注财政目的，而为保护国防经济的最前线，在实行严密的物质封锁政策之下，仍极谋税收的增加。

1939 年以后开始国民政府所声称的第二期抗战阶段，3 月，国民政府财政部提出《第二期战时行政计划实施具体方案》，在税制方面，提出："整理中央税制应以改进旧税与推行新税同时并行，期于国计民生双方兼

---

① 《中国战时经济法规汇编》，第 13—14 页。

② 经济部统计处编：《战时经济动态辑要》，经济部统计处编印，1947 年，第 88—89 页，《历年海关进口货物数量与价值统计表》。

③ 经济部统计处编：《战时经济动态辑要》，第 66 页。

④ 国民政府主计处统计局编：《中华民国统计提要》，国民政府主计处统计局，1947 年，第 36—39 页。

顾，妥筹具体办法，次第推进，以构成健全税制，适应战时之需要。现行税制关于旧税者以关税、盐税、统税为大宗，均系货物税性质，值此抗战时期运输梗滞，商民交困，政府体恤民艰，自未便过于加重负担，故除对于奢侈用品酌量增税外，其余各税只将税率酌予调整，俾收公平划一之效。至关税税则之修改与课税之减免，于国际贸易影响至巨，……自应特别重视。"①

根据1939年5月20日海关总税务司梅乐和呈送财政部的报告称，自抗战全面爆发后，海关行政一直保持完整，所有各口海关，均照常隶属海关总税务司署管辖，服从指挥，但已经沦陷的海关已失去控制。② 为此，在保持战区海关行政方面，财政部制定的《第二期战时行政计划实施具体方案》中提出：战区海关现仍隶属总税务司管辖，除应随时督饬遵照财政部命令执行关务外，为谋严密控制以期海关行政之完整起见，拟再规定：

（1）限制关员给假退休：平时关员退休虽应照原定关章办理，惟在作战期间海关任务特重而战区海关职员之变动尤足以影响税政效率，拟即严格限制，由部特定办法，所有海关华洋高级职员在作战期内，除因过失或其他事故必须更调或撤换者，应由总税务司详具理由并拟定继任人员呈部核准方得接替外，均不得给假退休。又凡经政府认为有妨碍战时关政之嫌疑者，无论是否合于关章一律不准任用。拟于1939年第一期起开始实行，以后随时注意办理。

（2）严密关员组织：海关关员在陷敌区域既尚能继续工作，政府正可利用此种情势严密各关华员组织，以应付敌方干涉关政之企图，且可协助推行政府战区经济工作，拟由财政部就各关华员中遴选资深干练人员领导联络严密其组织，亦可加入友邦外籍人员，俾于敌伪掠夺海关时，得用海关原有组织全体之力量为有效之抵制。拟于1939年第一期起开始实行，以后随时注意办理。

（3）撤退并管理战区引水人员：长江引水人员向由海关代为管理，亦为海关重要行政之一，敌人对于引水人员正在多方张罗，以备开放长江恢复通航之用，现时汉宜湘区及长江上游两区域原有引水人员，业已督饬引水管理委员会撤退至后方指定地点，拟一面实施贷款，以维持其失业后

---

① 《财政部拟具第二期战时行政计划实施具体方案》（1939年3月），［国民政府财政部档案］，载《资料汇编》第五辑第二编，财政经济（一），第19—20页。

② 《总税务司报告办理第二期战时行政计划情形函（1939年5月20日）》，［国民政府财政部档案］，载《资料汇编》第五辑第二编，财政经济（一），第339页。

之生活，一面责成该两委员会严密统制管理，并在后方分配工作。又下游引水人员，财政部亦拟责令海关海务巡工司设法统制，以防资为敌用。拟于 1939 年第一期起开始实行，以后随时注意办理。[①]

1939 年 7 月，国民政府为统制进出口货物，加强对敌伪物资封锁，规定凡与军事有关之国产物资如粮食、五金、废铜、废铁等，均分别禁止出口。[②] 1940 年财政部战区货运稽查处成立后，国民政府更扩大了禁止出口的范围，凡资敌物品、结汇物品以及法币金银等之私运，皆厉行查缉，以防偷漏。凡是战时有关之物品，均一律禁止出口。以免资敌，计已先后禁止出口者有面粉、麸皮（供制火药用转口亦禁止，）生铁、小麦、米谷豆类杂粮、汽油滑油、苎麻竹及海草（竹系指出口税则第 146 号（甲）项所列之整根竹为限，麻应包括苎麻、火麻在内，若证明确系运往欧美者，准予继续出口），松香（炸药原料），牛隻、水银（爆炸药原料），干辣椒（可制造毒气）、铅条、木炭、木棉、竹、蛋品（由闽浙两省运往上海租界之木炭、木棉、竹、蛋品经证明者，可继续出口），废金属废絮（转口亦禁止）诸物品。[③] 唯太平洋战争发生后，敌伪在沦陷区排斥法币，为争取法币流通地盘，并抢购物资计，对于法币出口，不再加以限制。

由于战初国民党正面战场军事能力损耗得过大过快，抗战进入 1940 年后，国民政府财政危机困境日见显现，时人撰文指出，国民政府已患有财政经济病，如："应和军事配合的财政经济措施，或则颟顸大意，或则缓急倒置，或则一筹莫展，或则隔靴抓痒。财政经济方面的困难，其形于外的象征，可得见者甚夥：物价高涨，法币充斥；资金外流，外汇跌价；交通阻塞，商货缺乏；交通生产工具既缺乏又破旧，而浪费虚耗则又触目皆是。抗战既属长期，则财政经济方面的情形务须求其保有最大困难的稳定性。"[④]

战时支出突增，那是非常显然的事实，但在另一方面，占全税收之一半以上的关税，乃至占全税 20% 以上的统税，都因抗战的影响，而大减特减。[⑤] 关税实收数当时虽然还占到应收数的 69.3%，但此后急剧下滑，

---

　　① 《财政部拟具第二期战时行政计划实施具体方案》（1939 年 3 月），[国民政府财政部档案]，载《资料汇编》第五辑第二编，财政经济（一），第 20—21 页。

　　② 朱偰：《中国战时税制》，财政评论社 1943 年版，第 88 页。

　　③ 钟淦恩：《战时我国关税之应变措置》，载《经济汇报》第 2 卷第 1、2 期合刊，1940 年 7 月 7 日。

　　④ 钱端升：《今日的财政及经济》，载《今日评论》第 3 卷第 18 期，1940 年 5 月 5 日。

　　⑤ 王亚南：《战时经济问题与经济政策》，光明书局 1938 年版，第 21 页。

1940 年时实收数仅占到预收数的 14.5%。日军入侵，关税大部沦入敌手，1941 年损失已达 90%。依据 1942 年初的国库收支情形，该年 1—2 月税收数距预算数甚远，而支出数则亏短愈增，财政金融危机已愈见严重。①

这种严重的财政局面，迫使国民政府调整关税政策，一改在抗战全面爆发初期为尽力争取外汇、增裕关税而采取扩大进出口贸易的政策，加强了进出口物资的管制。如 1940 年，财政部计划在 1941 年度"照《非常时期禁止进口物品办法》，切实赓续办理，并酌量当时情形，尽量扩大禁止进口物品范围。同时，为贯彻节约政策，对于 1940 年 7 月间所颁《禁止进口物品取缔商销办法》，拟一面严格执行，查禁商销；一面查核禁品市场销售情形，续行指定品目，实施取缔，使禁止进口物品，逐渐绝迹市场，以减少不必要之消费"②。1942 年 7 月 31 日，财政部长孔祥熙在呈送给蒋介石的《战时经济持久政策具体实施办法》函电中提出：调整税收，其中"对于奢侈品半奢侈品，除禁止产运销者外，一律加重课税；对于税率过轻之税，随时注意调整"③。

1942 年 12 月，国民党中央五届十中全会通过《加强战时财政合理统筹政策以裕国计而利抗战案》，1943 年 1 月 9 日行政院训令财政部施行，决议案提出："税制之厘订固重在增加收入，但对于人民负担与纳税便利，亦须深切注意。战时课税已较平时苛重，若负担有失公平，或征收过于繁扰，则商民痛苦更增，匪特妨害经济之发展，亦将损及抗战之决心，故应本公平与不扰之原则，调整税制，慎选税目，妥订税率，改善稽征方法，俾于增裕国计之中仍不失体恤人民培养民力之义，以策战时之安定并利战后之恢复。"④

三　争取物资的关税政策

战时经济是一种特殊的与战争局势紧紧联系在一起的经济活动类型，其外部环境，主要是军事形势的变迁，对经济活动有着直接的强烈的影响。⑤随着抗战进入相持阶段、欧战爆发、苏德局势紧张，日军又加强了

---

①　石柏林：《凄苦风雨中的民国经济》，河南人民出版社 1993 年版，第 333 页。

②　《财政部拟 1941 年度工作计划（1940 年）》，［国民政府财政部档案］，载《资料汇编》第五辑第二编，财政经济（一），第 121 页。

③　《孔祥熙呈送战时经济持久政策具体实施办法致蒋介石电》（1942 年 7 月 31 日），［国民政府财政部档案］，载《资料汇编》第五辑第二编，财政经济（一），第 155 页。

④　《行政院抄发加强战时财政合理统筹政策以裕国计而利抗战训令》（1943 年 1 月 9 日），［国民政府财政部档案］，载《资料汇编》第五辑第二编，财政经济（一），第 165 页。

⑤　韩渝辉主编：《抗战时期重庆的经济》，重庆出版社 1995 年版，第 22 页。

对国统区的封锁，外援骤减，大后方物资短缺，物价上涨，在这种背景下，国民政府更加强调战时经济的重要性。由于大后方经济基础薄弱，物资严重匮缺的状况在太平洋战争爆发后情况更加明显，随着日本向南洋的入侵，使得中国赖以出海的主要通道陷于中断，出口外销物资无法运出，国内迫切需要的军事民用物资也难以输入。因此，此时国民政府的战时关税政策重在与日寇开展经济战，增加税收尚在其次。争取物资的关税政策首先表现在积极推行抢购、抢运物资政策。

早在1939年11月国民党五届六中全会上通过的《加强对敌经济斗争以粉碎敌人以战养战阴谋案》云：

> 二期抗战，政治重于军事，而经济斗争又为政治斗争之主要部门，两年以来在消极方面，关于抵制敌货禁运物品资敌，敌货遂不能彻底肃清，我方物资不能及时提价抢购，终于不免外流，且又无严刑峻法相辅为用，故政府关于经济斗争之章则法令，规划又多，奖劝又无法规定，此又皆缺陷也，谨就目睹情形，认为有关经济斗争事在必行有数条，一以救法令之穷，一以应社会之需，用收经济斗争之实效，办法：甲、统制贸易，严禁走私，并切实抢购物资；一、由中央设国内贸易，对于进出口货物，分别严加统制，二、严厉禁止地方政府走私，征税弥补财政，地方财短绌者，应请中央统筹弥补，三、战区由战区司令长官负监督查禁走私之全责，各级党部各军队政治部宪警机关及民众团体合组检查机关，负检举告发之责，并准许人民自由举发，四、严订《惩治走私条例》，犯者处以死刑，并没收其全部财产。文武公务人员如有包庇走私，实行连坐，连坐法由国民政府另定之，五、由经济部财政部中中交农四行及地方银行筹备的款切实抢购物资价格不能与敌伪出价相距过巨，以收实效。①

例如，我国桂南地区，通过镇南关（今友谊关）与越南相邻，在抗战时期构成了中国战时的主要运输通道之一，曾为其运进大批的战略物资。②

1939年11月，日军占领该通道之枢纽——南宁，由此而引发了战

---

① 《财政部贸易委员会关于管理及改进对外贸易报告（1945年）》，［财政部档案］，载《资料汇编》第五辑第二编《财政经济》（九），第425页。

② 参阅刘卫东《印支通道的战时功能述论》，载《近代史研究》1999年第2期。

时交通史上有名的桂南物资抢运事件。这一事件，众多史著鲜有提及，只有原国民政府军事委员会西南运输处副主任龚学遂在其所著《中国战时交通史》中有如下迄今为止最为详细的记载：

> 1939 年 11 月敌在钦防登陆，运存同登物资暂停内运。下旬侵占南宁，桂越线遂被切断，并有西窥破坏龙州、凭祥、宁明一带运存物资之图。除将出口之钨锑、桐油抢运至越境外，龙州等地物资一部分再出境入越，存谅山、同登、那岑、七溪、福和、海防各站仓库，一部分经响水、雷平、养利、镇结雇人力挑运田东。敌于 12 月下旬侵达镇南关及龙州，焚坏物资仅约 400 吨。[①]

1939 年 7 月，国民政府为节省外汇、统制进口起见，实行禁止奢侈品及非必需品进口措施，列举商品种类凡 78 种，一概禁止进口。

1940 年 3 月 26 日，国民政府更以禁止进口物品具有禁运性质，与漏税货物有别，未便照漏税货物公开拍卖，由物主出价承购，致滋流弊，故规定《海关没收禁止进口物品处置办法》三项如下：（1）煤汽油没收后，由液体燃料管理委员会备价提取，以供正当需要；（2）洋糖没收后，由贸易委员会备价提取，以备调剂糖食之用；（3）食品烟酒及其他一切禁止进口物品，经海关查获没收后，应报由财政部查核处理；但遇鲜货或其品质易变坏者，得由查获海关先行变价，并专案报部查核。[②]

进口物品经此次管制后，对于烟酒、丝织品、毛织品、皮货、海产品、玩具、化妆品以及大部分食品、纸张等，皆已禁止进口。至于商销禁止进口物品，并经先行指定富有奢侈性之烟酒、海产品、食品、化妆品等若干种品目，实行限期禁销。1941 年开始，对于煤油进口一项，又有变通之规定：前以煤油运入我国，用作灯火燃料者居其大宗，在内地大都可用植物油替代，故对于煤油进口特许证，向系从严核发，俾可节约消费。惟后以汽油输入数量减少，内地公路运输，工厂动力机器，俱能燃，多已设法改运煤油使用，故特予酌量变通，许其纳税进口，以应需要。1941 年 9 月 1 日，国民政府财政部修正《管制进口法令》，汽油一项，前已准免领证手续，此次复将进口税则 139 号之罗底（筛绢）、318 号之胡椒、549 号之画图纸，一并弛禁，以后方之需要，禁销物品办法中并规定不得

① 龚学遂：《中国战时交通史》，商务印书馆 1947 年版，第 90 页。

② 朱偰：《中国战时税制》，财政评论社 1943 年版，第 89 页。

囤积，以期调剂后方物资。

1940 年以后，各地战局逐渐稳定，而大后方经济基础，亦渐次树立，但因交通阻塞，物资供需失调，复以外汇下降，通货增发，一般物价逐渐腾贵，1940 年夏季四川省干旱，稻谷收成不丰，粮价更呈急剧上涨之势，形成抗战以来大后方经济上最严重之问题。①

为应付危局，国民政府采取积极的抢购物资政策。1940 年夏，国民政府行政院为加强经济作战起见特下令：于各战区设置战区经济委员会，负责抢购战区物资及指挥经济作战事宜。财政部之贸易委员会，则居于协助地位，如抢购之物资有属于贸易委员会营运范围者，即由该会备价接收。过去对于江、浙、皖、赣、湘、鄂、豫、粤、沪各省市之丝、茶、桐油、皮毛、蛋品及其他外销物资之抢购，颇有成效。1941 年春，战区日趋扩大，外销物资之被敌伪控制者，日渐增多，其最关重要者，如浙江之丝、茶、桐油，湘鄂之桐油、茶叶，河南之皮张、蛋品，苏粤之蚕丝，皖赣之茶、麻等，皆应积极抢购，以免资敌。财政部还下令贸易委员会所辖各公司，与各战区经济委员会，协同加紧办理，规定凡国民政府机关力量所难达的地区，则委托爱国商人或地方机关，设法秘密收购，于指定地点，交由该会业务机关接收，分别内运或外销。此外，并奖励商人反走私及秘密内运物资，以应后方需要。但是，设置的战区经济委员会由于运用资金过大，不免有浪费之处；战区经济委员会抢购物资，未能深入敌后的沦陷区域，徒然在前方一二商运要道争购，促使当地物价畸形上涨，可见此时的物资抢购，并没有取得很大的实效。于是 1941 年冬，遂将战区经济委员会取消，改为经济作战处，直隶战区司令长官，并代管行政，不及业务。②

与此同时，国民政府一直未放弃抢购物资的政策，在多次的国民党中央会议中都强调抢购物资的重要性及必要性。如 1941 年 4 月 2 日国民党五届八中全会通过的《积极动员人力物力财力确立战时经济体系案》中明确指出："厉行对敌经济斗争，凡军事及后方迫切需要之物资，鼓励爱国商人透过敌人封锁线，售交公营贸易机关，不需要之奢侈品或敌货应由缉私机关，绝对严格予以查禁。"③

---

① 姜又赓：《我国战时赋税设施与现行税制之体系》，载《经济汇报》第 6 卷第 8 期，1942 年 10 月 16 日。

② 朱偰：《中国战时税制》，财政评论社 1943 年版，第 91—92 页。

③ 《积极动员人力物力财力确立战时经济体系案》，[国民党中央执行委员会秘书处档案]，载《资料汇编》第五辑第二编《财政经济》（五），第 45 页。

1941 年 12 月 20 日，国民党五届九中全会通过的《确定当前战时经济基本方针案》中称："自太平洋战争爆发，我国经济形势为之一变。贸易政策与金融政策，均应重新检讨，转移重心，确立自足自给之方略，并奠定战后经济复兴之基础。""加强对敌经济战，严密防止走私，并加紧抢购及抢运沦陷区物资。""因国际运输之困难，对外贸易业务，应加调整，其不能输出之产品，应推广内销，以实国用。"①

为贯彻国民党五届九中全会精神，财政部拟订 1941 年度工作计划中，也提出加紧抢购战区物资："抢购战区物资为经济作战之重要措置。目前战区扩大，物资之被控制者日渐增多，举其最关重要者，如：浙江之丝、茶、桐油，湘、鄂之桐油、茶叶，河南之皮张、蛋品，苏、粤之茧丝，皖赣之茶、麻等，数量既多，外运亦便，更应积极抢购，以免资敌。"② 在国民党五届十中全会上决议指出："对沦陷区域，尤须以主动立场，采用机动有效方式，吸收或抢购有用之物资，以供我后方之用，一面亦不妨将我有余之物，转运沦陷区域，藉以换回后方需要之物资，务使物尽其用，货畅其流，此所以对后方稳定经济平抑物价者，亦所以予敌伪以经济上之还击。"③

为促进物资抢购，国民政府各部门努力调整经济作战策略，尤其是各军政机关中管制物资进出口的部门，特别是缉私部门。起初，国民政府各机关中的缉私部门对来自沦陷区的物资还采取严厉查禁的政策，如："山西省政府检送吉县县政府转准晋陕货运稽查处吉县支处查获巴亚儿香皂一种包有英文说明单上印中文巴亚儿香皂五字及绘有两个中国时装女人之商标图样并未印明出产厂名及厂址显系敌货，自应予以查禁。"

但财政部关务署 1942 年 3 月 31 日则字第 298 号代电：太平洋战争爆发后，"由沪内运之货物，如持有上海市商会所发国货证明清单应否不论日期一律认为无效，前据该总税务司 2 月支代电请示到署，当经由部电请经济核复去后兹准经济部 3 月皓电复称，后方物资缺乏，上海市商会所发国货证明清单如确与该会缴存之印鉴相符合者可认为有效，藉畅货源，如

① 《国民党五届九中全会通过的确立当前战时经济基本方针案（1941 年 12 月 20 日）》，[国民党中央执行委员会秘书处档案]，载《资料汇编》第五辑第二编《财政经济》（五），第 50、51 页。

② 《财政部拟 1941 年度工作计划（1940 年）》，[国民政府财政部档案]，载《资料汇编》第五辑第二编，《财政经济》（一），第 121 页。

③ 《财政部贸易委员会关于管理及改进对外贸易报告（1945 年）》，[财政部档案]，载《资料汇编》第五辑第二编《财政经济》（九），第 425—426 页。

不相符或有可疑之处应将货物暂予扣留。准!" 1942 年 3 月 18 日，缉私处案呈广西缉私分处丑鱼代电一件为港沪现已沦为敌区各该地工厂商号出品应否查禁进口，乞核示，到部，经函请经济部核复，兹准（卅一）管字第 3266 号函复以：查自太平洋战争爆发，"沪港等地相继沦陷各该处工厂商号，自不免为敌劫持，惟现时后方物资缺乏，为平定物价及供应军民需要起见，所有沪港等地工厂商号出品，凡未经财政部指定查禁者，应一律准予进口。令行知照"。

1942 年 5 月 13 日，海关总税务司署通令："航空器材，或为枪械子弹，或为无线电器材，依照部代电规定，固可不问来自何地，一律准予进口，但仍应由报运人向主管机关办理领照手续，以资管制。令各关税务司执行。"财政部 7 月 28 日第 68048 号代电开："案准经济 1942 年 7 月（卅一）管字 1560 号佳代电开案奉行政院 1942 年 6 月 25 日顺 11 字第 2374 号训令开案奉国民政府 1942 年 6 月 19 日渝文字第 644 号训令开查《查禁敌货条例》及《禁运资敌物品条例》自《战时管理进口出口物品条例》公布后已不适用业经明令废止，应即通行饬知除分令外合行令仰知照并转饬所属一体知照此令，照准。"[①]

在抗战后期，国民政府依旧强调抢购物资的重要。如 1944 年 8 月，在国防最高委员会第 142 次常务会议上通过了《三十四年度国家施政方针》，指出："外销物资应继续积极收购，对于盟国需要迫切，而便于运输出口者，尤应尽量设法增加其外销及易货数量，同时加强发动，并协助人民抢购沦陷区物资，大量内运。"[②]

四　增收与争抢物资并进

抗战后期国民政府的关税政策主要表现为在尽量争取更多的军需民用物资的同时，努力增进关税收入。尽量争取更多物资到大后方以缓和国统区日益恶化的通货膨胀情势，努力增裕关税收入，借以增强国民政府财政以支撑抗战。

---

① 《财政部代电渝贸字第 59647 号（卅一）进一字第 1510 号》（1942 年 2 月 25 日），《财政部训令渝财缉法字第 27800 号 1942 年 3 月 18 日》，《海关总税务司署通令渝字第 102 号》（1942 年 4 月 14 日），《海关总税务司署通令渝字第 136 号》（1942 年 5 月 13 日），《海关总税务司署通令渝字第 265 号》（1942 年 8 月 12 日），六七九（9）/6201。

② 《行政院抄发 1945 年度国家施政方针（密）训令（1944 年 9 月 7 日）》，[国民政府财政部档案]，载《资料汇编》第五辑第二编，《财政经济》（一），第 180 页。

财政关税政策者，以增加国库收入为目的而赋课关税也。保护关税政策者，以保护本国产业为目的而赋课关税也，乃为防止外货与国货竞争，致阻害产业之发达，遂对输入之某种货物，课以高率之关税，此政策因手段不同而分为五：消极政策，此为见面出口税，以奖励本国某种货物之输出，或减免进口税，以冀外国之大量输入原料品及必需品，谋实业之发展；积极政策，此为提高出口税以抑留谷物及原料于国内，对外国输入之货物，征收高率进口税，以求国内同类产业之振兴；禁止政策，乃对本国之原料品或必需品，提高其出口税率，以至禁止输出之程度，或对外国输入货物之有害于本国者，加增极高进口税率，以禁止其输入；协定政策，与外国协定低减税率，使货物易往外倾销，藉以激发或提高国内之生产效率；报复政策，提高本国进口税率，以抵制外国之无理增加进口税率者也。[1]

抗战后期，因美国积极对日作战，并扩大援助各同盟国家，致使我国西南国际货运已渐有转机。飞越喜马拉雅山驼峰之巨机，空运线之确立，及印度至云南间丽都公路（嗣国民政府明令称史迪威公路，以纪念兴建该路之美国史迪威将军）打通，使我国一度被隔绝之进出口运输，重复更生。各种战时需要物资，渐能源源输入，而滞积已久之出口货物，亦可利用回空车机，陆续运出。同时多数日用必需品，由于数年封锁中之迫切需要，已渐由国内工业大量出产。是时抗战已历六年，库支浩大，增加税收借以平衡预算，已为当务之急。进口税则从量部分，为适应物价波动，平均商民纳税负担，增裕关税收入。自1943年1月16日起，一律改行从价税制。

1944年1月，国民政府财政部以原以进口洋货减税办法施行已逾四载，渐与国内一般经济情势厉行节约之旨不尽适合，重行考察进口货品性质及国货生产情形，并参照节约消费有关法令，于下列范围内选择一部分进口减税货品，照原税率恢复征收全税："（1）非后方日用切需物品，如纯丝或杂丝、针织绸缎、钟表等。（2）后方已有生产，足资代用之物品，如火柴、肥皂、机制纸张等。（3）已由重庆市政府遵奉政府指示取缔商销之物品，如外国呢绒衬衫及衣着零件等，共计恢复征收全税货品包括税

---

[1] 杜位育著，钟兆璿教授指导：《今后之中国关税问题》，民国时期国立武汉大学法学院经济系毕业论文，1943年。

则号列一二○号。"[1] 此类洋货恢复全税之后，其应征税率除纯丝绸缎及丝制衣着零件为 80% 外，大部分货品均在 30% 以下，就多数品目观察，其征税程度尚非过高，不致因取消减税待遇而影响其来源，故对于后方需要物资之供应，不生影响。在将一部分减税进口物品恢复增收全税的同时，一度减少征税品目，改为分省征收之战时消费税，恢复不分省区办法，凡属应税货品，照征战时消费税一次，并酌增品目藉增收入，以资挹注。"出口货运在抗战中期，为数无多，至抗战后期，始渐增加。政府为增加税收，并使纳税人负担归于公平起见，继进口税则从量部分改为从价征收之后，于 1945 年 6 月将出口税则从量部分，依其原订从量税率所根据之百分率，一律改为从价值百抽五。"[2]

抗战后期国民政府关税调整方面主要有二：

一方面是战时消费税的课征，此税在大后方与沦陷区交界的封锁线地区课征。本来纯属一种内地通过税，不具海关性质，但由于《战时管理进出口物品条例》将封锁线与国界同视为进出口界线，因此也置于海关业务内，这正是对外贸易战时色彩浓厚的一种表现。

1942 年 4 月 1 日，国民政府颁发《战时消费税暂行条例》及税则，规定凡在国内远销的货物，除法令别有规定外，一律应征收此税，此税只征一次，通行全国，原征的货物通过税、产销税及其他一切对货物征收的捐费，一律取消，克服了抗战前期大部分省政府自行开征货物通过税及产销困商病民之弊。战时消费税的税率采用从价制，按货物的性质分为四级：工业原料及普通日用品除免税者外 5%，非必需品 10%；半奢侈品 15%，奢侈品 25%，国民政府规定从 1942 年 4 月 15 日起国统区各海关即开始征收。[3] 后来虽曾在调整该税的征税品目、税率、方法时，应各省的请求，又改定分省征收，但 1943 年 1 月 16 日起，由于分省征收有重复缴纳的弊端，再次恢复为不分省区，凡是应纳税货品只征一次通行全国；加之 1942 年 4 月 1 日同时废止了原颁布的转口税办理办法。

因此，开征战时消费税，废除各省的货物通过税和产销税，对减少抗战后期辗转数省的进出口货物远销费用，促进进出口贸易是有裨益的。不过，该税虽没有物物课征的弊病，但运输过程中必然多次查验过往舟车，

----

① 《抗战期中之财政（1946 年 2 月）》，[国民政府财政部档案]，载《资料汇编》第五辑第二编，《财政经济》（一），第 445 页。

② 《关政》，第 14—15 页。

③ 秦孝仪主编：《中华民国经济发展史》，台北近代中国出版社 1983 年版，第 730—731 页。

对货运尤其是长途的进出口货运影响仍很大，1945 年 1 月便明令将此税裁撤。①

另一方面是调整部分关税税则，对于出口税，自 1938 年将转口税改充出口税后，从 1939 年 1 月 1 日起，财政部又将大部分出口税豁免，②1944 年 5 月 24 日，关务署在送达财政部的报告中称："关于税则部分，现行关税税则尚能适应战时需要，拟仍继续切实办理，即 1. 配合管制法令，对奢侈品与非必需品之进口税，照原定重税或较高税率十足征收，以限制人民之购用，其切需品之进口税，准按原税率 1/3 缴纳，特予减轻，俾与争取物资政策相辅而行。2. 对专管机关经运及商人结汇出口之货物，一律豁免出口税，藉轻成本而广外销。"关于战时消费税的税则部分，1944 年 4 月对战时消费税洋货国货两税表进行了改订，"所订税表之税目及税率对于节约消费，避免苛扰及增裕税收，尚能兼筹并顾，拟照此继续施行，俾免税表时常变动致发生物价波动之影响"③。

1945 年 6 月，国民政府将出口税则的从量征税部分一律改为从价征税，同时保持原订的值百抽五税率。④ 在进口税方面，除免税品外，早在1943 年 1 月 16 日，国民政府就将进口税则的从量征税部分全部改为从价征税；1944 年更把一部分已经减税进口的物品恢复征收全税。⑤ 这些调整的目的，显然是因抗战后期的通货膨胀严重，物价飞涨而采取的措施，如进出口物品仍按从量征收，势必减少本来就不多的关税收入。这些出于财政目的进行的调整，虽说势所难免，但对抗战后期的进口贸易无疑是一种打击。⑥

为增进关税征收效率，财政部在改善关税机关稽征方面积极采取措置加以改善。如 1944 年 5 月，财政部关务署提出，检讨过去关税稽征办理情形，尚应求改善，具体办法如下：

（1）对于洋货在内地转运，查验原进口税单颇感不便，拟酌订简便办法，以便各机关购存器材之调拨与工矿业旧有设备器材之移

---

①　赵淑敏：《中国海关史》，第 45 页。

②　《1939 年资源委员会调整进出口物资的工作报告》，［国民政府资源委员会档案］，档案号：二八/156，二档馆藏。

③　《关务署检送 1944 年度该署主管应兴应革事项之意见等文件函（1944 年 5 月 24 日）》，［国民政府财政部档案］，载《资料汇编》第五辑第二编，《财政经济》（二），第 60—61 页。

④　《关政》，第 14 页。

⑤　赵淑敏：《中国海关史》，第 44—45 页。

⑥　《抗日战争时期国民政府财政经济战略措施研究》，第 460 页。

运；(2)随军事进展，将移内地之海关分支关所推移于沿海贸易港口及陆地边境贸易要冲或国际航机起落地点，以符关税制度，藉便稽征；(3)水陆交通统一检查办法尚未彻底推行，国内旅运不免间感烦扰，此后拟于设有统一检查所各地一律派员参加，实行统一检查。未设有统一检查所，而设有海关及其他税务缉私机关，务须分别协商，切实执行联合检查，以利货运而裕税收；(4)修订管理报关发行章程，以保正当商民之利益；(5)加强管理沿海民船，以限制在未设关所地方私行载卸；(6)沿海沿洋所需巡洋舰艇及灯塔标杆等设备在复员时应赶速恢复充实，以应关务需要。①

另外，战时消费税稽征方面改进之处包括：(1)随货运路线变迁及税收增减情形，将稽征机构加以调整，尽量减少不必要之关所，以免烦扰；(2)酌量放宽应税货物之起征点以便商旅；(3)核实估算完税价格，以利课征；(4)积极管理提路货运，以裕税收。②

综上所述，为应对战时财政困局及大后方军需民用，国民政府关税政策的功能由挹注财政转向争取物资、加强对敌经济作战，抗战时期的关税政策是随着战时贸易政策的变化而变化的。"为适应战时环境起见，始有主动贸易政策之采用。战时贸易政策，主要目的在于应付战时的物资问题，使战争期间能获得充分的物力，以争取最后胜利，政策内容，经纬万端，要而言之，可分为下列四端：第一是统制出口贸易，集中出口外汇，以充裕外汇基金，增强对外购买力，并藉以稳定汇价。第二是出口贸易部分国营，并履行易货协定，以把握外汇，确保军需供应。第三是禁止敌货输入，禁运物资资敌，实行经济战。第四是抢运输入物资，充裕民生必需物资之供应。"③

通过对抗战时期国民政府关税政策完整考察，若完全细分各个阶段政策特质是不切实际的，因为国民政府为因应战局急需，往往是在增裕后方经济实力的大原则下灵活运用多种关税政策。不可否认，国民政府在抗战时期施行的关税政策自始至终没有形成一个完整的体系或体制，可以说是"头疼医头，脚痛医脚"关税政策决策机制所致。

---

① 《关务署检送1944年度该署主管应兴应革事项之意见等文件函（1944年5月24日）》，[国民政府财政部档案]，载《资料汇编》第五辑第二编，《财政经济》（二），第60—61页。

② 同上书，第61页。

③ 吴大明、黄宇乾、池廷熹主编：《中国贸易年鉴》，中国贸易年鉴社1948年版，第25页。

第三章　战时国民政府关税政策实施

一般认为，政策和纯粹理论科学不同，纯粹理论科学，存乎其间的只有真伪问题而无主观是非得失，如自然科学中的物理化学，社会科学中的经济学等都是，而政策则其中含有是非得失和本位的问题存在，即先有本位和立场而后有是非得失，各国的经济处境不同，所以各国对于各种政策的施行，也就不能完全采用同一步调了。总之，如何趋利避害，这实是政策实施的真谛所在。抗战时期国民政府关税政策的施行也不例外。

税率的高低直接体现着国家的关税政策，是关税政策中最重要的内容。为查找、计征关税方便，国家根据关税政策对不同的进出境货品制定不同的税率，并按照一定的次序排列。这种按照进出境货品的不同类别排列的关税税率表，称为关税税则或海关税则。① 海关进出口税则，是为了体现关税政策和便于货物监管，按商品分类目录编制，由国家制定和公布的对进出关境货物征收关税时所适用税率的法规性规定，是进出口关税条例的组成部分。②

抗战时期，国民政府所能控制的海关关税制度建设的主要任务是，尽快建立起一套统一的、独立自主的、适合战时经贸体制的关税制度。为了规范地对课税对象计征关税，必须将课税对象进行量化，即以课税对象的数量或金额等形式表示。关税税率是根据课税标准计算关税税额的比率。课税标准就是课税对象的数量化、金额化的标准。根据关税课税标准不同，课税通常有从量税、从价税、复合税和选择税等几种计税方法。从量税的税率表现为每单位数量的课税对象应纳税额即定期税率；从价税的税率表现为应纳税额与课税对象的价格或价值的百分比的定率税率。

抗战全面爆发后，为增加国民政府财政税收、增裕军需民用物资、防止物资资敌以及限制非必需品或奢侈品消费以节约外汇，财政部甚感调整

---

① 王普光等编著：《关税理论政策与实务》，第287页。
② 陈大钢编著：《海关关税制度》，第83页。

各种税则的必要，但紧急处置税则的修正，如照平时修改程序办理，深恐手续繁重，难免延误，为此邹、徐两位财政部副部长向国民党中央执行委员会政治委员会发出函电称："现值非常时期，各种税则均应迅予调整，俾便军需，以厚资力。其在关税，凡进口货物之非属必要者，则应更征重税，或竟禁止进口，以免资敌，属于普通者，则应更予减免，以资奖励。惟税则变动，既须视战局推移，为紧急处置，如照平时修改程序办理，深恐手续繁重，难免延误，可否暂时授权财政部，对于修改上列各种税则，得以命令先予施行，一面仍将办理情形，随时呈报行政院核准追认，以应事机，可否，乞示。"①

1937 年 8 月 31 日，国民党中央执行委员会政治委员会电复照准，授权财政部对于修改各种税则，得以命令先予施行，并令行行政院、立法院、军事委员会知照。② 由此，抗战发生后，国民政府"对于进口之必要货物，曾厉行减税办法，以鼓励其输入，藉供军事建设之用，对于具有奢侈性质之进口货物，则已由财政部规定品目禁止进口，以减少资金外流，藉符政府节约消费之旨，所有出口货物均规定售结外汇，免征其出口税，以推广其输出，对于国内禁运货物，则已将转口税加以整理，以为财政上之挹注，而关于敌货资敌物品禁运物品逃汇物品及金银法币等私运货物之查禁，尤为海关在抗战后最重要之工作"③。但，国民政府考虑到关税"税则本身虽因时局不定，未便全盘重订。但为适应前项政策之需要起见，仍选有原案予以调整"④。

第一节　修订进口关税

长期以来，我国是一个资源丰富、物资匮乏的国家。国民政府虽经 1927—1936 年的十年经济建设，但大部分重要国防物资平时尚不能完全自给自足。战局既开，日军随即加强对我国沿海地区进行经济封锁，切断我国之国际与省际供应线，国统区战时军需民用物资补给十分窘迫，因

---

① 《中央政委会为授权财政部修改税则得以命令行事密函（1937 年 8 月 31 日）》，[国民政府档案]，载《资料汇编》第五辑第二编，《财政经济》（二），第 1—2 页。

② 同上书，第 1 页。

③ 陈清初：《现行货物税》，独立出版社 1944 年版，第 22 页。

④ 《抗战期中之财政（1946 年 2 月）》，[国民政府财政部档案]，载《资料汇编》第五辑第二编，《财政经济》（一），第 444 页。

此，充裕重要的军需民用物资，乃为国民政府调整关税政策的首要之图，平时的财政保护关税政策，尚在其次了。

整个抗战时期一直沿用的是 1934 年颁布的进口税则，税率和税目没有及时更改，只是增减子目及增编分类指南而已。抗战全面爆发后，因战事日愈扩大，国际贸易情形也随之大变，更因沦陷区域渐广，海关的辖区益小，关税自也受到很大的影响。国民政府为适应抗战时期关税政策之紧急措施，多次增减税率同修改从量税率为从价税。同时，为配合战时的经济政策起见，颁布禁止进口物品条例凡数次，都与税则号列同分类有连带关系。

抗战时期各次修改进口税则之概况如下：①

第一次修改税率系 1939 年 5 月将金属及其制品按照原税率减为 2/3 征税。其后于 10 月再减 1/3 征税。

第二次修改税则系 1939 年 8 月与第一次颁布《禁止进口物品条例》同时实施，除在禁止进口条例内所列各货品，均得于国民政府特许进口后按原税率征全税外，其余不在禁止进口之列者，都按照原税率减为 1/3 征税。

第三次修改税率系 1942 年 1 月，根据 1941 年 4 月国民党五届八中全会议决案修改税率，分两项：（1）现行禁止进口物品表所载禁止进口物品列入专用范围经特许购运者，除原订从价税品目照税则规定税率征收外，其余一律改用从量税原订之百分率按从价征税；（2）现行禁止进口物品表所载禁止进口物品品目列入商销范围经特许购运者，不问其为商销或专用，概照原订从量税率加征 50%，仍按从量征税。

第四次修改税率系于 1942 年 3 月，只系补充第三次修改之二项原则，将特许进口商销之洋糖，按原订税率改按 50% 从价征税，及煤油按原订税率改按 30% 从价征税而已。

第五次修改税率系 1942 年 4 月，因开征洋货战时消费税同时修改海关金单位的含金量将其与国币及外币之波动比价改为法定比价，即金单位含纯金量自 60.1866 克增加为 88.8761 克。更规定金单位与国币之比价为每金单位等于国币 20 元。与外币之比价则分别规定每金单位等于美金 1 元，或英镑 5 先令。这次因配合新金单位的比价同战时消费税的加征，所以将部分从量税率如鲜鱼、咸鱼、肥皂等凡 28 项，改为从价税率外，更

---

①　刘天演：《编订战后进口税则之技术问题》，载《财政评论》第 11 卷第 3 期，1944 年 3 月。

将全税货品表重加厘订，共为 208 项目（此后 1943 年 12 月止陆续删除 12 项，尚余 196 项），至于减税货品则分两种，凡属从价者按原订税率减按 1/3 征税，从量者按原订税率减按 1/6 征税。

第六次修改税率系 1942 年 7 月，因颁布《修正禁止进口物品条例》时，将禁止进口各物品调整而分为三类：一为政府机关管制物品，二为经政府特许后仍可进口物品，三为完全禁止进口物品。属于第一类凡 7 项；属于第二类者凡 60 项；属于第三类者又分为两种，甲种系在战前即禁止进口，如假手枪、赛狗等凡 12 项，乙种系属于税则号列内战前不禁止之奢侈品或敌产品，如鱼翅、燕窝、日本酒等。因此次修正之结果，除仍在前列第二项与第三项乙种之原税率仍征全税不改外，其在第一次禁止进口物品表内而不在新表内者，除解禁外其不属全税货品表内者，更减按 1/3 征税，但实际因此而减税者则甚少。

第七次修改税率系 1943 年 1 月，因第五次修改减税办法之分别按从量税率的 1/6 及从价税率的 1/3 减征，乃系海关金单位比价提高时所规定者，但实际的税收并未增收，故又将从量税率的 1/6 仍一律按原订之百分率改为从价税，并按从价税率办法一律按 1/3 减征。自这次修改税则后，全税则中除由政府购运进口之糖与煤油二项，仍按原订从量税率加 50% 征税外，凡属商运者均全按从价税率 1/3 征税。至此，我国进口税则可说是全部从价税了。

第八次修改税率是在 1943 年 2 月，将进口全税货品中纯毛或杂毛针织呢绒等 12 项，原属征全税者分别减为 1/3 征税。而整个抗战时期我国的关税税率，"初因争取物资鼓励输入以减低税率，复因物价暴涨、通货膨胀之故，致使八年抗战期中所课货品税率，最高者不过 10%，最低者仅只 3% 而已，抗战时期课税之低，实有其特殊原因所在"[①]。

起初，国民政府修订进口关税的主要目的是限制非必需品进口和禁止敌货进口。国民政府对进口关税采取不同的政策，对于必需品，均鼓励输入，或免税，或减税，或全税记账或半税记账；对于非必需品，则禁止输入。

为贯彻 1937 年 8 月 30 日国防最高委员会会议通过《总动员计划大纲》中提出的"修改关税进口税则，使消费品输入减少，战时必需品输入增加"方针政策，财政部规定海关进口税则"对于奢侈消耗品如烟、

---

① 金柱著，刘秉麟教授指导：《中国关税税率问题》，民国时期国立武汉大学法学院经济系毕业论文，1946 年。

酒、糖、人造丝等均已征收高税，其具有建设性质之进口货物，如机器及工具车辆、船艇、矿砂、金属品等，则多系从轻征税"①。

为奖励交通工具输入，以应战时之需要起见，"凡军用卡车，向系免税，至公路局所购之交通工具之进口，则自 1937 年 9 月份起特准一半记账。惟以现行进口税则第 256 号甲所列的马达拖动车拖车容 12 座以上之长途汽车载重 1 公吨以上之马达货车及此项车辆之车胎内容为限。至商人购运卡车协助军运者，亦得享受同样待遇，但以 200 辆为限"②。

同时，为奖励后方交通建设起见，"各公路购运工程机器及工具自 1939 年 7 月起得全税记账，时期一年，但以下列范围为限：（1）载重汽车及配件以未通车各公路所购运者为限，通车各公路所购运者前已订有半税记账之办法；（2）工程工具；（3）铜料；（4）木料；（5）机器；（6）行车电信材料。又为救济闽省粮食不足计亦准自 1937 年 9 月起得全税记省府之账购进洋米 20 万公担"③。

至我国华北、华中和华南等地相继发生战事后，对于进口消耗性质之物品，自应力谋抑制以节约消费减少资金之外流，国民政府对于战时需要之必要物品，设法鼓励其输入，使其源源供给并充实军需之用。④ 财政部为适应彼时情势起见，曾提出《增进生产调整贸易办法大纲案》内第九条规定"关于进口物品除军用品外，其必需物品应许其照常进口或酌量减低其关税，半需要品关税照旧，至奢侈品、消耗品则增高其关税，由财政部主办，外交部协助并随时采纳贸易调整委员会之意见"，经按照该案用意，并参照法国关税系数制度，将进口货物分别属于消耗品者增税，属于必需品者减税，其国产物品不宜放任输出者，则禁止其出口，凡此措施胥为应付国防之需要，并不注重于税收。基于上述原则，经拟具方案提议修改税率，以期必需品之输入增加，非必需品之输入减少，考虑到输入我国的消耗品多数来自英美法等盟国，如酒类、化妆品为法国产品，烟草、呢绒为英美产品，一旦增加税率，在外交上颇感困难，未能照案实行，又财政部对于进口货物，已厉行外汇审核办法，以节制非必需品进口，对于

① 《财政部秘书处检送总动员计划大纲财政金融部分实施情形密函（1939 年 9 月 8 日）》，[国民政府财政部档案]，载《资料汇编》第五辑第二编，《财政经济》（一），第 386 页。

② 钟淦恩：《战时我国关税之应变措置》，载《经济汇报》第 2 卷第 1、2 期合刊，1940 年 7 月 7 日。

③ 同上。

④ 郑莱：《十年来中国之关税》，载《经济汇报》第 8 卷第 9、10 期合刊，1943 年 11 月 16 日。

向国家银行结售外汇之出口货物，则实行豁免出口税，以鼓励土货外销易取国外资金。①

1937 年 9 月 13 日国防最高会议核准施行《增进生产调整贸易组织大纲》，规定"关于进口物品，除军用品外，其必需物品应许其照常进口，或酌量减低其关税，其半需要物品关税照旧，至奢侈消耗品则增高其关税"②。

纱布出口战前本已有减无增，战事发生后，为鼓励出口，调节纱布市场起见，特准自 1937 年 7 月 16 日起免税出口。至应结外汇之出口货物，为推广贸易及体恤商难起见，经财政部核定除生丝茶叶草帽及其他子目货物原经免税出口者外，所有桐油鬃类皮革皮货矿产五倍子大黄桂皮当归羊毛苎麻肠衣等结汇外销者，均准自 1939 年 1 月 1 日起免征出口税。钨锑矿出口之持有贸委会发给免结外汇准运单者，亦准免税出口。至手工艺品农业产品，渔业产品，乃择其产于后方各省而与战时物资无甚关系者，共税则号列 34 项，准予免税出口。战事发生后未久，上海交通梗阻，无锡生丝改由汉口转汉路往香港出售。财部为奖励后方出口起见，特许全税记账。为奖励国产出口起见，凡土货自四川经贵州云南出口者，准予免征转口税之优待。又烟台菱绸及浙江临海之抽纱品挑花品绣花品花边及其底样等多系销售国外者，亦特准许免征转口税报关出口。③

1938 年 3 月 30 日，由国民党临时全国代表大会通过《非常时期经济方案》明确奢侈各品应分别限制禁止："奢侈物品并非生活所必需，而消耗物力为数甚多。且往往购自国外，使巨额资金流出，害国病民，最为可惜。仅恃宣传劝告，效或末周，政府当明定办法，酌为限制。其为害尤重者，并可通令禁止使用，以挽颓风。"④

1938 年间，日伪对于沦陷区海关开始把持攫夺，先则劫取税款，助长其对华侵略，继而擅改税则，以日货侵夺欧美货物之中国市场。向为日本输华大宗产品之人造丝、糖、海产品，其减征税率，比较原定税率，竟

---

① 《财政部秘书处检送总动员计划大纲财政金融部分实施情形密函（1939 年 9 月 8 日）》，[国民政府财政部档案]，载《资料汇编》第五辑第二编，《财政经济》（一），第 387 页。

② 《财政部关于增进生产调整贸易办法大纲（1937 年 9 月 13 日）》，[国民政府财政部档案]，载《资料汇编》第五辑第二编，《财政经济》（九），江苏古籍出版社 1997 年版，第 433—434 页。

③ 钟淦恩：《战时我国关税之应变措置》，载《经济汇报》第 2 卷第 1、2 期合刊，1940 年 7 月 7 日。

④ 《非常时期经济方案（1938 年 3 月 30 日）》，[国民政府财政部档案]，载《资料汇编》第五辑第二编，《财政经济》（五），第 9 页。

减轻75%，欧美输华主要货品，减税甚微。即与日货同种类之欧美货品，如一部分布疋、纸张等，其减税之程度，亦属轻重互异。为打击日伪企图通过倾销其商品以劫夺国统区法币之阴谋，国民政府发布宣言，向各友邦及中外商民表示严正拒绝之态度，并订下列办法，饬由海关施行。甲、凡在1938年6月1日以后经沦陷区海关进口之洋货转运后方行销者，应照国民政府所颁布之进口税则补缴进口税。乙、凡经禁止进口之洋货而未在1938年6月以前按照国民政府颁布之税则缴税者，不准其转口内销。丙、凡在沦陷区以禁止进口物品为原料制成之物品，一律禁运后方行销。①

因战时进出口贸易与和平时期不同，战时出口贸易一直呈衰势，为争取外汇，稳定法币汇价，1938年3月12日颁布《中央银行办理外汇请核办法》3条以及《购买外汇请核规定》6条，对于非必需品之货物进口限制购买外汇，以此来达到统制进口贸易的作用；1938年4月国民政府颁布《商人运货出口结售外汇办法》，规定桐油、猪鬃、牛皮、蛋品、矿砂、羊皮、药材、羊毛、蚕丝、金丝草帽、棉产、花生、烟草、木材、兽皮等24类货品为结汇货品。商人出口此类货物时，应将所售货价，以外币计算，售与中国银行或交通银行，并将取得承购外汇证明书，提交海关查验方准报运出口。②

对军事上需要之进口物品多已实行减免税率，如救护药品及医疗器械准照特定进口免税办法办理，所有各军事机关购进之军用品除向准免税者外，如麻袋、电信器械、测量用纸之类均准免税。③为促进及便利需要品之输入，对于民用防毒面具取有起运国检验证明文件报运进口者，免予请领护照，所有慰劳物品准予免税运输，其与军事有关之物资，如米麦、面粉、杂粮、豆糠、麸皮、松香、水银、已末幸之牛只、铅条、信石、班茅、硃砂等已次第施行出口禁令以期留备自用。④"为扶助生产建设发展交通增加抗战力量起见，复于第二期战时行政计划实施方案暨分期进度表内，明订需要品减征进口税项目，其已照案实施者，计有1.各公路管理机关购运交通用具进口关税折半付现办法，对于长途载重汽车与零件及附件准照原定税率折半缴现，2.后方各省进口钢铁等金属品及机器纳税办

---

① 《财政部长孔祥熙任内政绩报告（节略）（1944年11月）》，[国民政府财政部档案]，载《资料汇编》第五辑第二编，《财政经济》（一），第401页；《十年来之关税》，第15页。

② 赵淑敏：《中国海关史》，第43页。

③ 《财政部秘书处检送总动员计划大纲财政金融部分实施情形密函（1939年9月8日）》，[国民政府财政部档案]，载《资料汇编》第五辑第二编，《财政经济》（一），第387页。

④ 同上。

法，对于钢铁金属品及机器概准照现行进口税率减按 2/3 纳税。此外原方案所列各种需要品减税办法自当遵照按期实施。"①

抗战以来，日本因外汇大量输出，军需用品补给困难，故企图以剩余的轻工业品销售我国，套取法币，转换外汇，以资补偿。为打击敌人此种阴谋起见，1938 年 10 月 27 日，国民政府颁布查禁走私的纲领性文件《查禁敌货条例》和《禁运资敌物品条例》（1941 年 9 月 3 日国民政府修正）。②

《查禁敌货条例》所称敌货谓下列三种：敌国及其殖民地或委任统治地之货物、前款区域外工厂商号由敌人投资经营者之货物、第二款区域外工厂商号为敌人攫夺统制或利用者之货物，并规定：凡敌货一律禁止进口及运销国内，其鉴别、检查、登记及处分事宜应由地方主管官署办理并由关卡严密执行查禁。③

《禁运资敌物品条例》规定：凡国内物品足以增加敌人之实力者一律禁止运往下列地域：敌国及其殖民地或委任统治地、前款区域外之地方已被敌人暴力控制者（前款物品及第二款之区域由经济部临时指定之）；规定由地方主管官署及关卡严密查禁，地方主管官署在直隶于行政院之市为社会局，在县为县政府，在市为市政府；还规定：偷运之物品如直接售卖于敌人查有实据者处死刑或无期徒刑，执行查禁之人员如有包庇纵容或营私舞弊情事查有实据者处死刑或无期徒刑。④

《查禁敌货条例》和《禁运资敌物品条例》所列禁运资敌的物品，范围很广，由中央公布，一共有 80 类，包括矿产、食品、服装用品和医药用品等 170 余种。这 80 类的物品，又可分为两大类，一类是可供军需制造的物资，如煤盐棉花各种矿产等，一类是颇不能直接供给军需制造，然被敌人吸收后可以输出外国，换取外汇，转购军需物资，如皮张猪鬃豆类等，所以也在禁运之列。《禁运资敌物品条例》颁行后，经济部即于 1938

---

① 《财政部秘书处检送总动员计划大纲财政金融部分实施情形密函（1939 年 9 月 8 日）》，［国民政府财政部档案］，载《资料汇编》第五辑第二编，《财政经济》（一），第 387—388 页。

② 《关于公布查禁敌货条例及禁运资敌物品条例的训令（1941 年 9 月 3 日）》，［国民政府档案］，载《资料汇编》第五辑第二编，《财政经济》（五），第 646—653 页；《查禁敌货条例》全文《经济游击队应用法令汇编》，第 27—28 页；重庆档案馆编：《抗日战争时期国民政府经济法规》（上），档案出版社 1992 年版，第 192—198 页；《禁运资敌物品条例》全文《经济游击队应用法令汇编》，第 51—52 页；重庆档案馆编：《抗日战争时期国民政府经济法规》（上），档案出版社 1992 年版，第 198—200 页。

③ 《经济游击队应用法令汇编》，第 27 页。

④ 同上书，第 51 页。

年12月以部令指定下列物品为禁运资敌物品：牛只、马、骡、驴、各种野兽类、皮张、羊毛、野禽羽毛、鲜陈肉类、猪鬃、肠衣、蛋品、盐、米谷、麦、豆类、面粉、糠麸、杂粮、桐油、生漆、茶、蚕丝及柞蚕丝、棉类及其制品、芋片、班茅、酒精、染料、纸张、麻类及其制品、木材、竹、海草、松香、干辣椒、电器材料及配件、各种金属矿砂及其制品与旧废制品、煤炭、煤油、汽油、染油、润滑油、石灰、砖瓦、水泥、磁土、耐火黏土、苦土石、白云石、硝磺、酸碱、氟石、明矾、石膏、磷矿、砒矿及其制品，以上物品一律禁止运往敌区。①

1940年，加强禁运工作，增设货物稽查处，分区查缉，不使漏网。但自货物禁运资敌后，平日借生产各项货物为生的人民，必因失去销路而感到困苦，国民政府因又颁布《禁运资敌物品收购救济办法》，责成贸易委员会农本局等机关，分别照价收购，使人民并不因禁运资敌而受到损失，收购的货物，经检定后，择可出口者，运输出口，换取外汇，其不能出口者，则运后方存储，备供本国军需民用，若在沦陷区域的物资，为我收购力量不能达到的，用政治的力量，劝令人民改变生产种类，或者将生产数量减少到能够自给。各方面同时并进，务使敌人得不到我们的物资，使其穷困。禁运资敌的战略实行以后，已经收获了重大的成就。1938年我国对日的输出值为1.16亿元，1939年则突降为6600万元，实行未及一年，而输日数值，竟减少了1/2。②

《查禁敌货条例》、《禁运资敌物品条例》和《禁运资敌物品收购救济办法》等法令的颁布，标志着国民政府全面加强对敌经济封锁，为苦撑抗战而全力展开对敌经济作战。

1938年武汉、广州相继沦陷后，国民政府的进口贸易政策有所改变，采取鼓励必需品进口为主的贸易政策，"关税政策以调节消费，争取物资为重，战时物价波动，易获暴利，节制消费，已非高税率所能奏效"③。

为厉行节约、减少入超、节省外汇、稳定金融起见，1939年7月1日，国民政府颁布《非常时期禁止进口物品办法》，选择了非抗战建国及人民日用所切需；或有部分需要，而可有本国产品代替；或多由敌国产制进口容易冒牌侵销的一切货品，共168税则号列，规定为禁止进口物品，

---

① 邓翰良：《十年来之商业》，载谭熙鸿主编《十年来之中国经济》（中），中华书局1948年版，第L82页。

② 翁文灏：《抗战以来的经济》，胜利出版社1942年版，第80—81页；邓翰良：《十年来之商业》，载谭熙鸿主编《十年来之中国经济》（中），中华书局1948年版，第L83页。

③ 《十年来之海关》，第2页。

未经特许，不准进口，并责成海关总税务司分电各关，于令到之日起实行。[1] 依 1938 年进口额的推计，一年将可节省 6800 万美元的外汇；未经载入禁止进口物品税则号列的，按 1934 年税则税率的 1/3 征收关税。即 $25.3\% \times 1/3 = 8.43\%$。[2] 与其说这种办法的目的是禁止这 168 种物品的进口，毋宁说目的是放宽其他品目的进口。

> 但（一）政府机关为调剂国内市价；（二）公私机关团体个人及一切正当企业因科学工业医药卫生慈善救济教育文化宗教或其他特种用途之需要；（三）在华外侨日常生活之必要；及（四）进口商销糖类海关税则列第 397 甲乙两项，煤油等海关税则列第 532 甲乙两项，汽油等海关税则列第 520 甲乙两项物品仍得申请进口，均由财政部随时配准相当数量特许进口。就特许进口物品价值言，自 1939 年 7 月至 12 月止，共申合国币 24644800 余元，其中汽油一项为 23564100 余元，占核准进口价值总额的 95.61%。其余货品占 4.39%。[3]

实际上，为保障军事作战需要，国民政府规定，凡属与军事相关的物资尽量减免关税，以促进其输入。所有军事机关从国外购买军用物品，全部根据免税规定免税放行。

1939 年 3 月，国民政府财政部《第二期战时行政计划实施具体方案》中提出减征进口税：

> 为扶助生产建设发展交通并增加抗战力量起见，凡有关工业生产用具、交通器材及军需用品之进口，自应特定减税办法，以资适用，拟于 1939 年内，对于上项重要进口货物酌定先后分期实施。（1）关于交通用具者，如进口税则内第二五六号（甲）项所列，马达拖动车、拖车、长途汽车、马达货车及其车台及同号税则（丙）项（二）所列之汽车零件及附件照准税则所载 15% 的税率折半缴纳。拟于 1939 年 1 月至 3 月第一期内开始实行。（2）关于钢铁等金属品及机

---

① 郑莱：《十年来中国之关税》，载《经济汇报》第 8 卷第 9、10 期合刊，1943 年 11 月 16 日。

② 赵淑敏：《中国海关史》，第 44 页。

③ 钟淦恩：《战时我国关税之应变措置》，载《经济汇报》第 2 卷第 1、2 期合刊，1940 年 7 月 7 日。

器中，选择铝铜生铁、剪口铁、马口铁、竹节钢管子及配件等八十余号列货品，特定减税办法，金属品及机器概准照税则所载之税率减按2/3缴纳，拟于1939年第一期内审拟完竣，第二期起实行。（3）关于化学产品者，如硫酸、硝酸、盐酸及纯碱、烧碱等化学产品，均为工业用之重要原料。战时需要多，拟于考察后方各省供应情形后，对于必须由外洋输入以供应用者，选定品目，准按原定进口税率2/3缴纳，拟于1939年第二期内核定品目，第三期起实行。（4）关于燃料者，如汽油、柴油为交通运输及工业上使用之燃料，具须取给于国外，将来新修各公路完成，需要增加，拟对进口汽油准照进口税则第五二〇号所载税率，按2/3缴纳；柴油准照进口税则第五二九号所载税率按2/3缴纳，但以由中央信托局或燃料管理委员会购运进口者为限。拟于1939年第二期内审定办法，第三期起实行。[1]

并提出修改进口税则："洋货为避进口税往往取巧输入，如改制品色以图按照较轻税率纳税，或应就其税率另加补充规定，免致损害税收，拟于1939年第一期起考察后方各省进口货运情形，对于具有此项情弊之货物，随时采用部分修改税率办法，以谋不正当输入之遏止。又现行进口税则，系于1934年7月订定，施行已久，自战事发生以后，国内实业已有剧烈之变迁，进口贸易亦因供需关系多所转变，所有全部进口税则允宜即时修改，以期适合实际情形，故拟于1939年第一期起，即由国定税则委员会对进口货物贸易之消长、物价之变动及国内新兴实业之状况，分别考核调查，按照进货物种类分项编制报告，以备依据此项报告修订全部进口税则，拟于1940年7月至9月第七期内完成草案，即于1940年10月至12月第八期内依照立法程序，呈由行政院审核转送立法院审议，一俟明令公布，于次年开始即可照案实施。"[2]

1939年8月7日，财政部公布《第二期战时行政计划》中提出"推行战时税制，充实抗战财力"。

1. 调整进出口关税，进口货物中如钢铁等金属品、交通工具、机器燃料等，此后用途最为殷切，拟予特定进口免税或减税办法，以

————————

① 《财政部拟具第二期战时行政计划实施具体方案（1939年3月）》，［国民政府财政部档案］，载《资料汇编》第五辑第二编，《财政经济》（一），第21—22页。
② 同上书，第23页。

促进此项必需品之供给，其有进口货物应予修改税率以遏止输入者，拟采用部分修改办法，酌量改订施行。在海外推销困难之手工制造品及机制货品与应予奖励出口之土产品由后方各省运销外洋者，拟概予免征出口税，期使土货外销渐达无税出口之鹄的。2. 减免工厂制品及其原料转口税，以后对于有关国防民生之工厂出品及所用国产原料，均拟酌予免征转口税，扶助其发展。在战区之工厂，如经查明确由国人自行经营而须予以救济者，拟仍准予享受免税待遇，俾在战区易与洋货竞销。3. 防止货运走私及避结外汇，拟对滇桂川浙闽等省沿边沿海未设关卡地方，扼要添设关卡，稽查货运，并拟于由内地运输出口之扼要地点，则拟由就近海关添设稽征转口税卡所，并对转口税征收办法随时考察改善，将来滇缅国际交通线完成后，对于在该处进出口之货物，拟特定便利货运之稽征办法。4. 保持战区海关行政，对战区各关除严令遵原有章则处理关务外，并当随时体察情形，密令海关准备移设安全地带，照常处理关务，即使敌方另设伪关，凡属经过伪关货物，仍认为未税货物，照章十足补税，一面复拟在战区内采用转移贸易方法，使进出口货物改变运路，汇集吾方关卡所在地区。[①]

1939 年 9 月，鉴于其时抗战已满两年，人民不避艰苦，忍受牺牲，殊堪轸念。为使人民生活切需之物品，得廉价供给起见，1939 年 9 月 2 日，行政院院长兼财政部长孔祥熙呈国民政府称，财政部"为厉行节约，减少入超，关于进口非必需品，业经于 1939 年 7 月 1 日拟具《非常时期禁止进口物品办法暨禁止进口物品表》，呈奉核准施行，兹鉴于抗战两年以来，人民不避艰苦，忍受牺牲，为使其生活所切需之物品，得以廉价供给起见，特规定进口减税办法，规定所有 1939 年 7 月 1 日《非常时期禁止进口物品办法》未经禁运的物品，自 9 月 2 日起，其进口税，一律照现行税率三分之一征收，有效期间至战事终了为止"[②]。同年 9 月 11 日，国民政府明令施行财政部呈拟的上述规定进口物品减税办法。

---

① 《财政部秘书处检送财政部第二期战时行政计划函（1939 年 8 月 7 日）》，[国民政府财政部档案]，载《资料汇编》第五辑第二编，《财政经济》（一），第 81—82 页；第二历史档案馆编：《财政部第二期战时行政计划实施方案》及《财政部第二期战时行政计划实施方案》（续），载《民国档案》1993 年第 4 期和 1994 年第 1 期。

② 《国府文官处为进口物品减税事致国防最高委员会秘书厅函（1939 年 9 月 14 日）》，[国民党国防最高委员会档案]，载《资料汇编》第五辑第二编，《财政经济》（二），第 13 页。

1939 年 9 月 2 日，根据当时的国内情形，国民政府再次修订进口必需品的减税办法，规定凡属外国物资未经订入政府所颁进口物品品目表以内者，准由商人按照 1934 年进口税则原定税率，减免 2/3 税额，报运进口。如棉花、五金、机械及交通工具、化学产品、药品、糖浆、橡皮、纸张等实行减税。① 此外，国内急需的洋米、汽油、柴油、救护、药品及医疗器械等物品免税。在滇缅公路往来运货的卡车，不问其雇用或自有，一律免办纳税手续，以便于验放。

各公路部门购运的载重汽车及配件、工程工具、钢料、木料、机器、行车电信材料等六项，经确定范围，订明年限，可将应纳关税记账后放行。其他如赈灾、教育及慰问品，都统由部颁护照免税。② 这些政令的颁布，有力地促进了战时军需民用必需品的输入。

为供应战时迫切需要，特准完全免税进口者，计有洋米、汽油、柴油、救护药品与医疗器械等。③ 例如，米粮进口征税改革一事，为抗战期内富有意义之改革。我国自古对米粮进口，素持免税主张，关税自主以后，各方主张征收洋米进口关税，以保护农村经济者日趋有力，群相商讨，亘五年之久，国民政府卒于 1933 年底决定米、麦、杂粮、面粉进口应征进口税，由财政部于 1933 年 12 月训令海关遵照执行。一般认此为我国关税政策上划时代之改革，而对于战后复兴农村之工作，尤具深长之意义。④

但在抗战全面爆发前夕，广东省农作物歉收严重，造成米荒，民食堪虞，广东省商民"请求政府准予运进洋米 200 万市担，洋谷 200 万市担，财政部批准以来，五省米商大起反对，群请政府收回成命，而粤省商民则请维持原令"⑤。唯在抗战期间，自以尽量增裕军米民食为要图，是以财政部于 1940 年 5 月规定办法三项，暂准洋米免税进口，该办法之有效期间，原以是年 5、6、7、8 四个月为限，经将有效期间一再延展，每次以一年为度，直至抗战结束，米粮进口一直实施免税。

《禁止进口物品办法》于 1939 年 7 月 1 日颁行之后，对于烟、酒、丝织品、毛织品、皮货、海产品、玩具游戏品、化妆品以及大部分食品、纸张等，已禁止其输入。对于商销禁止进口物品，并经先行指定富有奢侈性

---

① 陈清初：《现行货物税》，独立出版社 1944 年版，第 24 页。

② 《抗战以来的财政》，第 31 页。

③ 《十年来之关税》，第 12 页。

④ 《十年来之海关》，第 3—4 页。

⑤ 符彪：《粤省洋米免税问题的核讨》，载《东方杂志》第 34 卷第 9 号，1937 年 5 月 1 日。

之烟酒、海产品、食品、化妆品等若干种品目，实行限期禁销办法。

在 1940 年制定的《财政部三十年度工作计划》中提出加强非必需品进口统制，在 1941 年度内，"拟继续考查洋货进口情形，增订品目，禁运、禁销，以加强非必需品进口统制。减免进口税并调整进口税率，进口物品，除禁止进口者外，已于 1939 年间准照原税率减按 1/3 征收，1941 年度应仍赓续施行，藉使人民生活所需物品，得以廉价供给，无虞匮乏。其关于后方民食之米、麦、杂粮等，则拟随时查考国内供需情形，酌定期限额数，予以免税，以资调剂。又为奖励经济建设，对于在后方设立之重要工厂及开发之各种矿产，拟对所购机器工具或主要原料，于依法审查后，免征其进口税，并拟对于全部进口物品，考查其进口数量及国内需要情形，将其进口税率统筹调整，期裕税收"①。

抗战全面爆发以来海关进口税则所列各种进口物品，已分为禁运、减税两部分，在 1940 年制定的《财政部三十年度工作计划》中提出要筹划修订进口税则："拟调整进口税率，亦系为适应战时情势。关于全部进口税则将来应如何修订，固与财政收入有关，而与国民经济新兴产业尤关重要。拟于 1941 年度内，继续饬由国定税则委员会将 1940 年、1941 年分进口货品与国内供需情形及欧战发生后各国对华贸易之影响，分期调查研究，并筹拟各类货品课税定率，以备战后改订全部进口税则。"②

财政部 1941 年 3 月 15 日送中央设计局汇编战时三年计划稿中，指出今后三年的财政金融计划，其主要目的"一为充实持久抗战之力量，二为促进经济生产之实效，三为预立战后复兴之基础"③。并提出今后关税政策，"应以保护产业与增加收入同时并重，所有进口税则及出口税则，本此原则，加以修改，并得依进口国别及货物种类分别厘订差别税率，或减免税率，以利互惠政策之推行，至转口税应斟酌实际情形，予以裁减"④。

为贯彻现行禁止进口法令厉行节约政策起见，1941 年 8 月 30 日财政部以代电渝贸字第 5056 号颁布《取缔禁止进口物品商销办法》对于禁止进口物品之销售规定：

---

① 《财政部拟 1941 年度工作计划（1940 年）》，[国民政府财政部档案]，载《资料汇编》第五辑第二编，《财政经济》（一），第 88 页。
② 同上书，第 89 页。
③ 《财政部编送之战时三年计划财政金融部分（1941 年 3 月 15 日）》，[国民政府财政部档案]，载《资料汇编》第五辑第二编，《财政经济》（一），第 142 页。
④ 同上书，第 143 页。

　　取缔销售之物品由财政部按其性质指定品目分期公告施行；凡指定取缔销售之物品，自公告之日起届期 3 个月，应停止销售，并不许私自屯储，各商号行栈及货主应于限满 1 星期内，整理清楚开单送交海关、贸易委员会或其指定之机关给价收买，如届期不交仍行私自出售、屯储或转运者，一经查缉即予没收；海关、贸易委员会或其指定之机关收买指定取缔之物品，应以政府核定价格为标准计算给价；依照本办法收买之物品概由海关、贸易委员会或其指定之机关保管，由海关将品目数量价值报候财政部查核处理；凡指定取缔销售之物品限满停售以后，各省市县政府或其指定之机关负责检查关于该项物品转运时之查缉，由各海关各战区货运稽查处负责办理，其查获应行没收之物品，应交由海关、贸易委员会或其指定之机关接收保管报部处理；依照本办法没收之物品应该由海关在该项物品变价内照章提成给奖剩余部分解交国库，其中眼线三成、查获机关人员二成、协助机关人员一成；本办法颁布后所有在禁止进口物品法令实施以前起运在途之物品概不得再向财政部申请内运。

　　并附表（本表指定之品目系以 1939 年 7 月 1 日颁行之禁止进口物品表所载税则号列及财政部定案为依据表列各项物品自 1940 年 7 月 1 日起届满 3 个月停止销售）："外国雪茄烟纸烟烟丝、沪港制成纸烟（经财政部禁止内销之各牌纸烟附清单）、外国酒、外国芦笋咸猪肉火腿咸牛肉饼干糖食葡萄干果及制饼果料果酱果汁冻猪油通心粉酱油燕窝沙士调味粉肉桂粉智利粉丁香粉加厘浆加厘粉油番茄酱油酱番茄酱醋芥末香料粉腊肠糖汁茶叶、外国鲍鱼海参江珧柱鱼肚鱿鱼咸萨门鱼鱼翅、外国扑粉盒梳妆盒香水凝肤水油美容水润肤膏胭脂口红画眉笔面粉口脂、外国制造修指甲用全副器具及零件带香水管之铅笔各种香水喷射器烫发器卷发器肥皂匣盒装成套化妆用具、外国烟斗烟管烟袋烟嘴之自动铅笔烟盒打火机火柴插各种烟盘烟缸碟及成套烟具、外国制造玩具气枪气球橡皮球玻璃球幻灯洋囡囵摇玲各种有弹簧之玩具及孩童之三轮车球抬及全副设备纸牌，但内所列品目，除纸烟包括港沪产品在内分饬均冠有外国字样，沦陷区产制之同种类物品，不在上项办法规定以内。"①

---

　　① 《取缔禁止进口物品商销办法》，［海关总税务司署档案］，档案号：六七九（9）/6203，二档馆藏。

　　1944年11月30日，财政部修正公布施行《取缔禁止进口物品商销办法》及《没收取缔禁止进口商销物品处理办法》（同日废止重庆市《禁止奢侈品暂行办法》及《没收奢侈品处理暂行办法》），规定本办法取缔商销的物品，依照《战时管理进口出口物品条例》附表甲第二类及第三类五项所列品目，分别列为甲乙丙三表，公告施行。附表甲所列物品，各商号行栈及货主如私自出售，一经查获，即予没收，但沦陷区产制的同种类物品，得依照本条第二项办理，附表乙及附表丙所列物品均限各商号行栈及货主自各市县政府奉到本办法公告之日起两个月内整理清楚，送交各市县或其指定的机关备价接收，如逾期仍私自销售，一经查获，即予没收。办法还规定由各市县政府或其指定的机关负责检查，但转运时的查缉，概由海关或缉私处依照《战时管理进口出口物品条例》办理。《没收取缔禁止进口商销物品处理办法》规定凡依法没收的物品，除了专卖物品（烟类及纸烟类）应移交专卖机关盖章处理外，其他诸如外侨作自用的、政府招待外宾的、因公务上特种的等限量分售或限量价领，凡没收变价所得价款按比例分成，查获机关四成（有眼线时由查获机关酌给眼线奖金），协助机关一成，其余部分，解交国库。①

　　太平洋战争爆发后，我国海岸线及边境交通运输干线被日伪严密封锁。为尽可能争取更多的军需民用物资，保障大后方抗战物资的顺利供应，1942年5月11日，国民政府颁布《战时管理进口出口物品条例》，该条例明确进口出口是依国界和依《封锁敌区交通办法》规定的封锁线为界限；管理进口出口物品之检查事宜，由报运进口或报运出口地点之海关，或缉私处所办理。其未设海关或缉私处所地点，由财政部指定，或委托其他机关办理；应受管理之进口出口物品，经特许购运者，应由财政部发给特许证，凭以报运；凡进口出口物品，未经订入该条例附表以内者，准由商人自由运销，检查机关应予以验放上之便利。该条例还明确因下列情形之一者，得向财政部申请特许进口："一是因科学、工业、医药、卫生、慈善、救济、教育、文化、宗教，或其他特种用途者；二是为调剂供需，稳定物价，或其他正当原因者。"②

　　1943年9月9日，行政院对《战时管理进口出口物品条例》附表及

---

　　① 《经济法规辑要》，载《经济汇报》第11卷第1期，1945年1月。

　　② 《国民政府公布之战时管理进口出口物品条例（1942年5月11日）》，[国民党社会部档案]，载《资料汇编》第五辑第二编，《财政经济》（二），第28—30页；另外，《战时管理进口出口物品条例》于1944年10月修正。

清单酌加修正再通饬施行。其中附表甲是关于进口方面的内容:①

附表甲

第一类 下列物品须由主管机关核准,方准进口:

一、枪械子弹军用品制成炸药军用毒气由军政部核准,领用国民政府护照。

二、航空器材由航空委员会核准,领用航空委员会护照。

三、爆发物料(附清单一)由军政部核准,领用国民政府护照及财政部运单。

四、无线电器材由交通部核准,领用交通部护照。

五、麻醉药品(附清单二)由中央卫生试验所管理,领用卫生署护照。

六、五公撮容量以下之注射器、直径0.七公厘以下之注射针,由地方卫生主管官署管理,领用地方卫生主管官署证明书。

七、空白及签字纸币(尚未在市面发行者)由外国口岸复运进口之本国银行通用纸币,由财政部核准,领用财政部护照。

第二类 下列物品除依第七条特许者外,禁止进口。

税则号列	货品名称
七七	棉织假金银线
八〇	花边衣饰绣货其他装饰用品及全部用上列各物制成之货品(棉货)
一〇二	花边衣饰绣货其他装饰用品及全部用上列各物制成之货品(麻货)
一一五	花边衣饰绣货其他装饰用品及全部用上列各物制成之货品(毛质)
一二五	纯毛或杂毛地毯及其他衣类
一三〇	人造细丝粗丝
一三二	废人造丝
一三四	绢纺人造丝(人造绒线在内)
一三六	纯丝或杂丝假金银丝
一三七	花边衣饰绣货其他装饰用品及全部用上列各物制成之货品(丝货)
一四〇	纯丝或杂丝剪绒回绒
一四二	(乙)(丙)(戊)(庚)(辛)全人造丝绸缎及人造丝夹丝夹毛棉或其他纤维织成之绸缎(凭商销特许证进口)
三一二	粮食
三五四	丁香
三五五	母丁香
四〇三	香宾酒及标名香宾酒

---

① 《行政院抄发战时管理进口出口物品条例附表及清单训令(1943年10月2日)》,[国民政府社会部档案],载《资料汇编》第五辑第二编,《财政经济》(二),第39—43页。

续表

税则号列	货品名称
四〇四	汽酒
四〇五	红白葡萄汁酒（甜酒不在内）
四〇六	布尔得葡萄酒
四〇七	马塞里葡萄酒
四〇八	甜酒除布尔得马塞里（即马得拉马拉丹舍利等）
四〇九	威末酒白酒金鸡纳酒
四一〇	桶装威末酒
四一二	浓啤酒啤酒黑啤酒黑苦酒类果汁酒梨汁酒他种癸酵果汁酒。
四一三	白兰地酒高月白兰地酒
四一四	威士忌酒
四一五	杜松烧酒
四一六	糖酒（工业用糖酒不在内）
四一七	甜酒
四一八	汽水泉水
四一九	其他酒及饮料
四二〇	纸烟
四二一	雪茄烟
四二二	鼻烟嚼烟
四二三	烟叶
四二四	烟丝
四二五	烟梗烟末碎烟废烟
五四六	纸烟纸
五四九	文件纸钞票纸债券纸（图书纸不禁）
五五七	糊墙纸及起文形金属制或其他加花纸
五七二	毛羽及毛羽制品
五七六	麝香（包括麝香精在内）
五七九	象牙及其他兽牙制品
六〇〇	（戊）檀香（己）香木磬木（香柴）
六〇一	（戊）檀香木
六四一	留声机及他种唱机及其零件附件

税则号列	货品名称
六四五	装饰用之领扣牙环袖钮首饰珠帘电镀花瓶人造盆花等
六五〇	修指甲用全副器具及零件粉、扑粉盒梳妆盒
六五二	乐器及其零件附件
六五五	香水、脂粉、雪花膏（包括香精、凝肤水、油、美容水、润肤膏、胭脂、口红、画眉笔、面粉、口脂在内，其他不禁）
六五八	（乙）真假贵重宝石、半贵重宝石制品（玉玛瑙等在内）
六六六	烟用杂货（烟斗、烟嘴、烟盒、烟丝袋、烟灰碟、打火机等在内）
六六七	化装用之器具（梳刷除外，税则号列第二六四号之金属电力烫发器包括在内）
六六八	玩具及游戏品
六七〇	（甲）（丙）（戊）（己）绸伞及伞柄为贵重金属象牙云母壳玳瑁玛瑙宝石等制成者（伞面全用纸或棉布及非丝质者除外）

第三类　下列物品绝对禁止进口

子　经专案指定查禁者

一、内藏刺刀之手杖

二、气枪及假手枪并汽枪用枪弹

三、制造军火图样

四、农业病害虫

五、伪造纸币福票及其他类似之票券

六、印制伪币印模铸币印模及机器

七、手枪式电筒

八、手镣

九、含有伪组织宣传意义之物品

十、掺有黄磷白磷之火柴

十一、赛狗

十二、淫书淫画及秽淫物品

丑、其他

税则号列	货品名称
二七五	鲍鱼
二七六	海参（甲）黑刺参（乙）黑光参（丙）白海参
二八六	鱼肚
二八九	鱼头鱼唇鱼皮鱼尾
二九六	净鱼翅
二九七	未净鱼翅

续表

税则号列	货品名称
三〇三	燕窝
四一一	日本清酒
五九六	（乙）台湾席（床用）（己）日本席
六〇一	日本木丝
六二七	琥珀珊瑚玳瑁及其制品
六三四	镀金属器塞苏玛磁器（其他磁器不禁）
六三五	装饰用材料及制品（洋镜片铜箔绠铜箔线金属制装饰零件在内）
六五三	真假珍珠

另外还列出爆发物料限制进口品目清单和麻醉药品限制进口品目清单：①

清单一：爆发物料限制进口品目清单②

1. 硝（钾硝、硝酸钾、纳硝、智利硝、钙硝、硝酸钙、空气硝、硝酸铔、硝酸钡、硝酸锶）

2. 硫（硫磺）

3. 盐酸钾（盐酸加里或盐花钾）

4. 绿酸钾及氯酸盐类

5. 过绿酸钾及过氯酸盐类

6. 硝酸（硝强水）

7. 硫酸（硫酸水或磺镪水）

8. 红磷白磷黄磷

9. 二炭炔化合物

10. 三氧化盐类

11. 爆炸酸盐类

12. 黑边油

13. 苦味酸盐类

14. 一个及二个硝基有机化合物类

附清单二：麻醉药品限制进口品目清单③

1. 乙醯二氯可待因酮（醯去甲二氯太白因）及其盐类（附锡迪康）并制剂

2. 苄基吗啡（或苄甲基吗啡及其盐类碧露宁）并制剂

3. 阿补吗啡及其盐类并制剂

---

①　《行政院抄发战时管理进口出口物品条例附表及清单训令（1943 年 10 月 2 日）》，［国民政府社会部档案］，载《资料汇编》第五辑第二编，《财政经济》（二），第46—48 页。

②　说明：（1）氯化钾肥料及其含有氯化钾之成分在 85% 或以下者，如专供肥料之用，免予领用护照。（2）因工业上或医药上之需用，报运含有一部分爆发物料之商品进口，如各该项商品不能作为炸药及绝对不能改装为炸药原料者不在本表限制进口之列。

③　说明：（1）配尔派灵不在限制范围以内；（2）可塔宁及其盐类（盐酸可塔宁）并制剂含有士的宁成分者准予进口不加限制。

4. 大麻

5. 可卡因（即高根）及其盐类并制剂

6. 古阿叶及其膺咸并制剂

7. 可待因（甲基吗啡）及其盐类并制剂

8. 二乙醯一氯吗啡及其盐类（波拉落丁）并制剂

9. 二氢可待因及其盐类（波拉哥定）并制剂

10. 二氢可待因及其盐类（迪苦六连）并制剂

11. 二烷可待因铜及其盐类（欧可达）并制剂

12. 二氢吗啡及其盐类（波拉磨方）并制剂

13. 二氢吗啡铜及其盐类（迪老火达）并制剂

14. 爱克哥宁及其脂类并其盐类及制剂

15. 乙基吗啡及其盐类（狄奥宁）并制剂

16. 吁喳

17. 麻业

18. 海洛因（二乙醯吗啡）及其盐类并制剂

19. 印度麻及其胶脂并制剂

20. 吗啡及其盐类并制剂

21. 氯化吗啡胺（洁诺吗啡）及其他五假氮吗啡衍化物及其制剂

22. 吗啡之醚类之脂类之各类盐类及其制剂并其衍化物

23. 鸦片及其鹰碱并制剂

24. 盼得本（即全鸦片素）

25. 罂粟子

26. 斯托魏（又名斯妥之印）

27. 士的宁（或番木鳖素）及其盐类（制剂不在内）

28. 狄边（又名太白因）及其盐类并制剂

29. 育亨宾及其制剂如生殖灵甘露精等

30. 注射剂

　　为遏止各种非必需品及奢侈品涌入国统区，保护渐有起色的内迁民族工业，国民政府采取了一系列的措施。财政部部长孔祥熙曾电令梅乐和总税务司览称，财政部规定外国呢绒其重量每平方公尺不超过 400 公分者，应不问其原定宽度剪裁与否，一律禁止进口，原以防止商人利用海关现行货物分类办法取巧输入而设，是以海关向来归入税则第 128 号之非原匹宽度剪裁之呢绒，如经验明其重量每平方公尺不超过 400 公分，即在禁止进口之列。①

---

① 《财政部代电渝贸字第 56212 号进一字第 50199 号》（1941 年 12 月 19 日），［海关总税务司署档案］，档案号：六七九（9）/6203，二档馆藏。

据商民福利商行经理徐尚勤、贾熙华、戴锦华等 1942 年 9 月 21 日呈，为邮运人造丝衣料被重庆关查扣没收充公，此项衣料系属内地转运请准转饬发还等情，关务署署长郑莱电令重庆关税务司，查此项人造丝衣料邮包，该关当系依照《非常时期禁止进口物品办法》查扣处理，现该办法业奉明令废止，该项人造丝衣料在新颁《战时管理进口出口物品条例》内经订为准予申请进口商销之物品，是在查禁政策方面业有变迁，况由金华邮寄四川自流井原属内地转运进口情形，本不相同依照现行法令并无应受限制之规定，应由该关查明如无其他情况情节，即予征税发还，除批示外，合行抄发原呈，仰遵照办理具报。①

1943 年 2 月 1 日，财政部复将弛禁货品中之一部分，如呢绒、茧丝、糖精、纸张等，计 12 项税则号列，亦增订为减税品目。1944 年 1 月，财政部以原以进口洋货减税办法施行已逾四载，渐与国内一般经济情势厉行节约之旨不尽适合，重行考察进口货品性质及国货生产情形，并参照节约消费有关法令，于下列范围内选择一部分进口减税货品，照原税率恢复征收全税。（1）非后方日用切需物品，如纯丝或杂丝、针织绸缎、钟表等。（2）后方已有生产，足资代用之物品，如火柴、肥皂、机制纸张等。（3）已由重庆市政府遵奉政府指示取缔商销之物品，如外国呢绒衬衫及衣着零件等，共计恢复征收全税货品包括税则号列一二〇号。此类洋货恢复全税之后，其应征税率除纯丝绸缎及丝制衣着零件为 80% 外，大部分货品均在 30% 以下，就多数品目观察，其征税程度尚非过高，不致因取消减税待遇而影响其来源，故对于后方需要物资之供应，不生影响。②

由此可见，抗战进入相持阶段后，国民政府相继实行奖励必需品进口的措施，重视获取各种重要物资并意图抑制过快的物价上涨势头，各类减税免税货品，或与民生日用有关，或属建设上所需用，国民政府不惜以关税损失为代价，奖励重要军需民用物品输入国统区，并且采取紧急措置遏制非必需品及奢侈品进口，所有这些，都对国民政府支撑抗战及时、必要且十分有利。

---

① 《照抄财政部关务署代电第 1695 号》（1942 年 10 月 14 日），［海关总税务司署档案］，档案号：六七九（9）/6203，二档馆藏。

② 《抗战期中之财政（1946 年 2 月）》，［国民政府财政部档案］，载《资料汇编》第五辑第二编，《财政经济》（一），第 445 页。

第二节　施行从价税制

为查找、计征关税方便，一国根据其关税政策对不同的进出境货品制定不同的税率，并按照一定的次序排列，这种按照进出境货品的不同类别排列的关税税率表，称为关税税则或海关税则。[①] 关税税率是根据课税标准计算关税税额的比率。

根据关税课税标准不同，课税通常有从量税、从价税、复合税和选择税等几种计税方法。从量税的税率表现为每单位数量的课税对象应纳税额即定期税率；从价税的税率表现为应纳税额与课税对象的价格或价值的百分比的定率税率。漆树芬认为："从价税和从量税，究竟此二种何者为好？则各有其长短。理论上虽以从价税为公平，而易陷于申报不实，税员作奸之弊，并且价钱评定之困难，同课税手续之烦［繁］杂，亦是不免。以两者相较，自以从量税为优。从量税亦有不公平地方，而其矫正方法，则在详分其税目，对于税率，时加以更改，以图适应物价之变动。"[②]而"我国向来即缺乏国际贸易的观念，自设海关以来即对出口货物课征出口税。……1936 年 5 月，首次制定出口税则，采从价和从量混合编列"[③]。

为适应战时物价波动，国民政府财政部规定战时进口关税一律改行从价税制：进口货物所纳关税依照税则规定，本有按量计税及按价计税之分，经规定除税则原订从价品目外，其从量税部分一律照从量税原订之百分率改行从价税制。[④]

抗战全面爆发后我国关税的进口税则系于 1934 年 6 月 30 日公布实施的，所订税率虽大部分为从价征收最低 5% 至最高 80%，然仍有约半数之税则系从量征税。自战时物价飞腾猛涨之后，关税之征收，初仍沿用旧订税则，其属于从价征税者，固可随物价之上涨比例增加税收，唯对于从量征税者，则因税额固定，不受物价之影响，以致收入相对减低。

① 王普光等编著：《关税理论政策与实务》，第 287 页。

② 漆树芬：《经济侵略下之中国》，三联书店 1954 年版，第 84—85 页。

③ 财政部关税总局编撰：《中华民国海关简史》，台北财政部关税总局 1998 年版，第 27 页。

④ 《财政部长孔祥熙任内政绩报告（节略）（1944 年 11 月）》，［国民政府财政部档案］，载《资料汇编》第五辑第二编，《财政经济》（一），第 401 页。

1941 年 4 月，国民党五届八中全会时，以物价波动太甚，曾有消费税应予一律改行从价税制以增裕税收之决议。对于关税方面，财政部以 1939 年 7 月 1 日公布《禁运进口物品》168 项中，准由使用人凭特许证购运进口者，先于 1942 年 1 月 1 日起，实行从价税制。其规定如下。

（甲）禁止进口物品中，列入专用范围者，经特许购运者，除税则原订从价税品目外，其从量税部分，一律照从量税原订之百分率，按从价税征收全税。（乙）禁止进口物品中，列入商销范围（糖与煤油两种），经特许购运者，规定糖按 50%煤油按 30%从价征收全税。如购作专用而非供商销者，则概照原订从量税率，加征 50%，仍按从量征收全税，俾符增裕税收之旨。又对于火腿、海产品、生熟皮、夏布、糖果、爆竹焰火及一部分土货等，原系按量纳税者，亦改按从价征税。嗣后物价更见增长，对进口减税的物品，其从量税部分如以市价核计，大都不及 1%之率，与原订减税时税率相较，未免失之过轻，不特关税收入减少，抑且与同时享受减税优待之从价部分相较，已失负担公平之原则。故至 1943 年 1 月 16 日起，又将减税货物之从量税部分，亦根据其原订从量税百分比，酌加划整，一律改行从价税制，仍按原订减税办法按 1/3 减征。经此调整后，其实纳税率最低不过 3%，最高不过 10%，平均仅为 6%，与原订奖励必需品进口之本来，仍不违背。[1]

《战时管理进口出口物品条例》及各种减免税政策施行之结果，使得进口关税之收入自不免减少，抗战进入相持阶段后，纷乱的战局，物资的严重匮乏，造成国统区物价飞涨，法币大幅度贬值，使进口货物原订从量征税部分其实际税率相对下降。进口税则中之从价计税各号列实纳之税额，固系随物价递增，而从量计税各号列，因系固定税率，未能与物价适应，致从价与从量两部分税率之间有失平衡。[2] 财政部为均衡纳税负担，增加税收起见，特规定："凡凭证特许进口之禁止进口物品，改行从价课税，以减少国内非必需品的购用。转口土货具有奢侈性或后方生产量充裕

---

① 宋同福：《战时关税》（上），载《经济汇报》第 9 卷第 3 期，1944 年 2 月 1 日；金柱著，刘秉麟教授指导：《中国关税税率问题》，民国时期国立武汉大学法学院经济系毕业论文，1946 年。

② 《十年来之海关》，第 3 页。

者，亦改为从价课税。"①

抗战全面爆发后，物价逐渐上涨，原有从量税之比率，实际上已相对下降，1941 年 4 月，国民党五届八中全会遂有消费税应予一律改行从价税制以增裕税收之决议案，国民政府当即遵照全会决议案，并考量当时情形，决定就特许购运之禁止进口物品先行实施，于 1942 年 1 月 1 日起照下列规定实行从价税制：

> （1）禁止进口物品表中列入专用范围而经特许购运者，除原定从价税品目仍照税则规定税率征收全税外，其余从量税部分，一律照从量税原订之百分率，按从价征收全税。（2）禁止进口物品表中列入商销范围，而经特许购运者，不论其为专用，或商销，概照原订从量税率加征 50%，仍按从量征税。旋于同年 4 月将其中特许进口商销之洋糖照原订税率改按 50% 从价征税。煤油照原订税率改按 30% 从价征税，其购作专用者，则仍照原订从量税率加征 50%，从量征税，俾符增裕税收之旨。②

旋于 1942 年 4 月，将其中特许进口商销之洋糖照原订税率改按 50% 从价征税。煤油照原订税率改按 30% 从价征税，其购作专用者，则仍照原订从量税率加征 50%，从量征税，俾符增裕税收之旨。③ 不久，物价继续飞扬，进口减税货物从量税部分其实际征税额按市价计算大都不足 1%，税率显然过轻，于是又规定从 1943 年 1 月 16 日起，将减税货物从量税部分根据其原订的从量税率百分比酌加调整，改行从价税制，一律按 1/3 减征。④

至此，战时进口税则已全部实行从价征税制，其征税率最高者 10%，最低者 3%，平均约 6%。⑤ 至于出口货物，1939 年以后继续征税的很少，

---

① 《抗战以来的财政》，第 33 页。
② 《抗战期中之财政（1946 年 2 月）》，[国民政府财政部档案]，载《资料汇编》第五辑第二编，《财政经济》（一），第 446 页。
③ 海关总税务司署统计科编：《海关制度概略丛刊》（三），海关总税务司署统计科印行，1949 年，第 8 页；《抗战期中之财政（1946 年 2 月）》，[国民政府财政部档案]，载《资料汇编》第五辑第二编，《财政经济》（一），第 446 页。
④ 吴大明、黄宇乾、池廷熹主编：《中国贸易年鉴》，中国贸易年鉴社 1948 年版，第 458 页；《抗战期中之财政（1946 年 2 月）》，[国民政府财政部档案]，载《资料汇编》第五辑第二编，《财政经济》（一），第 446 页。
⑤ 《十年来之关税》，第 14 页；关吉玉：《中国税制》，经济研究社 1945 年版，第 162 页。

为降低其成本，鼓励出口，直到 1945 年 6 月才由从量税改为从价税。"实行以后，进口税收激增，计 1942 年每月平均为国币 7338065 元，1943 年 1 月至 8 月中旬止，每月平均为国币 14571475 元，增加约达一倍。"①

第三节　修订出口关税

抗战时期出口关税的征收，系依照 1934 年 6 月 21 日公布施行《海关出口税则》的规定办理，出口货物分 6 大类，出口税则有 270 号列，② 进口税则 672 号列，相差甚多，而出口贸易价值总额，亦远不及战时进口之巨，因此每年均有入超现象，而战时出口税收数字因此亦远不及战时进口税收之多，其中除出口品目较少之外，尚含有奖励出口贸易低税的原因。战时出口关税，除一部货物可免税出口外，其征税货物之税率，亦不过为从价征收 5%—7.5%，税率较为轻微，以促进出口贸易。③

抗战全面爆发后，国民政府外汇储备十分紧缺。为增加其外汇来源以应抗战之需，国民政府采取修订出口关税税率措施，其出口关税的政策，更注重售结外汇与奖励特种贸易与非必需品之出口等项，并鼓励非必需品出口以争取更多外汇。④ 例如，当战事蔓延江浙之时，鉴于蚕茧产量急剧减少且不敷缫丝原料之用，财政部关务署特将蚕茧出口税率，自 1937 年 8 月 11 日起，增为每百公斤征 42 元（原税率为每百公斤 28 元计增加半数），不予援用工业奖励法，核准免税待遇；至于国产货物，与战时需要无甚关系者，允宜扶助其外销，借裕外汇之来源。⑤ 自 1939 年 6 月 1 日起，曾规定自由区所产一部分非必需品，实行出口免税之制，以推广外销贸易，计有手工制品之中国墨、乳腐、石制品等。海产品之鱼肚、鱼皮等。农业副产品之水果、干果、蜂蜜等。共包括税则 34 号列货品。⑥

战时出口关税具体措置如下：

---

① 《十年来之海关》，第 3 页。

② 1934 年出口税则实施后，国内各界普遍反映税率仍然过高，阻碍了国内输出贸易，有关出口行业强烈要求降低税率，国民政府财政部不得不再次修订，于 1935 年 5 月 25 日公布，7 月 1 日实施，1935 年出口税则增加了减税品计 42 个号列，多数出口货物的税率减低 50%，免税货品的范围再予扩大，计 92 号列。参见叶松年《中国近代海关税则史》，第 349 页。

③ 宋同福：《战时关税》（上），载《经济汇报》第 9 卷，1944 年第 3 期。

④ 郑莱：《十年来中国之关税》，载《经济汇报》第 8 卷，1943 年第 9、10 期合刊。

⑤ 关吉玉：《中国税制》，经济研究社 1945 年版，第 163 页。

⑥ 《十年来之关税》，第 17 页。

（一）政府统销物品与商运结汇物品出口税之全免

自抗战全面爆发后，国民政府为集中外汇，以供应战时购置作战物资起见，于1938年4月26日起，实行管理出口外汇。并规定应结外汇的主要出口货物为桐油、猪鬃、牛皮、茶叶、蛋品、矿砂、棓子、羊皮、药材（当归、大黄、桂皮）、羊毛、蚕丝、金丝草帽、头发、苎麻、肠衣、棉产、花生、芝麻、烟草、木材、竹、杏仁、鸭毛、兽皮等24种。商人于报运上列24种货物出口时，应将所售之货价以外币计算，售与中国或交通银行后，将取得之承购外汇证明书，提交海关查验相符后，即可免税报运出口。

1939年年初，国民政府军相继退出广州、武汉，战区日渐扩大，因以原订应结外汇之24种货物，有若干种在后方之生产数量已减少。若此少量货物仍令结汇出口，则与沦陷区所产同类出口货物，将不能在国际市场竞销。故自1939年1月起，又将出口结汇之货类改为桐油、猪鬃、皮革、皮货、茶叶、矿产、棓子、药材（当归、大黄、桂皮）、羊毛、茧丝、苎麻、肠衣、羽毛等13类，其余货物均不必结汇即可出口。而对于结汇之13种货物，并规定在国内不得转口，如必须转口时，非领凭财政部核给之《内销特许证》，或中国交通两行所签发的《承购外汇证明书》者，不得报运转口或出口。对于上列13种结汇货物，邮包寄运者，亦同样须预行结汇，方得寄出，以防资金之逃避。

1939年7月13日，财政部颁布《出口货物结汇报运办法》规定结汇货物，可以所得价款九成结汇，一成留作自用，并得享受依照牌价（自7月1日起公布外汇牌价）为英金7便士，美金13元又5/8，港币214.5元，与法价差额之津补，以奖进出口。国民政府为集中外汇起见，并规定结汇货物中之桐油、茶叶、猪鬃、矿产等四类，由国民政府统筹运销，商人不得自运出口。

1940年3月15日起，因外汇市场政府放弃维持，汇率跌落，如仍按牌价结汇，商人运货出口，备感困难。又以结汇货物除政府统销四类以外，可以出口之货物，又有变动，故在3月15日财政部又将出口货物结汇报运办法修正一次，将结汇价款改为八成，其余二成由商人自用。结汇货物又改为蛋品、羽毛、肠衣、皮革、皮毛、棓子、药材（当归、大黄、桂皮、麝香）、油蜡、子仁、烟草、木材、茧丝、苎麻、棉产等14类，为结汇免税出口货品。至1940年10月1日，上列结汇货类，再予修正为蛋品、羽毛、肠衣、皮革、皮毛、染料、药材、油蜡、子仁、烟草、木材、茧丝、麻等 13 类，共包括约 90 余种物品。

1941 年 9 月 1 日，财政部修正颁订《应结外汇出口货物种类明细表》，参酌事实需要，将结汇货物酌予增删，而改为蛋品、羽毛、肠衣、皮革、皮毛、染料、药材、油蜡、子仁、木材、茧丝、麻等 12 类，较前之 13 种减少烟草一类及染料类之明矾一种，与药材类之当归、大黄两种。至 1942 年 1 月 27 日，财政部又修正公布"结汇货物出口报运办法"19 条，结汇出口货物仍为 12 类。[①]

（二）非必需品出口税之豁免

战时出口关税的征收，除结汇货物可免税出口外，对于一般货品，均须缴纳出口关税，方可出口。在抗战全面爆发之初，当时因成茧茧产量减少，国民政府恐不敷缫丝原料之用，在 1937 年 8 月 11 日曾实施茧茧出口税率加重的办法，即由每百公斤原征 28 元，加征五成改为 42 元，以防止茧茧大量外运。嗣后，国民政府对于国产货物，除与战时需要有密切关系者外，均施行奖励外销的政策，以平衡国际收支。故在 1939 年 6 月 1 日，财政部曾通电全国，除已准结汇各货物可免税出口外，并另选择出口税则号列 34 项非必需品货品，订为免税出口货物，规定自同年 6 月 1 日起实施，以促进对外贸易之发展。[②]

国民政府为集中外汇，以供战时应用，于 1938 年 4 月将大部分主要出口货物，如桐油、猪鬃、牛皮、茶叶、蛋品、矿砂、羊毛、药材、蚕丝等 24 种规定为结汇货品。商人于报运各该货品出口时，应将所售之货价以外币计算，售与中国或交通银行，并将所取得之承购外汇证明书提交海关查验，方准报运出口。1939 年又将上项结汇品目加以改订，并将其中桐油、茶叶、猪鬃、矿砂四类货品改由政府统购统销，不准商人自由营运，其后复将羊毛、生丝两类一并订在统购统销之列，其余蛋品、羽毛、肠衣、皮革、染料、药材、油腊、子仁、木材、麻类等，则仍准商人缴验结汇证件，报运出口，为减轻土货外销成本，以利输出起见，海关对于统销货品凭准运单验放，结汇货品凭结汇证明书验放，所有应纳之出口关税一律完全免税。除此外，对于国产货品与战时需要无甚关系者，亦于 1939 年 6 月起实行出口免税之制，以助长其外销贸易，借裕外汇之来源，如手工制品之中国墨石制品等，海产品之鱼肚、鱼皮等，以及农业副产品

---

① 宋同福：《战时关税》（上），载《经济汇报》第 9 卷，1944 年第 3 期。
② 同上。

之水果、干果、蜂蜜等均是，共计包括税则号列凡 34 号之货品，已渐趋向于输出免税之列。①

1939 年 3 月，国民政府财政部《第二期战时行政计划实施具体方案》提出减免出口税："外销大宗货物除丝、茶业已免征出口税外，所有桐油、猪鬃、皮革、皮货、五棓子、药材（大黄、桂皮、当归）、羊毛、苎麻、肠衣、羽毛、矿产品等十一大类照章均应缴纳出口税，为使结汇货物减轻成本推广外销起见，对于指定应行结汇之桐油、猪鬃等十一大类土货概准免除出口税，先予定期实行，嗣后凡土货经向国家银行结售外汇者，其出口关税即照此一律豁免。关于桐油、猪鬃等十一类结汇货物免征出口税，拟于 1939 年 1 月至 3 月第一期内即开始实行，又后方各省制造之手工艺品及农业产品、农业副产品，应设法奖励外销，藉裕民生，拟一并准予免征出口税。拟于 1939 年 4 月至 6 月第二期办理，其后方工厂机制货品亦拟按照现行奖励法令随时审核免征出口税。"② 随后不久，又把上述结汇物资品目加以修订，其中的桐油、茶叶、猪鬃、矿砂等改由政府统购统销，不准商人自由营运，以后又把羊毛、生丝也列为统购统销货物。为鼓励土货外销，海关对统销货品按准运单验放，对结汇物品凭结汇证明书验放，所有应纳的出口关税一律豁免。③

1939 年 6 月 1 日，财政部规定国统区所产一部分非必需品，实行出口免税之制，以推广外销贸易，计有手工制品之中国墨、乳腐、石制品等，海产品之鱼肚、鱼皮等，农业副产品之水果、干果、蜂蜜等，共包括税则 34 号列货品。④

为维护战时生产，促进战时外销，1939 年 8 月 7 日，财政部公布《第二期战时行政计划》中提出："一般物资之调整，为促进输出起见，一方面用技术指导及资金调剂等方法，以增加产量，一方面提高土货价格，并豁免土货出口税，同时积极推进西南西北货运，并尽量利用国营、民营机关办理物资之收购事宜；特种物资之调整，桐油、茶叶、蚕丝、钨锑锡等项，向为出口大宗，拟设法集中，使尽量输出，余如川粤生丝，则拟改良品质，增加产量，一面将旧存及新产厂丝、土丝尽量收购外运。桐

①　《抗战期中之财政（1946 年 2 月）》，[国民政府财政部档案]，载《资料汇编》第五辑第二编，《财政经济》（一），第 445—446 页。

②　《财政部拟具第二期战时行政计划实施具体方案（1939 年 3 月）》，[国民政府财政部档案]，载《资料汇编》第五辑第二编，《财政经济》（一），第 22 页。

③　《十年来之关税》，第 16 页。

④　同上书，第 16—17 页。

油一项，委托国营机关提高价格，限额购运，一面添置车辆，增辟路线，以期源源输出。"①

（三）为鼓励输出扩大免税物品范围

1942 年 1 月和 6 月国民政府财政部两次公布免税物品，又增 47 种，使免税物品占出口税则表所列税种号的一半以上。② 过多的重要物资出口日渐妨害我军民抗战，主要是影响战时重要物资的军需民用供应。为此，1942 年 5 月 11 日，国民政府颁布《战时管理进口出口物品条例》，该条例明确若有下列情形之一者，得向财政部申请特许出口：一是经财政部贸易委员会查核种类数量，于对外贸易政策，确无妨碍者；二是经各省市政府证明，确为当地生产过剩调剂农村经济者。③ 1943 年 9 月 9 日，行政院对《战时管理进口出口物品条例》附表及清单酌加修正再通饬施行。其中附表乙是关于进口方面的内容：④

附表乙

第一类

子、下列物品应由政府机关报运出口

一、猪鬃

二、桐油（准由商人向主管机关领证及结汇出口）

三、矿产（钨锑锡汞铋钼六种）

四、茶叶（准由商人免领转运证报运国内各地，包括沦陷区）

五、生丝

丑、下列物品须先结汇方准出口

一、甲、干蛋白、干蛋黄、黄白不分之干蛋；乙、冰湿蛋白、冰湿蛋黄、黄白不分之冰湿蛋（蜜制蛋品在内）；丙、鲜蛋（鲜炼蛋在内，皮蛋咸蛋除外）

二、鸭毛、鹅毛、鸡毛、头发、发绸、马鬃、马尾

三、五棓子（鞣醉没石子醉及焦性没石子醉在内）

四、桂皮、麝香樟脑（樟脑水樟脑粉在内）

---

① 《财政部秘书处检送财政部第二期战时行政计划函（1939 年 8 月 7 日）》，[国民政府财政部档案]，载《资料汇编》第五辑第二编，《财政经济》（一），第 87 页；第二历史档案馆编：《财政部第二期战时行政计划实施方案》及《财政部第二期战时行政计划实施方案》（续），载《民国档案》1993 年第 4 期和 1994 年第 1 期。

② 匡球：《中国抗战时期税制概要》，中国财政经济出版社 1988 年版，第 163—164 页。

③ 《国民政府公布之战时管理进口出口物品条例（1942 年 5 月 11 日）》，[国民党社会部档案]，载《资料汇编》第五辑第二编，《财政经济》（二），第 29 页。

④ 《行政院抄发战时管理进口出口物品条例附表及清单训令（1943 年 10 月 2 日）》，[国民政府社会部档案]，载《资料汇编》第五辑第二编，《财政经济》（二），第 43—46 页。

五、白腊、黄腊、八角油、芝麻油、茶油、桂皮油、棉子油、薄荷油、樟脑油、松节油、生漆

六、花生（甲）带壳花生（乙）花生仁（去皮花生仁在内）、芝麻（去壳芝麻在内）、杏仁

七、木梁、木桅、木椿、木柱、木舵梁、木板（23公尺长度之制棺枋板木在内）

寅、下列物品须先经特许方准结汇出口

一、猪肠香肠

二、干湿腌未腌生牛皮（小羊皮在内）、粗硝熟牛皮（铬盐硝成之鞋底皮在内），其他生皮、熟皮（熟皮制品除外）

三、狗皮、山羊皮（猾皮在内）、旱獭皮獾皮绵羊皮（羔皮在内）、灰鼠皮、黄狼皮及其他已硝或未硝皮货、未制成者

四、家蚕丝（同宫丝在内）、烂蚕丝（穿蚕丝在内）、野蚕丝、丝绵、绸缎、丝绸

五、火麻、荣麻、苎麻、纱线、火麻皮、荣麻皮

六、山羊毛、骆驼毛、山羊绒毛、绵羊毛

七、柏油

八、花生油

卯、下列物品须经特许方准出口

一、盐

二、糖

三、火柴

四、豆油、草麻油、麻子油、胡麻子油、苏子油、菜油、熟猪油、树蜡（添油）、草麻子、棉子、麻子、胡麻子、苏子、菜子、茶子、马柏子

五、麻制绳索网、夏布、麻布、洋线袋、布麻袋

六、松香、松胶

七、毛毯、毛地毯、毛纱绒线、毛织匹头、毛针织品、毛毡

八、制成皮货、皮统、皮衣、皮板、皮褥、皮毯、皮地毯

九、各种活野禽兽

十、带毛禽皮及野禽羽毛连带少许禽皮者

辰、下列物品须先经专管机关特许，方准结汇出口

一、各种金属矿砂及其制品与各种废金属及其废制品（钨锑锡汞铋钼六种，照本表第一类子项规定）

二、石油产品（包括汽油柴油润滑油煤油石脂石腊）、植物汽油、植物火油、植物润滑油、植物柴油

三、煤炭

四、磷矿

五、硝矿

六、酸碱

七、石棉

八、矾（包括明矾青矾蓝矾绿矾）

九、磁土、耐火粘土

十、弗石

第二类　下列物品禁止出口

一、砒矿（包括雄黄雌黄）及其制品（包括信石）

二、银币及制钱铜元光板铜元

三、枪械子弹军用品及制成炸药军用毒气

四、机器工具仪器及零件

五、动力及电工设备器材与零件

六、通信器材及配件

七、交通器材及配件

八、航空器材及配件

九、水泥

十、米谷麦豆面粉糠麸杂粮（杂粮包括荞麦小米玉米高粱六粟甘薯）

十一、豆饼果饼

十二、甘油

十三、酒精水酒

十四、棉类及其制品

十五、油桐枝条

十六、桐果桐子桐仁（准由商人向主管机关领证报运沦陷区）

十七、牛马羊猪骡驴骆驼（已宰者包括在内）

十八、古物

十九、国父遗墨及中国古籍名人原稿与官署档案

二十、医药用品及治疗器材

二十一、化学原料

二十二、纸张（土产纸张除外）

第四节　整顿转口税制

转口税制，原具有国内通过税之性质，本拟裁撤。考我国关税，除进口税出口税之外，初仅有子口税与复进口税两种，并无转口税之称。

所谓子口税者，系海关为免除商埠与内地间往来之外国贸易货物征收通过税而课征之一种特殊关税也。即外国货物于缴纳海关进口正税值百抽五之外，再缴纳正税之半年（即2.5%），即可免除内地各子口税，故一名子口半税。所谓复进口税者，一称沿岸贸易税，系对于本国土货，由此通商口岸运往彼通商口岸所课征之税也。其税率为进口税之半，故亦称复进口半税。前者之目的，在保护外国商业，后者之目的，亦在保护外国商船之沿岸贸易权。两者均为不平等条约之所赐予。如，在我国实现关税自主前，外国货物进口，仅纳值百抽五的进口税，即可任凭转运他口，不再

征税。而土货出口，则概须缴纳值百抽五之出口税，如欲转运他口，则须另纳 2.5% 复进口税。使同一货物洋货所负关税仅为值百抽五，而土货则为 7.5%。若在内地竞销，则洋货只须缴纳子口半税，即可畅销无阻。而土货则逢漏纳税，过卡抽厘。

总之，无论子口税或复进口税，均为保护洋货，抑制土货之税制。故在 1925 年 12 月 10 日召开关税特别会议时，我国代表曾宣言除厘金子口税以外，复进口税与不出洋之土货出口税同时废除。[①]

国民政府宣布 1931 年 1 月 1 日裁撤厘金，同时裁废子口税及复进口税，而不出洋之土货出口税，并未裁撤。1931 年 6 月 1 日，国民政府施行新税则，对于出口运往国内各通商口岸的土货，倘由普通航海章程行驶纳轮船装载，仍然继续征税，改称为转口税。并于同日公布转口税则一项，共列税号 559 则。

海关转口税，本对往来通商口岸间之轮船货物征收，其由民船或铁路陆运之货物，概行免征，即轮运货物之往来通商口岸与内地间者，亦不征收，于是商人为避免纳税，多将原由输运之货物，改由其他方法运输，或将由通商口岸运往另一通商口岸之货物，先以轮船由起运口岸运往另一口岸附近之内地，再用其他方法转运至该口岸销售。因此转口税往往损失甚大，稽征殊为不易，商人负担也不均匀，许多商人感觉此时转口税颇欠公允。又以其有国内通过税之性质，近于苛细。况且 1937 年以前所行之转口税则，"尚系沿用前清咸丰年间之旧税率，按照现今情形颇多不合"[②]，故战前即有裁废之意。自抗战全面爆发后，各口岸税收锐减，国库支绌，各方需款甚巨，政府为筹补财政计，国民政府便采权宜之计，整顿转口税，使其成为战时主要税派之一。

抗战全面爆发以来，国民政府沿海关税收入减少，为弥补收入计，国民政府着力于扩大转口税征收范围。1937 年 9 月 16 日，国民政府财政部公布《整理海关转口税办法大纲修订转口税则》。1937 年 9 月 20 日，国民政府关务署长郑莱电令中国海关总税务司梅乐和，要求各海关自 10 月 1 日起施行《整理海关转口税办法大纲修订转口税则》。其整理要点包括：[③]

（1）扩大征收范围。海关转口税，在战前仅对于往来通商口岸间之

①　贾士毅：《关税与国权》第四编，第 289 页。

②　《财政部秘书处检送总动员计划大纲财政金融部分实施情形密函（1939 年 9 月 8 日）》，[国民政府财政部档案]，载《资料汇编》第五辑第二编，《财政经济》（一），第 376 页。

③　宋同福：《战时关税》（上），载《经济汇报》第 9 卷，1944 年第 3 期。

轮船或航空机运输之货物征收。其由民船、铁路及其他陆运货物，概行免征。即轮船运货物之往来通商口岸与内地间者，亦不征收。故商人每有取巧，将原可由轮运之货物，改由其他各种方法运转。即由轮运货物亦多有故意先运至口岸附件之内地，再用其他方法运至另一口岸行销，以图避免转口关税。因此转口税之征收，有征有免，商人负担显有不公。即正当商人税负较重，不正当商人则免税行销，大违政府保护正当商人之原意。而转口关税因亦蒙受最大损失。故至战事发生后，拟将转口关税切实加以调整，以裕税收。并首先扩大其征收范围，凡由民船、铁路、公路及轮船运输往来通商口岸与内地间，暨内地与内地间之土货，一律照征转口税。但海关总税务司署曾发出通令称：如已完转口税土货出口外洋时，则按现行办法比较转口税与出口税之差额，多退少补。在政府下新指令前，国内邮包继续免征转口税。[①]

（2）改订从量部分税则。战前我国转口税则，其从价部分之正附税合计以 7.5% 为准。直至 1942 年 1 月 1 日，始将从量税原订百分率改行从价征收。税收因以大增。

（3）改善征收方法。转口关税之征收，在战前如系于货物征税一道之后，不另重征。战后仍根据此项原则，规定国产货物，一税之后，绝禁重征。其已纳统税、矿产税、烟酒税等之土货，则免征转口关税。唯各省地方政府所征消费税，产销税等之货物，则仍照征转口税。至已纳转口税之土货出洋时，则比较转口税则与出口税则之差额，多退少补。

（4）征收地点。应征转口税之货物，在海关及其分卡地方，装载起卸或经过时，无论运往何地，或来自何地，亦不问其由何种方法运输，均须由海关或其分卡，征收转口税一次。为便于稽征起见，海关并得于现有关卡之外添设分卡，以便稽征。[②]

从内容上看，《整理海关转口税办法大纲修订转口税则》不仅意义重大，而且可操作性较强。具体说来：

第一，扩充了转口税的征税范围，均平了各地各种商旅的税负；

---

① 《为自 1937 年 10 月 1 日起施行转口税新征收办法及修订转口税则所有土货一律征收转口税事》，载《旧中国海关总税务司署通令选编》（第 3 卷）（1931—1942 年），第 432—433 页；陈清初：《现行货物税》，独立出版社 1944 年版，第 26 页；朱偰：《中国战时税制》，财政评论社 1943 年版，第 104—105 页；宋同福：《战时关税》（上），载《经济汇报》第 9 卷，1944 年第 3 期。

② 《财政部关务署快邮代电关沪字第 143 号》（1937 年 9 月 20 日），载《旧中国海关总税务司署通令选编》（第 3 卷）（1931—1942 年），第 434 页。

第二，进一步明确了转口税的税率，使商人一目了然；

第三，规定统一的征收办法，以免重征；

第四，不另设征税机关，以节费用。

因此，施行《整理海关转口税办法大纲修订转口税则》，对巩固并扩大国民政府转口税收入发挥了重要作用。转口税征课范围的扩大，使急剧下滑的关税收入数有所遏制。自整理办法实施后，转口税收入逐月俱有增加，1938年4月转口税收已达640余万元。[①] 另，据孔祥熙国民党五届五中全会财政部财政报告，"此项转口税每月约收三四百万元，最高额有达六百余万元者，颇著成效"[②]。

自从1937年10月1日起转口税征收范围扩大后，为避免流弊之发生，及便利转运与奖进外销起见，并定有免税办法，其免税措施主要有：

（1）肩挑负贩及税额过小者免征。转口关税对于肩挑负贩之零星货物免税。又土货应征转口税额每次在国币一元以下者免税。

（2）与民食有关及外销手工艺品免税。与民食有关之米、麦、杂粮、肥料、鲜菜、鲜鱼介等，均免征转口税。又农林种苗，亦免税。外销手工艺品，如抽纱品、挑花品、绣花品、花边、发网等，均先后准予免税。

（3）转口外销土货免税。土货转口运销外洋，自1939年1月起，为便利结汇货物转运起见，特定免征转口税办法。税定由商人照缴押金，随后退还；或取具银行保结；或由贸易委员会保证，均得由商人自行选择办理。海关即据以免税放行，以利外销。

（4）工厂用国产原料及制成品免税。自1939年1月起，财政部为奖励新兴工业之开发，及促进战区内移工厂之复兴起见，对于有关国防民生之工厂出品及国产原料，运经关卡时，可凭登记证件，免税验放。又对战区或邻近战区迁移内地之工厂，其机器原料及半制品等，于内移运经关卡时，准予免税。

（5）转口免税品目的规定。至1940年1月1日起，对于土货转口税之免征，更公布"土货转口税品目表"一种同时实施。其免税品目，系根据考察其性质与用途，选定税则号列44种，所包括之物品，计为平民生活日用品、手工艺品及易于腐坏之鲜货等。至1941年5月1日，又将一部分货物，如豕、牛、羊、家禽、鲜冻肉、衣服及衣着零件等，共计

---

① 《财政部秘书处检送总动员计划大纲财政金融部分实施情形密函（1939年9月8日）》，[国民政府财政部档案]，载《资料汇编》第五辑第二编，《财政经济》（一），第377页。

② 吴菊英：《国民党五届五中全会财政部财政报告》，《民国档案》1986年第2期；喻春生：《孔祥熙在国民党五届五中全会上的财政报告》，《民国档案》2006年第1期。

11 号税列货品，加订入免税品目表内，一并免缴转口税。①

转口税制关系国计民生，例如米麦为我国主要民食；工艺品如抽纱、挑花、绣花、花边、丝绸等，与家庭手工业有关，为便利民生，财政部特均准免予征税。又杂粮、肥料、鲜菜、鲜鱼介等，财政部也先后准予免征，并规定：（1）肩挑负贩之零星货物免税。（2）土货每次应征税款在国币 1 元以下者免税。（3）转口外销之结汇货物或先缴转口税款随后退还，或提供保证免予付现，准由运商自择办理。（4）各地工厂在城市与郊外区域内往来运送之原料及制品准予经过关卡时，概予免征。

上述办法，表明国民政府在争取更多税收的同时，兼顾工业生产，便利货物外销，并使就地产销量少价贱之平民需用品，可以无税运送，力避苛扰，期于国民生计均得兼顾；余如特定古物及美术作品，由战区经港越运入国内，照转口待遇办理，以便移存后方，又厘订已完转口税土货拆散、分装、复运各处之验放办法，及海关由商人报明货物指运最后地点分批填发分销运单规则，均为谋货运便利，以符裕课便商之旨。②

1937 年 11 月，财政部关务署急电海关总税务司梅乐和，要求海关明确："熏烟系征统税显不包括土烟以内；土烟、土酒免征转口税，海关一律适用，不问其来自何地运往何地；土烟、土酒海关应凭有税务署所发各种完税凭证免征转口税。"③

1938 年间，日伪大肆攫夺沦陷区海关并劫取税款以助长其对华侵略经济实力的同时，随即擅改其侵占地区海关税则，以日货侵夺欧美货物在中国的市场，如向为日本输华大宗产品的人造丝、糖、海产品，其减征税率，比较原定税率，竟减轻 75%，欧美输华的主要货品，减税甚微。④

为此，国民政府针锋相对，除发布宣言向同盟国及中外商民表示严正拒绝的态度外，并订具体办法，饬由海关施行：甲、凡在 1938 年 6 月 1 日以后，经沦陷区海关进口之洋货，转运后方行销者，应照国民政府所颁布的进口税则，补缴进口税；乙、凡经禁止进口之洋货，而未在 1938 年 6 月以前，按照国民政府颁布的税则缴税者，不准其转口内销；丙、凡在

---

①　宋同福：《战时关税》（上），《经济汇报》第 9 卷，1944 年第 3 期。

②　《财政部秘书处检送总动员计划大纲财政金融部分实施情形密函（1939 年 9 月 8 日）》，[国民政府财政部档案]，载《资料汇编》第五辑第二编，《财政经济》（一），第 377 页。

③　《财政部关务署快邮代电关沪字第 387 号》（1937 年 11 月 19 日收到），载《关务署关于第十五批转口税案与总税务司署来往文》（1941 年），[海关总税务司署档案]，档案号：六七九（8）/196，二档馆藏。

④　关吉玉：《中国税制》，经济研究社 1945 年版，第 165 页。

沦陷区以禁止进口物品为原料制成的物品，一律禁运后方行销。① 这一有力举措，对于防止日货由沦陷区转口倾销国统区起到一定的积极效果。

财政部关务署根据蒙自关监督的函电称，关于滇省土制卷烟运销滇省以外之其他统税省份者，按照财政部颁《土制雪茄烟征税暂行办法》（1938 年 10 月 12 日公布）第三条规定办理，因滇省未设统税机关，海关也无统税印花及运照，办理颇感困难，于是，财政部关务署电令海关：对于凡属川烟制成之土卷烟，无论行销滇省内外，一律免征转口税，其运销他省应纳之税款，由各该省统税机关查验补征，请核示，经函准税务署核发尚属可行，令川康区税务局及贵阳、广西两管理所遵照后，请查照到关务署，除指令并分电腾越、思茅两关外，仰即遵照。②

1939 年 3 月，国民政府财政部《第二期战时行政计划实施具体方案》提出减免转口税："土货转口运销外洋，照章应先缴纳转口税，为便利结汇货物转运起见，拟特定免征转口税办法或照缴押款，随后退还或取具银行保结或由贸易委员会保证，得由商人自行选择办理，以便海关先予免税放行，俾利外销。拟于 1939 年 1 月至 3 月第一期内开始实行。工厂所用国产原料及制品在国内运销现系缴纳转口税，为鼓励新兴工业之开发及促进战区移来各工厂出口及国产原料逐案审核免征转口税；对于购运之原料并拟规定应用执照持运，以凭查验免征。拟于 1939 年第一期内即开始实行，以后均继续办理。"③ 还提出调整转口税率："转口税扩大征收范围施行已逾年半，拟就过去征税办法重加审查，在财政可能范围内酌量减免或对从量从价税率酌予调整，使税制益见改进，拟于 1939 年第一期起随时审查办理。"④

在《第二期战时行政计划实施具体方案》中还提出限制外销货品报运转口："凡属应结外汇之外销货品恒有以报运转口企图逃汇之情事，应一律限制其转口，拟规定报运时，应在起运地之海关卡所或运程经之第一海关卡所验凭承购外汇证明书或准运单放行，其向系销售于产地以外之非接近战区各省销场者，应由该省建设厅的估计切实需要数量，函由贸易委员会核转财政部核给内销特许证，方得报运转口，以杜辗运入战区输出国

<hr>

① 《十年来之关税》，第 15 页。

② 《财政部关务署代电》（1939 年 4 月 19 日），载《关务署关于第十五批转口税案与总税务司署来往文》（1941 年），[海关总税务司署档案]，档案号：六七九（8）/196，二档馆藏。

③ 《财政部拟具第二期战时行政计划实施具体方案》（1939 年 3 月），[国民政府财政部档案]，载《档案资料汇编》第五辑第二编，《财政经济》（一），第 22 页。

④ 同上书，第 23 页。

外有逃避外汇之弊，拟于1939年第一期起实行。至战区以内之进出口货物，利用战时特殊情形，走私漏税自必甚多，拟参酌新建铁路公路设法改变货物之运输路线，并充分予以便利，使向由战区进出口之货物，改由新建路线出入，以谋贸易之转移，而便关卡之稽征，并请由交通部充实运输设备及军政机关转饬各该地军警协助保护，以利货运而维关务，此项办法施行以后，并应详加考察，随战事之进展予以改善推进，务使战区内货物得以尽量便利汇集我方，所设关卡地区照章稽征，俾裕税收。拟于1939年7月至9月第三期内开始办理，以后继续办理。"[①]

1940年1月1日，公布《土货转口免税品目表》列举税则号列44号，货名鲜蛋、蜂蜜、骨、介厉、牡蛎、未列名动物产品、未列名鱼介海产品等44种，概予免税，以期避免苛扰，而国计民生，得以兼顾。[②] 在1940年制定的《财政部三十年度工作计划》中提出调整转口税率并核免工业原料及制品转口税：

> 拟于1941年第一期起，对于土货转口税率，仍随时注意考察调整，以后继续办理。所有后方新兴工业如铜铁制品、化学产品、毛织品以及电工器材、纸张、医药、皮革等制品及所用国产原料，均拟依照工业奖励法规定，将所应征之转口税逐案核免，以资提倡。……限制外销货品报运转口，所有指定结汇外销之土货，于国内转运时照章受区域限制，以防运入战区，逃避外汇。1940年度内，拟照规定办法继续办理。其贸易路线随军事变迁之外，并督饬战区货运稽查处严密稽征，以资控制。[③]

国民政府根据整理转口税原则，针对转口税货品之性质与用途，详加考查，选择若干项土产品目，编制土货转口税免税品目表，连同以前专案免税各货品共包括转口税则44号列货品，所有平民生活日用品、手工艺品及易于腐坏之鲜货，大都列举在内，自1940年1月1日起各海关已照此表实行免税。又后方工厂出品免税者，计有：

---

① 《财政部拟具第二期战时行政计划实施具体方案（1939年3月）》，[国民政府财政部档案]，载《资料汇编》第五辑第二编，《财政经济》（一），第24页。

② 朱偰：《中国战时税制》，财政评论社1943年版，第109页；郑莱：《十年来中国之关税》，载《经济汇报》第8卷第9、10期合刊，1943年11月16日。

③ 《财政部拟1941年度工作计划（1940年）》，[国民政府财政部档案]，载《资料汇编》第五辑第二编，《财政经济》（一），第89页。

（1）中国制药厂成药及制药用国产原料；（2）南宁制革厂出品皮革革具；（3）重庆妇女赈济工业社所制童装中山装等；（4）永川振赈造纸厂所制纸张；（5）重庆东北难民纺织厂所用原料羊毛；（6）中央无线电机制造厂长沙桂林重庆昆明各厂出品无线电机及零件；（7）中央电工器材厂各分厂产品电线电话电机电管泡电池等。到1940年7月，除米麦及工艺品如抽纱品、挑花品、绣花品、花边、发网与中国唯一毛织厂绒线出口，福建造纸厂老竹制纸等，均准照旧免税外，继为便利外销货物之转运及就地产销之平民需有用品，得以无税运送，并扶助工业起见，复将转口税征税办法，逐次豁免改进，其可得而言者：（1）肩挑负贩之零星货物免税；（2）杂粮、肥料、鲜菜、鲜鱼介等免税；（3）土货应征税款在国币一元以下者免税；（4）转口运销外洋之茶叶，其税额由贸易委员会保证免予缴付；（5）出口货物，由水陆运输联合办事处货车装载，自四川经贵州云南外运者，免予征税；（6）工厂制品如广东省苧麻织厂所制之马车，卫生署麻醉药品经理处自制麻醉药品，福建宁德县土碗，华美染料厂出品，广东毛呢纺织公司出品，温州百好炼乳厂炼乳与上海大中华橡胶厂汽车轮胎，广西省卫生试验所产品痘苗疫苗等，均准免税，其各地工厂，在城市与郊外区域内，往来运送之原料及制品，准予经过关卡时，概予免征税项；（7）湘潭农货所运送抵押物品免税；（8）小汽船拖带装运鲜鱼免税；（9）估衣业所贩运之典当旧衣免税；（10）战区或邻近战区迁移内地之工厂其机器原料及半制品等免税；（11）土烟土酒免税。[①]

为减少转口税的征收对人民生活的过度影响，1940年1月1日起，国民政府财政部根据部分土货转口税免税品目表，对生活日用品、手工艺品和容易腐变的鲜货等完全免征转口税。1941年5月1日，又决定免征猪、牛、羊、家禽、鲜冻肉、服装及衣着零件等货物的转口税。转口税的征收，虽然充裕了财政，但窒碍了国内贸易。[②] 1942年4月15日，因开征战时消费税，国民政府便废除了转口税，代之而起的是开征战时消费税，但有些地区因种种原因，其转口税的征收也有延续到 1943 年。

转口税的征收使国民政府关税收入激增，这对需款孔急的中国抗战事业意义重大。1937—1943 年转口税数量分别是 20148871 元、55840004 元、46661699 元、63813940 元、95644811 元、56057067 元、6928069 元，其中 1943 年转口税除 55507 元外，余为财产收入、惩罚收入、规费等项。①

第五节　举办战时消费税

经济是国民党统治的支柱，也是国民政府坚持抗战的基础，举办新税，增加税收种类，是开辟税源的有效途径。抗战进入战略相持阶段，国民政府财政危机已经显现，军费的支出剧增，对外贸易几陷于停顿状态，海关所征进出口税数量极微，各省征收的地方捐税名目繁多，重叠征收，百姓怨声载道，商人对重叠征税现象也极为反感。这就迫使国民政府进一步调整关税政策，用统一的战时消费税来弥补关税损失。② 迄今为止，学界论及很少。③

一　战时消费税释义

税收理论界一般依税负之是否转嫁为标准，将税收划分为直接税和间接税两大体系。直接税一般不能转嫁，由纳税人负担；间接税则一般可以转嫁给消费者。

由于税收征管机构设废不定、多寡不一等历史原因，直接税、间接税体系的划分界限在当时还相当模糊。如在税收收入统计上，一些原本属于

---

① 《财政部统计处之战时关税分类收入统计表（1946 年 9 月）》，国民政府财政部档案，载《资料汇编》第五辑第二编，《财政经济》（二），第 88—89 页。

② 有学者认为战时消费税不属于关税，具有代表性的是匡球，他说："战时消费税，为海关代办，不属关税之类。""消费税征收范围甚广，举凡一切对消费物品所课之税，皆可谓之消费税，即关税、盐税、统税、烟酒税等皆可归于消费税范围，惟因各有其特性，故另立名称而征收。我国战时征税的消费税，系指除关税、盐税、统税、烟酒税、矿产税各专税以外的消费物品所课之税而言，非广泛之消费税意义。"见匡球《中国抗战时期税制概要》，第 162、177 页。

③ 蔺学熙的《抗日战争时期的"战时消费税"》（载财政学会等编《税收史话》，中国财政经济出版社 1987 年版，第 200—202 页）一文，只是简略介绍了抗战时期的战时消费税。

间接税的税种，如营业税、印花税等被归入了直接税体系。[1]

而消费税是指以物品为课税的客体与税源而征课的一种租税，盖人人必有所得，直接课于所得者，曰所得税，间接课于其所得而供消费用途的物品者，曰消费税，又名货物税。[2] 消费税征收范围甚广，举凡一切对消费物品所课之税，皆可谓之消费税，即关税、盐税、统税、烟酒税等皆可归于消费税范围，唯因各有其特性，故另立名称而征收。

战时国民政府征收的消费税，系指除关税、盐税、统税、烟酒税、矿产税各专税以外的消费物品所课之税而言，非广泛之消费税意义。"消费税者，在税制上，可辅直接税之不足；在税收上，可收负担公平与库需充裕之效；在经济效用上，更可节约消费而收扩充再生产之功，故此税在昔被人抨击之者，今实含有不可磨灭之功绩，平时如是，战时尤然。"[3]

消费税种类繁多，但依据其征课的方法，消费税课于生产程序中的，称之为生产课税法（包括以制造场所的广狭、从业者的多寡及机械设备的精密等外标状况为标准而课税的，也有以调查其制造额的大小而征课的）；课于消费或使用过程中的，称之为使用课税法（包括课于货品的出产场所的曰货物出场税；于货物到达销售场所时征课的，曰落地税，也称销场税；落地税与销场税并用的，曰产销税）；课于交易转移过程中的，称之为移转课税法（包括于货物转运途中征课的，曰货物通过税；课于货物交易之时的，曰货物贩卖税）。一般来说，消费税分制造贩卖税、一般货物税、特种物品消费税、营业总收入税、奢侈税、娱乐税等。

消费税在当时各国早已十分流行，推其原因主要不外有二：一是纳税者缴纳税款于不知不觉之中，不至深感负税之痛苦；二是消费税富有伸缩性。

国民政府开征战时消费税前，时人就指出：

消费税依租税原理言之，确有其存在之理由：1. 消费税者课于消费物品，于销售时依租税之转嫁原理分由贩卖者或消费者负担，缴纳于不知不觉之中，故曰"无痛苦的租税"；2. 人民所纳消费税，依其消费物品之数量大小而殊，其税额既小，且极普遍，盖任何人不可无消费，因而使人人均须缴纳消费税，而后人人既有纳税之义务，更

---

①　孙翊刚主编：《中国财政史》，中国社会科学出版社 2003 年版，第 379 页。

②　章莹中，刘秉麟教授指导：《论我国战时消费税》，民国时期国立武汉大学法学院经济系毕业论文，1942 年。

③　刘支藩：《论战时消费税》，载《财政评论》第 6 卷，1941 年第 6 期。

可促使人民增进其参与政治之兴趣；3. 消费税之征课，概极便利，而其征收费用，亦较直接税为低；4. 消费税可节约消费，抑制奢靡，而收抑制奢靡之效；5. 在一国税制之中，直接税系课自有所得者及其他富庶阶级，其于低所得者免课之，而消费税则不闻纳税者之个人经济情况，概行普遍征课，故征收消费税后，可使各种税制，互相配合，俾令全国各级所得者以平均负担。有斯五者，消费税在现代税制中，确占一相当重要之地位，近世各国咸多采行，吾国战时积极筹措战费之时，自宜提速筹办消费税制，以应战时需要，平衡全民负担，并植战后税制系统之基础。①

二　战时消费税开征

长期以来，我国政治未能统一，各省苛捐杂税层出不穷，税制至为凌乱。国民政府成立后着手改善，曾于 1927 年秋召集裁厘会议，决议举办消费税，以为裁厘及废除苛杂之抵补，财政部根据该决议案，于 1929 年春拟定《特种消费税条例》，② 规定应课特种消费税之货物计有 19 种，即：糖类、织物类、出厂品、油类、茶类、纸、锡箔、海味、木材、磁器、牲畜（耕种所用及家禽除外）、药材、漆、皮毛、大宗矿产物、茧、丝、黄豆、棉花，税率依货物性质分为：奢侈品 12.5%—17.5%、半奢侈品 7.5%—10%、日用品 2.5%—5%，嗣因其课税货物多属工业原料，课税退税手续繁杂，不易推行，且各省商民反对甚力，故未能实行起来。

实际上，财政部已征收的统税、关税中的转口税就是消费税，统税可称之为制造贩卖税，转口税即国内货物税之一部，批发与零售贩卖税则相当于营业税。其他如特种消费税我国也早已采用，只不过在抗战时期称之为专卖事业而已。

战时消费税是在各省开征商品过境税的基础上进行的。国民政府在裁厘改统以来，便掌握了货物税的征课权，并严禁地方随意征收含有通过税性质的货物税。抗战全面爆发后，各省地方借口财政困难、省库支绌为由，自行征收货物通过税、产销税、饷捐、特捐或以统制物资名义随意征收类似厘金的各种税捐，名目繁多，税法凌乱，"困商病民，颇致物

---

① 刘支藩：《论战时消费税》，载《财政评论》第 6 卷，1941 年第 6 期。
② 袁梅因：《现行战时消费税制之检讨》，载《经济汇报》第 6 卷，1942 年第 12 期。

议"①。导致国家税务行政处于极度紊乱状态。根据调查，当时计征收此项税捐费省份有粤、桂、湘、赣、闽、浙、陕、甘、宁、青、苏、皖等12省，其每年收数以1940年为例，就达到139098236元。② 这种税各省异制、道道征税的畸形现象，既阻碍了商货畅流，如1942年4月9日桂林《大公报》称："某省境内335里公路上竟有11次检查"③，又促使物价上涨，严重违背了一物一税的本意，直接影响军需民用物资的内运，间接影响战时税收的征管，不利于长期抗战。

财政部曾多次商请各省地方政府停止这种各自为政、节节重征、步步查验的做法，但各省以财政困难为由依旧自行其是，有的地方的税种甚至到了无以复加的程度。"虽经财政部迭次商请各省当局予以裁撤，但各省多以省库支绌，未能立予废除。"④

据1939年1月23日报载，"国民政府财政部已拟就开征战时消费税条例，并已由行政院审查通过，但由于种种原因，一直未能付诸实施"⑤。

其实，早在1938年3月30日国民党临时全国代表大会通过的《非常时期经济方案》中就指出："改进对外贸易，增加国产之出口，减少奢侈品及非必要品之入口，庶国际收支得以平衡；……国际收支平衡，最关重要。政府应限制进口及增加出口，以求达此目的。关于限制进口者，应用输入申请举办消费税等方法，以减少或阻止非必需品与奢侈品之输入。"⑥ 1938年8月，国民政府公布的《抗战建国纲领财政金融实施方案》中提出举办战时消费税这样的新税："凡奢侈品及具有奢侈性之消费品，课以战时消费税。洋货按进口税则比例计算，土货按转口税则比例计算，使洋货负担较重，土货较轻。应征消费税之货品分为甲乙两类，甲类奢侈品如人造丝及海味、燕窝等40余种，年值2000余万元之货品，征收较重之消费税。乙类普通消费品如呢绒、呢帽24余种，年值5000余万元之货品，征收较轻之消耗税。洋货拟按进口税则计算，使其负担较重，土货拟按转口税则计算，负担较轻。此项消费税，虽可酌调海关人员驻关征收以节经

---

① 秦孝仪主编：《中华民国经济发展史》，第730页。

② 袁梅因：《现行战时消费税制之检讨》，载《经济汇报》第6卷，1942年第12期。

③ 柳：《如何开征战时消费税》，载《建设研究》第7卷，1942年第2期。

④ 《抗战以来的财政》，第37页。

⑤ 董文中编辑：《中国战时经济特辑续编》，中外出版社1940年版，第373页。

⑥ 《非常时期经济方案（1938年3月30日）》，[国民政府财政部档案]，载《资料汇编》第五辑第二编，《财政经济》（五），第2、8页。

费，但应另立体系收支独立，不涉海关行政范围。"①

在 1940 年财政部拟订的《财政部三十年度工作计划》中就提出举办战时特种消费税，"凡未举办统税之货物，依照三年计划纲要，1940 年应选择奢侈品及消费品，规划就产销或贩卖场所征收消费税，并拟定章程，定于 1941 年度开始征收。并拟于 1940 年度第一、二两期，依照章程，选定货物名称，编制税目，划分区域，订期开征，预计全年税收将可达 1000 万元"②。

自 1941 年 6 月苏德战争爆发以来，中国西北地区从苏联进口的物资少得微不足道。滇缅公路现在是消费品和其他私人贸易品的一条最重要的输入路线，也是军需物资、运输工具和机器设备唯一的输入渠道。但是，"对边境至重庆的交通运输所征的地方税及附加捐税现总计有 25 种，最大的是云南地方消费税，连所有不在云南消费的货物也不能幸免。这项税费在很多情况下高于国家海关进口税，并且对应免征进口税的货物也重加征收，滇缅公路自这项税收所得的半数上交国民政府"③。

1941 年 4 月，国民党五届八中全会通过了整理税制的决议案，1941 年 6 月第三次全国财政会议上，财政部复提出《各省货物通过税产销税及其他对物征收之一切捐费应一律裁废改办战时消费税》，议案并附实施办法原则，主张将各省的货物通过税、产销税及其他对货物征收这一切捐费，一律裁废，由中央另办战时消费税以补助各省因废止上项捐税所短少的收入，"以期畅旺货运、平抑物价、调整国家税收、减轻商民负担"④。

战时消费税实际上是一般货物税与国内货物税混合而成的一种综合消费税，其所以在消费税名词之上冠以战时二字，充分说明该税的开征，系适应战时财政之需而设，至抗战结束以后，此税宜否继续开征，则须根据那时的情势而定。

事实上，战时消费税的征收也就仅仅两年半的时间。当经第三次全国财政会议议决开征后，财政部即拟具《战时消费税暂行条例》及税率表，于 1942 年 2 月 26 日呈国民政府行政院审核，经过行政院 554 次会议通过

---

① 《国民政府抗战建国纲领财政金融实施方案（1938 年 8 月）》，［国民政府财政部档案］，载《资料汇编》第五辑第二编，《财政经济》（一），第 15 页。

② 《财政部拟 1941 年度工作计划（1940 年）》，［国民政府财政部档案］，载《资料汇编》第五辑第二编，《财政经济》（一），第 97 页。

③ 《〈大美晚报〉中国情况报告（1941 年 11 月 4 日）》，《档案与史学》1998 年第 3 期，第 32 页。

④ 《第三次全国财政会议重要议案及实施情形简要说明（1941 年 8 月 15 日）》，［国民政府财政部档案］，载《资料汇编》第五辑第二编，《财政经济》（一），第 150 页。

后并由立法院审议通过，最后在 4 月 2 日由国民政府明令公布。战时消费税属内地税性质，应规定只征一次，而海关转口税也是国内通过税，为免复税，财政部决定在举办战时消费税的同时，把海关转口税裁撤。"战时消费税之稽征，即可利用海关关卡掌理，无需另设机构，遂决定裁废转口税。"①

据 1942 年 5 月 8 日海关总税务司署通令称："查开征战时消费税，同时裁撤海关转口税一案……前经呈奉行政院第 554 次会议议决通过，经以……代电饬知该总税务司准备开征在案。兹查《战时消费税暂行条例》，业奉国民政府明令公布，事关整理税制，自应遵照，迅予施行。……兹由部核定，此项战时消费税即由各海关于 1942 年 4 月 15 日开始征收，同时将转口税裁撤。其由各地方原征之特种消费税及其类似名称之货捐，并应由各省区税务局于 4 月 15 日开征战时消费税时，一律停止征收转口税。……并宣布前项《转口税则及土货转口免税品目表》，应即一律废止。"② 嗣后不久，为便利货运力顾民生起见，财政部于 1942 年 8 月 16 日改订暂行办法，将征税品目及应征税率予以修正。

国民政府举办战时消费税的目的，主要在于整顿税制，便利货运，并以减轻人民租税负担，至于增加财政收入，虽常为整顿税法之后的必然结果，但并非国民政府举办此税的主要动机。

当时就有学者明确指出，国民政府举办战时消费税目的有三："抗战已至最后阶段，租税政策自应重于公债或通货政策，举凡一切可以增加国库收入，藉应战费之需要者，悉应积极筹划，以速开办，以裕库需。1941年 6 月，第三次全国财政会议③决议废除各省货物税由中央改办战时消费税，其主要目的，无疑的仍自在于政府之财政收入，此其一。虽然此项消费税改办动机，似非全以财政收入为目的，而其最要着，恐尚在废除各省

---

① 《抗战期中之财政（1946 年 2 月）》，[国民政府财政部档案]，载《资料汇编》第五辑第二编，《财政经济》（一），第 449 页。

② 陈诗启：《中国近代海关史》，第 839—840 页。

③ 抗战进入相持阶段后，国统区粮食奇缺，物价飞涨，中央政府的财政危机日益严重，地方政府的战时财政也窘态尽现，苛捐杂税因此死灰复燃，中央政府统率地方出现困难。为谋对策，国民政府于 1941 年召开第三次全国财政会议，其主要议题有二：改订财政收支系统，全国财政分为国家财政与自治财政两大系统；田赋收归中央并征实物。国统区财政收支系统的重新划分不仅从经济上而且从政治上加强了国民政府的中央集权，田赋征实政策则基本解决了抗战后期的粮食问题。上述政策的显著特点是配合军事性，即都是当时战争环境下的特殊措施，从财政在平时自身所固有的独立性来观察，具有一定的消极性。参见潘国旗《第三次全国财政会议与抗战后期国民政府财政经济政策的调整》，载《抗日战争研究》2004 年第 4 期。

原有苛杂扰民之通过税货物税等，以期解除人民痛苦，避免省与省间各自为政重复征敛之弊，另由中央统一征收一道之战时消费税，一税之后，任其所之，通行全国而无阻，以畅货运，以除积弊，以轻商民负累，以免苛扰重征，是其发展国民经济之目的，实较财政目的尤为重要，此其二。此次全国财政会议决议废除省财政之一级，所有省预算概由中央代编，所有省税亦悉由中央代征，省税之中以田赋与营业税二者为主，均分别收归中央接管或代征，至各省原征之货物税一概取消，另由中央筹办战时消费税，以代替各省原征之货物税与营业税等项，而求国地租税系统之调整，并树战后中央整个租税制度之体系，此其三也。故今之举办战时消费税，其目的一在国民经济之发展，次在战时之财政收入，三在战后租税制度及其系统之改进。"① 可见，征收战时消费税的主要目的在于通过征此税，取消各省的货物税及一切苛杂。

三 战时消费税制度

1942 年 4 月 2 日，国民政府公布的《战时消费税暂行条例》及《战时消费税则》，② 同年 4 月 15 日由海关开始征收。抗战时期立法院通过的有关战时消费税的战时经济法令有：《战时消费税暂行条例及战时消费税税则》（1942 年 3 月）、《国货战时消费税品目及税率暂行表》（1943 年 12 月）、《国货洋货战时消费税品目及税率暂行表》。③

其中《战时消费税暂行条例》共分 14 条，主要内容有：凡在国内运销货物，除法令另有规定者外，概应征收战时消费税；战时消费税从价征收，由海关及所属关卡征收之；战时消费税税率按照货物性质分别规定如下：普通日用品 5%、非必需品 10%、半奢侈品 15%、奢侈品 25%；战时消费税只征一次，通行全国，概不重征；关于征收战时消费税之报关验货及完税等手续，均按海关现行章则办理；凡经财政部依法核定已征统税或矿产税之货物，概不征收战时消费税；凡运销应征战时消费税之货物及运单者，按照《海关缉私条例》处罚。

---

① 刘支藩：《论战时消费税》，载《财政评论》第 6 卷，1941 年第 6 期。

② 《国民政府公布战时消费税暂行条例令（1942 年 4 月 2 日）》，[国民政府档案]，载《资料汇编》第五辑第二编，《财政经济》（二），第 26—28 页。

③ 参见陈书梅、陈红民《抗日战争时期立法院的立法工作述论》，《苏州科技学院学报》（社会科学版）2005 年第 4 期。

（一）课征范围

战时消费税为以消费行为为对象而征课的货物税，故其征收范围可以包括消费的一切货物。根据《战时消费税暂行条例》第一条规定，"凡在国内运销之货物，除法令另有规定者外，概应征收战时消费税"。即不论洋货土产，除生活必需品及已征统税矿产之货物之外，税目分6类，即：（1）动物、动物产品及鱼介产品类；（2）植物产品类；（3）竹、燃料、藤、木材、木及纸类；（4）纺织纤维及其制品类；（5）金属矿石及其制品类；（6）杂货类，均在征课战时消费税之列，故战时消费税课税范围甚广。改订暂行办法，将征税品目酌予删减，选择各省大宗产品，分省征收，所有税目共分19项，如四川及西康应征战时消费税的货品及税率有（甲）棉花、生丝、麻、夏布、植物油、纸、生熟皮7项，从价征收5%；（乙）木、生漆、绸缎、药材、燃料5项，从价征收10%；（丙）皮货1项，从价征收15%。

战时消费税的征收范围过于广泛，则涉于苛细易启偷漏之弊。战时消费税则原分洋货和国货两部分，国货税率计分245号列，洋货税率计分168号列。但当时，由于日伪经济封锁严重，海运几乎断绝，洋货进口到大后方极为微少，可暂置勿论。而国货部分的税则发订的时候，大概是拿从前的海关转口税税则做蓝本的，在取消了统税和矿产税物品25项目，另加干贝和玉石及其制品两项目，并合并纸张三项为一项。其中免税项目，计有鲜冻肉、家畜、家禽、鲜蛋、滕、面麦、杂粮粉、高粱、玉蜀黍、小米、米谷、小麦及其他杂粮、鲜蔬菜、饲料、树秧、木炭、柴、蚕茧、旧麻袋、旧洋线袋、旧衣服、书籍、图画、图表、报纸杂志等，征税项目的税率大部分都较旧时转口税为高，但一小部分如羊豕、食料品、菜子饼及其他子饼，橘子、未列名果品（蜜制及罐头果品除外）、药剂及丸散膏丹、未列名植物油、棉子、蚕子、菜子乳腐、甘蔗、未列名竹制品、麻丝、同宫丝、白丝、灰丝、黄丝、绳、索、网、洋线袋布、钢铁制品、砖瓦、磁器、中国墨、字用及洗衣肥皂、印刷品及扇子（羽扇除外）等，均较旧时转口税税率为低。

为便利运输，免涉苛杂起见，财政部将战时消费税课税物品，规定仅19种，不得广泛征收。至1943年因将课征战时消费税的竹木、皮毛、磁陶、纸箔等，改征统税，同年5月12日将战时消费税中的国货应税货品，择其与民生日用无甚关系及具有负担能力的货品增加22项，合为34类。

(二) 课税标准

消费税对于贫民的负担常常比富人的负担为重,尤以从量征收的消费税为甚,因为贫民所消费的大多是价低质劣的物品,富人所消费者大多为价贵质美的物品,所以消费税的课征如采从价税制,可以减轻贫民的税负。而战时百物日涨,从价征收,税收更可随物价的上涨而自然增加。《战时消费税条例》第二条规定:"战时消费税从价征收",可谓适得其宜。

至于战时消费税完税价格的计算,根据《战时消费税条例》第五条规定:"洋货应以所纳进口关税之完税价格为计算根据,国货应以当地前一个月之平均趸发市价为计算根据。前项平均趸发市价,由当地海关按月调查拟具完税价格,呈由关务署核定,遇有价格变动在 30% 以上时,当地海关得按照真实价格估征,均应呈报关务署备核,商人对于海关所适用之完税价格或分类,如有争议,得呈经海关交由税则分类估价评议会评议,转呈关务署核定。"而后的暂行办法对于平均价格的调查期间则规定:"国货应暂时以产地附近市场前 3 个月之平均趸发市价为计算根据,洋货应仍以所纳进口关税之完税价格为根据。"

抗战中期,大后方物资短缺严重,物价有日日暴涨的趋势,因此,前一个月的平均物价自必较前三个月的平均物价为高,则根据前一个月计算的税额自必较根据前三个月物价计算的税额为多,可见,评价期间的缩短等于税率的减低,且产地价格常常低于销售地价格,暂行办法规定不以销售地批发价格为标准而改以产地批发价格为标准,又不啻为广大民众减轻了税率。但"完税价格以征税时前 3 个月之市价核算,不无不切实际之嫌。除订有限价议价之货品,仍照限价议价核算完税价格外,特予规定,自 1944 年 1 月份起,对国货完税价格之计算方法仍照国民政府所颁相关条例所订,以征税所在地前 1 个月平均趸发市价为准,以资调整"①。

战时消费税税率与之前海关转口税率一律 7.5% 不同,《战时消费税暂行条例》规定除必需品免税外,按照货物性质分别规定其税率如下:(1) 普通日用品 5%;(2) 非必需品 10%;(3) 半奢侈品 15%;(4) 奢侈品 25%。

战时消费税对税级的划分按照日用品、非必需品、半奢侈品和奢侈品

———————

① 《财政部关务署向国民党五届十二中全会等会议口头报告问答资料 (1944)》,[国民政府财政部关务署档案],载《资料汇编》第五辑第二编,《财政经济》(二),第 70—71 页。

四种分别，以不同税率征课，但是必需品、日用品与奢侈品的区分，本非容易，不仅各时代的生活水平不一，各地的生活习惯也大相径庭，甲时视为奢侈品，乙时或许就被视为日用品，甲地视为日用品，丙地或视为必需品，即使在同一时间、同一地方，某种货品究竟如何按照上列标准加以区别有时也难以确定，因此上项分级方法实际操作起来困难很多。

可见上述分级方法，不仅货物性质不容易确定，而且分级过多，实行起来也非常不便，嗣后的暂行办法将征税货物分为 19 项分别订定各货税率为 5%、10%、20%，而大部分货品均按从价 5% 征税，但暂行办法中将棉花、生丝、麻同课以 5% 的税率，显然不太妥当。按照当时大后方百姓的生活程度，这三种货品在消费上的性质实际上差别很大。再如，暂行办法中将木、绸缎、药材、香料同课以 10% 的税率，而其在消费上的性质也是相差甚远的。

在开征战时消费税的同时，财政部宣布修改海关金单位含金量，每金单位含纯金量自 60.2866 一克增加为 88.867 一克，并规定金单位与国币之比价为每金单位等于国币 20 元，与外币之比价则每金单位等于美金一元或英镑五先令。政府为配合新金单位之比价及战时消费税之开征起见，又将全税货品表重加厘订，对于减税办法则分为两种，凡属从价者，仍照原订税率 1/3 征税，从量者，则照原订税率减按 1/6 征税。[①]

（三）征课方法

《战时消费税暂行条例》规定战时消费税由海关及其所属关卡征收之，至由邮局寄递应征战时消费税，则由海关派员驻在邮局经征或委托邮局代征，未设有海关关卡所之地，则得随时察约货物运销情形，增设稽征机关或委托其他税务机关代征，已征战时消费税的货物如须分运他处销售时应将税票送由海关核明批注，并填发分运执照，如于一年以内转运出洋时，得于证明出口后，将已征税款如数退还。凡运销应征战时消费税之货物，未持有完税凭证及运单者，按照《海关缉私条例》处罚。

可见，《战时消费税暂行条例》采用的是货物通过税法，课税于运销途中，采取这样的方法征税，主要是由于当时我国生产事业极为散漫，而生产较为集中的统税物品又不征课消费统税。但是，流通课税法的缺点甚多，如：稽延时日，阻碍货运的流通；运输迟滞，加以费用增加货物成

---

① 《抗战期中之财政（1946 年 2 月）》，[国民政府财政部档案]，载《资料汇编》第五辑第二编，《财政经济》（一），第 444—445 页。

本；商人急于通过，难免不受稽征人员的留难勒索等。在随后的暂时办法中调整了征收办法，如规定择要设置关卡稽征，国产货物应在产地附近或货运扼要地点征收，其原订税则（乙）表内所列应征战时消费税的外国货物，应与进口税同时征收，此后关卡所在地的各省税务局所概不代征；同时也简化纳税验放手续，厘订海关验放货物简捷办法，规定验征普通未税品及验放已税货物，随到随办，不得迟延，其已经验放的货品，经过查缉机关，应凭单立即放行，并饬各关卡延长办公时间，派员轮值办公，昼夜不停，力求迅捷，以便商民。

（四）减免规定

消费税以消费行为为征课根据，这对贫民的负担特重，因为社会各阶级的消费数量与其所得数量不成比例，富者消费数量在其总收入中所占比例远较贫者小，所以，消费税虽然名为比例税，而实际上乃系一种逆进税，殊与租税的公平原则不相符合，于是不能没有种种减免税的规定。

《战时消费税暂行条例》及财政部公布的补充办法规定的免税项目计有：鲜冻肉、家畜、家禽、鲜蛋、糖、荞麦、杂粮粉、高粱、玉蜀黍、小米、谷、小麦及其他杂粮、鲜蔬菜、饲料、树秧、木炭、柴、蚕茧、旧麻袋、旧洋线袋、旧衣服、书籍、图画、图表、报纸杂志等。《战时消费税暂行条例》第七条规定："凡经财政部依法核定征统税或矿产税之货物，概不征收战时消费税"，以示避免复税及奖励工矿之意。

至于免税点的规定按照关务署 1942 年 4 月公布的补充办法，凡每次所征税额在国币 5 元以下，及肩挑负贩之货物，验明确系数目零星者概予以免税。1942 年 8 月又改订免税办法将征收范围大为缩小，除上述棉花等十多项列在征税品目表内的货品外，其他货品概不征收战时消费税。同时提高起征税额，规定一次报运货品，核计应征税额不满 20 元者概不征税，例如报运应担 5% 的货品，如全部货价在 400 元以下者，则应纳税额不满 20 元即不征税。

（五）征纳手续改进与计税实例

战时消费税在大后方与沦陷区交界的封锁线地区课征，本来纯属一种内地通过税，不具海关性质，但由于《战时管理进出口物品条例》将封锁线与国界同视为进出口界线，因此也置于海关业务内，这正是对外贸易战时色彩浓厚的一种表现。

战时消费税的举办，具备以下诸种优点：一系从价征税，税收随货价高涨，且征收方法简单易行，必要时增加税率，便可实现增加收入的目的；二为在重税率之下，一般人民的消费，可因之减少，达到普遍节约的目标；三为税率划一，且系一次征收，不再重征，较之以前各省货物通过税或类似税捐之重叠征收，办法不一，完全不同，所有商贾负担，当可减轻；四为此税系指定海关办理，因海关关员熟悉商品，具有普估经验，且稽征制度比较健全，不仅可以节省征收经费，还能减少弊端，充裕收入；五为全年预算即有 2.5 亿元至 3 亿元之收入，对于当前之收缩通货、充裕国库，自然亦不无小补。战时消费税的征收，"一方面不增设机构，费用较少，纯收入增加，同时实现了一次征收的原则，把地方的各种类似捐税都裁废了，这于国计民生都有良好影响的"①。时人指出："关税方面不可在内地节节设关卡，步步查验；战时消费税为筹款之措置，力求手续简便。"②

财政部 1942 年 4 月 17 日关令各关税务司：查《战时消费税暂行条例》及税则，《应征战时消费税洋货品目》中一部分消耗性货品向系照案减纳进口税，办法：（1）鲜鱼（原来征从量税率每百公斤 5 元 3 角系按从价 20% 厘订）、咸青鳞鱼未列名，咸鱼未列名，鱼介海产品及肥皂其他等货品应该一律照从价征收进口税，仍暂适用减税办法；（2）其他货品概应按照从价税率征收全税，合将汇编应征进口税全税品目及税率表一份随电检发仰即遵照办理为要。海关代行总税务司职务周骊于 1942 年 4 月 29 日电令各关执行，并布告通知。③

在蒋介石的直接指示下，为简化税制，减少税目，财政部规定 1942 年 8 月 16 日开始施行《分省征税暂行办法》，其改订要点主要有：

（1）征税品目范围：选择各省大宗产品分省征税，其税目计棉花、线、麻、夏布、植物油、生漆、生熟皮、竹、木、纸、药材及香料、磁器、皮货、绸缎、毛毯、火腿、干制海产品、纸箱、爆竹、焰火等 19 项，暂订为国货战时消费税征税品目。就该项国货在某省出产数量较多者，各编为某省征税品目表，分省征收。其由不征税省份运至征税省份之应征税货物，即由征税省份之关卡征税。如由征税省份运至不征税省份之货物，在运输途中，经海关查明，确属征税省份之产品，而在征税省份有漏私情

---

① 《抗战以来的财政》，第 37—38 页。
② 朱裕珍著，刘秉麟教授指导：《中国战时租税之研讨》，民国时期国立武汉大学法学院经济系毕业论文，1946 年，第 102—103 页。
③ 《海关总税务司署通令渝字第 135 号》（1942 年 5 月 13 日），[海关总税务司署档案]，档案号：六七九（9）/6203，二档馆藏。

事者，即由该关补税，并照《海关缉私条例》的规定，酌予处罚。

（2）核减税率：原条例规定最高税率为 25%，现减低为最高 20%，次为 15%，再次为 10%，最低为 5%，而规定以 5% 者，又为最多数。兹以川康两省为例，其征收战时消费税之货品共计二种，计棉花、生丝、麻、夏布、植物油、纸、生熟皮 7 项从价 5%。木、生漆、绸缎、药材香料四项从价 10%。皮货一项从价 15%。其虽有最高税率 20% 之规定，在川康两省并未实行。

（3）放宽征税货品的纳税起点：规定凡一次报运货品核计应征税款不满 20 元者，概不征税，以便商民贩运少量货品。所谓不满 20 元者，系按应纳税款计算，并按照所运货物在 400 元以下，则应纳税款不满 20 元，即不征税。

（4）调整征收方法：战时消费税的征收，原定由海关征收，无海关地方，可由海关设卡或由省税务局征收。兹规定以后各省税务局概不代征，其无海关地方，概由海关设卡稽征，以资集中。又由国外进口之洋货，应于进口时一次并交进口税与战时消费税，以便利征收。其洋货所纳战时消费税之完税价格，仍以进口关税完税价格为根据。

（5）国货完税价格计算标准的改订：原定国货完税价格计算标准以纳税地前一个月之平均趸发市价为根据，今改以产地附近市场前三个月之平均趸发市价，扣除应征税款为计算根据。其关卡在交通扼要地点，而无产地附近市场之价格可考者，暂按征税所在地之前三个月平均趸发市价，减去该市价 10%（作为运输费用），再减去其应征税款额，为计算根据。

（6）简化纳税验放手续：厘订海关验放货物简捷办法，规定验征普通未税货物及验放已税货物随到随办，不得片延。其已经验放之货品，经过查缉机关，应凭单立即放行。并饬各关卡延长办公时间，派员输值办公，昼夜不停，力求迅速，以便商民。[1] 随后，海关为尽量降低税收方面之损失起见，遵照财政部部长孔祥熙的训示，将海关关卡位置再予调整，稽征方法予以改善，故每月税收平均仍达国币 3700 余万元，约当战时消费税制改订以前税收之 4/5 强。[2]

---

[1]　《十年来之关税》，第 22—23 页；崔国华主编：《抗日战争时期国民政府财政金融政策》，西南财经大学出版社 1995 年版，第 151 页；郑莱：《十年来中国之关税》，载《经济汇报》第 8 卷，1943 年第 9、10 期合刊；宋同福：《战时关税》（下），载《经济汇报》第 9 卷，1944 年第 4 期。

[2]　《十年来之海关》，第 7 页。

为争取沦陷区物资输入大后方，财政部还制定了《沦陷区与内地间往来货物分别免征战时消费税办法》，其主要内容有：

（1）由沦陷区运入内地的国货未经指定禁运且未规定应征战时消费税者，概不征税；（2）由沦陷区运入内地之国货在战时消费税19项品目之内者，应由商人向接近沦陷区所设海关报明指运地点，由海关发给证明，免税验放，沿途关卡，验证放行；（3）由沦陷区运入内地的国货系已经指定禁运而领有持许证者，应照洋货战时消费税税则乙表征税；（4）运往沦陷区的国货在应征战时消费税19项品目以内者一律免税。①

同时，对各省之间往来货物也规定了稽征办法，其要点有：（1）由不征税省份运至征税省份之应税货物，由征税省份的关卡照章征税；（2）由征税省份运货至不征税省份者，在运途中，经海关查明系属征税省份的产品，而在产地未缴纳税款者，由该卡补收税款。同时，应按照《海关缉私条例》有关规定酌予处罚。②

1942年10月30日财政部呈蒋介石《三十二年度国家施政方针》中提出："战时消费税之实施，应严定限度，对于重复课税之情事，尤应严格取缔，以免苛杂。"③1943年年初，财政部依据国民党中央五届十中全会决议案内关于税制方面的指示，及蒋介石手订加强管制物价方案内关于调整税项部分的指示，并根据1943年度国家岁入预算，酌筹增裕税收之办法，经将国货部分战时消费税征税品目及税率与稽征方法再加调整，另订征税品目及税率表，计共34项，各省一律适用。并指定棉花、纱、麻、植物油、金属制品、毛织疋头、碱7项自沦陷区运入后方准予免税，以符争取物资之旨。此项改订品目税率，于1943年5月11日起施行。惟前此征税之大宗品目，计竹、木、皮毛、瓷陶、纸箔等项，均于同时改办统税，否则战时消费税之收入当更有可观。④

鉴于财政部1944年度战时消费税岁入预算由1943年之10亿元增至15亿元，为配合此项预算额起见，财政部将税表酌予修订。

---

① 《财政年鉴（续编）》第六篇关税，第11—12页。
② 《十年来之关税》，第24—25页；崔国华主编：《抗日战争时期国民政府财政金融政策》，第151—152页。
③ 《财政部秘书处抄送1943年度国家施政方针函（1942年10月30日）》，［国民政府财政部档案］，载《资料汇编》第五辑第二编，《财政经济》（一），第164页。
④ 《十年来之海关》，第8页；宋同福：《战时关税》（下），载《经济汇报》第9卷，1944年第4期。

　　惟以新税表两种之内容而论，仅为部分之改进与补充，关于税目、税率变动之处甚少。（1）国货税表内所订之税目及税率，均与1943年5月11日起施行之税表完全相同，税目仍为34项，并未增加，税率照旧，亦未提高，其中如日用品、原料品，仍系沿用5%之最低税率，仅对未税药材作原料之制成药品归入药材项下征税，以昭公允。（2）洋货战时消费税于1942年4月15日战时消费税开征之日起，即依照国民政府订颁的《战时消费税条例》附表（乙）所载之税目及税率征收，本以奢侈品及非必需品为范围。惟原表内若干种货品，依法应于关税外另纳统税或专卖利益，不复征收战时消费税。关于此项税目已在新表内剔除，又因一部分洋货原订关税税率恢复征收全税，其中或非后方民生日用所切需，如纯丝或杂丝、针织绸缎、钟表等，或系后方已有生产，足资代用，如肥窗玻璃片、保温器等，或已由重庆市政府遵奉政府指示取缔商销，如外国呢绒衬衫及衣着零件等，经就此类洋货计88项并订为战时消费税征税品目，藉符节约消费及提倡国货之旨。此次调整，仍系尽量避免增税，以防刺激物价。①

　　鉴于抗战后期大后方物价趋涨，财政部决定国货战时消费税的起征额由原来规定的5元，放宽至20元，并依照货物性质与税率等级计算之。例如商人报运之货物属于日用品，其税率定为5%，则全部货物价值在400元以下，税款尚未满20元者，即无需纳税，此本为零星物品便于携运而设。在战时物价极度波动情形之下，各地物价彼此极为悬殊，数月之后物价情形又与现时不同，若将起征额随时随地调整，事实上所不可能，而内地运输多赖人力兽力，其运输之货物件头原本不大，起征额提高后，商货化整为零，取巧漏税情势必较现时为炽，揆之政府增裕税收，以应战时国用之旨，未尽符合。且战时消费税现行税表所订之征税品目已减少至34项，其中日用品与原料多按5%征税，系适用最低税率，已予从轻定税。此外税率较高者，或属非必需品，或属奢侈品，自无提高起征额之必要。至旅客携带之随身行李及旅程中所需备之零星物品，确系自用，并非出售者。又旅客随身携带之零段衣料或少量旧有或用余之物品，其数量及价值均与旅客身份相当，确属自用并非卖品及非代人携带者，已

————————

① 《财政部关务署向国民党五届十二中全会等会议口头报告问答资料（1944）》，[国民政府财政部关务署档案]，载《资料汇编》第五辑第二编，《财政经济》（二），第70页。

专订免纳战时消费税办法，通饬海关遵照办理。藉便行李验收，以免苛扰之弊。①

1944 年 8 月，在国防最高委员会第 142 次常务会议上通过了《三十四年度国家施政方针》，指出"继续调整税制，以充实抗战财力，平均人民负担。……战时消费税应随货运路线之变迁及税收增减情形，将稽征机构酌加调整，对于应税货物之起征点，并应酌量放宽。"②

国民政府非常重视各界对海关机关征收战时消费税的议论，例如1942 年 2 月 18 日在重庆市临时参议会第五次大会上参议员程愚等提出《请市政府咨财政部饬重庆关取缔内河水上分卡积弊并当地所设之报关行以利土货畅销而免物价高涨一案》称：长江各埠报关行之设，原为便利商民不明海关进出报验货物手续，以及代完税款，其意至善，至于内地运销之土货等于抵关时之照章完税，本可由商贩自行办理，乃近来黄沙溪、香国寺、唐家沱等处水上分卡所设立之报关分卡分行，率多藉报关为名，对于任何船只经过辄肆其敲拦，少则数十元或数百元不等，积弊甚多，因之一般小商闻风裹足不敢前来，影响货物无形上涨，查该项报关分行其牌名多系租借而来，每月认纳租金若干，既无资本，复无组织，徒与当地军警勾结用作护符，贻害商民，实靡底正，应请市政府切实调查，咨请财政部饬重庆海关将内河黄沙溪、香国寺、唐家沱等处水上分卡所设报关分行一律予以撤销，用肃税收而裕民生。

1942 年 5 月 8 日《新民报》登载关于消费税问题社评一则，其中叙有收税复无票据，总税务司署令饬重庆关严密彻查以凭具报，该关派督导员王维新前往涪陵、荔枝园、观音阁等地严密调查，发现该地海关各分卡对于往来应征战时消费税之货物，系遵照部令规定办理，即货物每次应征之税款如在国币 5 元（现改为 20 元）以下者，概免征收；又肩挑负贩之货物如验明确系数量零星者，仍免予纳税，并无征收税款不给收据等苛扰商民情事，惟该地报关行竟有多家代报免税物品收取手续费，而不发给任何收据之事，当地行商小贩不明报关行与海关之关系，多以为报关行即系关卡之代理人，因此遂误认为完税收益不发给任何收据，以致有此类传闻之误，因此海关函请《新民报》核实更正。财政部关务署经过调查，发现合泰报关行黄致均胆敢诈欺（包庇商人漏税并索取手续费 380 元）哄

---

① 《财政部关务署向国民党五届十二中全会等会议口头报告问答资料（1944）》，[国民政府财政部关务署档案]，载《资料汇编》第五辑第二编，《财政经济》（二），第 71 页。

② 《行政院抄发 1945 年度国家施政方针（密）训令（1944 年 9 月 7 日）》，[国民政府财政部档案]，载《资料汇编》第五辑第二编，《财政经济》（一），第 179 页。

骗货船逃征所得税，将其送往财政部四川缉私分处重庆查缉所依法究办，拟取缔该报关行。财政部关务署郑莱指令代行总税务司职务周骊，将该报关行香国寺分行牌名取消不挂。[①]

1945 年 1 月，江西驿运管理处由瑞金报运泰和汽车材料，被上饶关索缴押税款项 10 万元，后经江西省政府来电证明，该货物系属江西省政府拨交江西驿运管理处盐车辆所用器材，按照战时消费税稽征简化办法丁项（二）（己）目之规定（各机关已报运进口之洋货，在内地分拟拨运，无从缴验原进口税票，此准由各机关自备证明文件，提交海关验放，免查原进口税单），自应免税验放，关务署在得到财政部长俞鸿钧的指令后，随即令饬上饶关将该江西驿运管理处前缴押税款项予以发还。[②]

四 战时消费税评估

税赋固为国家的正当收入，纳税也是每个公民应尽的义务，尤其是在艰苦卓绝的抗战中，后方商民捐税支撑抗战财政也是义不容辞的。但必须注意的是，制定所征税种税则，不可细如牛毛，苛扰商民，否则适得其反，导致怨声载道，反而不利于大后方政治经济的稳定，也就不利于国民政府长期抗战。

抗战时期，国民政府的机构设置、法律规章、政策举措等大都是其"战时性"的反映，《战时消费税暂行条例》的施行就是这样。[③] 早在开征战时消费税之前，有学者认为："战时消费税只是非常时期的一种税制，希望税务当局能切实做到辅助生产、指导消费、手续简单、严而不扰，藉以充裕税收、奖助物资供应。"[④]

战时消费税自 1942 年 4 月 15 日开征，到 1945 年 1 月国民政府裁撤这一税种，共存在两年多的时间，但对其评价大多莫衷一是。如匡球认为，战时消费税优点与缺点各有两点：其优点一是税源广泛。消费物品到处皆是，如以全国人民总消费量计之，则税源将居各税之冠殆无疑义。二

---

① 《财政部代电关渝字第 60630 号（1942 年 3 月 13 日）》，《周呈：总税务司署代电稿（1942 年 8 月）》，《财政部关务署代电政字第 647 号（1942 年 8 月）》，《财政部关务署郑莱指令（1942 年 10 月 8 日）》，《总署有关重庆"新民报"登载重庆关收取消费税无票据案》（1942 年），[海关总税务司署档案]，档案号：六七九（8）/585，二档馆藏。

② 《财政部指令第 264 号》（1945 年 1 月 29 日），载《总署等有关货物征免问题》（1944—1945 年），[海关总税务司署档案]，档案号：六七九（8）/504，二档馆藏。

③ 杨光彦、张国镛：《关于重庆国民政府的几个问题》，《史学月刊》1996 年第 1 期。

④ 柳：《如何开征战时消费税》，载《建设研究》第 7 卷，1942 年第 2 期。

是战时消费税的开征，改变了过去各省地方步步查验、节节收税的繁琐手续，克服了抗战前期大部分省政府自行开征货物通过税及产销困商病民之弊；其缺点：一是各地方政府易起开征之念；二是税涉苛细，人民称苦。[①]

（一）积极作用

1. 大大增加了国民政府战时财政收入

战时消费税因税源广、征收简便快捷而使其迅速成为战时国民政府关税收入之大宗。战时消费税自 1942 年 4 月 15 日开征，起初几个月因对国货普遍征收，共有 245 号列。洋货部分也有 168 号列，因此收入颇丰，截至 8 月 15 日止，共征收 1.81 亿元。自 8 月 15 日起修改税则，减少了国货税目，提高了起征税额，并规定分省征税办法，税收较前略减。1942 年度 8 个半月共征收 343106728 元。[②]

1942 年，国统区海关共征税 5 亿元，其中战时消费税占海关税收的68%，而 1943 年战时消费税占海关总收入的 67%，1944 年战时消费税占海关总收入的 74.38%，[③] 当时国民政府关务署长曾说："战时消费税自开征以来，收数甚为畅旺，……对于战时财政，裨益实匪浅鲜。"[④] 1943 年因该项预算增加，又将牲畜、植物染料、毛织正头、肥皂等 15 项恢复为征税品目，使得战时消费税税收急速增加，如 1943—1945 年各年度就分别征收到 726590069 元、2215728633 元、238778040 元。[⑤]

抗战时期战时消费税共征税额 3524203470 元，这对抗战时期财政相当拮据的国民政府支撑抗战作用很大。见表 3—1 所示。

---

① 匡球：《中国抗战时期税制概要》，第 177 页。

② 《十年来之海关》，第 9 页；另有一说为 343105017 元（财政部财政年鉴编纂处编：《财政年鉴》（续编）第六篇关税，编者发行，1943 年，第 25 页）。

③ 财政部财政年鉴编纂处编：《财政年鉴》（三编）第六篇关税，编者发行，1948 年，第29 页。

④ 蔡渭洲：《中国海关简史》，第 154 页。

⑤ 1943—1945 年度系根据海关总署呈报岁入部门实征数字，财政部财政年鉴编纂处编：《财政年鉴》（三编）第六篇关税，编者发行，1948 年，第 29 页；而根据国民政府财政部档案，1943 年、1944 年战时消费税收入分别为 728784461 元、2137842886 元；另根据石柏林书载战时消费税在其开征的当年即收税 4 亿元，1943 年增至 7.18 亿元，1944 年达到 18.38 亿元，到 1945年上半年止，共计征得 32.59 亿元。见石柏林《凄苦风雨中的民国经济》，河南人民出版社 1993年版，第 333 页。

表 3—1　　　　财政部统计处编制之 1943—1945 年消费税分关收入
统计表（1946 年 9 月编制）[①]　　　　单位：国币元

关别	1943 年	1944 年	1945 年
总计	728784461	2137842886	242296203
重庆	197158056	813215756	69865723
万县	35654283	124225846	23885905
宜昌	——	——	——
沙市	11855311	94627897	3127144
长沙	112520162	188509822	17090178
瓯海	37449216	78955044	5520342
闽海	32329005	90047223	7194444
梧州	56106566	96161142	118074
南宁	18042202	30477271	1960829
龙州	1315516	1945016	131193
雷州	8160263	12134886	4908989
昆明	22041102	68203340	7884062
思茅			
腾冲及畹町	——	——	——
兰州	19215232	64450764	11250471
西安	79111870	244003853	50470182
洛阳	39284576	51089297	16107889
上饶	25577302	82651975	12417757
曲江	32963799	95974392	9211042
新疆	——	1124362	1151979

　　战时消费税的开征，改变了过去各省地方步步查验、节节收税的繁琐手续，由此应税商货取巧漏税之弊大为减少，从而使得战时消费税成为战时税源较旺盛的一个税种，一时成为国民政府战时财政的主要来源，由此可见，战时消费税的征收也具有财政上的重大意义。

　　2. 节约消费

　　根据《战时消费税暂行条例》及以后陆续修订的办法内容，我们可

---

① 《财政部统计处编制之 1943—1945 年消费税分关收入统计表（1946 年 9 月）》，[国民政府财政部档案]，载《资料汇编》第五辑第二编，《财政经济》（二），第 104 页。

以看到，起初，举办战时消费税主要目的在整顿税制，便利货运，减轻人民负担及节约战时消费为主，至增加战时税收，尚属其次。盖战时各省通过产销税以及各种特税特捐特费等，名目纷歧。又以省自为政，征收方法又各不同，几致无地不征，无物不税，不啻厘金复活。如不加以整顿，不特人民负担更累，抑且货运大受阻挠。战时消费税之征收，系将货品种类，依性质分级征收，其税率依必需品与奢侈品之类别，而分高低，寓禁于征，可使人民节约不必要之消费。同时战时消费税因全国税法一致，委由海关征收，稽征方法完密，税收之增裕，可无疑义。[①]

3. 便利货运

从学理上讲，战时消费税是一种一般的货物税。而货物税的负担，是可以转嫁的，其最终归宿必然会落到消费者的身上来。

第一，只征收一次。原有各省通过税以省为征收单位，故货物经过一省，须纳税一道，节节重征，妨碍货运流通，促成物价猛涨。战时消费规定此税只征一次，通行全国，概不重征，这对货运民生均裨益很大。

第二，项目有限。依照最初规定，应征战时消费税的货品计 245 种，其中有不少免税项目，而后陆续改订办法中则更减为 19 种，表明战时消费税非对一般消费品普遍征收，而仅限于若干项目，至对已征统税矿物税货物的免征尤寓有奖励工矿企业发展之深意。

第三，税率划一及减低。原来各省通过税征收办法中有从价从量者，即使一省之中也复如此，例如陕西、江西等省。至于税率更是轻重不等，有的甚至高至 50% 以上，此外尚须征收转口税和其他捐税，商民困苦不堪，而战时消费按照货物性质，分别规定，全国一律，分 5%、10%、15% 三级，可谓简单明了，便于征纳，更利商运。

第四，起税点提高。根据调查，各省通过税的起征税额如陕西省为应征税额不满 1 元，湖南省为 1 角，其余各省则均无此免税规定，而施行的战时消费税办法规定所征税额在 5 元以下者免税，后改为 20 元以下者免税，起征税额的提高，使消费者尤其是广大民众之税负减轻了。

在战时，政府是最大的消费者，所以，增加一般的货物税，政府于收入方面，固然得到增加，但支出方面，因物价高涨，也要加巨，两相比较，于国库上是否有益，这是当时社会各界所最表怀疑的一点。[②] 但事实表现解除了这个疑问。因为从各主要城市所编制的物价指数观察，四五月

---

① 宋同福：《战时关税》（下），载《经济汇报》第 9 卷，1944 年第 4 期。
② 武维：《谈战时消费税》，载《新新闻旬刊》第 5 卷第 12 期。

份的物价和二三两个月的比较，固然仍旧维持高涨的趋势，但并不因战时消费税的征收，而有显著的跃进现象。① 这大概是因为战时的消费税则所有的重要日用品如粮食、菜蔬、鲜肉、鲜蛋等都予免税，其余必需品的税率也增加极有限，所以，对于一般物价水准，实际上并没有很大的影响，而且，据原定计划，战时消费税开征后，各地方政府向来征收的货物通过税，或类似货物通过税的税捐，都将裁撤。假使这一点能够完全做到，那么非但消费税的负担不至过大地增重，而且，因征收机构的统一，对于阻碍货物流通的弊病，也可以减小不少。

（二）问题存在

就在朝野各界纷纷议论即将开征的战时消费税之际，大后方的学者们纷纷谏言献策。有学者指出，开征战时消费税，必须进行周密的部署方能取得成效，如："征收章则之拟订，税制税则之编印，征收机关之设置及其准备，征收人员之训练，税票表报之编制，省县税局之内部组织等等，均须根据各地实际情形，分别详研博访，妥为规订。"②

由于战局混乱，战时消费税的征收工作在许多地方都存在着问题，战时消费税虽没有物物课征的弊病，但运输过程中必然多次查验过往舟车，对货运尤其是长途的进出口货运影响仍很大，战时消费税的税目过细，给查验带来了诸多困难，有碍货运。它给商人旅客及过往舟船车辆带来的不便，给商民带来的经济负担，可想而知。战时消费税的征收，如同厘金各税一样，遭到大后方商民普遍反对。"对运输中的货物征收一种所谓消费税——其实就是恢复旧的令人痛恨的厘金。"③ 因此，没等战争结束，1945 年 1 月，国民政府就裁撤了战时消费税。

抗战时期战时消费税存在的问题，既表现在《战时消费税条例》本身编制内容上，也出现于征收机构人员素养上，还有在具体征收工作中由于战局本身混乱所造成的，不一而足。具体说来，有以下几个方面：

1. 战时消费税征课的范围有碍后方工业生产

战时消费税既然是以消费行为为对象而课征的租税，则其课征范围应以制成品及直接消费品为限，而不应征及生产助成品及半制品。抗战时期实行的战时消费税所课货品包括工业原料及半制品，例如棉花、生丝、木

① 袁梅因：《现行战时消费税制之检讨》，载《经济汇报》第 6 卷，1942 年第 12 期。
② 刘支藩：《论战时消费税》，载《财政评论》第 6 卷，1941 年第 6 期。
③ ［美］费正清、费维恺编：《剑桥中华民国史》（下卷），刘敬坤等译，中国社会科学出版社 1994 年版，第 670 页。

材等多为制造原料，在课征这些货品之后，复又课征棉纱统税、绸缎消费税，不啻对棉花及生丝在每一生产程序中课一次税，足以妨碍后方的工业生产，即使日后采取退税措施，也是徒增繁琐的课征手续而已。《战时消费税暂行条例》将统税或矿产税所课货物划出战时消费税范围之外，固然有奖励工商发展的积极意义，但当时的统税税率仍嫌过低，应参照进口关税及战时消费税酌予提高。[①]

2. 战时消费税税则编排的不当

一般说来，厘订税则应有两种方式，一是列举方式，一是概括方式，采用列举方式的，凡货物不在列举以内的，都不在征税范围以内。采用概括方式之，除列举各特殊货物外，其他货物都当作未列名物品而另补一税率征收之，我国海关税则都采用概括方式，故货物分成若干类后，最末有一"未列名"项目，凡不属前所列举的口税税则为蓝本，所以也用概括方式，但难把统税和矿产税物品各项目都取消。其意原欲把这种物品除出在征税范围之外。但税则最末一项仍为"本税则未列货品名"而以15%税率征收之，如采用概括原则，则这种统税和矿产税物品，既未在税则内列举，都应归入最末一项，而以15%税率收之。此与编订者的原意不符。如采用列举原则，则根本不应有最末的"本税则未列名货品一"项。又战时消费税税则既采用概括方式，那么，未列名物品应该放在每类物品的最末一项才是。现在，如未列名皮织制品安插在皮货类的中间，未列名竹制品放在竹类的第一项，顾名思义，不合逻辑极了。为补救这种缺陷起见，似乎应该根本摆脱概括方式，而完全采用列举方式，把所有的未列名货物项目一律取消才是。[②]

3. 战时消费税税率分类及轻重的不当

起初，战时消费税分5%、10%、15%、25%四级，差不多完全袭了旧时转口税税则的分类方法，实行结果，恐怕免不了许多不公平的地方。例如钢铁制品一律5%，其他金属制品（金银制品除外）一律10%，其中有必需品，也有奢侈品，如税率不分高下，结果显然要发生许多不公平的事例。反之，有许多项目，旧时转口税内采用从量税率，不得不于主项目下再划分附属项目，例如，绸夏布每公分经线不过26线和超过26线，分成两个附属项目，而以不同之从量税率征收之，现在这两种夏布既都按15%征税，似乎不必再划分成为"甲""乙"两个附属项目了。又例如扇

---

① 高平叔：《开源与增税》，载《新经济》第8卷，1942年第4期。

② 武维：《谈战时消费税》，载《新新新闻旬刊》第5卷第12期。

子除羽扇外，既一律5%，那么也不必因袭旧时分类而细分成"细纨扇"、"粗葵"、"纸扇"等品目了。战时消费税的税目过细，不仅给查验带来了诸多困难，也给正当商人旅客及过往舟船车辆带来了不便，给商民带来了经济负担，众人逐渐感受到战时消费税的征收，如同令人厌恶的厘金税一样，同样是有碍货运的，当然就遭到商界的普遍反对，"唯此税征收，颇致物议"①。"战时消费税虽无物课税、重叠征收之弊，而税目之中尚有近于琐细之物品，且在运程中稽征，势须查验舟车，对于商旅货运，不能谓无影响。"②

由于规定的税目不合理，引起社会上不少的反映，执行中遇到种种困难。如在战时陪都重庆，税则中规定鲜猪肉免税，但生猪仍5%，时重庆市区的生猪均由外县输入市区后宰杀，造成鲜猪肉事实上并不免税，这样就经常造成生猪在邻近县区屠宰，黑市输入重庆市区，既可逃税又可任意涨价，市面鲜肉供应，真是"益感困难，无裨水手，徒碍民食"。为此，重庆市政府专门召开了会议，并经财政部同意，规定凡各地运入重庆市区的猪只，应交的战时消费税，暂准由重庆市屠宰业同业公会担保，不由运销商直接交纳，同时约定此项办法以两个月为限，才算暂时解决了生猪的纳税问题。③ 在有些地方，战时消费税税涉苛细，人民称苦。因消费品范围甚广，甚至一鸡一蛋之消费，亦有课之以税者，故人民负担，繁细苛扰，苦不堪言。④

税率轻重的适当性也值得推敲，起初战时消费税内税率分5%、10%、15%和25%四级，后来分5%、10%、20%三级，这自然比较旧时转口税的一律抽7.5%进步得多了。但，因为有税率等级的差别，所以厘定税则时，更感困难。一不留神，很容易发生不公平的地方。例如现战时消费税则中，苏子和胡苏子的税率都是10%，而苏子油和胡麻子油反为5%；整根竹的税率为10%，有未列名竹制品反为5%；神香的税率为25%，而爆竹焰火仅为15%，这其间税率的轻重，显然有些失当。不必要的奢侈物品，即使是25%，亦嫌过轻，最好对此类货品提高税率，务使一般获得战时暴利者，于其特别享用之中，多贡献国家几分税费，这不

① 秦孝仪主编：《中华民国经济发展史》，第731页。
② 《抗战期中之财政（1946年2月）》，[国民政府财政部档案]，载《资料汇编》第五辑第二编，《财政经济》（一），第449—450页。
③ 蔺学熙：《抗日战争时期的"战时消费税"》，载财政学会等编《税收史话》，中国财政经济出版社1987年版。
④ 匡球：《中国抗战时期税制概要》，第177—178页。

仅国家税收可以充裕、人民负担可以公允，而战时的畸形浪费与奢侈风尚，亦能由是阻遏。

4. 战时消费税征收工作实践出现诸多问题

国民政府财政部虽然规定全国统一征收战时消费税，但后来采用分省征税办法，在征税货品 19 种项目中规定四川省、西康省征税品为棉花、生丝、麻、夏布等 12 项，造成一种奇怪的现象，即某种货品出产不多的省份其消费者可以不纳税，而消费该货在该省出产丰富的省份，其消费者必须纳税其货之消费税。实际上国民政府应该列举征税品目，全国统一征收，以符合租税的普遍原则。

许多地方的征税部门随意增减税目，致使商民苦恼不已。如据福鼎隆记号朱学贝 1944 年 5 月 4 日呈财政部称，其于 1944 年 4 月 6 日由桐山采购荔枝柴 800 市斤，行经沙埕海关分所，被饬纳战时消费税 75 元，请发还原税款，以恤民艰，财政部随即派人查实后致函海关总税务司，认为荔枝柴按税则分类应归入"未列名木材及木"项下，本不在征收战时消费税之列，前经 1944 年 2 月以渝关则字第 98708 号真代电饬遵在案，此次福鼎隆记号朱学贝由桐山采购荔枝柴 800 市斤，被沙埕海关分所征战时消费税 75 元，应该迅速予以发还，嗣后不得再行误征，致涉烦扰。① 海关曾经规定："悉凡带有光滑内壳之栗子及去壳栗肉，应如所陈税则分类办法，仍予照章征税。"

1944 年 11 月，陕西省政府致函财政部称，长安县子午乡第九、十保林业公会希望得到当地海关西安关免征栗子战时消费税，以恤民艰。② 1945 年 1 月 23 日行政院临时会议讨论调整税制简化机构一案，决议将苛扰商民的战时消费税取消，并规定："战时消费税取消后，各省市地方，不得藉任何名义，征收类似或变相之税目，海关亦即奉令停止征收战时消费税。"③ 但是，湖南省荣誉军人生产事务处农具制造厂曾在柳州购运国产万能铣床一部、钻床一部和磨刀机一架，在经过衡阳时，衡阳关征收战时消费税 18500 元，该处直接呈函财政部，要求发还。1945 年 5 月 10 日，财政部根据相关规定，铣床、钻床、磨刀机等应照普通机器待遇，免征战时消费，便要求海关总税务司署转饬长沙关税务司迳函衡

---

① 《财政部代电 06635 号》（1944 年 6 月 19 日），［海关总税务司署档案］，档案号：六七九（8）/504，二档馆藏。

② 《陕西省政府函》，载《总署等有关货物征免问题》（1944—1945 年），［海关总税务司署档案］，档案号：六七九（8）/504，二档馆藏。

③ 关吉玉：《中国税制》，经济研究社 1945 年版，第 170 页。

阳关发还。①

战时消费税的开征，改变了过去各省地方步步查验、节节收税的繁琐手续，由此，应税商货便无取巧漏税之弊了。但税目过细，给查验带来了诸多困难，有碍货运。它给商人旅客及过往舟船车辆带来的不便，给商民带来的经济负担，可想而知。战时消费税的征收，如同厘金各税一样，遭到商民的反对。因此，1945 年 1 月 23 日，国民政府行政院临时会议决议裁撤战时消费税。

综观抗战时期国民政府战时消费税政策及其实施过程，我们可以看到，尽管战时消费税存在着这样或那样的问题，但总的看来，国民政府在抗战相持阶段筹办战时消费税的意义非常重大，从结果上看，战时消费税实际上成为国民政府战时财政的一个重要来源，这对支撑国民政府抗战极为有利。

第六节　重订海关担保债赔

《辛丑条约》签订后，中国海关负责担保债款的职能，因此它"又具有为外国债权人代表之资格"②，我国在国内外发行之债券暨庚子赔款，系以关税收入为担保，关税收入之盈亏，向为国内外债券市场所关切。"七七事变"爆发前，用担保债务及赔款的关税每年约有 2.1 亿余元，内中赔款及外债约占 7700 万余元。这自然是一笔很大的数目。这笔巨数债务能否按期还本付息当然对于政府的信用大有影响。日本有鉴于此，所以尽量夺取中国的重要口岸，夺取我国最重要的几个海关，日本的目的无非要使得国民政府的财政陷入进退两难的境域：国民政府如果因大宗关税落入敌手而停付债赔的本息，则国民政府的信用立刻发生不良影响；如果国民政府于关税大部遗失之后，仍继续偿付关税所担保的债赔，则国民政府势必更穷。

日军占据东三省及热河等地后，即向全世界发表消息，宣称日本愿偿付关税作抵之外债，但一直未见实行，国民政府为尊重债信，将其他各地之海关收入偿付该类外债，在淞沪会战发生以前之七个月中，关税收入达

---

① 《财政部关务署代电则字第 2897 号》（1945 年 5 月 10 日），［海关总税务司署档案］，档案号：六七九（8）/504，二档馆藏。

② ［日］高柳松一郎：《中国关税制度论》，第 2 编，第 5 页。

2.626 亿元，等于全年收入总数的 76%。所有关税作抵之外债，在 1937 年度已完全偿付。①

此时，我国海关所征各项税款存放问题日显危局。"自 1932 年 3 月 1 日起关税税款全部集中存在中央银行。"② 而抗战全面爆发后，沿海、沿江各重要口岸先后沦陷，日寇所到之处，即将海关税款勒存于日伪银行，并禁止中国海关将所收关税汇解上海以拨充以关税为担保的内外债及赔款本息基金，连应由关税项下拨付的内外债及庚子赔款基金也不能例外，除拨充本关行政经费外，其余为数甚巨的我国海关关税税款一概被迫存入日伪银行，但因日本始终未曾对华正式宣战，所以对于税收未曾没收，却由有关日伪银行作为普通性质存款，按月出具证明书交给各伪海关存执。③

1937 年 11 月 19 日，孔令侃致孔祥熙电稿中透露，有关海关税款存放保管问题，"据霍伯器顾问条陈，现有二种办法，可择一而行。（一）恢复 1912 年之国际银行委员会制度，因事实上该年所订协定并未取消，且有一部分尚在履行中。（二）训令总税务司，将中国主权不能行使之区域内各关所收税款，交付咨询委员会管理支配（天津、秦皇岛二关除外），该项咨询委员会，由各债权有关国立即任命委员组织成立，所有税款保管支配之详细办法，即交由总税务司与咨询委员会协议进行。据霍氏之意，各国对第一种办法较易接受，日本方面亦不致过分反对，为保持海关完全起见，似可作为战事未结束前之临时办法"。"就最近情形言，关税急宜设法妥为保管，询属不容或缓。霍氏所陈，自亦不为无见，是否可行之处，仍乞钧裁，职侃叩。"④

随着日寇对华大举进犯，沦陷区各关之税款概为日寇截留，禁其按事先约定进行汇解，国民政府为维护债信起见，于 1937 年、1938 年两年，虽后方各关之税收不足债务项下之支出，仍准由总税务司向中央银行透支补足，俾能按期还本付息，以全信用。至沦陷区内被截扣之税款，则饬由总税务司竭力保全，宁使冻结，勿资敌用。以保障我方及国内外债权人之利益。⑤

1939 年 1 月 14 日，在财政部为《改订以关税为担保债款摊还办法》

---

① 寿勉成等执笔：《抗战与经济》，独立出版社 1938 年版，第 72 页。

② ［美］杨格：《一九一七至一九三七年中国财政经济情况》，第 42 页。

③ 陈诗启：《中国近代海关史》，第 841 页。

④ 《孔令侃报告海关各关税收约数及海关税款存款保管问题电（1937 年 11 月）》，［孔祥熙个人卷宗］，载《资料汇编》第五辑第二编，《财政经济》（二），第 5 页。

⑤ 《十年来之海关》，第 13 页。

以渝公字第 6890 号训令总税务司梅乐和称：国民政府对于偿付债务向来按期履行，尤以海关担保债赔各款从未衍期，以往因天灾人祸及世界经济恐慌，遇有税收短绌，不敷拨付时，国民政府为维持债信，保障债权人利益起见，迭曾挪垫巨款按期偿付。凡此种种努力，早为中外所共见。不意自日人侵略以来，在战区内劫夺海关税款，以我之财源为侵略我之工具，用尽欺骗威吓之伎俩，将海关担保债务之税款，全部勒存于日方银行。计战区各关应摊而未解之债额，由政府转商中央银行透支垫付者，已积至1.75 亿元之巨数。国民政府为维持内外债信，保障债权者之利益，虽增巨额负担，仍按期照付。日人在战区内又复强迫行使日伪钞券及军用票，欲借以扰乱我后方金融，降低海关合法税收，而国民政府维持债信之决心从未动摇，对于海关偿债所需外汇，仍由中央银行照数售给。凡此种种措置，足证国民政府对于维护债权人之利益，实已尽其最大之努力。顾目前战区海关税收被日人暴力劫持勒存于日方银行，名为存储，实则利用，以夺取我外汇，增加其侵略力量。故其存储之款，本为我各关税务司税收存款，而并不依照汇拨，其侵害友邦利权及中外债权人之利益，已属无可讳言。国民政府在此情形之下，不能不有正当之措置。所以，财政部对于海关总税务司呈请 1939 年 1 月份不敷之数约 1600 万元，拟仍向中央银行照旧透支还债办法，已不再准予通融，并饬应就各该关所存税款内提拨摊付。嗣后对于海关担保各项长期债务，凡在战前订借，而尚未清偿者，当就战区外各关税收比例应摊之数，按期拨交中央银行专款存储。唯此项摊存办法，原系应付目前非常情势之暂时措置，如战区各关将已存欠缴之应摊债赔款及嗣后税收应摊之数额如数照旧解交总税务司时，政府自当仍即同时照旧拨付债赔款基金，以恢复战前原状。①

1939 年 1 月 15 日，国民政府财政部发表《财政部对于偿还海关担保债务的声明》，重申国民政府采取改订以关税为担保债款摊还办法系暂时措置，其由国民政府特别指定担保的债务仍照旧办理。②"惟后方各关按税收比例应摊基金之数额，仍饬由总税务司按月提拨中央银行专款存储，

---

① 《财政部为改订以关税为担保债款摊还办法致总税务司梅乐和令（1939 年 1 月 14 日）》，[国民党国防最高委员会档案]，载《资料汇编》第五辑第二编，《财政经济》（二），第 11—12 页；《财政部关于海关担保债赔各款改为摊存办法的通告（1939 年 1 月 15 日）》，[国民政府关务署档案]，载《资料汇编》第五辑第二编，《财政经济》（二），第 792—793 页。

② 《财政部对于偿还海关担保债务的声明（1939 年 1 月 15 日）》，[国民政府财政部档案]，载《资料汇编》第五辑第二编，《财政经济》（二），第 793—794 页。

迄仍照案办理，上项措施颇得国内外金融市场之赞助。"①

1939 年 1 月 15 日财政部发布《关于海关担保债赔各款改为摊存办法的通告》的内容要点有三：

（1）对于总税务司最近呈请照旧透支还债办法，已不再准予通融，并饬应就各该关所存税款内，提拨摊付。（2）嗣后对于海关担保各项长期债务，凡在战前订借而尚未清债者，当就战区外各关税收比例应摊之数，按期拨交中央银行，专款存储。（3）此项办法，原系应付目前非常情势之暂时措置，如战区各关已存欠缴之应摊债赔各款及嗣后税收应摊之数额，如数照旧缴交海关总税务司时，国民政府自当仍即照旧拨付债赔各款基金，以恢复战前原状。上述第一点系修正以前由国民政府中央银行透支垫付日本占领各关应摊未摊债赔各款不合理之现状。第二点系维护过去各债之信用，战区外之各关税收，仍按比例数额摊缴存入中央银行专款存储。第三点系从恢复战前状态着想，声明此乃暂时措置，如日本依法照摊缴应摊债赔各款，则国民政府仍同时照旧拨付债赔款基金，以示国民政府遵守条约之决心。"此办法公告后，中外各方皆有良好之反响，咸能认识我政府应付当前困难之苦心。"②

1939 年 1 月 14 日财政部关于关税担保债务及赔款事项向总税务司所发的训令以及 1939 年 1 月 15 日财政部发布《关于海关担保债赔各款改为摊存办法的通告》，是抗战时期国民政府的一项极重大的财政举措。

事实上，贫弱的中国苦撑抗战所遭遇的困难是无法瞒人的，尤其无法瞒西方列强。所以 1938 年 5 月国民政府对于英日所定关于关税处置的办法，采装聋作哑的态度，亦自有其不得已的苦衷。由此，国民政府采取改订以关税为担保债款摊还办法，显然是一个极重要的处置，因为它一方面固减轻国民政府每月约 600 余万元的负担，但另一方面则或可损及政府的信用。从中国最根本的民族利益上看，国民政府财政部的新处置是正当的。不但是正当的，而且我们还嫌国民政府财政部的行动过迟。我们以为这种步骤财政部早应采取，因为中央银行垫付上述巨款对于国民政府是一宗难以负担的大损失。但停付关税所担保的债赔的大部分后，国民政府的信用不免要下降一些。③可见，一方面由于国民政府在财政上不堪重负，另一方面为了应付日本对我经济侵略，国民政府重订海关担保债赔办法乃

①　《十年来之海关》，第 13 页。

②　钟淦恩：《战时我国关税之应变措置》，载《经济汇报》第 2 卷第 1、2 期合刊，1940 年 7 月 7 日。

③　钱端升：《关税担保债赔各款的新处置》，载《今日评论》第 1 卷，1939 年第 4 期。

不得已之行为。

但据孔祥熙在国民党五届五中全会财政部财政报告中说："海关担保各项长期债务，因战区关税悉为日人劫持且利用，为侵略我国之工具，不能不有正当措置，故近经核定就战区外各关税收比例应摊之数，由总税务司按期拨交中央银行专款存储。此项摊存办法为应付日前非常情势之暂时措置，如战区各关将已存欠缴之应摊债赔款及嗣后税收应摊之数额如数照旧解交总税务司时，政府仍即同时照旧拨付债赔款基金，以符政府始终维持债信之旨。"①

1939 年 1 月 28 日，国民政府财政顾问杨格拟定行政院长致海关总税务司电函称：国民政府对于海关担保债务准备摊拨专款存储办法，除另有规定者外，每月海关提供后开债务的数额，应按照各关所在地是否已受日方武力干涉划分为战区与非战区两部分，各以上月份本区收入数目，比照全国税收总数，定为该区本月份应摊债额之标准。② 1 月 31 日由国民政府公债司、国库司和会计司会签《关税担保债赔各款摊存办法》中规定：海关担保债赔战区外各关应行摊存中央银行之款，为英德续借款、善后借款、庚子赔款、二十五年统一公债、二十五年复兴公债、十七年金融长期公债和整理内外债准备金等七种。③ "1931 年之美麦面粉借款，及 1933 年美国棉麦借款，不在上项停付本息办法之内，其还本付息之基金向为海关随进口税及出口税附征之救灾附加税，计合正税 5%。"④

孔祥熙后著书指出："自从敌人与英国成立协定，侵夺我被占区域内的关款后，我除声明这种协定无效外，并对以海关税收为担保偿还债赔各款办法，暂有变更，即是被劫夺各关所摊付的债赔各款，我们不再负责清偿。本来关款已被敌人劫夺了，而且是外人所纵容同意的，我们自然没有另筹还款的义务。不过我们虽然作了如是的声明，但为顾全战时债信起见，对于内外各债，依然尽力履行还本付息的义务。"⑤ 这也说明，国民

　　① 吴菊英：《国民党五届五中全会财政部财政报告》，《民国档案》1986 年第 2 期；喻春生：《孔祥熙在国民党五届五中全会上的财政报告》，《民国档案》2006 年第 1 期。

　　② 《杨格拟行政院长致海关总税务司电（1939 年 1 月 28 日），见《海关税收担保债赔各款摊存办法案卷录要（1939 年 1 月—1941 年 8 月）》，［国民政府国库署档案］，载《资料汇编》第五辑第二编，财政经济（二），第 795 页。

　　③ 《公债司等关于关税担保债赔各款摊存办法会签（1939 年 1 月 31 日）》，见《海关税收担保债赔各款摊存办法案卷录要（1939 年 1 月—1941 年 8 月）》，［国民政府国库署档案］，载《资料汇编》第五辑第二编，《财政经济》（二），第 796—797 页。

　　④ 《十年来之海关》，第 14 页。

　　⑤ 《抗战以来的财政》，第 32 页。

政府在中央财政极其窘迫的情况下，出于迎合英美、争取英美势力对我抗战的支持，对于摊存何种债赔是有选择的。

1939 年 3 月财政部《第二期战时行政计划实施具体方案》提出：第二期战时之债务政策，一面须维持债信，一面仍须举借新债，以弥补国库亏短。政府对于旧债本息久已尽力维持，唯现在关盐两税收入大部分既被劫持，所有两税担保债款自应妥定偿付本息方案，以资兼顾。关于关税担保债款之偿付，业已公布摊存办法，在 1939 年、1940 年两年各期内，如与现时情势无殊，自应逐月照此办理。① "至海关附税担保之短期债款，如美麦美棉借款等及抗战以后所举借之内债，如救国公债，南镇铁路借款等，均各依期支付本息。此外战前举借其他担保之债款，亦暂照旧办理，俟必要时再斟酌情形另定办法。又盐税担保之外债，上年 9 月到期，本金核定缓付，只付利息，本年仍照案缓本付息。在 1939 年、1940 年两年各期内，如与现时情势无殊，自应依期照此办理。"② 关税担保内债之贴现："关税担保之外债，既已规定摊存，其担保之内债，自难例外，惟此项内债关系市面进入，至为重大，必须斟酌情形妥筹维持。拟于 1939 年第一期内先委托国债基金管理委员会及中央、中国、交通、农民四银行会商，准由持票人凭票贴现办法即予实施。在 1939 年、1940 年两年各期内，如与现时情势无殊，自应依期照此办理。"③

自 1939 年 1 月起至 1941 年 11 月止（即太平洋战争爆发以前），国民政府均按各关税收所占全国海关税收之成数比例，摊存每种债、赔款应摊数额。太平洋战争爆发后，重庆海关总税务司署只有后方各关税收数字，其所占全国各关税收之成数，自即无从推算。1942 年 3 月 12 日，财政部关务署代署长彭重威就海关债赔款额如何应变发出签呈，拟据两种办法，供财政部参酌：（1）以上年最后一个月之成数为标准，定为每月应摊存国币 2258297.68 元；（2）以上年已据报财政部之 10 个月平均摊存数为标准，定为每月应摊存国币 2695008.56 元。④ 1942 年 4 月，财政部长孔祥熙发出致海关总税务司代电称：海关债赔款额"应自 1941 年 12 月份起，按照 1941 年已据报财政部之 10 个月平均摊存数目国币 2695000 元为标

---

　　① 《财政部拟具第二期战时行政计划实施具体方案（1939 年 3 月）》，［国民政府财政部档案］，载《资料汇编》第五辑第二编，《财政经济》（一），第 38 页。

　　② 同上书，第 38—39 页。

　　③ 同上书，第 39 页。

　　④ 《关务署代署长彭重威关于海关债赔款额如何应变签呈（1942 年 3 月 12 日）》，［国民政府财政部国库署档案］，载《资料汇编》第五辑第二编，《财政经济》（二），第 812—813 页。

准，每月继续提存中央银行，以维债信"①。

在实行公库法以前，由海关总税务司梅乐和在各银行开立的各项关税担保内外债提存本息备付基金专账户及其他各项事业或养老金等专款户，所有案卷均在上海，国民政府关务署无从稽考。相关资料显示，自1941年12月份至1942年9月份止10个月共计摊存国币2695万元，当时是按月拨存关务署在中央银行业务局，并于1942年10月20日将该项款额悉数分别划存财政部各债基金账户。②

国民政府财政部关务署于1942年5月29日以计字第268号训令海关总税务司署，命令海关执行《公库法》，③又公布《各海关施行公库法后自理收支应行注意事项》，根据这两个文件，从1942年10月1日起，海关奉命实行《公库法》，按照该法规定，所有海关税收，应扫数解库，不得提付任何款项，即以关税为担保之债、赔各款的本息基金亦不例外。实行之初，因为以关税为担保的债、赔各款，早已停止支付，改行摊存办法，所以对于各该债、赔偿付问题，实际上并未立即感受影响，且当时第二次世界大战方酣，国内国外都集中注意力于战争的进退得失，对于实行《公库法》一事，并未引起重视；但是事实上此种措施已改变了关税担保的性质，即原来以关税为担保的特种担保，已一变而为以国库收入总存款为担保的一般担保，而海关总税务司非奉特别令准，已不能再按借款合约的规定，按期由关税收入项下拨付其所担保的各项债、赔款本息基金。

在国民政府不懈的外交努力下，1942年年底及以后数年中，国民政府与英、美、法、比、荷等国签订新约，各该国声明放弃1901年在北京所签的议定书及其附件所给予的一切权利，包括庚子赔款在内，所以庚子赔款丧失其继续拨付的法律根据。

1943年1月11日中美签订的《关于取消美国在华治外法权及处理有关问题之条约》第二条："美利坚合众国政府认为1901年9月7日中国政府与他国政府，包括美利坚合众国政府，在北京签订之《议定书》应行取消；并同意该《议定书》及其附件所给予美利坚合众国政府之一切权利应予终止。"和其他有关国家也订有类似内容的新条约。但是各国部分庚子赔款，已经分别拨充特定用途，而对于此项特定用途如何

①《财政部关于改变海关每月摊存债赔款数额代电（1942年4月）》，[国民政府财政部国库署档案]，载《资料汇编》第五辑第二编，《财政经济》（二），第813—814页。

②《关务署查报海关实行公库法以前债赔各款摊存情形呈（1942年12月2日）》，

③陈诗启：《中国近代海关史》，第843—845页。

处理，新约中并无明确规定。在订约当时，似因各国庚款用途各殊，性质复杂，留待将来再行洽商妥筹解决办法，所以当时没有予以硬性规定。①

从1943年起，国民政府开始施行由关务署、盐政署、公债司和国库署共同签呈的《战时关盐两税担保债赔各款应摊偿债基金摊存办法草案》，主要规定有：关税担保债赔各款应该摊存者有英德续借款之本息、善后借款之本息、庚子赔款法、英、美、葡部分之本息（此项摊存一俟英、美新约批准及法、葡两国声明放弃，即行停止）、十七年长期金融公债之本息、二十五年统一公债之本息、二十五年复兴公债之本息；关税担保各债款之拨存额为全年应偿金额的14%，其原币与国币之折合率，均按拨存时中央银行牌价计算；依本办法摊存之偿债基金存款本息，海关总税务司应凭财政部通知支付。②

由此，自辛亥革命以来丧失的中国海关税款保管权最终被国民政府收回。

第七节　有效运用关金政策

为避免税收损失，抗战时期国民政府有效运用货币结算这一金融手段，施行切实有效的关金政策，从而在财政收入上获得了良好的功效，③确保了国民政府关税收入的持续增进，稳定了国民政府财政基础。

民国时期，中国政府对外积欠巨额债赔，长期迟滞我国经济发展。海关关税向为担保基金，外债计算单位多为金币，而我国为银币国家，在金银两种比率发生变动之时，担保外债的关税收入，往往由银币折成金币，发生极大差额。每当以关税收入支付外债本息时，在预算上发生极大差额。

抗战全面爆发后，国民政府继续坚持海关金单位的税款征收制度，此时海关金单位制度在发挥原有稳定关税作用的同时，起到抵制日伪劫夺税

①　陈诗启：《中国近代海关史》，第846—847页。

②　《关务署等拟具公库法实行后关盐税担保债赔款应摊偿债基金拨存办法签呈（1943年2月17日）》，［国民政府财政部国库署档案］，载《资料汇编》第五辑第二编，《财政经济》（二），第841—842页。

③　龚辉：《论国民政府战时关金政策的演变——兼论抗日战争期间中日财政金融的争斗》，《军事历史研究》2005年第2期。

款的作用。1930 年 2 月，国民政府财政部规定海关进口税，改按金币征收，以值 60.1866 公毫纯金为单位。当时美金一元，含纯量 150.463 公毫，故金单位 1 元等于美金 4 角。迨 1934 年美元贬值，美金所含之纯金量为 88.8671 公毫，照此换算，每金单位 1 元，等于美金 0.67725 元。自 1942 年 4 月 1 日起，国民政府规定关金单位每元含纯金量为 88.8671 公毫，适与美金所含纯金量相等，即每金单位 1 元，亦适等于美金 1 元。其时政府举办之美金储蓄券，已将美金与法币之换算率订明为 1 与 20 之比，即美金 1 元折合法币 20 元。因此，商人照税则应纳进口税金单位 1 元，而以法币缴付者，自亦应照此比率换算。① 海关也于 1942 年 4 月 1 日起，按照每关金单位 1 元折合法币 20 元缴纳。此则或不免有关税收入因此发生损失之虞，实则我国进口关税，在战时由国外运入国内时，其所应缴纳之进口税，已一律改行从价税制，在商人申报货价时，已以征税所在地之币制价格为准，按价核算其所应纳税款，缴纳进口税。故税款之收入与此项关金单位换算比率之改变，无甚影响。②

此外，国民政府还积极地扩展关金券的用途，试图通过更大范围的金融活动来缓解严重的财政经济危机。

战时的财政在税收短绌、借款未成的情况下，财政开支在很大程度上只能依靠募集公债与发钞，而在这两项根本的财政手段中，国民政府都积极主动地运用了关金政策。关金公债的发行，虽然实际销售情况并不理想，但无论后来关金债券被用作借款还是垫款的抵押，都便利了国民政府得到急需的现金用于各项财政开支。

关金券改按新定价的发行，替代法币执行流通手段的功能，实现了货币的多元化。一方面抵制了日伪利用法币向大后方抢购物资的货币进攻；另一方面直接向国民政府提供了维持抗战所需的大量现款，同时也减轻了实施通货膨胀政策时对于增发法币的依赖，在一定程度上延伸了政府继续执行通货膨胀政策的空间。

由此可见，抗战时期关金政策的实施无论是对政府筹集资金维持自身的经济抗战能力、安定民心，还是用于对敌经济、抵御日本侵略方面，都起了不容否认的积极作用。③

---

① 《十年来之关税》，第 14—15 页。

② 宋同福：《战时关税》（上），载《经济汇报》第 9 卷，1944 年第 3 期。

③ 龚辉：《论国民政府战时关金政策的演变——兼论抗日战争期间中日财政金融的争斗》，《军事历史研究》2005 年第 2 期。

第八节　着力施行减免政策

为保护国家稀缺资源，发展民族经济，早在 1935 年国内经济学者主张中国出口货物除了下列三种外，一律免征出口税：（1）国粹，如古物、古画等；（2）各种不能生产的货物，如钨砂等；（3）国内急需的货物，如钢铁等。①

抗战全面爆发后，为便利战时军需民用物资的输入以及重要物资的出口换汇或者易货贸易需要，国民政府在战时施行了一系列的减免税政策。

一　军用物品免税

我国对于军用物品，在战前即予免税进口。至 1937 年 5 月间又将《免税军用物品种类表》修订一次。抗战全面爆发后，仍根据此项修订军用物品种类表的规定品目，继续免税，以便军事机关尽量购运外国军用物资。1937 年规定，各军事机关、部队在国内运输军用土货，凡在各省间运输，准予领用军政部军用执照。在本省境内运输，准予填用军用证明书，凭以报运。但应军政部或报运物品的军事机关部队，事先函告财政部转令各海关免税验放。"玉门油矿还取得免征、缓征或减征产品税、运矿器材税、战时消费税、统税等的优待。"②

嗣后对于由外洋进口的麻袋、测量用纸、汽油、机油等购作军用者，亦一律准予免税，免税军用物品所列品目如下：

（甲）兵器及其配件共 46 种：刺刀、指挥刀、各兵科用刀、骑茅、步枪、马枪、手枪、瓦斯枪、信号枪、掷弹枪及附件，自动步枪及附件，机关枪及附件，又弹药箱及附属品箱，迫击炮及附件，又弹药箱附属品箱，步兵平射炮及附件，又弹药及附属品箱，步兵曲射炮及附件，又弹药箱及附属品箱，要塞炮及附件，高射炮及附件，野战炮及附件，枪弹、炮弹、手榴弹、枪掷弹、枪炮空包弹、照明弹、信号弹、发光弹、烧夷弹、发烟弹、发烟筒、瓦斯弹、飞机炸弹、炮弹

---

① 冯家禄著，温嗣芳教授指导：《论保护关税》，国立武汉大学法学院经济系毕业论文，1945 年。

② 李宗植：《玉门油矿开发史初探》，《甘肃社会科学》1983 年第 3 期。

底火用猎枪弹、地雷、水雷、有烟药、无烟药、炸药、火具（引信、爆管、门管、电管、火管）、导火索。

（乙）服装及其配件凡 2 种：军用被服装具，军用特制被服材料（具有特制标志者）。

（丙）兵工厂制造各种兵器之材料及机械有 31 种：枪钢、炮钢、炮弹钢、枪炮弹实钢、工具钢、军用特种钢、弹夹钢皮、钢盂、黄铜、生篾、青铅、硫磺、硝石、硫酸、硝酸、酒精、衣脱、其他制造火药原料，制造枪炮用木料，火药之爆温爆压及爆速等测验仪器及附件，枪炮初速膛压测验仪器及附件，枪炮后坐力及后坐速度测验器及附件，电火花高速活动摄影器及附件，火药制造专用机械及其工具，各种枪类制造专用机械及其工具，各种炮类制造专用机器及其工具，各种枪弹制造专用机械及其工具，各种炮弹制造专用机械及其工具，各种火具制造专用机械及其工具。

（丁）航空器材为 19 种：军用水陆航空器及附件零件，航空器之武装及附件，航空试验室设备及化学药料，发动机附件及零件，航空专用之发电机及附件，航空器蒙布，航空器制造厂设备及机器，航空器之各种金属材料，航空摄影器材及零件，航空器修理设备及工具，航空器各种涂料，航空器之木料，防空器械及附件，航空无线电设备及附件，防空通讯车上之特种装置，航空站标识及各种预测仪防空气球，防空仪器，航空仪表。

（戊）其他专为军用之物品也有 46 种：军用望远镜（自八倍以上），瞄准镜及瞄准机、测距镜、剪形镜、军用象限仪、方向盘、高射操纵器、炮兵计算机、音源测定器、听音机、探照灯、观测车、弹药车、战车、辎重车（专为运输军用品者）、铁甲车、牵引车、重炮及附属品搬运车、军用铁舟、浮囊舟、分析式铁道桥、军用轻便铁道材料及车辆、军用有线无线电报电话机及其附件（加有火印者）、地雷水雷用电缆、传书鸽、军用警犬、军用骡马（加有火印者）、军用乘马具、挽戈用具、驮载用具、应用具（将制专供军用者）、钢盔、钢胄、钢马甲、剪铁丝钳、刺铁丝及铁蒺藜、军用工作器具、军用药器、军用教育器具、理化仪器（专供兵器研究用者）、防毒器及防毒药材、营用器（注有特别标记者），军用食品（军用粮机厂特制者）、厨用具（特制专供军用者）。

（己）军用卫生材料为 8 种：（1）陆军卫生材料厂自制卫生药品器材及印有特别标记者；（2）野战药笈；（3）蒸汽消毒车；（4）负

有特别标记或制成特别形状之军用药品（药丸药片等应按药品之性质制成特别形状，瓶厅装之药品应在瓶厅上印特别标记）；（5）刻有军医署定制字样或军用特别标记之各种医疗用具；（6）各陆军医院陆军卫生材料厂试验设备（应于各品之主要部分分别刊刻军医署及陆军卫生材料厂定制字样或其他军用特别标记）；（7）陆军卫生材料厂制造设备及机器并制造所需各种原料（应于各品之主要部分分别刊刻陆军卫生材料厂定制字样或其他军用特别标记）；（8）陆军卫生材料厂修理设备及工具（应于各品之主要部分分别刊刻陆军卫生材料厂定制字样或其他军用特别标记）。[①]

另根据财政部1946年汇总报告，抗战时期"凡属与军事有关之物资，即经尽量减税，以促进其输入。所有军事机关由国外购运之军用物品，悉依免税办法之规定免税放行。其由外洋进口之麻袋、测量用纸、汽油、机油等之购作军用者，亦准一律免税"[②]。

二　救护药品、赈灾、教育及慰劳用品免税

抗战全面爆发后，救护药品需求大增，为鼓励药品进口，财政部会同卫生署商订救护药品免税办法，1937年10月20日，财政部特颁布《救护药品免税暂行办法》规定，凡所列救护药品免税表上的物品进口一律免税，并规定各省市药房免税购办之救护药品，其售价最高限度，不得超过进价（包括成本运费息金杂费利益）8%，由当地政府及卫生勤务部派驻各该地方之专员监督稽核其购进存储售卖之价值与数量，并按月分别呈报卫生勤务部及财政部稽核。[③]

《救护药品免税暂行办法》还规定，凡中央及地方政府或合法社团购买救护药品或外科手术用器，均得照规定表列品目，免税进口。其规定品目如下：

（甲）免税药品种类凡85种：醋柳酸、硼酸、石灰酸、双二烷巴比特鲁酸、柳酸、鞣酸、肾上腺素、氯二烷、鱼石脂、破风抗毒素、硝酸银、硝酸银棒、强蛋白银、弱蛋白银、硫酸阿力平、石油木

---

①　宋同福：《战时关税》（上），载《经济汇报》第9卷，1944年第3期。

②　《抗战期中之财政（1946年2月）》，[国民政府财政部档案]，载《资料汇编》第五辑第二编，《财政经济》（一），第444页。

③　财政部财政年鉴编纂处编：《财政年鉴（续编）》第六篇关税，第96页。

清、次硝酸铋、含氯石灰、樟胸、氯化钙、水化氯醛、氯仿、硫酸铜、葡萄糖、洋地黄素、盐酸吐根素、醚、枸橼酸铁亚、蚁、溶液、甘油、六个一稀四锺、氯化高汞、氯化低汞、二氯化氢、碘仿、碘、硫酸镁、新阿斯凡纳明、清鱼肝油、洋橄榄油、蓖麻油、黄石脂、非纳宗、柳酸因、醋酸铅、溴化钾、氯酸钾、氰化钾、氟氯化钾、碘化钾、过锰酸钾、盐酸普鲁卡因、重硫酸奎宁、二盐酸奎宁、含奎宁扑疟毋星、雷代奴、白喉血清、链球菌血清、鼠疫血清、重碳酸纳、硼砂、氰化钠、氢氧化钠、柳酸钠、硫酸钠、次亚硫酸钠、硫磺、霍乱疫苗、痘苗、药特灵、氧化锌、硫酸锌（以上普通药品 73 种）。盐酸阿扑吗啡、盐酸二烷吗啡、盐酸可卡因、磷酸可待因、优可度、大麻浸膏、盐酸吗啡、药用阿片、班度邦、盐酸帕帕弗林、盐酸士的宁（以上麻醉药品 11 种）。

（乙）免税外科医用器械之种类凡 5 种：（1）外科用刀剪钳镊锯凿；（2）X 光机（附发电机）；（3）蒸汽消毒品；（4）猫肠线；（5）手术台。[1]

除医品之外，对于赈灾、教育及慰劳用品，亦均可凭部颁护照准予免税进口。

抗战全面爆发后，各地方团体报运慰劳品之事颇多，如均责令转请该管省市政府证明，再由该省市政府转部核饬海关免税验放，手续过繁，对于运输未免有所耽延，为证明手续力求简单，俾资便利起见，财政部令总税务司梅乐和：各地方团体所运慰劳品，经各该管省市政府核转财政部，请予免税，应准照办。其规定办法如下："凡地方合法团体拟报运慰劳品前往各地为慰劳抗敌将士之用者，应开列清单注明品名、数量、包装件数、起讫地点及起运日期等项，送由当地县市政府查核属实印发证明书，将该团体单开各项详细载于书内，并按件给予盖印、封条粘贴于包件之上，以备沿途关卡验明，该项证明书及封条与货相符予以免税放行，各关卡对于所运物品认为有影射牟利情形者，应一面将物品扣留，一面报由总税务司转报财政部核办。"[2]

1938 年 1 月财政部拟订《慰劳品免税报运办法》如下：凡地方合法

---

[1] 宋同福：《战时关税》（上），载《经济汇报》第 9 卷，1944 年第 3 期。

[2] 《财政部令关渝字第 319 号（1938 年 1 月 29 日）》，载《地方团体慰劳抗敌将士物品免征关税问题》（1938 年 2 月 12 日），[海关总税务司署档案]，档案号：六七九/18429，二档馆藏。

团体，拟报运慰劳品，前往各地，为慰劳抗敌将士之用者，应开列清单，注明品名数量，包装件数，及起运日期等项，送当地县市政府查核属实，印发证明书，将该团体单开各项详细载于书内，并按件给予盖印封条粘贴于包件之上，以备沿途关卡验明该项证明书及封条与货相符，予以免税放行。各关卡对于所运物品，认为有影射牟利情形者，应一面将物品扣留，一面报由总税务司转报财政部核办。①

关于救济物资进口免税事项，国民政府除参与 44 国会同签订善后救济联合协定外，并就在华善后救济事宜，与联合国善后救济总署签订单行基本协定。依照该项联合协定第十六条，及单行基本协定第七条之规定，所有善后救济物资进口，应行豁免我国善后救济总署印制"联合国善后救济总署已进口善后救济物资请求免税证明书"，及"善后救济总署已进口善后救济物资转口运输证明书"，加盖善后救济总署印信，凭以报关免税验放。为便利盟邦支援中国抗战，国民政府对来华人员和物资也采取一些免税措施，学校暨宗教慈善团体价购美国军用剩余物资免税办法，呈奉行政院核定通饬遵行，凡经主管机关立案之学校暨当地官厅证明成绩素著名之宗教及慈善团体（如为外人所定之美国军用剩余物资物品，得申请免纳进口关税，由财政部组设审查会审查之）。

关于教育用品免税事项，1930 年国民政府财政部曾会同教育部议定免税章程，分饬各地海关遵照执行。为进一步促进战时教育的发展，1944 年 1 月 4 日行政院修正了上项免税章程，将其改名为《教育用品免税规则》并令教育部、财政部公布施行，财政部于 1944 年 2 月 8 日公布施行。该项规则中规定：国内公立及已立案的私立各级学校暨其他教育机关购置教育用品时，依照本规则第三条请领免税护照，即申请免税的教育机构应将申报免税的货物分别填写 6 份呈教育部或由各主管教育机关转报教育部核准后，咨行财政部填发护照，分别令行各该管关局免税验放，这些教育用品包括：仪器、理化用品、标本模型、依照学校及教育机关设立性质用于教学或研究的必需品。②

关于驻在本国外交官及领事官等购运公私应用物品免税事项，除仍按照 1929 年秋订定之四项免税标准办理外，并按照我国与美、法、英、意、荷兰、巴西、瑞典、西班牙、丹麦、比利时、坎拿大等国所订相互免税办

---

① 财政部财政年鉴编纂处编：《财政年鉴》（续编）第六篇关税，第 21 页。
② 《经济法规辑要》，载《经济汇报》第 10 卷，1944 年第 1 期。

法办理。① 1944 年 7 月 7 日，行政院指令核准财政部优待联合国救济善后总署来华人员，有关海关部分意见：“（一）关于免除捐税部分，（甲）关于免除关税者：总署来华官员所带之行李、自用物品及办公用品如打字机、文具、纸张之类及其在我国境内旅行所带此项物品，均准免征关税及战时消费税。（二）关于免受检验部分：邮袋公文袋准予免税免验放行。”②

三　铜铁等金属品及机器品进口税减征

抗战时期后方各省，对于生产事业积极开发。所有铜铁等金属品及机器，需要甚殷。

至 1939 年 5 月 1 日，为奖励铜铁等金属品及机器之进口便利实业建设起见，财政部特选择铜铁等金属品 83 号列货品，机器等 9 号列货品，颁布《非常时期后方各省进口铜铁等金属品及机器纳税办法》，以增进其输入，并附列《钢铁等金属品目表》，规定自 1939 年 5 月 1 日起，凡属购运附表列各种钢铁金属品及机器，均准照 1934 年 6 月 1 日公布进口税则的税率（1936 年 5 月最后修订一次）减按 2/3 缴纳，以奖励进口，此项办法，暂以 6 个月为限。③

四　必需品减税与公路运输器材记账纳税

财政部为奖励一般必需品进口起见，特通电全国，自 1939 年 9 月 2 日起，所有进口物品除 7 月 1 日公布《非常时期禁止进口物品品目表》所列各禁运物品外，准由商人自由运进，并得享受照 1934 年颁订进口税则原税率减低 2/3 缴纳，即仅纳 1/3 之进口税，即可进口，其有效期间至抗战终了为止。④ 此项必需品减税范围甚广，如棉货、五金、机器及工具、交通工具、化学产品、药品、糖浆、纸浆、橡皮制品、一部分纸张等均包括于减税范围之内。

战时大后方的各种军需民用物资，主要依靠公路运输，自滇缅路通车后，以卡车为交通之主要工具。在这种情况下，财政部于 1938 年 10 月会同交通部订立各公路购运工程机料及工具全税记账办法，共有三项：

① 《财政年鉴（三）》第六篇关税，第 24 页。

② 《有关稽征问题来文》（1944—1945 年），［海关总税务司署档案］，档案号：六七九(8)/379，二档馆藏。

③ 钟淦恩：《战时我国关税之应变措置》，《经济汇报》第 2 卷，1940 年第 1、2 期合刊；宋同福：《战时关税》（上），载《经济汇报》第 9 卷，1944 年第 3 期。

④ 朱偰：《中国战时税制》，财政评论社 1943 年版，第 87 页。

（1）各公路所购工程机料工具，准将税款全部记账，暂以一年为限。
（2）各公路工程机料及工具，准将税款全部记账的范围包括：载重汽车
及配件，以未通车各公路所购运者为限；工程工具（开山机、筑路机、
测绘仪器等）；钢料（油池、桥梁应用之钢料连零件钢铁在内）；木料；
机器（制造及修理用的机件及工具）；行车电信材料（电话及无线电台）。
（3）各公路购运工程机料及工具请求全税记账者，应开单呈候交通部核
转财政部令各关照办，唯货运到关得由各关凭各该路局公函先放，俾应事
机，其税款应否记账，仍以报经财政部核定为准。

为奖励公路运输起见，在该路往来之装货卡车，不问其为雇佣或自
用，一律免予办理纳税手续，藉便验放。

至于其他内地公路所购工程机料及工具者，根据 1939 年 10 月 17 日
公布《各公路购运工程机料及工具全税记账办法》的规定，准予将纳税
款全部记账。其优待范围规定如下：

　　　（1）载重汽车及配件以未通车各公路所购运者为限，（2）工程
　　工具（开山机等路机测绘仪器等），（3）钢料（油池桥梁应用之钢料
　　连零碎钢铁在内），（4）木料，（5）机器（制造及修理应用之机件
　　及工具），（6）行车电信材料（电话及无线电台）。[①]

五　禁运令调整后洋货进口减税

自 1939 年 7 月 1 日实施《非常时期禁止进口物品办法》以后，经三
年的实施，所有禁运进口之品目多有改变，国民政府于 1942 年 5 月 11 日
又公布《战时管理进口出口物品条例》，分特许进口物品、禁止进口物
品、特许出口物品、禁止出口物品等项。凡属业经竭尽的洋货，其进口税
率仍照征全税，准予进口。[②]

1942 年 10 月 24 日，财政部依据《战时进口出口物品条例》第七条、
第八条的规定制定并颁布《特许进口出口物品领证报运办法》，[③]详订进
出口物品报运手续及范围。对于禁运物品，经政府特许后亦可报运进口，
其特许办法分为两种：一为专用特许，二为商销特许。专用特许证适用范

---

①　宋同福：《战时关税》（上），载《经济汇报》第 9 卷，1944 年第 3 期。

②　同上。

③　《经济法规辑要》，载《经济汇报》第 6 卷，1942 年第 9 期。

围，以下列为限：

（1）政府机关为调剂供需稳定物价或其他必需用途，对于禁运物品，须自行采购或委托商家代办进口者；（2）公私机关团体及个人，因科学工业、医疗卫生、慈善救济、教育文化、宗教或其他特种用途，对于禁运物品，有确实需要者。商销特许证适用范围，以下列为限：（1）人造丝绸缎及其交织绸缎（进口税则第142号乙丙戊庚辛5项）。（2）煤油（进口税则第532号甲乙两项）。

1943年2月起，为奖励必需品之输入，又择定呢绒、糖精、纸张、蚕丝与丝质衣着零件等12个税则号列货品，增订为进口洋货减税品目，一律照原税率1/3缴纳，即可进口。盖此项物品，或系与民生日用有关，或属建设上之需用品，故财政部不惜以重大关税损失，奖励其进口。

六　外销土货免税或减税

为集结外汇，充实法币基金起见，国民政府对于外销土货均尽量采取免税或减税出口政策。如生丝、茶叶、草帽三项，早已规定免税出口：其后对于桐油、猪鬃、皮革、皮货等10余种货品，亦自1939年1月1日起免税出口；同年5月24日，更实施《出口货物免税品目表》，列举当时出口税则33号列货品，给予免税出口；1940年继续实施减免出口税办法，除依照《修正出口货物结汇办法》，对于出口桐油、茶叶、猪鬃、矿产四类统销货物，及指定之蛋品、羽毛、肠衣、皮革、皮毛、梧子、药材、油蜡、予仁、烟草、木材、蚕丝、苎麻、棉产品等14类（后将棉产品取消，改为13类）。[①]应结外汇货物，一律豁免出口税外，其他后方工厂机制货品、手工艺品、农产品、农产制品之有奖励输出之必要者，仍随时审核，免征其出口税，以利外销。

经此次调整后，凡属结汇货物，均已免征出口税；其他免结外汇之出口货物以及手工艺品，亦随时审核，免征其出口税，以奖励输出，而增加外汇收入。根据《财政部长孔祥熙任内政绩报告（节略）》称："凡外国货物未经订入禁止进口物品表以内者，商人只须照1934年进口税则原订税率缴纳1/3之关税，洋米、汽油、柴油、救护药品与医疗器械等，完全免税，滇缅路往来装载货物之卡车，不问其为雇用或自用，一律免予办理

---

① 朱偰：《中国战时税制》，财政评论社1943年版，第90页。

纳税手续，藉便验收。"① 1937 年 10 月，为便利内迁工厂运输各项机器材料，规定凡运输内迁工厂机器材料者，得免征转口税。1942 年 4 月转口税裁撤后，对所运内迁工厂机器材料，须请免纳战时消费税，应请由经济部专案核准并转财政部核办。

七　由沦陷区内运洋货征税与限制

1938 年间，敌伪对于沦陷区域的海关，即开始把持攫夺。始则劫取税款，继则擅改税则，减低日货进口税率，以达其垄断沦陷区市场之目的。国民政府饬令国统区各海关施行由沦陷区内运洋货新的征税与限制政策，规定：（甲）凡在 1938 年 6 月 1 日以后，经沦陷区海关进口的洋货，转运后方行销者，应照国民政府所颁布的进口税则，补缴进口税；（乙）凡经禁止进口之洋货，而未在 1938 年 6 月以前，按照国民政府颁布之税则缴税者，不准其转口内销；（丙）凡在沦陷区以禁止进口物品为原料制成之物品，一律禁运后方行销。②

抗战前期的进口管制办法虽曾多次修订，但对民生必需品及特种物资始终列为进口免税品。进口免税品措施的作用是非常明显的，且不惜损失部分关税收入，促进战时军需民用紧急物资的输入，平衡后方物价，以保障抗战军事作战和经济建设之需。③

在财政部 1941 年度工作计划中，我们可以看到，国民政府继续施行原定减税办法，借使人民生活所需物品得以廉价供给，无虞匮乏，其关于后方民食之米、麦、杂粮等，则拟随时考查国内供需情形，酌定期限数额，予以免税，以资调剂，又为奖励经济建设，对于在后方设立之重要工厂及开采之各种矿产，所需机器工具，或主要原料，于一发审查后，免征其进口税。现已实行者，在下列四项："1. 外洋进口之米谷，照原定期限完全免税；2. 由粤桂两省进口之牛只，准予免征进口税，以利耕地役用；3. 新亚化学制药公司购制奎宁丸粉所用原料金鸡纳霜树皮，免征进口税，以宏救济；4. 由滇缅路运货入境之卡车，不论是否雇用，均一律暂行免税，以利物资内运。"④

米粮及液体燃料，为抗战最需要之物资，财政部经于 1940 年 11 月及

---

①　《财政部长孔祥熙任内政绩报告（节略）》，［国民政府财政部档案］，载《资料汇编》第五辑第二编，《财政经济》（一），第 400 页。

②　宋同福：《战时关税》（上），载《经济汇报》第 9 卷，1944 年第 3 期。

③　郑莱：《十年来中国之关税》，载《经济汇报》第 8 卷，1943 年第 9、10 期合刊。

④　朱偰：《中国战时税制》，财政评论社 1943 年版，第 87—88 页。

1941 年 10 月先后核定："将洋米汽油柴油三项，规定暂准免税进口，以利抢运，而增来源。又为鼓励国内生产及调剂各地民生计，曾将多数土货，准其减免转口税，以轻担负。"① 如救护药品、医疗器材、洋米、汽油、柴油都先后成为完全免税进口的货品。1940 年和 1941 年，仅前三种货物的进口值就分别合计为国币 21810 万元与 36760 万元。其中，米在这两年的进口值中，分别位列第二和第一。②

此外，赈灾、教育、慰劳用品，准凭各该主管部颁发的护照免税进口，不过其值较少。加上对滇缅公路上装运货物的卡车，还规定不管自用或雇用一律免办纳税手续；各公路购进的载重汽车及配件、工程工具、钢料、木料、机器、电信器材等六项，也划定范围，订明界限，准许应纳的关税全部记账。③ 显然，采取这类措施对于促进进口、增裕外来物质力量、支持抗战都曾起到较好的作用。

财政部根据花纱布管制局 1944 年 11 月 29 日代电称，湖南田赋粮食管理处滨湖替征处以湘省各办赋棉已征获约 400 担，亟待抢运后方交拨，以免资敌，请求财政部转饬沅陵海关及各省统税机关凭该处运棉证明书，免税查验放行，财政部根据 1943 年 11 月间部颁规定"棉田征实之棉花应予免征战时消费税"，于 1943 年 12 月 3 日电饬总税务司通令各关遵照执行。在案此次湖南田赋粮食管理处所运征实棉花沅陵海关应照部案规定免税验放。④

1938 年间，财政部为使各省官办的棉种、蚕种及树苗等运输便利，规定报运稻种、小麦、棉种、杂粮种子、豆类、甘薯、马铃薯、花生、芝麻、油菜籽、蓖麻子、烟草种子、甘蔗、麻类种子、蔬菜种子、茶叶种苗、桑树种苗、蚕种、造林用种苗、公路种植用苗木、果树种苗等项，经各省建设厅发给证明书，确系专供试验或推广植苗之用者，准予由各关验明免征转口税放行。其供食用、制油及其他用途，或属营利性质者，不得免税。1939 年 7 月，又将此项免税物品加以扩充，拟定免税运输官办农林种苗、种畜种类免税表，令各关遵行。

1942 年 4 月，转口税裁撤，举办战时消费税，则上述种苗改免征战

---

① 《财政年鉴（续编）》第六篇关税，第 2 页。

② 国民政府主计处统计局编：《中华民国统计提要》，国民政府主计处统计局出版社 1947 年版，第 42—45 页。

③ 童蒙正：《关税概论》，第 175 页。

④ 《财政部关务署代电则字第 2521 号》（1944 年 12 月 2 日），载《总署等有关货物征免问题》（1944—1945 年），[海关总税务司署档案]，档案号：六七九（8）/504，二档馆藏。

时消费税。1942 年 7 月 9 日，财政部颁布《修正免税运输官办农林渔牧种苗种畜种类名称表》，规定稻种、小麦、棉种、杂粮种籽（大麦、燕麦、荞麦、玉蜀黍、高粱、小米、糜子、豆类）、甘薯、马铃薯、花生、芝麻、油菜籽、蓖麻子、烟草种子、甘蔗、麻类种子、蔬菜种子、茶叶种苗、桑树种苗、蚕种、造林用种苗、公路植树用苗木、果树种苗、种牛、种羊、种猪、种鸡、种马、种鱼鱼苗以及其他农林渔牧种苗种畜免税，并明确上列各项种苗种畜，以农林部及其直属机关，或建设厅证明，确系专供试验推广或防治之用者为限，其供食用制油及其他用途或属营利性质者，不得免税。①

国民政府为易货偿债及集中外汇以应战时需要，实行豁免统销与结汇物品的出口税并准非必需品免税出口。如 1938 年，经规定将大部分主要出口货物，如桐油、猪鬃、牛皮、茶叶、蛋品、矿砂、羊毛、药材、羊皮、蚕丝、苎麻、肠衣、棉花等 24 种，规定为结汇货品。商人于报运各该货物出口时，应将所售之货价，以外币计算，售与中国或交通银行。并将取得之承购外汇证明书，提交海关查验，方准报运出口。

1939 年，上项结汇品目，复经改订。其中如桐油、茶叶、猪鬃、矿砂四类货品，概由政府专设管理机关，统购统销，不准商人自由营运，1943 年，复将羊毛、生丝两类，一并订在统购统销之列。余如蛋品、羽毛、肠衣、皮革、皮毛、染料、药材、油蜡、子仁、木材、麻类等，则仍准由商人缴验结汇证件，报运出口。重要物资外销之管理益臻严密。为减轻成本，便于外销物资输出起见，海关对于统销货品凭准运单验放，结汇货品凭外汇证明书验放，所有应纳之出口关税，一律完全免征。②

为减轻成本，便于外销物资输出，并对战时需要无甚关系之物资扶助其外销起见，经特订豁免出口税办法：（1）统销货品结汇物品分别凭准运单及外汇证明书免税验放。（2）手工制品、海产品等计包括税则三十四号列货品一律豁免出口税。③ 在 1940 年制定的《财政部三十年度工作计划》中提出免征出口税："凡属结汇货物，均已将应征之出口税予以豁免，拟仍赓续施行；并拟对于其他免结外汇之出口货物以及手工艺品，随

　　① 财政部财政年鉴编纂处编：《财政年鉴（续编）》第六篇关税，第 95—96 页。
　　② 《十年来之关税》，第 16 页。
　　③ 《财政部长孔祥熙任内政绩报告（节略）》，[国民政府财政部档案]，载《资料汇编》第五辑第二编，《财政经济》（一），第 401 页；《抗战期中之财政（1946 年 2 月）》，[国民政府财政部档案]，载《资料汇编》第五辑第二编，《财政经济》（一），第 445—446 页。

时审核，免征其出口税，以期外销货品之种类逐渐推广，藉增外汇之收入。"①

1939年3月，国民政府财政部《第二期战时行政计划实施具体方案》提出延展征收海关附加税："海关附加税系对进出口货物按关税税率5%征收，照原案规定征至1939年6月30日届满，战事发生后，关税收入激减，拟再照案延展两次，于每届期满时完成立法程序，继续征收，充作补助财政之用，分别于第三期1939年7月及第七期1940年7月办理。"② 在1940年制定的《财政部三十年度工作计划》中，国民政府财政部又提出延展征收海关附加税："按照进出口关税税率征收至5%海关附加税。照案应征至1941年6月30日届满，为增裕税收，藉以补助财政，拟于1941年度第三期起，再行延展征收一年。"③

综观以上各项关税措施，完全系根据既定的关税政策，因时制宜，俾合当时国内外军事及经济状况。

---

① 《财政部拟1941年度工作计划（1940年）》，[国民政府财政部档案]，载《资料汇编》第五辑第二编，《财政经济》（一），第88页。

② 《财政部拟具第二期战时行政计划实施具体方案（1939年3月）》，[国民政府财政部档案]，载《资料汇编》第五辑第二编，《财政经济》（一），第22—23页。

③ 《财政部拟1941年度工作计划（1940年）》，[国民政府财政部档案]，载《资料汇编》第五辑第二编，《财政经济》（一），第89页。

第四章 战时国民政府缉私成效

抗战时期，猖獗的日伪走私在经济、政治和军事方面都给国民政府坚持抗战带来巨大的破坏作用。不仅使国民政府的关税收入锐减，严重扰乱国统区工农业经济秩序，且妨碍国民政府对敌实行经济封锁和经济反封锁，削弱国民政府的抗战实力。国民政府着力加强缉私工作，以防走私，增裕税收，成效显著。

第一节 猖獗的日伪走私

抗战全面爆发前，日寇就在华北、华中和华南地区策动大规模的走私活动，使我国的关税损失严重。"中国几百年来一直是各国走私者满意的猎食场所。在1928年关税恢复自主和1929年推行进口新税则前，从外国入口而言，走私者的真正动机不全是偷漏关税，盖因关税非重负荷，而是运入违禁品，如枪械、鸦片和麻醉品。……1929年2月1日正式生效的进口新税则大幅度提高了税率，不可避免导致了广泛的、组织良好的大规模走私活动。"① 在暴利的驱使下，日伪走私者借日本政府之淫威大量偷运私货出入边境。

"七七事变"后，日军铁蹄所到之处，日军立即占领当地海关，直接劫掠各地海关和关税，中国海关的缉私工作无不横遭摧残，日货走私随之亦泛滥成灾。自1937年9月日军宣布全面封锁我国海岸线后，"所有（中国）海关巡舰，不得不留泊各口之内，停止工作。于是海上缉务，全归停顿"②。

---

① 广东省档案馆编：《代理总税务司罗福德对近代中国海关缉私情形的回顾》，《历史档案》1992年第2期。

② 《中国旧海关史料》，第481页。

抗战全面爆发初期，日寇采取"速战速决"战略，以期在短期内迅速结束对华战争。

> 日寇以蕞尔小国，发动侵华战争，如蛇吞巨象，战费之负担，固非其力之所能胜，而物资缺乏，与日俱增；尤为敌寇之致命伤，于是复以大量之经济力量，在我游击区域内水陆交通之重要出站，以大规模之组织，利用汉奸肖小，提高价格，收购我民生日用品，军用物资及对外贸易之各种重要物资，藉以削弱我抗战之经济力量，以补充其不足之资源，而作军事及经济上之种种利用，此皆日寇所谓以战养战之毒计也。[1]

抗战进入相持阶段后，日本为了支持其对华长期侵略战争，便发出所谓"以战养战"的政策，用他们的术语来解释，这就是"就地给养"，就是"建设重于破坏"，就是"开发重于封锁"[2]。日寇千方百计"妨害我方前线生产，吸收我方物资，破坏我方生产设备，涣散我方劳力，用经济战配合武力战，以封锁工作来企图困死我国"[3]。一方面大肆由沦陷区向国统区走私倾销其廉价的剩余商品，希图套取国民政府发行的法币和外汇，破坏国统区工农业经济，扰乱国统区商业、贸易和金融秩序；另一方面由国统区向沦陷区走私各种重要的军需民用物资，以扩充其侵华军力，实现其完全吞并中国之阴谋。

1938 年 5 月，日本与英国签订关于中国海关的非法协定，攫夺沦陷区关税收入，与此同时，唆使北平和南京两伪组织，擅自改订税则，以利日货倾销各地。[4]"在输出方面，棉花、矿产等豁免征税，羊毛类税率降低至从价税 2.5%。输入方面，小麦、面粉免税，砂糖及海产物品减半征收，纺织物类、钢铁、锌、机械类等税率亦大为降低，要皆所以便利敌人

---

① 邓翰良：《十年来之商业》，载谭熙鸿主编《十年来之中国经济》（中 3），中华书局 1948 年版，第 L79 页。

② 许涤新：《敌寇经济攻势的演变》，载《群众》第 7 卷，1942 年第 24 期。

③ 本刊资料室：《敌军在沦陷区的经济掠夺》，载《群众》第 7 卷，1942 年第 24 期。

④ 如 1937 年 12 月 14 日成立的华北伪"中华民国临时政府"在 12 月 20 日命令在天津的"关税整理委员会"调查所谓的"关税改正"问题，随后于 1938 年 1 月 22 日颁行新关税，降低 62 种货品的进口税率；1938 年 3 月 28 日伪"中华民国维新政府"成立后，与伪"中华民国临时政府"进行所谓的调整关税问题的谈判，到了 1938 年 6 月 1 日，实行"统一新关税"，基本上是实行 1930 年国民政府公布的进口关税税率，而 1931 年的进口税则，由于受到了中日关税协定的约束，对于日货输入中国极为便利。

原料之供给及优货之输入也。"① 日寇占夺江海关行政权后，指示南京伪维新政府与北平伪临时政府共同协议，以前述华北伪临时政府施行的伪关税税则为蓝本擅自修改海关税则，并取消二五附加税而代以五成立的救济附加税，并于1938年6月1日施行。

计商品输入日军占领区域之中国口岸免税者，包含血清痘苗，农用种子，开矿机器及工具，矿车马达铲，挖掘机，各项机器零件，鼓风炉、碾铁机、精炼机以及各项采矿冶金用之机器。农用机器及零件亦受同样之优待。出口货中之免税品，包含铁、亚麻仁、棉子、棉花等。汽车税减20%，糖税减半。以前课于人造丝之重税，减至30%至40%；人造丝疋头货税减至35%至45%；海产品税亦减至30%至40%，磁器及洋灰税减半。其他货品减税者，包含本色棉布，波形或平形铁板，鲜鱼、盐青鱼、海带、鲜菜叶、硫酸、亚莫尼亚；纸类及肥料。尽皆所以便利敌人榨取沦陷区域内之资源及仇货之输入，以图垄断我国市场而已。②

人造丝、糖、海产品是日本大宗输华商品，其税率却只是我原定税率的1/4，这样，不仅冲击了我国内市场，妨碍民族工商业的发展，也影响了欧美等国的在华商品市场。虽然国民政府确立战时经济体制，实行统制经济政策，颁布了一系列战时法规，遏止非必需品的输入，禁运敌货进口，管理出口物资，禁运国产军需原料出口资敌，但禁令既多，私运亦随之增盛，尤以接近战区各地，走私更为猖獗，需严密防堵，因此抗战全面爆发后，国民政府的缉私工作，较之战前更形紧张。③

抗战进入相持阶段后，日寇采取"以战养战"策略，"妨害我方前线生产，吸收我方物资，破坏我方生产设备，涣散我方劳力，用经济战配合武力战，以封锁工作来企图困死我国"④。一方面大肆由沦陷区向国统区走私倾销其廉价的剩余商品，希图套取国民政府发行的法币和外汇，破坏国统区工农业经济，扰乱国统区商业、贸易和金融秩序；另一方面由国统区向沦陷区走私各种重要的军需民用物资，以扩充其侵华军力，实现其完

---

① 钟淦恩：《战时我国关税之应变措置》，载《经济汇报》第2卷，1940年第1、2期合刊。
② 同上。
③ 财政部缉私署编：《十年来之缉私》，中央信托局印制处，1943年，第11页。
④ 本刊资料室：《敌军在沦陷区的经济掠夺》，载《群众》第7卷，1942年第24期。

全吞并中国之阴谋。

敌人走私的路线，"北自绥远、包头，以向宁夏、陕西；沿黄河沿岸，由风陵渡等处以入陕豫；长江中游则由老河口、凭祥以向鄂北及沙市，并入川巴；一面由洞庭蕃阳水道以达湘鄂内地；沿海关由宁波、温州、厦门、潮汕、海临丰与西江各点，进入内地，而广州关更是一个重点，从潭林经廉江、陆川两集中于玉林，再由杉林流至广西各处与筑渝等市。像蜘蛛网一般的走私路线，真是使人吃惊的！"①

敌人走私的货物多半都是日用品。"大致可分几类：（1）纺织品，如布匹、麻葛、哗叽、人造丝等，（2）颜料，如伪装德货司马牌颜料等，（3）杂货，如肥皂、火柴、白糖，（4）文具纸张如油光纸、铅笔等，（5）化学品用具等，（6）纸烟及毒品，（7）其他。这是一般输入的货品，另外也有输出的，如在华南利用奸商私运钨砂桐油，在汉口附近区域购买猪鬃，在各地收买食粮，在鄂中、豫中、豫北利用奸商收买棉花，仅河南某大城市一地在 1940 年 2 月份上半月，9 家商店东运的棉花就有1278 包。"②

与此同时，一些奸商为谋取暴利，罔顾民族大义，也大肆进行走私活动，据我国海关调查：

> 自 1938 年 10 月武汉撤退后，对外运输线以公路及航空机为主，该两项路线私运之风日炽。出口私运物品经公路者，以逃避统制及结汇之物品为多；经航空者，以旅客密藏外运之金银及钞票为多。至进口私运物品，两路线均以禁止进口之物品为多。③
>
> 相当数量的上海制造及外来的工业消费品经广州湾法国租借地陆续不断地进入自由中国。从广州湾到重庆的卡车运输费 1941 年 10 月由每吨法币 7000 元涨到法币 10000 元。此类物品继续经中国控制的沿海各地及河南省的郑州—洛阳地区大量走私。有一些物资也取道九龙租借地经广东进入内地。④

---

① 许涤新：《敌寇经济攻势的演变》，载《群众》第 7 卷，1942 年第 24 期。

② 于毅夫：《1940 年日寇对华阶级侵略的透视》，《时事类编特刊》抗战三周年纪念号，1940 年第 54 期。

③ 《十年来之海关》，第 16 页。

④ 《〈大美晚报〉中国情况报告（1941 年 11 月 4 日）》，《档案与史学》1998 年第 3 期，第32 页。

　　根据许涤新的研究，在抗战期中，日寇"不但加强并扩大其对我的封锁，而且在走私方面，亦变更其目标与作用。在太平洋战争以前，走私是货币战争的一种辅助手段；走私是为货币战争服务的；太平洋战争以后，货币战争的目标从套取外汇移到掠夺物资，在某种意义上说，它竟成为走私的方向手段了。因此，以前走私的目的在获取法币（搬运土产当然是它的一种任务，但并非主要），以所得法币去取得外汇；现在走私的目的，却是在于搬运内地物产，从内地取得物资，而把法币散入内地。以法币流动的方向来说，敌人过去走私的目的是在使法币东流；而现在却改变成为法币西窜。以商品的流通倾向来说，敌人过去走私的主要目的是在使某些东西它不需要的商品向内地流入的，而现在却改变成为运入的少而进出的多。搬运土产，成为这个时期主要的任务了。敌人走私的内容，分明是起了变化的。为了适合这个内容，它的办法亦就与以前不同了。这就是敌人对于走私的方法，比以前更为严密。在过去阴阳交界线上走私商人，要能出入沦陷区，必须进行贿赂，才能登记，才能取得'显行保护'，这是说，敌人在利用走私；到最近，敌人已改变这种办法了。他们有计划地主动地组织走私商人，不但登记时不用贿赂，而且一经登记，便可以取得敌伪的贷金（这些基金就是敌人劫取得来的法币）"①。

　　"敌货之走私倾销，向我经济上之绝大威胁，对我工商企业，实不啻致命之打击。"②"走私为经济侵略中'杀人不见血'的利器。"③"走私是敌人经济进攻最主要的一环，也是最毒辣的一环，它戕害我们抗战的元素，毁坏我们民族经济的基础。换句话说，走私是在经济上增长敌人的侵略力量，也即是削弱我们的抗战力量。由于走私，在社会上带来了许多可怕的罪恶，如造成社会上的混乱，走私奸商的猖狂，经济基础的破坏，仇货的充斥于市场。"④

　　抗战时期的走私情形十分复杂，就具体的数字上看，"仅1938年大后方出入口的走私货值就达3.2亿元"⑤。时任经济部长的翁文灏曾说："日

---

　　① 许涤新：《敌寇经济攻势的演变》，载《群众》第7卷，1942年第24期。

　　② 邓翰良：《十年来之商业》，载谭熙鸿主编《十年来之中国经济》（中），中华书局1948年版，第L80页。

　　③ 简笙簧：《抗战中期的走私问题（1939—1941年）》，载中国历史学会编《史学集刊》第11期，另载中华文化复兴运动推行委员会主编《中国近代现代史论集》第二十编对日抗战（下），台湾商务印书馆1986年版。

　　④ 中国国民党中央执行委员会宣传部编：《如何防止走私》，编者印行，1942年，第7页。

　　⑤ 王文泉、刘天路主编：《中国近代史（1840—1949）》，高等教育出版社2001年版，第467页。

本对华输出，虽在我严厉执行查禁敌货之下，仍有渐增的趋势，如 1937 年总值为 15000 余万元，1938 年为 2 亿余元，1939 年为 31000 余万元，1940 年则增至 46000 余万元。"[①] 到 1941 年年底，"全国走私最盛地方不下 20 余处，估计每地每日走私敌货入口及走私土货出口的价值共在 120 万元以上，20 余处合计约 3000 万元，每约约 10 亿元。抗战至今已 4 年半，走私数额在 540 亿元以上"[②]。

第二节　加强缉私队伍建设

抗战时期的缉私工作，"关系于整个国防经济，亦即为经济作战之最主要部门"[③]。战时缉私机构是对敌经济作战的最主要部门，没有健全的缉私机构，势必难以提高缉私效率。战时的物资紧缺及通货膨胀使得国统区军需民用物资物价差别巨大，只要走私货物到大后方即能获取暴利。

为遏止猖獗的战时走私，增裕国民政府的关税收入及增聚支撑抗战的重要军需民用物资，国民政府首先着力加强缉私组织机构建设。

早在 1931 年 1 月，财政部海关总税务司署就添设了缉私科，专门负责统筹规划、部署落实全国海关缉私工作，协调各关缉私事务，统一政令，统一领导指挥。[④] 抗战全面爆发后，"为打击敌人以战养战之阴谋，施行经济反封锁，遂成为缉私工作中最重要任务。故现在之缉私工作不仅为维护税收，且已有其在军事上之意义"[⑤]。战时的物资紧缺及通货膨胀使得国统区军需民用物资物价差别巨大，只要走私货物到大后方即能获取暴利。为遏止猖獗的走私，维持战时经济秩序，国民党中央及地方各军政系统和机关纷纷设立各种稽查机关。

为遏止猖獗的日伪走私，维持战时经济秩序，国民党中央及地方各军政系统和机关纷纷设立各种稽查机关。全面抗战时期查禁走私的机构叠床架屋，主要有海关查缉科及海关分卡、战区货运稽查处、水陆交通统一检

---

① 林美莉：《抗战时期的走私活动与走私市镇》，台北《纪念七七抗战六十周年学术研讨会论文集》，1997 年 7 月。

② 同上。

③ 《十年来之缉私》，第 20 页。

④ 同上书，第 5 页。

⑤ 郭绍宗：《现行缉私制度问题商榷》，载《新中华》复刊第 1 卷，1943 年第 12 期，第 109 页。

查处、财政部税务署、盐务稽查队、战区经济游击队、各地日货检查队、对敌经济封锁委员会、战区经济委员会（战区经济作战处）、军事委员会办公厅特检处（军事委员会办公厅邮航检查处）、经济检查队等。

1939年3月，财政部《第二期战时行政计划实施具体方案》中就提出要采取厉行缉私的措施："现战区日广，走私途径自较以前为多，除增设关卡处所以资查缉而便稽征外，对于私运之惩治，尤应依照以前所颁各条例严厉执行，使其不得稍涉宽纵致有疏漏，而《惩治偷漏关税暂行条例》有效期间至1939年7月又将届满，自有继续实施必要，届期拟请再延展一年，如至1940年7月私运仍未禁绝则届期仍请再展一年，拟1939年1月至3月第一期至1940年10月至12月第八期内继续办理。至关于防止逃汇之方法虽已次第实施，然非有严刑峻法，以惩治此项逃汇之人犯，不足以期杜绝，拟援照《惩治偷漏关税暂行条例》的事例，订严惩逃避外汇办法，其处刑之轻重，以逃避金额之多寡为等差，并于处刑之外，对于逃汇货物予以没收处分，务使逃汇之事完全截止，拟于1939年第一期内拟定草案，第二期内完成立法程序，以后依照办理。募练巡缉队：添设各关卡稽征之机关既多，区域又广，且多接近战区，非有武装巡缉队分驻各关卡处所，不足以资防卫而利查缉。拟援照海关前设防止公路内河私运稽查处办法，令总税务司招募武装巡缉队，为联络查缉防卫之用。拟于1939年4月至6月第二期内实行招募训练，7月至9月第三期内分派各关巡缉。"①

为便于国民政府控制区关税的稽征，《第二期战时行政计划实施具体方案》也提出调整非战区海关机构和战区海关机构，关于非战区海关机构，"拟于1939年第一期起，在滇省边境，及川桂黔三省海关，向未设有分卡之货运集散地点，如滇之婉丁遮放；川之江律合江沪州屏山雷波宁南会理；桂之百色；黔之贵阳威宁兴义毕节盘县等处，添设关卡及稽征处所，办理稽征货税，防止逃汇事项。第三期派员考察新设各关卡地点是否适宜。第四期即根据上期考察结果，将已设各关卡处所之机构，加以改善，并以政府已有筹设川陕铁路之议，该路完成实为沟通西南西北交通之枢纽。拟于第五期在该路货运最多地点增设关卡或稽征处所，办理稽征进出转口各税，及其他私运逃汇等事项"②。关于战区海关机构，"拟于1939年第一、二两期内，在邻近战区之闽浙等省沿海未设关卡货运扼要

---

① 《财政部拟具第二期战时行政计划实施具体方案（1939年3月）》，[国民政府财政部档案]，载《资料汇编》第五辑第二编，《财政经济》（一），第25页。
② 同上书，第42页。

地点，及沿湘桂浙赣铁路货运最多各站，并沿黄河各渡口货运要道，与苏浙皖鄂湘粤桂等省货运集散地方，筹设关卡稽征处所，办理稽征货税，防止逃汇事项。第三期派员考察新设各关卡地点，是否适宜。第四期即根据考察结果，加以改善。至战区内不能执行职务之各关卡，应随时体察情形，移设安全地带恢复关务，拟先令饬总税务司妥筹战区不能行使职权各关移设安全地点办法，呈候核定实行"①。

抗战以来，敌人为破坏我国金融，极力推行敌伪银行所发钞票，暨敌军所发军用票，企图加紧经济侵略，为打击日伪企图通过货币战来破坏国民政府的金融财政政策之阴谋，《第二期战时行政计划实施具体方案》中提出禁止行使敌伪钞票及查缉伪造法币办法：

> 向游击区人民宣传敌伪欺骗行为，以唤起群众注意，一面由外交部照会各国驻华使馆，请通告侨商一体拒用，复为划一处置，严厉对付起见，由财政部规定取缔敌伪钞票办法八条。首先揭明凡敌伪钞票，无论在任何地方一律禁止收受行使。以次规定，如有为敌方收藏转运或行使者，经查获或告发，应依《惩治汉奸条例》论罪。各部队或其他机关查获之敌伪钞票，无论数目多寡，均应转送财政部处理之。对于查获或告发者，并应酌给奖金。该办法已经通行切实办理，以摧毁敌人经济侵略之诡计。至敌人伪造我国法币，冀在各处混用，并经财政部电令各海关，严行查禁，勿任蒙混进口，并送咨各省政府，饬属一体查禁，所有经各方抄获之伪造法币，则分送各关系银行一体注意，并分发张贴，俾民众便于识别，使敌人伪造伎俩，无从施展。在1939年、1940年两年各期内，自应本已定办法，切实实行，并仍随时察酌敌人诡谋，相机妥筹应付。②

《第二期战时行政计划实施具体方案》中同时提出要采取严厉取缔外汇走私措施："（1）于有关各省货物结散地点添设分关卡所，由海关负控制运货之责。（2）沿海沿边各地，凡为土货转输出口所必经之港埠及接近战区者，均应由海关多设卡所严密查缉。（3）由交通部严饬沿海沿边及邻近战区各邮局遵照邮包结汇办法，切实办理。在1939年、1940年各

---

① 《财政部拟具第二期战时行政计划实施具体方案（1939年3月）》，[国民政府财政部档案]，载《资料汇编》第五辑第二编，《财政经济》（一），第42—43页。

② 同上书，第53页。

期内，均继续办理，但如情势变迁，则随时妥为改定办法。"①

　　随着战争向纵深发展，战区的不断扩大，"沿海、沿边受敌海空军之威胁，货运不宜久留，防止私运，多赖设在内地安全地点各关卡之查验。1939 年和 1940 年两年，后方各关遵照财政部之指示，先后在货运要冲，增设关卡，以补救沿海、沿边各关卡控制之不足。对于出口货品应结外汇或应受统制者，并经财政部斟酌产销及私运情形，指定限制运输之区域，规定单证。责成各海关认真查验，凭证放行。至各民用航空机场，亦经各海关一再加强查缉力量，商同有关各机关将客货运之管理迭加改善，各该路线私运之风始戢"②。

　　在 1940 年制定的《财政部三十年度工作计划》中提出厉行货运稽查充实缉私力量：

　　　　第二期战事已由军事战转入经济战之阶段，而厉行缉私，实为经济战中之最重要工作，亟须积极推行，以完成此项任务。经于 1940 年将全国接近战区各地，划为湘鄂、晋陕、冀鲁豫、浙赣皖苏、广东、广西等六区，每区各设战区货运稽查总处一处，并于各区货运扼要地点，设立稽查分支处各若干处，以补海关权力之所不及。复以闽省与浙省毗连，皖北与豫省接壤，分将闽省划归浙赣皖苏区、皖北划归冀鲁豫区管辖；并令饬晋陕区兼办甘青宁三省之货运稽查任务，务使查缉臻于严密，敌私货物无法偷漏。预计每区除总处外，至少须设立五分处、十支处，全年计需经常费 282000 元，六处共需 1692000 元。上项计划，在 1941 年度内，自当视军事之进展与货运之变迁，随时将各区所设总、分支处予以推移或增减，并加强其查缉力量，树立坚强有效之经济防线，以期达到肃清敌私，保存物资之目的。如所需经费或有不敷时，容再察酌实际情形，呈请增加，以资应付。③

　　1942 年 1 月 1 日海关设立洛阳、上饶、曲江、西安、兰州等五个分

---

　　① 《财政部拟具第二期战时行政计划实施具体方案（1939 年 3 月）》，［国民政府财政部档案］，载《资料汇编》第五辑第二编，《财政经济》（一），第 55 页。
　　② 《十年来之海关》，第 16—17 页。
　　③ 《财政部拟 1941 年度工作计划（1940 年）》，［国民政府财政部档案］，载《资料汇编》第五辑第二编，《财政经济》（一），第 87—88 页。

关，以利货运之稽查。① 财政部对内地增设关卡，极为审慎，若非应征战时消费税货品之附近产区，或非货运要冲，一概不准增设，免涉苛扰。战时"海关除设有重庆、万县、沙市、宜昌、上饶、梧州、长沙、西安、兰州、洛阳、曲江、雷州、瓯海、南宁、闽海、龙州、昆明、新疆等总关外，并于货运进出要口及内地应征战时消费税货物之产区附近，分别设置分支关所，以利稽征。截至 1944 年 4 月为止，海关总分支机构共有 392 个单位。……内地关卡的设置，其作用有三：1. 应受统制管理各种进出口物品之稽查；2. 应征进出口税货物之稽查；3. 战时消费税之稽征"②。内地关卡的增设和调整为增裕战时国民政府的货税收入奠定了组织基础。

一　战区货运稽查处③

抗战全面爆发后，我国沿海沿江各海关相继沦陷。一方面，沦陷各关的税款均被日寇截留，据统计，1937 年后五个月的关税损失，当在 1 亿元左右，1938 年关税收入为 254565469 元，和 1937 年比较，减少88334270 元，约为 26%，④ 1939 年比 1936 年减少了 77%，⑤ "自战事发生以来，我海关税收被地敌截存正金银行的至 1939 年年底止，总计43153 万元"⑥。另一方面，随着战事的全面展开，我国海关缉私主力部队损失惨重，海关总税务司署逐渐失却了指挥全局的主体地位，中国海关已经起不到全面有效地遏止走私的作用，整个海关的缉私工作逐渐陷于瘫痪状态，同时，自 1937 年 9 月，日军宣布全面封锁中国海岸线后，"所有海

---

① 吴大明、黄宇乾、池廷熹主编：《中国贸易年鉴》，中国贸易年鉴社 1948 年版，第 457 页。

② 《财政部关务署向国民党五届十二中全会等会议口头报告问答资料（1944）》，[国民政府财政部关务署档案]，载《资料汇编》第五辑第二编，《财政经济》（二），第 67 页。

③ 有关抗战时期国民政府战区货运稽查处，一些学者在相关论著中已有零星涉及。如蔡渭洲《中国海关简史》，中国展望出版社 1989 年版；林美莉《抗战时期国民政府对走私贸易的应对措施》，载台北《史原》1991 年第 18 期；连心豪《抗日战争时期海关缉私工作的破坏》《中国经济史研究》1991 年第 2 期；陈诗启《中国近代海关史》，人民出版社 2002 年版；孙宝根《抗战时期国民政府缉私制度》，《苏州大学学报》（社会科学版）2004 年第 2 期；孙宝根《抗战时期国民政府缉私研究（1931—1945）》，中国档案出版社 2006 年版。

④ 沈雷春、陈禾章编：《中国战时经济志》，台北文海出版社，见沈云龙主编《近代中国史料丛刊》三编第 20 辑，第 5—6 页。

⑤ 粟寄沧：《中国战时经济问题研究》，中新印务股份有限公司 1942 年版，第 136 页；杨光彦等主编：《重庆国民政府》，重庆出版社 1995 年版，第 107 页。

⑥ 于毅夫：《1940 年日寇对华阶级侵略的透视》，《时事类编特刊》（抗战三周年纪念号）1940 年第 54 期。

关巡舰，不得不留泊各口之内，停止工作。于是海上缉务，全归停顿"①。

与此同时，战时的物资紧缺及通货膨胀使得国统区军需民用物资物价差别巨大，只要走私货物到大后方即能获取暴利。如前所述，猖獗的走私在经济、政治和军事方面都给国民政府坚持抗战带来巨大的破坏作用。不仅使国民政府的关税收入锐减，严重扰乱大后方工农业经济秩序，且妨碍国民政府对敌实行经济封锁和经济反封锁，削弱国民政府的抗战实力。

抗战以前及抗战初期，缉私工作原由海关单独主管，历年沿海及沿陆地边境堵截私运，成绩昭著，随着"战区日广，内地暨沿封锁线之查缉，需用员兵名额众多，海关力量不敷分展"②。而战时缉私工作，"关系于整个国防经济，亦即为经济作战之最主要部门"③。虽然国民政府为适应战时财政需要起见，"一面遏止非必需品之输入，一面管理出口物资，同时禁运敌货进口，禁运国产军需物料出口资敌；而金银法币与战时金融有关，亦经颁布禁令，分别禁运出口，禁令既多，私运亦随之增盛，尤以接近战区各地，不得不严密防堵，故战后之缉私工作，较之战前更形紧张"④。为遏止猖獗的走私，维持战时经济秩序以增裕政府财政税收，国民政府财政部决意成立战区货运稽查处。

1939 年 12 月 5 日，财政部颁布《货运稽查处组织大纲》⑤（1940 年11 月 23 日以《财政货运稽查处组织规程》修正公布），其要点有："财政部为防止货物私运起见，于接近战区各冲要地点，设置战区货运稽查处；货运稽查处办理出入该区货物之稽查及查缉私运、补征税项并经济封锁各事务；战区货运稽查处分设下列三组：查缉组（办理查缉敌货、资敌物品、禁运物品、结汇物品及法币金银等之私运，并防止处理事项）、税务组（办理出入战区货物之应征关税、盐税、统税及其他税项之验估补征事项）、总务组（办理撰拟文稿章则、制印票据单证典守印信、保管卷宗及收发文件、任免职员暨出纳庶务一切事项）；战区货运稽查处，应就该管区内往来孔道，择定扼要地点，设立稽查分处；战区货运稽查处，设处员稽查员若干人，以海关、盐务局处、税务局所及所得税事务处、贸易委员会等机关职员，分别调充；战区货运稽查处，应酌设巡缉分队，分

①　《中国旧海关史料》，第 481 页。

②　《十年来之海关》，第 19 页。

③　《十年来之缉私》，第 20 页。

④　同上书，第 11 页。

⑤　沈雷春等编：《中国战时经济法规汇编》，世界书局 1941 年版，第 84—85 页。

派所辖区域，严密巡查防杜，遇必要时，得随时商请当地驻军，派队协缉。① 依照《货运稽查处组织大纲》第三条的规定，1940 年 4 月 13 日，财政部令颁《战区货运稽查处分处组织规程》，除申明各货运稽查分处工作职责办理辖境内出入货物之稽查及补税事项外，还明确各分处分设二股各行其责。②

　　1939 年秋冬之交，财政部着手分区设置货运稽查处，以补各地海关力量所不及。先将全国分为六区：湘鄂区、冀鲁豫区、浙赣皖苏区（兼管闽省）、晋陕区（兼管甘青宁三省）、广东区和广西区，每区各设货运稽查处，办理查缉敌货、资敌物品、结汇物品及法币金银等之私运，与出入战区货物之关、盐、统三税之验估补征等项。③ 1940 年 1 月，财政部调整各战区货运稽查处及其辖境，先后最终确定成立广东区、广西区、湘鄂区、苏皖赣区、闽浙区、冀鲁豫区、晋陕区和甘宁绥区等 8 处货运稽查处，所有各处税务部分主任人员，均由海关派员充任，一切稽征缉私，均仿海关办法办理，主要办理查缉敌货、资敌物品、结汇物品及法币金银等之私运，与出入战区货物之关、盐、统三税之验估补征等项。④

　　战区货运稽查处"所有各处税务部分主任人员，均由海关派员充任。一切稽征缉私，均仿效海关办法办理"⑤。货运稽查处"专司稽查货运及补征关税之责，形成对敌经济防线，以期增进查缉效能，执行敌经济反封锁之任务"⑥。缉私对象以"资敌"的国货为主，应税进口洋货检查尚属次要。⑦ 起初，货运稽查处只是"负责查缉私运，以补海关权力之所不及"⑧ 的临时性机构，鉴于战局的变化，国民政府对各货运稽查处辖区略加调整，"以闽省与浙省毗连，划归浙赣皖苏区管辖。皖北与豫省接壤，划归冀鲁豫区管辖，甘青宁三省地处西北，归晋陕区兼管"⑨。

　　1941 年春，财政部以浙、赣、皖、苏区兼管闽省，晋、陕区兼管甘、

---

　① 《经济游击队应用法令汇编》，第 1—2 页。

　② 同上书，第 2—3 页。

　③ 朱偰：《中国战时税制》，财政评论社 1943 年版，第 94 页。

　④ 童蒙正：《关税概论》，第 193 页；《十年来之海关》，第 18 页。

　⑤ 《十年来之海关》，第 19 页。

　⑥ 宋同福：《战时关税》（下），载《经济汇报》第 9 卷，1944 年第 4 期。

　⑦ 福建省福州市地方志编纂委员会编：《福州市志》（第 5 册），方志出版社 1999 年版。

　⑧ 《财政部长孔祥熙任内政绩报告（节略）》（1944 年 11 月），国民政府财政部档案，载中国第二历史档案馆编《资料汇编》第五辑第二编，《财政经济》（一），江苏古籍出版社 1997 年版，第 403 页。

　⑨ 《十年来之关税》，第 25 页。

宁、绥、青四省，辖区过广，控制难周，乃将浙赣皖苏区，划分为"苏皖赣区"及"闽浙区"，各设一处；并将晋陕区所管之甘、宁、绥、青四省，专设一处，称为"甘宁绥区货运处"，同时分别派遣处长，分往金华、兰州妥筹办理，以期增进查缉效能，执行敌经济反封锁之任务。[①]

经多次调整后，国统区对敌经济防线，始大致筑成："北起5原，沿黄河各渡口（军渡、龙门、风陵渡、茅津渡、孟津）而至郑州；再沿平汉路过许昌、郾城、驻马店，西折至随、枣、襄、樊、宜昌、宜都、常德、益阳、湘阴，绕洞庭湖而至平江、修水，绕鄱阳湖而至景德镇、祁门、宣城，南折过广德、孝丰、新登，经萧山而至宁波（按此为1939年底之军事情形）。敌货走私，至此始得稍戢；而西北各省，向无关卡，致敌货私货横行之缺点，亦可藉以补救。"[②]

战区货运稽查处成立后，主要是依据1934年6月19日颁行的《海关缉私条例》以及1938年10月27日颁行的《查禁敌货条例》和《禁运资敌物品条例》（1941年9月3日国民政府修正）等缉私规章制度，切实检查敌货及禁运资敌物品，以杜走私，而保后方军需民用资源。鉴于战区货运稽查处在财政部缉私处（署）成立前是国统区查禁走私的主导机关，为了明确各战区货运稽查处的职责，规范其执法行为，1940年财政部专门针对战区货运稽查处这一缉私机构颁布了许多法规，如6月5日颁布《关于各战区货运稽查处补征关税事项规定四点》、10月9日颁布《财政部浙赣皖苏战区货运稽查处查验货物及补征税暂时实施办法》、10月18日颁布《关于货运稽查处暂代海关征收转口税办法三条》、10月19日颁布《关于货运稽查处补征收转口税事项规定办法五点》。另外针对各地货运稽查处在处理违章案件的随意行为严重情况，财政部颁布《各货运稽查处处理违章案件充公变价款项及罚金给奖办法》，[③] 使处理违章案件有章可循、有法可依。各货运稽查分处为加强管理，也制定了相关的法令法规，如1940年7月7日，浙赣皖苏战区货运稽查处颁布《查验货物及补征税项暂行实施办法》。1941年1月1日，财政部根据案例规定货运稽查处缉获私货按照普通法令处理的案件必须经过再诉愿程度，若按照《海关缉私条例》处理的案件，必须经过关务署的批准，才能提起行政

---

① 朱偰：《中国战时税制》，第95页。
② 同上书，第94页。
③ 参见《经济游击队应用法令汇编》。

诉讼。[①]

除了制定规章制度外，财政部还通过电令的形式规范战区货运稽查处征税与缉私行为，如 1940 年 6 月财政部发出电令，明确：（1）洋货由游击区内运，未照国民政府进口税则纳税者，各稽查处应照章补征进口税；（2）出口土货应征之关税，仍由海关征收，各稽查处毋庸补征出口税；（3）土货转口税，各稽查处亦毋庸补征；（4）所有关税补征款项，应归入总税务司署税款账内列收，由各稽查处列明税款项目、解征关务署，发交重庆关税务司列账解库，同年 10 月，财政部电令准予各战区货运稽查处代征转口税，1940 年 12 月 16 日，孔祥熙电令海关总税务司梅乐和，明确现行税制对于运输货物应征各税均只征税一道不再重征，各战区货运稽查处本为暂代海关缉私及征税而设，所有由海关已征进口税、转口税等货品如再经过各货运稽查处，应验凭海关关单放行，其已由各稽查处补征各税者经过海关，亦应凭稽查处所给税照，以符税制除。1941 年 9 月，财政部还对《闽浙区货运稽查处代征转口税办法》进行修正，强调凡土货运经各分支处站所在地，经查明货物运输路线确系经过闽浙两省海关关卡，而该处关卡因战事撤退尚未恢复者，得代征转口税；代征转口税，应就土货在各分支处站所在地经过或起卸，未持有关单者征收，不得在他处兜征，致涉苛扰；凡属轻征案件应予补税验放，不得苛罚，如情节较重，应予处罚者得由商人缴纳应完税额二倍至十倍之保证金，给予印收，先行补税放行，一面迅速呈请核办，以恤商艰而畅货运。[②]

关税在平时固成为一种经济壁垒，在战时尤当配合军事行动，而成为一种经济防线，货运稽查处之设置，旨在造成"经济防线"。为此，国民政府非常重视战区货运稽查处组织机构的建设工作，财政部在随后制定的 1941 年度工作计划中就提出厉行货运稽查充实缉私力量："在 1941 年度内，自当视军事之进展与货运之变迁，随时将各区所设总、分支处予以推移或增减，并加强其查缉力量，树立坚强有效之经济防线，以期达到肃清敌私，保存物资之目的。如所需经费或有不敷时，容再察酌实际情形，呈请增加，以资应付。"[③]

① 黄婉玲编：《最高行政法院判例要旨汇编》（1）（1933—1961 年），台北最高行政法院 2003 年版，判例字号 30 裁 48。

② 《各战区货运稽查处税收收支情况（1940—1941）》，海关总税务司署档案，档案号：六七九/29465，二档馆藏。

③ 《财政部拟 1941 年度工作计划（1940 年）》，[国民政府财政部档案]，载《资料汇编》第五辑第二编，《财政经济》（一），第 87—88 页。

战时货运稽查，一方面是检查站卡过多，各站处检查收费的手续又不一致，一货数查多检的情形极为普遍。这固然会对走私的进行产生一些阻力，但在同时也使民生受到影响。[①] 层层叠叠、更替频仍的缉私、稽查机构，"在物资缉私方面尚有各自为政者，结构重叠，一货数检，商民不胜其烦，缉务事权不专，间有互相推诿，以致此防彼漏难奏事功"[②]。在战区各地，因执行货运缉私任务所设的机构，未免纷歧，遂致执行上事权未能统一，执行上遂不免发生种种困难。[③] 为改变战时纷乱的多头缉私的混乱状况，1940 年 4 月 2 日，国民政府行政院颁行《统一检查办法》。[④] 主要规定有：（1）各地商货之检查，除海关、中央税务机关及商品检验局检验，仍依法定程序办理外，依本办法执行之；（2）设有海关及货运稽查处地方，各种检查，以委托海关及货运稽查处办理为原则。"缉政统一后，将原各省盐局税局护运队冀鲁豫晋陕湘鄂等省关务货运稽查处、禁烟督察处、巡缉总队暨前税警团之一部改编为税警团。"[⑤] 为了有效防止日伪走私，国民党第三战区经济委员会于 1940 年 6 月 26 日召集本战区经济游击队指挥处、浙赣皖苏区货运稽查处、战地党政分会等机关代表举行谈话会，"讨论执行经济封锁对策之分别进行步骤，计决定办法六项付诸实施"[⑥]。

鉴于豫省缉私机构组织，省县均有查禁敌货委员会，第一战区经济委员会 1940 年 7 月下旬先后两次召集货运稽查处及河南省查禁敌货委员会谈话，除谋缉私机构之调整外，复以缉私治本工作，端在重订检查货物之标准，故对进出口货之禁放标准，曾详加商榷，金以不问其商标为何，应视抗战建国之需要与否为准。[⑦] 1940 年 10 月 1 日—1941 年 9 月 2 日，为

① 朱偰：《孔祥熙与戴笠争夺缉私权》，载寿充一编《孔祥熙其人其事》，第 283—284 页。

② 《戴笠受命国民政府整顿缉私武装扩大缉私处职权的有关文件》（1941 年 6 月 6 日—10 日），国民政府财政部缉私署档案，载中国第二历史档案馆编《资料汇编》第五辑第二编，《财政经济》（二），江苏古籍出版社 1997 年版，第 260 页。

③ 邓翰良：《十年来之商业》，载谭熙鸿主编《十年来之中国经济》（中），中华书局 1948 年版，第 L82—L83 页。

④ 重庆档案馆编：《抗日战争时期国民政府经济法规》（上），档案出版社 1992 年版，第 585—587 页。

⑤ 《财政部长孔祥熙任内政绩报告（节略）》（1944 年 11 月），国民政府财政部档案，载《资料汇编》第五辑第二编，《财政经济》（一），第 419 页。

⑥ 《国民党第三战区经济委员会 1940 年度工作报告（节略）》（1941 年 2 月），载《资料汇编》第五辑第二编，《财政经济》（五），第 250—251 页。

⑦ 《第一战区经济委员会电陈推动缉私工作概况》（1940 年 10 月），案卷号二（7624），缩微胶卷号 16J—1368，二档馆藏。

能密切各查缉机关的联系，增进战区缉私效力，第二战区经济委员会曾会同陕西省财政厅、陕西省敌货鉴别委员会、财政部晋陕战区货运稽查处、军事委员会运输统制局监察处西安检查所、财政部贸易委员会陕豫办事处召开 12 次缉私工作会议，针对缉私工作中出现的一些具体问题，及时商讨对策，取得一定效果。①

加强对敌封锁，战时走私分子既是利用熟悉地形，潜关绕道偷运物资资敌，那么为了彻底遏止物资资敌，当然是非在各交通要道严密检查不可，如在湘赣两省的对敌封锁，除由海关当局于各交通地带，广设关卡和货运稽查处，于各接近战区的地方密布稽查站严密查检外，再由军事当局于各接近战地的重要地点，设立对敌封锁站，据照中央颁发的封锁敌区交通和禁运物品办法，积极对敌施行经济反封锁，以遏止住资敌，各方协力推行之后，禁运物品的走私不无少载。② 为保证货运稽查工作的顺利进行，各战区着力查处缉私职员的营私舞弊行为。如第二战区经济委员会还着力查处查缉走私人员的舞弊行为，如 1940 年 10 月查处晋陕战区货运稽查处东泉店验货厂职员郑仲玉、协隆货栈负责人何丽亭及天增西、转运公司伙友周瑞祺等营私舞弊，当即将其一伙人送华阴县政府依法侦究。③ "第五战区经济委员会为求正本清源计，该会似宜策动冀鲁豫货运稽查处，商请司令长官部就豫省划定商运路线，凡进出豫鄂、豫皖货物，非经指定商路运输，不得通行。其有故违绕越者，一经查出，不论其货物违禁与否，概予扣留。如此办理，不独防止走私及私运资敌最为有效，即盘查奸宄，亦连带解决。"④

战时货运稽查处的设立，不仅弥补了战时我国海关征税与缉私力量的不足，增强了战时对敌经济作战能力，提高了国民政府的财政税收，这无疑对国民政府苦撑抗战起到了一定的积极作用。例如国统区战时转口税征

① 《第二战区经济委员会第一至十二次缉私工作会报记录》（1941 年 1 月），案卷号：二/7640，缩微胶卷号：16J—1369，二档馆藏。

② 徐思道：《湘赣两省的对敌经济战》（续完），《战地》半月刊第 21 期，1941 年 2 月 1日。

③ 《第二战区经济委员会关于查缉人员舞弊及七十九军军官走私的情报（1941 年 1 月 14日）》，国民政府行政院档案，载《资料汇编》第五辑第二编，《财政经济》（五），第 723—724页。

④ 《第五战区经济委员会报告迁郑后工作情形代电及四联总处核议意见》（1940 年 12 月—1941 年 1 月），国民政府行政院档案，载《资料汇编》第五辑第二编，《财政经济》（五），第500 页。

收 1940 年和 1941 年分别达到 25641124 元和 38551752 元。① 抗战初期，沿海沿江各关沦陷殆尽，国统区海关组织支离破碎，仅靠西北西南边关和后方内地关卡勉强支撑着残缺的局面，海关缉私职能遭到极大的破坏。因此，缉获走私的数量可谓少之又少。据统计，1939 年海关缉私的数量下降到 1931 年海关缉私科创设以来的最低点。因战区货运稽查处成立后与海关所属分卡分所配合运用，加强缉私查验工作，1941 年缉获量才恢复到 1933 年的水平，而且海关于 1941 年底接收了各地货运稽查处后，海关关卡数量大增，逐步使得国统区海关恢复元气，据统计，1941 年海关关卡的数目 191 个，1942 年猛增至 438 个，增强了国统区海关征税和查缉走私的力量，同时也促进了国民政府关税数量在 1942 年大幅度提高，② 而且，由于国统区海关缉私力量的增强，海关查缉私货变价及罚金由 1941 年的 6779365 元增加到 1942 年的 18759283 元。③

国民政府对于战地之缉私工作一向很注意，设立缉私的机关也很多，如封锁站，海关、货运稽查处，中央及地方之税务机关，中央及地方之交通机关，军警检查机关等，然而"因组织繁复，办法穷杂，职权既不统一，力量复不集中，这对于缉私行政效能，不无影响"④。由于权事不明，相邻的货运稽查处经常为各自货检问题发生冲突，一些货运稽查处与当地驻军的摩擦事件也时有发生，导致许多地方的货运稽查处的缉私效能未能得到很好的发挥。为此，各地军政机关和货物检查机构着力进行整饬。

据国民党第二战区经济委员会 1940 年度工作报告称：

> 陕、晋两省各稽查机关力量既未集中，事权复不专一，以致成效未著，本会依据统一检查办法之规定，积极加以调整，凡走私要道，由晋陕战区货运稽查处尽先设立分支处，切实查缉私货，其他各重要地点，则由省政府转饬各专员县长组设联合检查所 30 余所，办理缉私工作。……财政部增拨税警，交由晋陕货运稽查处指挥，实行武装缉私。……邮路货运实施检查，查缉私货务求周密，鉴于各交通机关尚多未能充分协助缉私工作，以致私货仍得蒙混入境，经呈请行政院

① 财政部财政年鉴编纂处编：《财政年鉴（续编）》第六篇关税，编者发行，1943 年，第 28 页。

② 宋同福：《战时关税》（下），载《经济汇报》第 9 卷，1944 年第 4 期。

③ 《十年来之海关》，第 17—18 页。

④ 乾家毕：《加强战地缉私工作》，《战地半月刊》1941 年第 33 期。

核准，转饬交通、财政两部订定邮路货运实施检查办法，凡铁路公路货运及邮政包裹，均由货运稽查处派员到局实施检查。①

国民政府经济部为此专门发文，确立各地货检机构将来进行方针："（一）密切注意敌货生产运销情形，随时予以指定查禁。（二）严密进口检查，务使敌货不能冒充混入。（三）督促各执行查禁机关切实认真办理查禁，务期各地市场敌货绝迹。（四）使各战区经济委员会及各战区货运稽查处及各地查禁机关取得联络，加强查禁效能，藉收对敌反封锁之效。"②

战区货运稽查处的成立对于各地查禁敌货走私，与保存后方经济资源，收到相当之效果，这对于国统区对敌经济防线之设置，在理论上也实属毫无疑问，然结果并非完全如此。"战区货运稽查处大多由军人担任（当时所派的处长，如许凤藻、祁大鹏都是军人；其他如徐祖善、闵天培都是老官僚），搞得一塌糊涂，不特受到商民埋怨，还引起和地方当局与驻军的冲突。"③大体而言，战区货运稽查处对于其所负任务，未能认为完全成功，其原因有三：（1）人事未能得宜：各战区货运稽查处长官则往往不肯将总处设在前方要冲，而移设后方比较安全之地（如晋陕区原定设在大荔，后改设西安），而各处缉私人员，藉故留难，借端敲诈者，亦颇有所闻；（2）缺乏缉私武力：战区货运稽查处，仅酌设巡缉分队，只于必要时，得商请当地驻军派队协缉，于是走私横行，无法制止；（3）不法军队游击队包庇走私：各战区前线，不法军队和游击队包庇走私，时有所闻；某战区甚至军队包庇走私，以大炮机枪护送，武力走私横行，由此战区货运稽查不易成功也。④

财政部缉私处于 1941 年 1 月成立后即与海关所属分支卡所配合运用，双方通力合作，颇著成效。⑤ 1941 年 6 月 8 日，财政部缉私处处长戴笠建议货运稽查处今后应专负补征税收之责，其所负之查缉责任，应由缉私处

---

① 《国民党第二战区经济委员会 1940 年度工作报告（节略）》（1941 年 7 月），国民政府行政院档案，载《资料汇编》第五辑第二编，《财政经济》（二），第 250 页。

② 《经济部关于 1940 年上半年工作报告》（1940 年 6 月），国民政府经济部档案，载《资料汇编》第五辑第二编，《财政经济》（五），第 204 页。

③ 章伯锋、庄建平主编，李学通编：《抗日战争（第五卷）——国民政府与大后方经济》，四川大学出版社 1997 年版，第 206 页。

④ 朱偰：《中国战时税制》，第 97—98 页。

⑤ 童蒙正：《关税概论》，第 193 页。

完全负责。① 与此同时，财政部根据关务署副署长朱偰建议，1941年秋冬之际，财政部依照国民党五届八中全会及第三次全国财政会议决议，决定1941年年底一律裁撤各战区货运稽查处，其已设有海关省份的各稽查分支处站即由就近海关接收继续办理，其未设有海关的晋陕、冀鲁豫、甘宁绥、苏皖赣及广东五区货运稽查处，则改设独立海关，定名为西安、洛阳、兰州、上饶、曲江等关，接办各该地区的货运稽查业务，借以统一稽征机构。② 各货运稽查处暨所属机构经海关接收后，海关立派干员前往主持，一切彻底改按海关之制度及手续办理，由此国统区海关关卡总数激增，战时海关征税与缉私力量增强，数月之间，海关税收激增，成效大著。③

综上所述，抗战时期国民政府财政部为弥补战时海关征税缉私力量之不足专门设立的战区货运稽查处，在加强对敌经济作战、强化国统区缉私力量以及增裕国统区财政税收方面发挥了一定的积极作用，但由于种种原因，导致许多地方的货运稽查处的补征关税与查缉走私的效能未能得到很好的发挥。

二　战时国民政府缉私署

全面抗战时期，中日双方展开了激烈的经济战。为有效遏制日益猖獗的日伪走私活动，增加抗击日寇侵略的经济力，国民政府建立了全权负责全国缉私的统一机关——财政部缉私处（署），为国统区有效开展全面缉私工作奠定了组织基础。

缉私署成立后，不仅积极配合散处内地的中国海关关卡加强各地的税收征管，而且独立开展大规模的查缉走私活动，尽管缉私署所属机关也存在着种种腐败现象，但总的说来，财政部缉私署为国民政府增裕税收、争取各种军需民用物资以便支撑抗战发挥了一定的积极作用。

全面抗战时期查禁走私的机构叠床架屋，众多的缉私机构"固然会对走私的进行产生一些阻力，但在同时也使民生受到影响"。④ 而且，"缉

① 《戴笠受命国民政府整顿缉私武装扩大缉私处职权的有关文件》（1941年6月6日—10日），国民政府财政部缉私署档案，载《资料汇编》第五辑第二编，《财政经济》（二），第260页。

② 财政部财政年鉴编纂处编：《财政年鉴（续编）》第六篇关税，第2页。

③ 《十年来之海关》，第19页。

④ 朱偰：《孔祥熙与戴笠争夺缉私权》，载寿充一编《孔祥熙其人其事》，中国文史出版社1987年版，第283—284页。

私机关纷立，事权不专，而业务上之进行每失联系，或同时同地一货数检，或互相推诿、检查疏漏，甚至如 1939 年冬广东省缉私机关缉获桐油四千余桶，分存南路东江沿海一带，因贸易委员会复兴公司未能迅速接收，致地方沦陷，不及搬运，转留资敌，至为惋惜"①。各地所设的查缉机关，碍于世俗情面与部队实力，对缉私工作多不得力，以致情势越来越严重。② 由于利益的驱使和政府监管的失控，名目繁多的缉私机构，常借检查或稽查之名敲诈勒索，为非作歹，欺压商民，过往商民真是苦不堪言。据报道，"重庆到黄沙溪一段江程中，有检查机构 8 个。据财政部派员前往实际调查，竟达 14 处之多"③。这些纷杂的缉私机构常使缉私工作无法正常开展，使战时缉私效能大打折扣。因此，建立统一的缉私机构成为当务之急。

经反复酝酿，1940 年冬，国民政府财政部决定筹组专门打击走私统一机关——缉私处。1941 年 1 月 15 日，财政部缉私处正式成立，规定"所有盐务、税务、关务等之缉私业务及机构，均交由缉私处接收办理"④。并确立"健全统一缉私机构，整编缉私部队，加强与征税机关之联系，厉行物资与税收之查缉，施行对敌经济封锁及反封锁，防止物资外流资敌，协助争取沦陷区必需物资，为推行战时财政政策，达成经济作战之任务"⑤。为有效控制这一机构，蒋介石特意任命戴笠为缉私处处长。⑥ 随后，各省缉私分处先后次第筹设，并分别开始执行业务。戴笠兼任缉私处长以后，一面着手各省区缉私处的设立和缉私部队的整顿扩充；一面成立查缉人员训练班（简称查干班），训练各地的缉私工作人员，培养他们廉洁的操守，灌输他们工作上的法令常识，训练他们的技能方法。⑦

1941 年 6 月 10 日，缉私处处长戴笠向第三次全国财政会议提交提

　　① 《戴笠报送税警部队整理计划及缉私业务改正方案呈（1941 年 7 月 22 日）》，[国民政府财政部缉私署档案]，载《资料汇编》第五辑第二编，《财政经济》（五），第 271 页。

　　② 张霈之：《戴笠与抗战》，第 225 页。

　　③ 陈诗启：《中国近代海关史》，第 829 页。

　　④ 《财政年鉴》（续编）第二篇，《财务机构与人事》，第 33 页。

　　⑤ 《本署对国民参政会第三届第一次大会之缉私部分工作报告资料（1942 年 9 月）》，[缉私署档案]，档案号：一四五（2）/30，二档馆藏。

　　⑥ 杨者圣：《特工王戴笠》，第 346 页。但在 1943 年，戴笠以工作太忙，无暇兼顾为由，辞去缉私署长职务。其实是由于处理林世良一案，不为孔家谅解，施以压力，戴笠才毅然请辞。其职位由宣铁吾继任。

　　⑦ 张霈之：《戴笠与抗战》，第 226 页。

案，建议"将物资与税收两方之缉私工作，由财政部缉私处统一办理"①。随后，财政部正式下文，决定由缉私处统一办理物税两方面的缉私工作。② 6 月 20 日，蒋介石手令缉私处开展统一缉私业务上之工作布置，主要是布置缉私网、建立缉私通讯网、封锁与机动游缉之推进等三方面工作。③ 当时，缉私处所布建的缉私网，横的方面，是沿军事封锁线；纵的方面，是依水陆交通路线；大抵凡是商旅必经之地，均有查缉所之设置。④ 1942 年 2 月，国民政府行政院修正颁布《统一缉私办法》和《水陆交通统一检查条例》，规定缉私处、所及海关在所辖区域以内为负责查缉机关，裁撤各地原设所有中央或地方货运检查或类似组织。

随着缉私工作渐次开展，原有缉私处组织日显狭小，对于缉私部队的编练调遣，以及缉私工作的指导处理均为编制所限不足应付。为集中缉私力量，增进缉私效能，1942 年 6 月，财政部决定将缉私处改编为缉私署，调整规模，充实人力。同年 8 月 1 日，财政部缉私署成立。戴笠任署长，马策任副署长。缉私署分设编练、查缉、侦讯、经理、总务、医务等六处及会计统计两室，下设 18 科，人员 278 人。⑤ 随后，缉私署"对于查缉机构之布置，在省设立缉私处，在各地设立查缉所及查缉分所，现已建立完成者，计有四川、西康、云南、贵州、湖南、湖北、安徽、江西、陕西、甘肃、宁夏、绥远、河南、广东、广西、福建、浙江等 17 省处、129个查缉所、449 个查缉分所，共有职员 3956 人"⑥。虽然若干地区因受战局及环境影响，尚未设置缉私署属的机构组织，但至此，缉私署大致完成查缉网的布置工作。在缉私署的统一领导下，各地缉私工作焕然一新，缉私效能明显提高不少。"如在陕西省，在缉私处成立后一年，税收已较前一年度，增加 9 倍。又如湖北、广东两省，在同时期，亦各增加 6 倍以上。"⑦

---

① 《戴笠受命国民政府整顿缉私武装扩大缉私处职权的有关文件（1941 年 6 月 6 日—10日）》，[国民政府财政部缉私署档案]，载《资料汇编》第五辑第二编，《财政经济》（二），第260—261 页。

② 《国民党中央执行委员会第九次全体会议提案暨本处就主管范围办理情形报告，附缉私署工作报告》（1941 年），[缉私署档案]，档案号：一四五（2）/3，二档馆藏。

③ 《本处改进缉私计划》（1941 年 6 月），[缉私署档案]，档案号：一四五（2）/7，二档馆藏。

④ 张霈之：《戴笠与抗战》，第 227 页。

⑤ 《本署一九四二年度工作报告》，[缉私署档案]，档案号：一四五（2）/39，二档馆藏。

⑥ 《国民政府财政部缉私署工作报告（1943 年 10 月 25 日）》，[国民政府财政部所属各机关档案]，载《资料汇编》第五辑第二编，《财政经济》（二），第 274 页。

⑦ 良雄：《戴笠传》，第 294 页。

1942 年 6 月 9 日，财政部公布《财政部缉私署组织法》进一步规范缉私署的工作，其中规定：缉私署承财政部长之命办理全国缉私及特种运输事宜，所有部属税警团队统由缉私署监督指挥征募补充训练调遣；缉私署设置各处：秘书室、督察室、编练处、查缉处、经理处、司法处、总务处和医务处。① 与此同时，缉私署着力推行缉私督察制度加强缉私工作的监管力度，将缉私处掌控的缉私区域"划分 10 个督察区，派出督察员 17 人，视察员 65 人，督察通讯员 177 人；督察中心工作为（1）业务错误之纠正，（2）人事勤惰之考核，（3）贪污舞弊之检举，（4）所辖单位奉行命令之程度等项，推行以来颇著成效"②。缉私督察制度能否有效地推行，关键是规范好督察人员的行为。为此，缉私署特地颁布《督察人员工作实施纲要》，规定了督察员应行注意考查的事项。③ 自缉私督察制度实施后，财政部缉私署确实惩处过一些腐败分子，如"四川万县查缉私所所长冯德，自流井查缉所所长李德孚，广东会阳缉私所所长罗倬汉，三多祝分所长游辉，税警第二总团团长贺明宣等，均经因案被押，查明法办，其中冯德、李德孚二案业经军法执行总监部依法处决"④。缉私处自身的组织建设亦至关重要。1942 年 6 月 9 日，财政部颁布《财政部各省缉私处组织条例》，其中规定：各省区缉私处承财政部长及缉私署署长之命办理各该省区缉私事务。⑤

由于战局混乱、指挥不便等原因，缉私署（处）在组织方面所暴露的缺陷越来越明显，如省缉私处组织太简单，人手不敷使用；各分所组织，人事经费均欠充实；海关则仍兼有缉私职权，财政部缉私署与海关的权限不清，多生事端；货物走私经由火车装运或邮包寄运，各地路局和邮政当局出于自身营业利益的考虑，不准缉私署和海关派专人来检查，⑥ 所有这一切，都大大影响缉私署的缉私效能。为此，财政部于 1942 年 9 月 26 日颁布《调整战区缉私及经济交通封锁办法》，其中规定：战区缉私与

---

① 《改处为署组织规程（1942 年）》，［缉私署档案］，档案号：一四五（2）/2，二档馆藏。

② 《十年来之缉私》，第 19 页。

③ 《缉私署 1943 年度缉私统计图表及无线电台一览表》，［缉私署档案］，档案号：一四五（2）/65，二档馆藏。

④ 《十年来之缉私》，第 20 页。

⑤ 《改处为署组织规程（1942 年）》，［缉私署档案］，档案号：一四五（2）/2，二档馆藏。

⑥ 郭绍宗：《现行缉私制度问题商榷》，载《新中华》复刊第 1 卷第 12 期，中华书局印行，1943 年 12 月。

经济封锁由财政部缉私署负责主持办理；财政部缉私署应即依据各战区对敌经济封锁实际需要情形调整并增设各级查缉机构；战区军政各机关及部队对缉私机关执行职务经随时予以协助与便利，并应相互采取密切联系供给有用情报；缉私员警执行职务应一律着用制服佩戴证章及臂章，战区军警机关及乡镇保甲应验凭查缉证随时予以保护及协助。①

抗战后期，财政部为紧缩战时财政开支施行精简机构，对缉私署年度经费预算核减颇多，缉私署只好将其缉私机构及部队分别裁并，重新布置与调整，并缩减各查缉所的原有编制。经两度紧缩，缉私署内工作人员已由 351 人减至 210 人，并裁撤绥远、西康两缉私处，缉私署所属 17 省处改并为 15 省处，全国查缉所由 131 所改并为 120 所，税警方面经紧缩后，仅留 8 个税警团、1 个骑警团、1 个警卫大队，8 个独立营，其人数由 6 万余迭减至 23000 人。② 1945 年年初，鉴于缉私署自成立统一缉私后，各征税机关虽不缉私，但仍继续检查，事实上形成查缉机关过多，商民引以为苦，财政部为简化行政机构，撙节财务支出，将缉私署予以裁撤，所有货物之缉私检查工作，交由海关办理。③ 由于战局错综复杂，缉私工作又涉及方方面面，缉私职权的移交进展颇缓，因之，缉私署负责大后方缉私工作直到 1945 年 6 月才结束。此后不久，海关统一了查缉权，独立负责国统区的缉私事务并逐渐成为国统区的缉私主体。

总的说来，国民政府在统一缉私机构、统一缉私政令以及完善缉私制度后，奸商走私日渐困难，缉私取得了显著成效。各省缉获走私漏税案件，"均经就其性质分别移送各主管机关处理，如货物持有人有涉及刑事范围者，则将人犯依其身份解送司法或军法机关审办"④。

据不完全统计，1942 年财政部缉私署缉获走私漏税案件数量 23406 起，1943 年为 50857 起，1943 年比 1942 年增加 27451 起，这反映出国民政府缉私机构的缉私效能有了明显的提高。从地区来看，总体上是内地缉私处缉私成效比沿海沿边大，名列前茅的是贵州、四川、浙江等省，如据贵州省缉私队统计，仅在 1943 年 1—10 月期间，就查获了 7836 件违反管

① 《战时管理封锁区物资输出输入各项法令及有关资料（1943—1945）》，[战时货运管理局档案]，档案号：三一三（2）/24，二档馆藏。

② 《国民政府财政部缉私署为保留员额致财政部人事处函稿（1945 年 1 月 22 日）》，[国民政府财政部缉私署档案]，载《资料汇编》第五辑第二编，《财政经济》（二），第 278—279 页。

③ 《行政院与财政部关于调整税制简化机构的往来文件（1945 年 1 月）》，[国民政府财政部档案]，载《资料汇编》第五辑第二编，《财政经济》（二），第 76—77 页。

④ 《财政部长孔祥熙任内政绩报告（节略）（1944 年 11 月）》，[国民政府财政部档案]，载《资料汇编》第五辑第二编，《财政经济》（一），第 418 页。

制的公司、商号，案值达 2 亿多元。① 反映出缉私工作受战局的影响很大，各地缉私处所只能根据自身所能控制的范围主要依靠内地缉私机构加强缉私。通过对财政部缉私署缉获走私漏税案件分类比较，可以看到，直接税和货物税的走私偷漏案件急剧上升，其中直接税走私偷漏案件由1942 年 3583 起猛增到 1943 年的 14554 起，超过了关税的走私偷漏数量而位居首位，② 反映出国民政府为坚持抗战，在财政上主要是推行战时税制，加强对直接税和货物税走私的缉私力度，增加了国民政府的财政收入。

缉私署在缉私过程中，查处过重特大走私案件，如在浙江潭须查获私货 3 船，约值 300 余万元，在江西查获伪交通电政司长曹仲渊囤积电讯器材约值 400 余万元，在安徽查获中央调查统计局特派员高子文等自敌区运入伪钞 197 万余元，企图扰乱金融搜购物资，经由皖处破获解渝讯办；广东缉私处钦州查缉所缉获私钨 11 船，重 20 余万斤，私犯许雄等 3 名经移送各主管机关办理；安徽缉私处查获安徽企业公司与沪瑞中公司办理易货曾运出桐油皮油数万担、牛羊皮数千张、生漆数千担、麻数千担，运进物品除一部为我必需物品外尚多禁止进口物品；浙江省缉私处查获浙江难民工厂办理以桐油易纱一案，其职员与敌伪特务组长王玉中勾结偷运大批桐油出口资敌，并查扣浙江青田永嘉两地商人价值约 5000 余万元的二三公尺以下木材企图运输出口为敌所用。③

至于 1944 年的缉获走私漏税案件统计，根据缉私署工作报告："1—3月间已据各省缉私处所报之缉案件数计 3840 件，其中以属于直接税及关

① 资料来源：《本署对国民参政会第三届第一次大会之缉私部分工作报告资料（1942 年 9月）》，［缉私署档案］，档案号：一四五（2）/30，二档馆藏；《本署对三届二次参政会之缉私部分工作报告》（1943 年 7 月），［缉私署档案］，档案号：一四五（2）/32，二档馆藏；《缉私署1943 年度缉私统计图表及无线电台一览表》，［缉私署档案］，档案号：一四五（2）/65；另据《十年之缉私》，第 23 页载：1942 年共缉获走私案件 24748 件；据《国民政府财政部缉私署工作报告》（1943 年 10 月 25 日）载：1942 年共为 24748 案，［国民政府财政部所属各机关档案］，载《资料汇编》第五辑第二编，《财政经济》（二），第 274 页；另据孔祥熙陈述：1942 年度共为24748 案，1943 年度共为 52686 案，参见《财政部长孔祥熙任内政绩报告（节略）》（1944 年 11月），［国民政府财政部档案］，载《资料汇编》第五辑第二编，《财政经济》（一），第 418 页。
② 《缉私署 1943 年度缉私统计图表及无线电台一览表》，［缉私署档案］，档案号：一四五（2）/65，二档馆藏。
③ 《国民政府财政部缉私署工作报告（1943 年 10 月 25 日）》，［国民政府财政部所属各机关档案］，载《资料汇编》第五辑第二编，《财政经济》（二），第 274 页；《战时管理封锁区物资输出输入各项法令及有关资料（1943—1945）》，［战时货运管理局档案］，档案号：三一三（2）/24，二档馆藏。

税性质案件者约近半数；4—6 月间已据各省缉私处所报之缉私案件计 6534 件；7—9 月因受战事影响，仅闽滇黔宁绥等处具报前来共计 1104 件。"① 而根据财政部长孔祥熙 1944 年 11 月的陈述，1944 年共为 34017 案。② 前后比较，查获走私案件的数量差距甚大，由于缺乏其他佐证材料，所以无法甄别，只能罗列于此。从总体上看，1944 年缉获的走私偷漏案件比 1943 年应该是少了许多，这一方面说明国民政府统一缉私政令已经起到了积极作用，严厉的惩治走私犯罪措施对走私分子已经起到震慑作用；另一方面也反映出抗战后期国民政府查禁敌货战略的转变已经发生了很大作用，国民政府的缉私策略由严厉查禁走私的策略转变为查禁与利用走私策略，许多走私案件的性质发生了重大转折，国民政府只是查禁重要物资走私资敌，至于重要物资走私到国统区，为我所用，国民政府是采取鼓励措施的。

必须指出的是，各地缉私处所也存在着大量的腐败问题。腐败分子控制的缉私部门经常对其他缉私机关的正常缉私行为进行骚扰，甚至是直接干涉。如："1938 年 3 月 10 日，江门海关破获走私白糖 30 包，事后（广东省）财厅所属之缉私处忽派武装士兵百余人，将海关包围，并捕去关员陈某，私加敲打。据内中人云，系私枭运动缉私队出面干涉，致引起纠纷。亦有人谓此项私系缉私队所贩运的。"③

战时缉私可发财致富的观念也早已深入人心，所以当乔家才就任陕西省缉私处处长时，众多朋友祝贺他得到了一个肥缺，他也坦言，在他就职以前，陕西省缉私处中的少数人"行为不检，私生活过于奢侈，招徕不少物议，缉私处的名声败坏到了令人侧目的地步"④。戴笠掌握的缉私署及各省缉私处每年均能缉获大量走私物资，按戴笠与财政部商定的办法，走私物资处理后，军统可以从中提取份额以充活动费用。如 1942 年 5 月，军统局昆明黑林铺检查站截获走私鸦片三卡车，戴笠在报请蒋介石批准后，决定将缉获烟土分前后数批，由武装缉私人员护送运到广东韶关，然后再分为三路全部向沦陷区销售，但在从贵阳、桂林到广东沿线的途中，不少走私犯闻风而至，与缉私人员联手，内外勾结，承揽销售，结果

① 《本署一九四四年度重要工作简明报告》，[缉私署档案]，档案号：一四五（2）/40，二档馆藏。

② 《财政部长孔祥熙任内政绩报告（节略）》（1944 年 11 月），[国民政府财政部档案]，载《资料汇编》第五辑第二编，《财政经济》（一），第 418 页。

③ 蔡谦：《粤省对外贸易调查报告》，商务印书馆 1939 年版，第 43 页脚注①。

④ 乔家才编：《关山烟尘记》（上册），台北中外图书出版社 1985 年版，第 310 页。

"外销"逐渐成为了"内销"①，严重败坏了大后方的社会风气。

缉私机关漏洞百出，为各阶层走私提供了可乘之机，尤其是特权阶层，他们凭借其手中掌握的权力，结帮营私，张牙舞爪，逍遥自在地成为走私的主力军，使得缉私机关的查缉工作困难重重。② 军队参与走私，更让缉私人员深感势单力孤，"自缉政统一，查禁严密后，奸商走私日渐困难，因有勾结不肖军人及地方武力以为护符之情事发生，财政部警力单薄，不敷分配，以致查缉业务深受影响"③。蒋介石也曾指示财政部部长孔祥熙，要求财政部在1944年度"严格实行对缉私机关与其他工作人员以及财务人员之监察，研议具体实施有效办法"④。但恶劣的社会风气已经腐蚀了战时缉私机关，所以经过一时的整治后，缉私部门腐败现象依旧普遍存在。根据在蒋介石身边工作八年的侍从室高级幕僚唐纵1944年6月29日的日记称："戴笠自雄村⑤电称，在东南走私经商的不是党政机关就是军队，而纯粹商人走私经商已不容易了，这是实在的话。今日犯科作奸的都是有力量的人，政治的破坏，自上而下，所有经济政治军事全都坏了，欲图挽救还是须要自上而下。如果不能彻底有所改革，社会真是不可收拾。"⑥

可见，国民政府通过建立缉私处（署），尽管缉私署所属缉私机关存在着种种腐败现象，但总的说来，战时财政部缉私署不仅积极配合散处内地的中国海关关卡加强各地的税收征管，而且独立开展大规模的查缉走私活动，为国民政府增裕税收、争取各种军需民用物资以便支撑抗战发挥了一定的积极作用。

三　国民党各战区经济委员会

随着抗战的全面展开，国民政府对敌经济作战渐次显得相当重要，作用亦越来越大。为统筹调整各战区经济事项，国民政府行政院提议特设战

①　杨者圣：《特工王戴笠》，第346页。

②　野村：《走私问题透视》，《国讯旬刊》1940年第230期。

③　郭绍宗：《现行缉私制度问题商榷》，载《新中华》复刊第1卷第12期，中华书局印行，1943年12月。

④　公安部档案馆编注：《在蒋介石身边八年——侍从室高级幕僚唐纵日记》，群众出版社1991年版，第407页。

⑤　雄村：在安徽歙县，中美合作所第一中美特种技术训练班设在该处，又名雄村训练班。附近为军统所领导的忠义救国军所在地。——原注

⑥　公安部档案馆编注：《在蒋介石身边八年——侍从室高级幕僚唐纵日记》，第439页。

区经济委员会，蒋介石也敦促设立，终于 1940 年在各战区次第成立。①
见表 4—1 所示。

表 4—1　　　　　　　　各战区经济委员会组织表②

区别	主管人员	辖境	会址
第一战区经委会	主任委员郑震宇 副主任委员张广舆、吴本景	河南、山东、河北	洛阳
第二战区经委会	主任委员罗厚安 副主任委员黄胪初、马铎	山西、陕西	西安
第三战区经委会	主任委员赵棣华 副主任委员关吉玉、金百顺	江南、浙江、福建、皖南	上饶
第四战区经委会	主任委员邹琳 副主任委员李钟楚	广东、广西	曲江
第五战区经委会	主任委员许凤藻 副主任委员王正基、于在民	湖北、皖北、苏北	老河口
第八战区经委会	主任委员杨道橒 副主任委员贺燊、郑相臣	甘肃、宁夏、青海、绥远	兰州
第九战区经委会	主任委员程起陆 副主任委员曾举直、魏云干	湖南、江西	衡阳

　　根据《战区经济委员会组织规程草案》规定：战区经济委员会受中央主管部会及四行联合办事处总处之监督指导，并受战区司令长官及战地党政分会主任委员之指导，依照中央法令办理战区经济委员会主管事宜（第二条）；战区经济委员会由财政部、经济部、交通部、四联总处、战地党政委员会、本战区司令长官部、本战区各省政府代表（省政府代表

---

　　① 各战区经济委员会成立的具体时间和地点见《各战区经济委员会工作大要（抄件）（1942 年 4 月 13 日）》，国民政府国家总动员会议档案，载《资料汇编》第五辑第二编，《财政经济》（五），第 425—428 页。
　　② 《四联总处关于督导战区经济委员会工作的报告》（1940 年），载重庆市档案馆、重庆市人民银行金融研究室合编《四联总处史料》（上册），档案出版社 1993 年版，第 429 页。

应就财政厅长、建设厅长或省银行行长中指定）各派一人组成（第四条）；战区经济委员会设主任委员1人，综理战区经济委员会一切事宜（第五条）。①

为有效督促战区经济委员会开展工作，明确职责，1940年5月25日上午四联总处专门召开拟具战区经济委员会工作纲领案审查会，会上审查通过《战区经济委员会工作纲领》，指出：根据各战区经济情势，一方面感觉力量不足，一方面亦缺乏连贯，调整应以构成下列四种阵网为战区经济委员会工作目标：（1）缉私网，照军事上配布，并以军队力量为主，连缀各种缉私机构，再参加情报组织，划分段落，每一战区布成一条严密阵线；（2）物资网，应使战区内一切日用必需品与可供易货各种物资之生产、收购、储运、支配，依照经济上合理方法及实际需要，祛除地方观念，每一战区做一通盘筹计，同时各战区间并谋互通有无，互济盈虚；（3）运送网；（4）金融网。该会任务甚繁，而时间紧迫，应先把握几个中心工作即：（1）购储物资；（2）严密缉私：现在缉私机关极其纷歧，力量亦不集中，应设法加以连缀，划清责任，厉行查禁敌货、侦缉走私及对敌封锁工作，并由主管方面严行赏罚；（3）促进生产；（4）调整金融。②

事实上，国民政府行政院虽为该会之主管机关，并没有负通盘统筹之实责，各地战区经济委员会的工作纲领"促进生产"、"调剂金融"二项中心工作，"在在皆须资金之运用，故于四联总处关系较为密切，但四联总处为各银行之汇合机构，于金融以外之业务似难为周详之统筹，又与军事机关之全部工作，亦不易作实际之联系对此项业务不甚了了"。因此，各地战区经济委员会的工作进展缓慢。

1941年，行政院经济会议③决定进行调整如下：（1）战区经济委员会完全隶属于行政院重大事件之权衡决定，可由经济会议办理；（2）人事安排问题上，确立各该会委员能确实代表原机关，负实际指挥监督之权力；（3）职权责任问题上，明确各该会有监督、考核、统筹之权力；（4）工

① 《战区经济委员会组织规程草案》（1940年4月），国民政府财政部档案，载《资料汇编》第五辑第二编，《财政经济》（五），第413—414页。

② 《贸易委员会奉发战区经济委员会工作纲领案审查会纪录函》（1940年7月3日），国民政府财政部档案，载《资料汇编》第五辑第二编，《财政经济》（五），第417—419页。

③ 国民政府鉴于过去各机关管制办法难免分歧，力量因之分散，乃于1941年2月8日在行政院之下，特设"经济会议"，以协调管制工作，加强统制力量。[唐传泗：《战时我国之物资管制》，载《经济汇报》第10卷第11期，1944年12月1日。]

作先后问题上，以统筹调整策动战区经济力量与对敌作战为目标，以在沦陷区以内，购运物资、维护法币、封锁敌资、破坏敌人经济侵略为中心，依据纲领，次先轻重，由简入繁，逐渐推进；（5）管辖划分问题上，根据地形敌势，形成区域经济，配合军事，统筹全区经济，以事对敌之经济战。确立战区经济委员会在前方中心工作的首要工作：敌伪经济之调查与摧毁、物产资敌之防止、敌货倾销之封锁、走私之防止、物资之收购与运送。①

各战区经济委员会成立后，在缉私方面也做了大量的工作。

第一战区经济委员会鉴于该会辖区内由于"负检查之责者多未尽其努力，……豫省缉私机构太不健全"，且"辖区辽阔，战区后方与游击区一河之隔，渡口甚多，走私极易"，导致该区"走私之风，仍未戢弭"②，为加强本战区缉私工作起见，第一战区经济委员会于 1940 年 9 月 26 日举行缉私问题谈话会，决定组织统一缉私机构，内分三部，期以集体行动实施缉私工作。③ 为明了走私实况，设法严密查缉起见，经将各处走私路线、偷运方式以及走私背景等等，多方设法详确调查，并派专员吴树敏等人往豫东及黄河沿岸确查。根据调查结果，编成豫东走私报告及陇海线区走私报告二种，制印成册，分送各机关参考。④ 为使各商普遍注意，并便查考起见，特将有关禁运准运及统制结汇品目，分类归纳编印成册，除发给洛阳商业干部人员训练班学员每人一份外，并分送各属缉私机关及商人团体备用，以利缉政。⑤

第二战区经济委员会也调整查缉机构、增强缉私实力、邮路货运实施检查、举行缉私工作汇报。⑥ 1940 年 10 月 1 日—1941 年 9 月 2 日，为能密切各查缉机关的联系，增进战区缉私效力，第二战区经济委员会曾会同陕西省财政厅、陕西省敌货鉴别委员会、财政部晋陕战区货运稽查处、军事委员会运输统制局监察处西安检查所、财政部贸易委员会陕豫办事处召

① 《行政院经济会议秘书处拟具调整战区经济委员会方案》（1941 年），［国民政府国家总动员会议档案］，载《资料汇编》第五辑第二编，《财政经济》（五），第 420—423 页。

② 《第一战区经济委员会关于缉私工作概况致行政院代电（1940 年 10 月 27 日）》，［国民政府行政院档案］，《资料汇编》第五辑第二编，《财政经济》（五），第 721 页。

③ 《第一战区经济委员会 1940 年度工作总报告》（1941 年 6 月 29 日），［国民政府国家总动员会议档案］，载《资料汇编》第五辑第二编，《财政经济》（五），第 435 页。

④ 同上书，第 451 页。

⑤ 同上书，第 451—452 页。

⑥ 《国民党第二战区经济委员会 1940 年度工作报告（节略）》（1941 年 7 月），［国民政府行政院档案］，载《资料汇编》第五辑第二编，《财政经济》（二），第 250 页。

开 12 次缉私工作会议，针对缉私工作中出现的一些具体问题，及时商讨对策，取得一定效果。①

第二战区经济委员会还着力查处查缉走私人员的舞弊行为以及阻止七十九军军官走私。如 1940 年 10 月查处晋陕战区货运稽查处东泉店验货厂职员郑仲玉、协隆货栈负责人何丽亭及天增西、转运公司伙友周瑞祺等营私舞弊，当即将其一伙人送华阴县政府依法侦究；1940 年 11 月查获 79 军第 42 师副官处上尉副官阎振东，私受郑州菜商贿款 1000 元，持该部军用证明书，伙同其他军官一起走私价值 6 万余元的货物；② 1940 年 12 月查处 59 军 180 师团长于麟章等包庇走私案；查处运输统制局监察处宝鸡检查所所长张秉权私定陋规、勒索贿款、非法扣留商货案。③

第三战区经济委员会将第三战区划分为六个封锁线区，并对内地河道之交通封锁、陆路之交通封锁、人之往来通过、物资金融及工厂之处置、邮电检查及交通工具之统制作了详细的规定，④ 自 1938 年冬以来，第三集团军孙桐萱部担任黄汜守备，即遵守封锁线之规定，严禁禁运物品外运资敌，防止仇货内运畅销，不避嫌忌，不畏流言，严督所属，认真防缉。⑤ 督促该战区经济督察团出发浙江各地督同查禁。⑥

第三战区经济委员会还在 1940 年 7 月 11 日筹组成立经济工作大队，配合军队力量，协助收购机关在皖南前线抢购棉花 2303 担，并运抵屯溪平价销售，将当地棉花零售价格每斤约抑低四五角以上，针对皖南各县毗连游击区，物资走私猖獗，该队除认真执行查缉工作外，并协同各省有关

---

① 《第二战区经济委员会第一至十二次缉私工作会报记录》（1941 年 1 月），案卷号：二/7640，缩微胶卷号：16J—1369，二档馆藏。

② 《第二战区经济委员会关于查缉人员舞弊及七十九军军官走私的情报（1941 年 1 月 14 日）》，[国民政府行政院档案]，载《资料汇编》，第五辑第二编，《财政经济》（五），第 723—724 页。

③ 《第二战区经济委员会关于二十二集团军五十一军包庇走私及河南淮阳奸商运粮资敌等情报（1941 年 2 月 19 日）》，[国民政府行政院档案]，载《资料汇编》第五辑第二编，《财政经济》（五），第 728—730 页。

④ 《经济游击队应用法令汇编》，第 425—429 页。

⑤ 《第三集团军孙桐萱关于河防缉私情形及现况报告书》（1941 年 2 月 15 日），[行政院经济会议秘书处档案]，载《资料汇编》第五辑第二编，《财政经济》（五），第 724—728 页。

⑥ 《国民党第三战区经济委员会 1940 年度工作报告（节略）（1941 年 2 月）》，[国民政府行政院档案]，载《资料汇编》第五辑第二编，《财政经济》（二），第 250—251 页；《第三战区经济委员会 1940 年度工作报告》（1941 年 2 月），[国民政府行政院档案]，载《资料汇编》第五辑第二编，《财政经济》（五），第 471—472 页。

机关设法破坏敌伪各项经济设施，对敌经济作战成效显著。①

第四战区经济委员会成立后随即派队严密防缉电白、水东一带私枭，随时与职县钨砂收买处密切联系并这一地区的私枭组织暨走私详情查明具报。② 加强对敌经济封锁，拟具强化缉私阵线办法：（1）适当配布缉私机关；（2）充实缉私武力；（3）健全缉私机关人事；（4）划定严密之封锁线。③

第五战区经济委员会驻防主要在冀鲁豫地区，战区十分复杂，"豫省走私以河汜区及黄河各渡口为甚，加之军人包庇奸商走私，行行色色，缉私防堵，自感困难。为求正本清源计，该会似宜策动冀鲁豫货运稽查处，商请司令长官部就豫省划定商运路线，凡进出豫鄂、豫皖货物，非经指定商路运输，不得通行。其有故违绕越者，一经查出，不论其货物违禁与否，概予扣留。如此办理，不独防止走私及私运资敌最为有效，即盘查奸尻，亦连带解决"④。

1941—1942 年间，第五战区经济委员会在缉私方面着重以下几个方面：（1）关于物产资敌之防止及敌货倾销之事项：电请皖财政厅就产粮地区查缉粮食资敌、电请皖财政厅严密查缉皖中菜籽菜油资敌、调查皖北缉私机构之设置及其工作、拟订对敌经济封锁及加强缉私工作方案；（2）电请皖省府及鄂东行署在中央未设立缉私机构的据点以前，应责成各该地县政府严密封锁，切实查缉，以杜仇货输入，而免走私资敌；（3）电请皖省及鄂东行署饬县调查进出货物之重要、次要口岸分报第五战区经济委员会立煌办事处，以随时督促，封锁或增强缉私机构；（4）酌派部队协助当地检查机关执行缉私任务，并密取联系，俾收指臂之效。⑤

第八战区经济委员会 1940 年在该战区货运稽查分支处，尚未设置的冲要地点，由该会派员会同当地党政军宪警及税收机关，组设私货查缉

---

① 《第三战区经济委员会 1940 年度工作报告》（1941 年 2 月），［国民政府行政院档案］，载《资料汇编》第五辑第二编，《财政经济》（五），第 478 页。

② 《第四战区长官司令部关于电白水东一带走私情形及办理经过的代电（1941 年 12 月 25 日）》，［国民政府国家总动员会议档案］，载《资料汇编》第五辑第二编，《财政经济》（五），第 732 页。

③ 《第四战区经济委员会 1940 年度工作总报告》（1941 年），［国民政府行政院档案］，载《资料汇编》第五辑第二编，《财政经济》（五），第 489 页。

④ 《第五战区经济委员会报告迁郧后工作情形代电及四联总处核议意见》（1940 年 12 月—1941 年 1 月），［国民政府行政院档案］，载《资料汇编》第五辑第二编，《财政经济》（五），第 500 页。

⑤ 《国民党第五战区经济委员会立煌办事处 1942 年工作报告》（1942 年），［国民政府行政院档案］，载《资料汇编》第五辑第二编，《财政经济》（五），第 514—516 页。

处，并拟具详细方案切实遵照执行。① 1941 年该会专门组织裕源庄垄断战区经济，切实加强对各缉私机构的管理与联系，请其尽量供给走私情报及走私路线，凡遇第八战区经济委员会裕源庄抢购所得之物资，予以通过之便利。② 鉴于敌伪发行及伪造法币，该会主要是严加缉拿防范，查禁敌伪钞券，经过整治，取得一定效果。③

第九战区经济委员会在 1941 年严密查防会同县黄金走私以及衡山县水银走私，④ 查处衡市钞票走私，⑤ 取缔祁阳奸商钞票走私，⑥ 注意查防偷运货物资敌，⑦ 切实执行中央防止走私及禁运资敌各项规章，⑧ 取缔各游击部队设卡收捐，严禁修水一带游击部队走私，⑨ 严禁查缉人员非法留难商民，以及尽量设法供给战区民众必需物品。⑩

"战区经济委员会之设置，用意本佳，惟或则入选适当，运用资金过大，不免有浪费之处；或则所谓抢购物资，未能深入敌后之沦陷区域，徒然在前方一二商运要道争购，促使当地物价畸形上涨。"⑪ 太平洋战争爆发后，又鉴于军队缉私存在种种弊端，甚至"前方各部队假消费合作社名义公开以武力掩护走私，实属有干军纪，并影响部队合作社之

---

① 《第八战区经济委员会报告各项工作实际情形呈》（1940 年 11 月），［国民政府行政院档案］，载《资料汇编》第五辑第二编，《财政经济》（五），第 534 页。

② 《国民党第八战区经济委员会组织裕源庄垄断战区经济得有关文件（节略）》（1940 年 6 月），［国民政府行政院档案］，载《资料汇编》第五辑第二编，《财政经济》（二），第 255 页。

③ 《第八战区经济委员会报告各项工作实际情形呈》（1940 年 11 月），［国民政府行政院档案］，载《资料汇编》第五辑第二编，《财政经济》（五），第 537 页。

④ 《第九战区经济委员会 1941 年 6—11 月份工作报告》（1941 年 12 月），［国民政府行政院档案］，载《资料汇编》第五辑第二编，《财政经济》（二），第 258 页；《资料汇编》第五辑第二编，《财政经济》（五），第 577—578 页。

⑤ 《第九战区经济委员会 1941 年 6—11 月份工作报告》（1941 年 12 月），［国民政府行政院档案］，载《资料汇编》第五辑第二编，《财政经济》（二），第 256 页。

⑥ 《第九战区经济委员会 1941 年 6—11 月份工作报告》（1941 年 12 月），［国民政府行政院档案］，载《资料汇编》第五辑第二编，《财政经济》（二），第 257 页；《资料汇编》第五辑第二编，《财政经济》（五），第 573 页。

⑦ 《第九战区经济委员会 1941 年 6—11 月份工作报告》（1941 年 12 月），［国民政府行政院档案］，载《资料汇编》第五辑第二编，《财政经济》（二），第 259 页。

⑧ 《第九战区经济委员会 1941 年 6—11 月份工作报告》（1941 年），［国民政府行政院档案］，载《资料汇编》第五辑第二编，《财政经济》（五），第 552—553 页。

⑨ 《资料汇编》第五辑第二编，《财政经济》（五），第 586 页。

⑩ 《第九战区经济委员会 1941 年 6—11 月份工作报告》（1941 年 12 月），［国民政府行政院档案］，载《资料汇编》第五辑第二编，《财政经济》（二），第 256—257 页。

⑪ 朱偰：《中国战时税制》，第 92 页。

信誉"①。为此，蒋介石着令战区经济委员会逐渐停止工作，在战区改设战区经济作战处，负经济作战任务，策划缉私封锁事宜。

1941 年 11 月南岳会议上决定："战区经济作战部处隶属于行政院，受战区司令长官之指挥，兼为司令长官之经济幕僚机关，处长由行政院简派；战区经济作战处任务为策动战地对敌经济斗争、调查敌伪及区内经济情况，破坏敌伪经济设施，加强封锁，防止物资走私资敌，抢护战地输入物资；经济作战处对区内中央及地方有关经济各业务机关，应切实联系督导，并使其与军事配合。中央缉私处之分遣机关得附设于处内。"② 财政部奉行政院 1942 年 1 月 23 日训令，正式将现有的战区经济委员会及经济游击队指挥处归并调整为战区经济作战处，并规定战区经济作战处的任务为"联络地方军政机关，处理在战区内经济破坏、物资夺取及交通封锁事项，并指导、联络及监督当地政府机关执行。"③

各经济作战处成立后，由于受整个战场形势的影响，各方面的工作要么没有能够开展起来，要么无多大建树，有的反而影响各地缉私处所和海关分关分卡正常开展缉私工作。④ 1942 年 9 月以后，国民政府开始全面禁止军队缉私，⑤ 1943 年 3 月国民政府决定撤销各战区经济作战处，将"各战区经济封锁及物资抢运等事宜，统由缉私处及货运处分别办理"⑥。

四 设置税务督察专员制度⑦

抗战全面爆发后，山河破碎，国民政府在各地的国税征收工作处于各自为政状态。财政部为加强对各国税机关督察起见，1938 年 5 月，特设

---

① 《社会部为前方各部队借消费合作社名义以武力掩护走私案致经济部函（1941 年 10 月 17 日）》，[国民政府经济部档案]，载《资料汇编》第五辑第二编，《财政经济》（五），第 731 页。

② 《军事委员会关于南岳会议讨论经济作战议案致行政院快邮代电》（1941 年 11 月 23 日），[国民政府国家总动员会议档案]，载《资料汇编》第五辑第二编，《财政经济》（五），第 668—669 页。

③ 《财政部奉发调整战区经济机构纲要的训令》（1942 年 2 月 11 日），[国民政府财政部档案]，载《资料汇编》第五辑第二编，《财政经济》（五），第 424 页。

④ 《行政院秘书处关于调整经济作战机构及经济作战处工作情形的签呈》（1942 年 10 月 15 日），[国民政府行政院档案]，载《资料汇编》第五辑第二编，《财政经济》（五），第 428—432 页。

⑤ 《本署对三届二次参政会之缉私部分工作报告》（1943 年 7 月），[缉私署档案]，档案号：一四五（2）/32，二档馆藏。

⑥ 《经济部关于行政院决定撤销各战区经济作战处的训令》（1943 年 4 月 2 日），[国民政府工矿调整处档案]，载《资料汇编》第五辑第二编，《财政经济》（五），第 432—433 页。

⑦ 参阅陈诗启《中国近代海关史》，第 805—806 页。

置税务督察专员制度,分区督察。全国计分:川滇区、黔桂区、闽粤区、湘鄂区、浙赣区、苏皖豫鲁区、陕甘宁青区。税务督察专员秉承财政部长之命办理下列各事项:(1)中央直辖全国税务机关征榷事务之指导督促事项;(2)国税税款收入状况之调查考核事项;(3)国税整理改进方案之筹划事项;(4)税务机关人员之考查事项;(5)战时特别措施之指示与协助事项;(6)其他交办事项。另外还规定:税务督察专员应将考查所得情形随时密报,并按旬呈报一次;税务督察专员对于该管区内国税机关之命令与处分认为有违反、越权或失当之处,应立即呈报财政部核办。

第三节　规范缉私规章制度

抗战全面爆发后,随着大批中国海关的沦陷,原先海关制定的一系列反走私的规章制度,大多不适应当前的形势。因此,当务之急就是要统一缉私政令,确立统一的缉私规章制度。

一　修订战时缉私法令法规

战时形势错综复杂,瞬息万变,国民政府许多职能部门和各战区为应对纷乱的战局,制定了内容庞杂的缉私法令法规。这些法令法规,有的是以通告、代电、通令、命令、会议纪要等形式颁行反走私法令、法规;有的法规多次反复修改,面目全非;有的是专门制定的反走私法令、法规,有的只是涉及反走私方面的内容,许多法令、法规内容有交叉、重叠,难以分类等等,不一而足。因此,要想全面厘清全面抗战时期有关反走私的法令、法规是相当困难的,目前只能根据现有文献资料,作大概的介绍与分析。

全面抗战时期国民政府制定的各项反走私的法令法规,主要分为以下几类:①

---

① 资料来源:中国第二历史档案馆编:《中华民国史档案资料汇编》第五辑第二编,《财政经济》,江苏古籍出版社 1997 年版;重庆市档案馆编:《抗日战争时期国民政府经济法规》(上、下),档案出版社 1992 年版;第三战区司令长官司令部编:《经济游击队应用法令汇编》,编者刊,油印本,1941 年;财务部参事厅编:《十年来之财务法制》,中央信托局 1943 年版;秦孝仪主编:《中华民国重要史料初编——对日抗战时期》第四编《战时建设》;《战时金融法规》,载《经济汇报》第 1 卷,1940 年第 5、6 期合刊;财政部缉私处编印:《货运物资查禁法令汇编》,1941 年;中国第二历史档案馆财政部、缉私署、海关总税务司署档案等。

（一）总则类

主要有：《危害民国紧急治罪法》（1937 年 9 月修正公布）、《国民经济绝交办法》（1938 年 1 月国民党第五届中央常委会通过）、《惩治汉奸条例》（1938 年 8 月国民政府修正颁布军事委员会制定）、《坚壁清野实施办法纲要》（1939 年 5 月 6 日）、《私运法币及其他种禁运物品出境检查办法》、《防止水陆空私运特种物品进出口办法》（1939 年 8 月 7 日公布）、《封锁敌区交通办法》（1939 年 9 月 8 日公布，1943 年 10 月修正）、《对敌伪经济反封锁方案》（1939 年 10 月南岳会议印发）、《财政部代电（关于携运钞票金银制成品及应结外汇货物应受限制区域）》（1939 年 12 月 26 日）、《财政部代电（关于防止水陆空私运特种物品进出口办法第六条第二款第一项补充规定）》（1940 年 3 月 21 日关渝字第 25554 号）、《财政部代电（为内地携钞至边境如不出口不受数额限制）》（1940 年 3 月 23 日第 25637 号）、《统一检查办法》（1940 年 4 月 2 日国民政府颁布）、《财政部战区货运稽查处分处组织规程》（1940 年 4 月 13 日财政部令颁）、《财政部代电（为解释防止水陆空私运特种物品进出口办法条文）》（1940 年 7 月 12 日关渝字第 31299 号）、《财政部浙赣皖苏战区货运稽查处查验货物及补征税暂时实施办法》（财政部 1940 年 10 月 9 日关渝字第 35711 号代电核准备案）、《统一缉私办法》（1940 年 8 月 13 日行政院第 47 次会议通过，1942 年 2 月 24 日行政院会议修正通过）、《水陆交通统一检查条例》（1941 年 4 月 15 日公布）、《战时消费税暂行条例》（1942 年 4 月 2 日国民政府公布）、《修正水陆交通统一检查条例条文》（1943 年 8 月国民政府修正公布）、《调整战区缉私及经济封锁办法》（1943 年 8 月 26 日军事委员会及行政院会同制定）。

（二）查禁敌货类

主要有：《查禁敌货条例》（1938 年 10 月 27 日公布）、《行政院液体燃料管理委员会私油查缉处置办法》（1938 年 9 月行政院核准公布）、《战区各地洋土货缉私稽征实施办法》（1939 年 3 月 13 日财政部公布）、《战地查禁敌货处置及奖惩办法》（1939 年 6 月 23 日）、《仇货鉴别方法》（附鉴别仇货须注意之点及审查原则）及《鉴别仇货须加注意之点及审查原则》（1939 年 7 月桂林行营政治部颁行）、《查禁敌货条例施行办法》（1940 年 1 月 8 日公布）、《空私运特种物品进出口办法第六条第三款条文》（1940 年 5 月 23 日国民政府修正公布）、《军公车辆夹带私货处理办法》（1940 年 12 月 5 日军政部修正通过）、《防止公路货运走私办法》、《修正查禁敌货条例施行办法》（1941 年 9 月 3 日公布、1942 年 5 月 11 日宣布废止）、《禁止对于走私货物征税放行办法》（1942 年 1 月 16 日、1943 年 12 月 30 日军委会修改核定为《禁止对于走私货物私放办法》）。

（三）禁运物品与禁运资敌物品类

主要有：《厘订禁运资敌物品条例》、《食粮资敌治罪暂行条例》（1937 年 8 月 31 日国民政府公布）、《食粮资敌案件没收食粮及罚金处理规则》（1937 年 9 月 3 日行政院公布）、《非常时期农工商管理条例》（1938 年 10 月 6 日国民政府通过）、《禁运资敌物品条例》（1938 年 10 月 27 日公布、1941 年 9 月 3 日国民政府修正公布）、《非常时期禁止进口物品办法（附禁止进口物品表）》（1939 年 7 月 1 日财政部公布）、《非常时期禁止进口物品领用进口特许证办法》（1939 年 7 月 13 日公布）、《财政部通告（领用禁止进口物品特许证之范围及程序）渝资字第 24 号》（1939 年 8 月 8 日）、《财政部代电（海关没收禁止进口物品处置办法三项）渝资字第 25791 号》（1940 年 3 月 26 日）、《财政部代电［关于汽油准免关税进口又附财政部（0901）（1022）］》（1940 年 7 月 25 日）、《财政部代电（海关没收禁止进口物品处置办法三条补充规定）渝资字第 33493 号》（1940 年 8 月 30 日）、《修正禁运资敌物品运沪审核办法》（1940 年 10 月 24 日公布）、《第七次指定禁运资敌物品区域表》（1940 年 12 月 29 日部令公布）。

（四）统销物品与结汇物品类

主要有：《资源委员会管理矿产品实施办法》（1939 年 1 月 25 日公布，财政部 1940 年 10 月 17 日修正）、《邮政包裹售结外汇实施办法》（1939 年 1 月 26 日公布、1940 年 3 月修正）、《财政部免征转口税通行办法关渝字第 7502 号》（1939 年 3 月 3 日）、《易货物品免结外汇审核规则》（1939 年 3 月 15 日财政部核准）、《经济部汞业管理规则》（1939 年 5 月 5 日公布）、《修正财政部管理全国茶叶出口贸易办法大纲》（1939 年 5 月 5 日公布）、《出口货物结汇报运办法》（1939 年 7 月 13 日公布）、《出口货物限制报运转明细表》（1939 年 7 月 13 日公布）、《财政部公告（报运限制转口物品补充规定）渝资字第 35 号》（1939 年 11 月 1 日）、《经济部矿产品运输出口管理规则》（1939 年 12 月 2 日部令公布）、经济部钢铁管理规则》（1940 年 1 月 24 日部令公布）、《全国桐油统购统销办法》（1940

年 2 月财政部公布）、《修正全国猪鬃统销办法》（1940 年 2 月 19 日核行、
3 月 3 日公布）、《修正全国猪鬃统销办法施行细则》（1940 年 2 月 19 日
核行、3 月 3 日公布）、《修正出口货物结汇报运办法》（1940 年 3 月 15
日起实行）、《财政部代电（查获未结外汇货物处理办法二项）》（1940 年
4 月 24 日关渝字第 17537 号）、《财政部管理全国内销茶叶办法大纲》
（1940 年 4 月 29 日公布）、《财政部管理全国内销茶叶办法大纲施行细则》
（1940 年 6 月）、《《财政部代电（缉获统销货品收购办法）》（1940 年 10
月念日出一字第 33003 号）、《修正应结外汇出口货物种类明细表》（1940
年 10 月 1 日起实行）、《财政部代电（为大黄当归在后方可自由运输）》
（1940 年 10 月 30 日渝贸字第 36670 号）。

（五）金银钞票类

主要有：《修正妨碍国币惩治暂行条例》（1937 年 7 月 15 日公布施
行）、《限制携带钞票办法》（1938 年 6 月财政部颁布）、《限制私运黄金
出口及运往沦陷区域办法》（财政部颁行 1938 年 10 月 21 日公布）、《私
运法币及其他禁运物品出口检查办法》（1939 年 8 月 3 日国民政府公布）、
《财政部代电（为限制旅客携带邮票出口）》（1940 年 3 月 22 日第 25732
号）、《防止私运暨携带金银出口暂行办法》（1943 年 5 月 6 日国民政府公
布）。

二　颁行各项缉私法令法规

（一）指令性或纲领性文件

为加大惩治国内奸商走私力度，1938 年 10 月 27 日，国民政府颁布
查禁走私的纲领性文件《查禁敌货条例》和《禁运资敌物品条例》（1941
年 9 月 3 日国民政府修正）。[①]

《查禁敌货条例》所称敌货谓下列三种：敌国及其殖民地或委任统治
地之货物、前款区域外工厂商号由敌人投资经营者之货物、第二款区域外
工厂商号为敌人攫夺统制或利用者之货物，规定：凡敌货一律禁止进口及

---

① 《关于公布查禁敌货条例及禁运资敌物品条例的训令》（1941 年 9 月 3 日），[国民政府
档案]，载《资料汇编》第五辑第二编，《财政经济》（五），第 646—653 页；《查禁敌货条例》
全文见第三战区司令长官司令部《经济游击队应用法令汇编》，编者刊，油印本，1941 年，第
27—28 页；《抗日战争时期国民政府经济法规》（上），第 192—198 页；《禁运资敌物品条例》全
文见第三战区司令长官司令部编《经济游击队应用法令汇编》，编者刊，油印本，1941 年，第
51—52 页；《抗日战争时期国民政府经济法规》（上），第 198—200 页。

运销国内，其鉴别、检查、登记及处分事宜应由地方主管官署办理并由关卡严密执行查禁。①

《禁运资敌物品条例》规定：凡国内物品足以增加敌人之实力者一律禁止运往下列地域：敌国及其殖民地或委任统治地、前款区域外之地方已被敌人暴力控制者（前款物品及第二款之区域由经济部临时指定之）；规定由地方主管官署及关卡严密查禁，地方主管官署在直隶于行政院之市为社会局，在县为县政府，在市为市政府；还规定：偷运之物品如直接售卖于敌人查有实据者处死刑或无期徒刑，执行查禁之人员如有包庇纵容或其营私舞弊情事查有实据者处死刑或无期徒刑。②

《禁运资敌物品条例》颁行后，财政部随即颁布《厘订禁运资敌物品表》，指定下列 75 种物品为禁运资敌物品：（1）金银及金银制成品；（2）法币及外币；（3）各种金属矿砂及其制造品与旧废制品（包括金银钢铁铜锡钡铅镍铝钨锑锰铬汞等矿砂及其制品与旧废制品）；（4）米谷；（5）麦；（6）豆类；（7）面粉；（8）糖麸；（9）杂粮（包括荞麦、小麦、米、玉米、高粱、大粟、甘薯、芋头、马铃薯、魔芋、芋片等）；（10）棉类及其制品（包括废棉花）；（11）制钱铜元光板铜币；（12）盐；（13）国父遗墨官署档案中国古籍名人原稿；（14）各种野禽兽；（15）苎麻苗；（16）古物；（17）竹；（18）海草；（19）干辣椒；（20）已未宰牛只；（21）猪鬃；（22）茶叶；（23）桐油；（24）蛋品；（25）羽毛；（26）肠衣；（27）皮革；（28）皮毛（包括狗皮、山羊皮、旱獭皮、獾皮、绵羊皮、灰鼠皮、黄狼皮、头发、发网、山羊毛、骆驼毛、山羊绒毛、绵羊毛）；（29）明矾、五棓子；（30）桂皮、大黄、当归、麝香；（31）白蜡、黄蜡、八角油、花生油、芝麻油、茶油、柏油、桂皮油、棉子油、薄荷油；（32）花生、芝麻、杏仁；（33）烟叶、烟丝；（34）木材；（35）蚕丝及柞蚕丝；（36）麻类及其制品；（37）马、骡、驴；（38）鲜冻肉类；（39）生漆；（40）松香（包括松膏、松胶及松节油）；（41）班茅；（42）酒精；（43）纸张；（44）电气材料及配件；（45）煤炭；（46）煤油；（47）汽油；（48）柴油；（49）润滑油；（50）石灰；（51）砖瓦；（52）水泥；（53）磁土；（54）耐火粘土；（55）苦土石；（56）白云石；（57）硝磺；（58）酸碱；（59）氟石；（60）石膏；（61）燐矿；（62）砒矿及其制品（包括砒石）；（63）菜子及菜油；（64）

---

① 第三战区司令长官司令部编：《经济游击队应用法令汇编》，第 27 页。

② 同上书，第 51 页。

大蒜；（65）棕及其制品；（66）菜饼；（67）牛油；（68）甘油；（69）桐叶桐子桐仁；（70）木炭；（71）豆油；（72）雄黄；（73）樟脑（包括樟冰樟油）；（74）豆饼；（75）石棉。[①] 这些一律禁止运往敌区的物品几乎囊括所有军需民用物品。

《查禁敌货条例》和《禁运资敌物品条例》两个法令的颁布，标志着国民政府全面加强对敌经济封锁，为苦撑抗战而全力展开对敌经济作战。

（二）查禁进出口物资走私规章

为有效指导各地查缉走私机构开展缉私工作，防止国统区重要物资资敌，以及防止日伪倾销奢侈品破坏国统区经济，国民政府颁布了其他一系列禁止进出口物品条例。

1937 年 11 月 12 日，日军占领上海，随后，由英美法等国控制的公共租界（不包括苏州河以北）和法租界成为独立于日占区包围之中的"孤岛"[②]。日本侵略者加强对"孤岛"的经济围困，"孤岛"中的许多厂商和百姓急需大量的工业原料供应和日用品。国民政府一方面要支撑"孤岛"经济为我所用，另一方面又担心大批禁运资敌物品被走私到沦陷区由日伪所掌握。

为防止奸商利用"孤岛"上海走私国统区运来的货物给日伪，1939年 4 月 8 日，经济部专门呈准行政院公布《禁运资敌物品运沪审核办法》（1940 年 10 月 24 日修正），[③] 明确规定：（1）禁运资敌物品运往上海以租界为限；（2）禁运资敌物品运往上海其用途以供给我国或友邦厂商采用或为当地民生日用所需者为限；（3）禁运资敌物品中之应结外汇货类运往上海时应领凭结汇证件报请海关验放；（4）禁运资敌物品中之非应结外汇货类运往上海时应照下列手续办理：友邦厂商或者我国厂商购运之物品，于起运前，由起运地点的商会或同业公会及该友邦驻沪领事（友邦厂商）或上海市商会（我国厂商）分别出具证明书载明该项物品运沪用途及该友邦厂商或者沪方购用之厂商名称地址，并切实保证运沪后不以该项物品资敌或转运其他区域。

---

① 第三战区司令长官司令部编：《经济游击队应用法令汇编》，第52—56 页。
② 参见陶菊隐《孤岛见闻——抗战时期的上海》，上海人民出版社1979 年版。
③ 《抗日战争时期国民政府经济法规》（上），第187—188 页；《修正禁运资敌物品运沪审核办法》，见第三战区司令长官司令部编《经济游击队应用法令汇编》，第60 页。

1939 年 3 月 13 日，财政部公布《战区各地洋土货缉私稽征办法》,①规定：凡接近战地之水陆货运扼要地点，应由海关总税务司分区酌设稽征处，并得由该处酌设稽征所，办理洋土货缉私及稽征事务，其可由附近已设海关管理者，即由总税务司督饬该关酌量添设关卡办理之；稽征所先在浙江、安徽、河南、湖北、江西、湖南、广东、广西等省战区各地择要设立；洋货运入内地，经各关卡稽征处所查明如未照政府规定税则纳税者，应责令照章缴税，再予放行；洋货运入内地经各关卡稽征处所查获确系敌货，应照 1938 年 10 月 27 日国民政府公布的《查禁敌货条例》将货物扣留，连同走私人犯，一并送由地方主管官署处理；洋货或国内工厂制品运入内地，经各关卡稽征处所验明确为敌货冒充者，应一律照敌货例办理，其认为有敌货冒充嫌疑，鉴别困难者，应出运商提出确非敌货之证明文件，或取具殷实商行保结，以凭查核，分别验征放行；资敌物品由内地运出，经各关卡、稽征处所截获，并查明确系运往禁运区域者，应依照 1938 年 10 月 27 日国民政府公布的《禁运资敌物品条例》将货物扣留，连同走私人犯，一并送由地方主管官署处理；组设武装巡缉队，分驻关卡稽征处、所，以资查缉防卫。

为节省外汇，统制进口起见，实行禁止奢侈品及非必需品之进口。1939 年 7 月 1 日，财政部公布《非常时期禁止进口物品办法》附《禁止进口物品表》列举商品种类凡 78 种,②规定：依照附表所载海关进口物品税则号列由财政部令饬总税务司转饬各关一体禁止进口，同时不准报运转口，如遇特殊情形需要购运，得经政府机关核准由财政部斟酌实际需要核发购运特许证。《非常时期禁止进口物品办法》规定的禁止进口物品种类甚为广泛，主要是人民生活非必需品、奢侈品和半奢侈品之类。

1940 年 3 月 26 日，国民政府更以禁止进口物品，具有禁运性质，与漏税货物有别，未便照漏税货物公开拍卖，由物主出价承购，致滋流弊，故规定《海关没收禁止进口物品处置办法》三项如下：（1）煤汽油没收后，由液体燃料管理委员会备价提取，以供正当需要；（2）洋糖没收后，由贸易委员会备价提取，以备调剂糖食之用；（3）食品烟酒及其他一切禁止进口物品，经海关查获没收后，应报由财政部查核处理；但遇鲜货或其品质易变坏者，得由查获海关先行变价，并专案报部查核。进口物品经

---

① 《抗日战争时期国民政府经济法规》（上），第 580—581 页。
② 第三战区司令长官司令部编：《经济游击队应用法令汇编》，第 63—82 页。

此次管制后，对于烟酒、丝织品、毛织品、皮货、海产品、玩具、化妆品以及大部分食品、纸张等，皆已禁止进口。至于商销禁止进口物品，并经先行指定富有奢侈性之烟酒、海产品、食品、化妆品等若干种品目，实行限期禁销。1941 年开始，对于煤油进口一项，又有变通之规定：前以煤油运入我国，用作灯火燃料者居其大宗，在内地大都可用植物油替代，故对于煤油进口特许证，向系从严核发，俾可节约消费。唯后以汽油输入数量减少，内地公路运输，工厂动力机器，俱感燃，多已设法改运煤油使用，故特予酌量变通，许其纳税进口，以应需要。[①] 1941 年 9 月 1 日，又修正管制进口法令，汽油一项，前已准免领证手续，此次复将进口税则 139 号之罗底（筛绢）、318 号之胡椒、549 号之画图纸，一并弛禁，以后方之需要，禁销物品办法中并规定不得囤积，以期调剂后方物资。[②]

　　1939 年 8 月 7 日，国民政府公布《防止水陆空私运特种物品进出口办法》（1940 年 5 月 22 日修正），[③] 特种物品是指金银及金制成品和银制成品、钞票（包括法币和外钞）、应结外汇之出口货物、禁止进口物品，凡军用、商用、机关公用、私人用之汽车、卡车、船舶及邮航机或其他交通工具运输物品以及旅客之随身行李，除友邦外交人员应依国际惯例办理外，其余均应照本办法规定，受海关检查；海关检查，应就所辖区域内择定货运起卸地点及冲要站口之卡所并进出口邮航机起落站执行，随时验放，不得留滞。若私运这些禁止进出口货物，应按《海关缉私条例》规定没收货物，并予处罚；由财政部拨派税警分驻指定地点，受海关指挥调遣，派往关员执行查验处所，负协助查缉私运之责；由军事委员会酌派宪兵，分驻进出口线路各运输冲要地点，协助查验货运，并指派专员巡回视察。

　　1939 年 7 月，国民政府为统制进出口货物，规定凡与军事有关之国产物资如粮食、五金、废铜、废铁等，均分别禁止出口。1940 年货运稽查处成立，更扩大禁止出口之范围，凡资敌物品、结汇物品以及法币金银等之私运，皆厉行查缉，以防偷漏。唯太平洋战争发生后，敌伪在沦陷区排斥法币，为争取法币流通地盘，并抢购物资计，对于法币出口，不再加以限制。[④]

　　① 朱偰：《中国战时税制》，第 88—90 页。
　　② 参见《修正非常时期禁止进口物品办法》，《修正取缔禁止进口物品商销办法》，《应结外汇出口货物结汇办法》，载《财政部公报》第 2 卷第 17、18 号合刊。
　　③ 《抗日战争时期国民政府经济法规》（上），第 582—584 页。
　　④ 朱偰：《中国战时税制》，第 88 页。

其实，随着战区逐渐扩大，战局亦呈现胶着状态，尤其在前线地区，"你中有我，我中有你"，此时单纯强调海关查缉出入战区封锁线的货运走私的职能，并主要依据《海关缉私条例》来处置走私者和走私货物，稽查效果可想而知。

战时国民党军队在抗击日寇军事入侵的同时，也肩负着查禁走私的经济任务。为有效指导战区军队查禁走私工作，1939 年 9 月 29 日军委会委员长桂林行营颁布《防止仇货办法》，① 规定：防截仇货入口，应由行营电各省政府，就各省交通形势指定战时商品出入总口地名，凡商品出入，必须经由该地，由各省责令地方官于总口详加监督与检查；嗣后商品出入如不经由指定总口，一经查觉或被告发，即作为走私论，按照处罚规程办理，如查确系仇货，其贩运者即以汉奸论；如有不肖党政军人员祖运仇货，包庇走私，或与民各利者，由行营依战时军法严惩；本行营应随时派出视察团，以高级必要人员组成之，切实督导及纠察。

国民党军队在承担军事抗敌同时，常常在防区内参与或协助专门的缉私机构查缉走私工作。为促进这些缉私人员缉私积极性，增强打击走私的力度，1939 年 6 月 23 日，国民政府颁行《战时查获敌货处置及奖励办法》，② 规定：查获的敌货可以予以拍卖、呈缴或焚毁，并规定奖励缉私人员的办法。为此，一些国民党部队缉私人员得到了许多奖赏，如当日军进攻广州时，国民党军队第 92 师官兵经常在沿海一带放哨，"凡有走私，他们都抓获押来分卡处理，海关则按照规定，把货价的一半发给他们作为奖金，他们十分高兴，因为有利可图，缉私的积极性很高，每天都要缉获多起"③。

但是，一些官兵自认为找到了发财的好机会，为捞取更多好处，他们对走私货物施行征税放行，使得一些地区出现走私越缉越多的情况，1943年 8 月 26 日，军事委员会及行政院会同制定《调整战区缉私及经济封锁办法》，④ 明确规定：战区缉私与经济封锁，由财政部缉私署负责主持办理；财政部缉私署应即依据各战区对敌经济封锁实际需要情形，调整并增设各级查办机构；担任缉私与经济封锁的部队，以税警部队为主干，在税

---

① 《抗日战争时期国民政府经济法规》（上），第 190—191 页。

② 浙江省政府及浙江国民抗敌自卫团总司令部行署编：《对敌经济封锁法令汇编》，1940年，第 63—64 页。

③ 王恩湛：《旧海关的缉私工作》，载《上海文史资料存稿汇编》（4）《经济金融》，第102—103 页。

④ 《抗日战争时期国民政府经济法规》（上），第 204—205 页。

警未增编完成前，应由各战区长官司令部指挥拨未负作战任务的部队或宪兵或地方政府指拨保安团队协助之，以上各部队在分散执行任务时，应受缉私机关之指挥；各战区作战部队不担任缉私与经济封锁任务，其原任有缉私与经济封锁任务者，应于财政部缉私署所属机关成立后，一律交由缉私机关接替办理，但在税警部队未适当配备前，仍应继续担任，并接受该管缉私机关之指导；战区警察、地方团队及乡镇保甲、战区军政各机关及部队均应协助缉私机关执行缉私任务，当地缉私机关得会同其主管机关指挥调遣之；战区军政各机关及部队，对缉私机关执行职务应随时予以协助与便利，并应相互采取密切联系，供给有关情报；凡缉私员警及协助缉私与经济封锁任务之人员、部队，如有包庇走私、违法舞弊或渎职抗命等情事，一经查觉或被告发，概送有管辖权之审判机关依法严惩。

关于查缉员警执行职务时必须具备之手续程序与缉获私货人犯之解办保管事项，也"经先后制定法规，颁行《查缉须知》、《缉获私货处理办法》、《非常时期财政部所属缉私机关缉存私货保管暂行办法》通饬遵照，以为实施业务之依据"①。这一规定的出台曾一度遏止了战区军队对走私货物征税放行的风气，也打击了一些军人利用职权进行走私的活动。

抗战时期，国统区许多重要物资经由西南滇缅、滇越国际通道，不法商贩也借机利用这一通道进行各种形式的走私活动。为此，军委会昆明行营于 1944 年 6 月 30 日公布《滇越边界交通封锁实施办法》，② 规定凡滇南通达越境各大小道路河流，悉行严密封锁不论军民人等及一切物资，概行不准通过；所有边区通越车船，均应由边境各驻军长官协同地方官分区控置，不得擅自放行；因特殊情形，经军委会或本行营准许，并发有特准通过证之人员，于通过时均应受沿途军警严密检查，并不得借便携带违禁物品；凡各机关部队如缉获走私物品，得移送附近缉私机关，并呈报核备，酌予给奖；本办法应责成一、九两集团军总司令、河口戒严司令，并令省府转令边区各县及河、麻两督办，负责确切办理。

（三）　查禁重要物资走私规章

随着战事的发展，日伪在对国统区严密经济封锁的同时，亦加紧将国统区重要物资走私到沦陷区，由此，国统区的重要物资显得越来越短缺，

---

① 财政部于 1941 年 11 月 7 日颁布《查缉须知》，全文参见《财政年鉴》（续编），第二篇《财务机构与人事》，1945 年，第 321—323 页。

② 《抗日战争时期国民政府经济法规》（上），第 208—209 页。

价格也暴涨起来。为此，国民政府逐步加快有关查禁各种粮食、花纱布及羊毛、燃料、金银及外汇、特矿等重要军需民用物资规章制度建设的步伐。

粮、棉历来是战时最紧要物资，所以国民政府对有关粮食走私的处治非常严厉。1937 年 8 月 31 日，国民政府公布《食粮资敌治罪暂行条例》，① 该条例所称粮食为谷、米、麦、面、杂粮及其他可充食粮之物品（第二条），规定凡以食粮供给敌军者处死刑（第三条）；非常时期私运禁止出口之粮食出口，在 10 万斤以上者，以资敌论，犯前项之罪而数量未满 10 万斤者，处无期徒刑或 7 年以上有期徒刑（第四条）；包庇或纵容前二条之罪者以共同正犯论（第五条）；犯本条例之罪者一般由就近地区的军法机关审判。

1939 年 3 月，经济部订定呈奉蒋介石办四江代电通伤施行《游击区棉烟之减种与禁运办法》，② 规定：游击战区各省政府应直接或转该所属各县政府颁发白话布告或简短条示，公告人民尽量减少种植棉花、烟草，至敷本地销用为限，以免资敌，并应换种食粮作物或其他有用之农作物，棉花、烟草绝对禁止售与敌人，违者从严惩（第一条）；各游击战区自奉到通令并地方政府公告后，棉花一律禁止运出境外，烟草非先经地方政府核发许可证不得运销，凡商人或农民偷运棉花及其制造品暨烟叶，经主管地方政府关卡、游击部队或地方自治机关截获，查明系间接售卖于敌人者，除先予扣留，并由主管地方政府没收其货物外，并得处 1000 元以下之罚锾，如直接售卖与敌人查有实据者，依修正《惩治汉奸条例》第二条处死刑或无期徒刑（第四条）。

1943 年，至于战时羊毛管制，国民政府"虽曾规定须经结汇后方准报运出口，但未列入统购统销范围，近来国内衣着问题，日趋严重，国外需要，又甚迫切，敌人亦在邻近战区省份，以高价收买，政府有鉴于此，乃于 1943 年 5 月 25 日公布《全国羊毛统购统销办法》十条，对于羊毛统销区域之划分，军需民用之调节，内地转运手续及私运查缉等项，均有详细之规定"③。

战时液体燃料相当紧张，为加强统制起见，1938 年 9 月，行政院核准公布《行政院液体燃料管理委员会私油查缉处置办法》，④ 界定私油为

---

① 第三战区司令长官司令部编：《经济游击队应用法令汇编》，第 61 页。

② 《抗日战争时期国民政府经济法规》（上），第 186—187 页。

③ 邹琳：《十年来中国之国外贸易》，载《经济汇报》第 8 卷，1943 年第 9、10 期合刊。

④ 《抗日战争时期国民政府经济法规》（上），第 578—579 页。

下列三种：（1）未向本会登记领得查验证或放行证之油料；（2）未领本会购油证私相买卖之油料；（3）假借军用名义而作民用之油料。规定查缉办法两条：（1）由当地宪警机关严密查缉；（2）由私人告发，报由宪警机关查缉或报由本会通知宪警机关查缉。还规定私油处置办法三条：（1）经查获之私油全部没收；（2）没收之油料，由本会交由中央信托局按照市价出售；（3）私油售得价款，以五成捐送当地政府作为路政经费，余五成分配给宪警机关、查缉人员和告发人。

为防止金融走私，维护国统区金融秩序，1938 年 6 月财政部颁布《限制携带钞票办法》，[①] 凡运输国内外各种通用钞票由 ［出］中国国界各口岸，必须先将数量、用途及起运、到达地点呈由财政部核准，发给准运护照方得起运。如无照私运，经关查获，应即悉数充公。旅客携带钞票限制办法中，规定国内通用钞票，旅客由中国口岸携钞赴香港，以 200 元为限；旅客由中国口岸携钞往香港以外之外国口岸，除下列规定者外，以 500 元为限；旅客由广州携钞票往澳门或广州湾，以 200 元为限；旅客由中国国界各口岸携钞至其他国界口岸，以 500 元为限。

1938 年 10 月 21 日，财政部颁行《限制私运黄金出口及运往沦陷区域办法》，[②] 主要规定有：（1）黄金及任何形状之金饰，除经财政部给照特许者外，一律禁止携运出洋或往沦陷区域。（2）旅客随身携带金饰出国或往沦陷区域者，得照下列规定查验放行：金饰系指备具饰物形状，全部或一部为金所制成者而言；金饰确供旅客本人现时服饰或准备自用者；所携带金饰所合纯金总量不得超过 37.7994 公分。（3）运送黄金及金饰违背本办法之规定者，一经海关或执行检查之军警机关查获，即予全数没收充公，充公之黄金及金饰，由海关或执行检查之军警机关送交中央或中国、交通、中国农民银行兑换法币。（4）缉获私运黄金及金饰之给奖办法。（5）海关或执行检查之军警机关缉获黄金或金饰，应逐案报明财政部查核，并将充公之黄金及金饰兑换法币提拨奖金后之余款解缴国库。

但是，自 1938 年 10 月武汉撤退后，"对外运输线以公路及航空机为主，该两项路线私运之风日炽。出口私运物品经公路者，以逃避统制及结汇之物品为多；经航空者，以旅客密藏外运之金银及钞票为多。至进口私运物品，两路线均以禁止进口之物品为多"[③]

---

① 第三战区司令长官司令部编：《经济游击队应用法令汇编》，第 142—143 页；《抗日战争时期国民政府经济法规》（上），第 661—662 页。

② 《抗日战争时期国民政府经济法规》（上），第 579—580 页。

③ 财政部海关总税务司署编：《十年来之海关》，第 18 页。

为加强对敌金融货币战以及防止抽逃法币外汇，1939 年 8 月 3 日，国民政府公布《私运法币及其他禁运物品出口检查办法》，① 规定：（1）无论任何公私机关，由商用飞机带运一切物品出境，必须先得军事委员会批准给证，方准放行，并由检查机关负责检查；（2）飞机旅客之随身行李、汽车旅客之行李货物包件，除友邦外交人员应依照国际上向例办理外，余人一律受检查机关之检查；（3）各航空公司、汽车运输机关及其人员携带之物品，均应遵照前项规定办理；（4）飞机汽车站之出入口及通道，应由检查机关严密设计，杜绝绕越传递等弊；（5）现行关于限制携带钞票及物品运输之各项法令，与本办法不相抵触者，仍适用之。

1943 年 5 月 6 日，国民政府公布《防止私运暨携带金银出口暂行办法》，② 规定金银及其制品一律不准私运出口（本办法所称出口，依国界和《封锁敌区交通办法》规定之封锁线），其因正当事由必须运送出口者，应先向财政部请领准运护照，持凭报运，其在内地携运并不出口者，概免区域数量经请领护照之限制；旅客出口或系绕道前往内地携带金或银制品，并未报明遵缴保证金者，应将所携原件悉数没收充公。

三　统一国统区缉私政令

战时因走私关系，检查机关林立，对于货运畅通，颇多不良影响。例如重庆附近之黄沙溪，"即有查征机关十余处，除海关、盐务机关、税务机关、直接税处所属机关外，更有糖专卖机关之查验卡所，为报章所讥评"③。

鉴于战区货运稽查处在缉私处成立前是查禁走私的主导机关，为了明确各战区货运稽查处的职责，规范其执法行为，1940 年财政部专门针对战区货运稽查处这一缉私机构颁布了许多法规，如 4 月 13 日颁布《财政部战区货运稽查处分处组织规程》、6 月 5 日颁布《关于各战区货运稽查处补征关税事项规定四点》、10 月 9 日颁布《财政部浙赣皖苏战区货运稽查处查验货物及补征税暂时实施办法》、10 月 18 日颁布《关于货运稽查处暂代海关征收转口税办法三条》、10 月 19 日颁布《关于货运稽查处补征收转口税事项规定办法五点》。另外，针对各地货运稽查处在处理违章案件的随意行为严重情况，财政部颁布《各货运稽查处处理违章案件充

---

① 《抗日战争时期国民政府经济法规》（上），第 581—582 页。
② 同上书，第 595—596 页。
③ 朱偰：《中国战时税制》，财政评论社 1943 年版，第 99 页。

公变价款项及罚金给奖办法》，① 使处理违章案件有章可循、有法可依。

为适应战局变化，1940 年 8 月 13 日，行政院会议通过《统一缉私办法》（1941 年 2 月 24 日又进行了修正），② 其主要内容有：（1）凡属查缉税收物资一切走私事务，应由财政部依照本办法统筹办理；（2）为统一缉私职责起见，规定缉私处所及海关在所辖区域以内为负责查缉机关；（3）沿海沿边及接近战区之货运要道与走私据点，由财政部督饬缉私处及海关尽量添设处所或关卡，严密防缉；（4）未设有缉私处所或海关关卡地方，由财政部暂行指定当地机关，受该管区内缉私处之指挥监督，负责查缉，其他机关团体概不得干预，上项指定代行查缉事务之机关，对于货物不得收取任何规费；（5）前条指定代行查缉事务之机关，对于报运货物，应照中央现行法令认真查验，其已经缉私处所及海关验放者，应予验凭缉私处所及海关所发单证随时放行，毋庸再行检查；（6）凡经指定代理查缉的机关施行检查的货物，除经过缉私处所及海关仍得照章查验外，其他查缉机关应即验凭第一道地方查缉机关的验讫戳记或单证放行；（7）由财政部缉私处调拨税警，分派各地缉私处所及海关负责巡缉；（8）缉私处所或海关遇必要时，得请求当地军警协助查缉；（9）各地机关团体得有走私情报，应随时密报就近缉私处所或海关迅派员队前往查缉；（10）缉私处所、海关及指定的代理查缉机关，应各派管理情报人员组织情报网，密切联络，在探得私运消息时，应将走私路线及所运物品随时密报该管区内的查缉机关会同查缉；（11）凡查获的私货，应就近送交海关或其他所属的主管机关照章处理。《统一缉私办法》虽然没有明确缉私处与海关各自具体的职责，但该办法的出台标志着抗战时期"统一缉私之制度予以确立"，③ 也标志着国民政府统一了抗战时期的缉私政令，促进了缉私机构缉私效能的提高。

为改变战时纷乱的多头缉私的混乱状况，1940 年 4 月 2 日，国民政府行政院颁行《统一检查办法》。④ 主要规定有：（1）各地商货之检查，除海关、中央税务机关及商品检验局检验，仍依法定程序办理外，依本办法执行之；（2）设有海关及货运稽查处地方，各种检查，以委托海关及货运稽查处办理为原则；（3）在未设有海关地方，各地方最高行政官署，

---

① 参见第三战区司令长官司令部编《经济游击队应用法令汇编》，编者刊，油印本，1941 年。

② 《抗日战争时期国民政府经济法规》（上），第 594—595 页。

③ 财务部参事厅编：《十年来之财务法制》，中央信托局印制 1943 年版，第 27 页。

④ 《抗日战争时期国民政府经济法规》（上），第 585—587 页。

应在适当地点，设立地方联合检查所，为各机关派员执行检查职务之共同场所；（4）本办法施行以后，各地已设之军政警各检查机关，不论属于中央或地方者，应令所派人员，在检查所内执行职务，所有原设局所概行撤销；（5）各机关所派参加检查之人员，应各就主管职掌范围内执行任务，直接对原派机关负责；（6）检查所及检查人员，对于违禁物品及偷漏捐税等货品，应移送主管机关依法办理，不得擅行处分；（7）本办法除战区及封锁地带外，凡设有一个以上检查机关之地方，均适用之。

1941 年 4 月 15 日，国民政府公布《水陆交通统一检查条例》，① 条例规定：检查分为运输检查类（凡军事运输、交通违章及人事检查属之）与货运检查类（凡货物之进出转口检查属之），运输检查由军事委员会运输统制局监察处所属的检查所站主持办理；货运检查由财政部缉私处或海关主持办理；监察处于全国水陆各线路交通要点分别设立检查所站，为执行交通运输之主体检查机关；凡在监察处已设检查所站各线路，所有原设有关军事运输、交通违章及人事之检查机构或类似组织，不论属于中央或地方或部队者，概行裁撤；财政部于全国各货运要道分别设立海关关卡或货运稽查分支处站，所有各地原设之有关货物检查机构或类似组织，不论属于中央或地方之机关或团体者，概行裁撤；全国水陆各线路，除监察处检查所站及海关关卡或货运稽查总分支处外，不得有其他检查机关，在同一地点设有监察处检查所站及海关关卡或货运稽查总分支处者，应联合办公，并在原则上应以监察处检查所站为主体机关；运输检查及货物检查，均应力求简便，经过第一次检查后，以不再行检查为原则；检查人员执行职务时，应一律着用制服，佩戴证章及臂章，以资辨别。

虽然《水陆交通统一检查条例》实施以来，货物运输日渐便利，货物检查与查缉工作亦开始顺畅，但各地军政机关因利益驱使，纷纷组织名目繁多的货检和征税机构。据报道，"重庆到黄沙溪一段江程中，有检查机构 8 个。据财政部派员前往实际调查，竟达 14 处之多"②。众多检查机构的设立，严重影响了大后方货物运输和工商业的发展。

1939 年 8 月 7 日国民政府明令公布防止水陆空私运特种物品进出口办法，已将金类列入特种物品之内，并于第 8 第 9 两条规定，由财政部拨派税警，由军事委员会酌派宪兵，分驻各地协助查验货运，财政部电陈蒋

---

① 《抗日战争时期国民政府经济法规》（上），第 588—592 页，后来在 1942 年 4 月 24 日，《水陆交通统一检查条例》由行政院第 552 次会议修正通过，1943 年 8 月国民政府又对《水陆交通统一检查条例》一些条文进行修正并公布。

② 陈诗启：《中国近代海关史》，第 829 页。

介石察核准予通令各省政府转饬交通关站军警宪联合查缉队一体认真查缉，其设有海关关卡地方并会同海关税警严密查缉私运金类，并分电盐务总局酌量拨派税警协助办理。①

关于实施《防止水陆空私运特种货品进出口办法》，1939 年 9 月 20 日，财政部电令海关："原办法所称特种货品虽包括敌货及资敌物品在内，但关于查禁敌货及禁运资敌物品仍应照各该条例办理；原办法第 6 条后半段所规定之限制系对携运金银金银制成品钞票及应结外汇货物由边省各地运往边界或由内地省份运往边地及与边地毗连之内地经专案指定者而言；原办法第 7 条内所称有违反第 4 条规定之行为者一语其第四款字样系第 6 条之误同条末段所规定之各种法则应对违反第 6 条后半段所规定之限制者适用之；原办法第 7 条第三项所定处罚办法系因此项金银制成品私运之区域与私运出口及运往沦陷区域者不同故处罚亦有轻重之别应仍照原办法办理至各关实施检查地点需用税警宪兵人数及分驻办法应速催关系各关不日议复。"②

1940 年 5 月 15 日财政部训令海关明确统一检查办法，以各战区货运稽查处执行查缉任务，原为辅助海关权力之所不及，其地位与海关相等，并负有与海关同样之职责，所有统一检查办法第二项"设有海关地方各种检查，以委托海关办理为原则"之规定，各战区货运稽查处亦应一体适用，俾在设有货运稽查处地方各种检查，亦可委托该处办理，庶几检查手续可期统一，财政部经会同经济部呈请行政院将该项办法第二项改为"设有海关及货运稽查处地方，各种检查以委托海关及货运稽查处办理为原则"③。

关于战区货运稽查处补征关税事项，1940 年 6 月 7 日，财政部电令海关总税务司梅乐和，其核定办法："洋货由游击区内运既未照国民政府进口税则纳税各稽查处应照章补征再予放行，其未持有原进口海关证件者并应按照私货处理至敌货及禁止运输各物品概照禁运法令办理不得补税放行；凡土货指定由政府机关统销及外销应行结汇者各稽查处应予验凭各项单证放行毋庸补征出口税，又禁运资敌物品应遵照法令禁运，不得补征税

---

① 《财政部航邮代电第 15647 号》（1939 年 9 月 12 日），[海关总税务司署档案]，档案号：六七九（9）/6200，二档馆藏。

② 《财政部电本署编列第 3343 号》（1939 年 9 月 20 日），[海关总税务司署档案]，档案号：六七九（9）/6200，二档馆藏。

③ 《财政部训令关渝字第 15400 号》（1940 年 5 月 15 日），[海关总税务司署档案]，档案号：六七九（9）/6200，二档馆藏。

放行，此外出口土货并无大宗，其应征之关税仍由海关征收，以符出口税制；土货转口税各稽查处毋庸征收，前已由部通行遵照，查转口税征收办法，既规定土货经由关卡者始行征税，各稽查处自亦毋庸补征；所有关税补征款项应归入总税务司署税款账内列收，由各稽查处列明税款项目解缴关务署发给重庆关税务司列账解库。"①

1941 年 4 月 23 日，军事委员会制定了《民用空运统一检查实施规则》，1941 年 5 月 13 日财政部电令海关执行。《民用空运统一检查实施规则》规定：空运统一检查由军事委员会指定办公厅特检处必要航站组设检查所负责主持办理，另航空委员会财政部（海关或货运稽查处）交通部（航政司）派员参加之（第 2 条）；检查所设主任 1 人（由特检处选派），副主任 3 员（航委会财政部交通部各派 1 员）及检查员事务员若干人（第 3 条）；各检查所应配属之警卫兵力由宪兵司令部或当地最高军政当局拨派之（第 6 条）；乘客须于起航三日前填具乘客调查表呈由各当地航站检查所审查认可后方准购票通行，前项调查表须包括乘客年龄籍贯性别职业详细住址旅行事由到达地名等项（第 14 条）；各检查所发现所在地之航站或乘客有不当或犯罪嫌疑时应立即呈报军事委员会办公厅特检处核办（第 15 条）。②

财政部多次根据战时情势，指定禁运资敌物品区域，例如 1941 年 9 月 3 日以部令公布《第八次禁运资敌物品区域表》，指定禁运资敌物品区域包括：辽宁、吉林、黑龙江、热河、察哈尔、南京市、上海市、北平市、青岛市、江苏省所属 59 个县区，浙江省所属 23 个县区，安徽省所属 31 个县区，江西省所属 10 个县区，湖北省所属 34 个县区，湖南省所属岳阳和临湘 2 个县区，福建省所属厦门、金门、平潭、闽侯、连江、长乐 6 个县区，广东省所属 24 个县区，广西省所属龙州与安南凉山间边境一带，河南省所属 40 个县区，山西省所属 83 个县区，绥远省所属 14 个县区，河北省所属 126 个县区，山东省所属 77 个县区。③

1941 年 12 月，第三战区顾司令长官酉卅政电开据江南行署冷主任称，查宜兴、溧阳、高淳等县山芋产量颇丰，战前运销京沪沿线，禁运后

---

① 《财政部电本署编列第 3544 号》（1940 年 6 月 7 日），[海关总税务司署档案]，档案号：六七九（9）/6200，二档馆藏。

② 《财政部代电关渝字第 46326 号（1941 年 5 月 13 日）》，[海关总税务司署档案]，档案号：六七九（9）/6200，二档馆藏。

③ 《财政部代电渝贸字第 53187 号进一字第 47958 号（1941 年 10 月 17 日）》，[海关总税务司署档案]，档案号：六七九（9）/6202，二档馆藏。

无法销售，一般农民或以饲养猪只或堆积腐烂，农村经济遭受影响，且敌人并不以山芋为日常食品，似无禁运必要，可否暂准弛禁请查核电复，财政部电复暂准弛禁并呈请行政院备案。①

先前，海关总税务司署曾准经济部1941年11月13日渝贸字第54525号电称准予解禁，但据报敌人正在沿海及陷区大量收购木炭，为防止资敌，1942年3月4日，财政部电令海关应请仍予指定为禁运物品，除饬属先行禁运出口外，特电查照备案并电复转饬浙省各海关暨货运稽查处知照。②

1942年1月13日，财政部电令总税务司称：后方物资禁止资敌自应以指定之禁运资敌物品为限，其不在禁运资敌物品之列及禁运资敌物品表内各项物品之已先后通令解禁者，均准商人自由报运，仰即遵照，分饬所属一体知照。③

自太平洋战争爆发，上海完全沦陷以后，日本在其控制区域内一面禁止法币流通破坏我国金融，一面大量收存法币抢购国民政府的后方物资，国民政府财政部除分电接近战区各省在政府主席，并电请军事委员会转电各战区司令长官外，合行仰遵照办理外，还要求海关总税务司署应即设法严加防范，严密查禁，以保资源，务使后方物资不致丝毫资敌，除分电各海关外，合亟电仰遵照。④

查《禁运资敌物品表》杂粮项下列有甘薯、芋头、马铃薯、魔芋、芋片，随后，经济部对于山芋暂准弛禁系指芋头、魔芋、芋片等而言，1942年3月23日，财政部关务署要求海关总税务司署应照此解释饬由各关弛禁。⑤

总税务司览案准经济部1942年3月13日管字第4220号元代电开，案准浙江省政府1942年2月佳代电，以据玉环县政府电，以该县列入禁运区域，因此，向赖邻县永嘉、青田等县供给必需之禁运物品，运经海关

① 《财政部代电渝贸字第56506号进一字第50381号（1941年12月24日）》，[海关总税务司署档案]，档案号：六七九（9）/6202，二档馆藏。
② 《财政部代电渝贸字第60001号（1942年3月4日）》，[海关总税务司署档案]，档案号：六七九（9）/6202，二档馆藏。
③ 《财政部代电渝贸字第60545号（1942年1月13日）》，[海关总税务司署档案]，档案号：六七九（9）/6202，二档馆藏。
④ 《财政部代电渝贸字第59048号（1942年2月12日）》，[海关总税务司署档案]，档案号：六七九（9）/6202，二档馆藏。
⑤ 《财政部关务署代电则字第286号（1942年3月23日）》，[海关总税务司署档案]，档案号：六七九（9）/6202，二档馆藏。

均不准放行，县境内屡遭敌寇轰击，房屋庐舍船只等被毁甚多，以无木材补充修筑恳予救济各情，查玉环县虽地处海滨，所辖颇多岛屿，现未被敌占，为安定人民生活起见，请准不予列为禁运区域等由到部。1942 年 3 月 26 日，财政部以《财政部代电（卅一）渝贸进一字第 2552 号》电令批准。①

海关总税务司署奉财政部 1942 年 4 月 7 日渝贸字第 61875 号代电内开："案准经济部 1942 年 3 月（卅一）管字第 4473 号（竹头条）代电略，以准浙江省政府 1942 年 2 月丑巧代电，以浙西各县毛竹禁运出口后，山民生计断绝，请暂解禁，自应照办，电请查照，饬属知照等由，自应照办合行电仰遵照，并转饬浙省各海关遵照为要。"海关总税务司署除经于 1942 年 4 月 8 日电饬瓯海关遵照外，合行通饬各关遵照，并转饬所属一体遵照。再各关对于报运出口之毛竹，如不易鉴别其出产地时，得验凭浙西县商会或其他可靠机关所发之证明文件放行，并仰遵照办理为要。②

1942 年 5 月 11 日，国民政府公布《战时管理进口出口物品条例》中规定：

> 应受管理之进口出口物品，经特许购运者，应由财政部发给特许证，凭以报运；未持有特许证，运入或运出应受管理进口出口物品，概由海关依照缉私条例办理。其经缉私处所及财政部指定或委托机关查获者，应报由海关依法处理；前项查获之物品，有专管机关者，得由查获机关迳报专管机关，依法处理；由财政部设置特许进口出口物品审核委员会办理审核事宜；前项审核委员会，以财政部关务署署长、钱币司司长、外汇管理委员会秘书长为当然委员，并由财政部延聘专家五人为委员，由财政部部长指定一人为主任委员。其组织规程由财政部会同经济部定之；凡进口出口物品，未经订入本条例附表以内者，准由商人自由运销，检查机关应予以验放上之便利；办理检查应受管理之进出口物品人员，如有包庇纵容故意留难或其他营私舞弊情事，依法惩处。③

---

① 《财政部代电（卅一）渝贸进一字第 2552 号（1942 年 3 月 26 日）》，［海关总税务司署档案］，档案号：六七九（9）/6202，二档馆藏。

② 《海关总税务司署通令渝资第 115 号（1942 年 4 月 22 日）》，［海关总税务司署档案］，档案号：六七九（9）/6202，二档馆藏。

③ 《国民政府公布之战时管理进口出口物品条例（1942 年 5 月 11 日）》，［国民党社会部档案］，载《资料汇编》第五辑第二编，《财政经济》（二），第 29—30 页。

1942年6月9日，海关总税务司署通令称，案查《修正禁运资敌物品条例》前经海关总税务司署1942年2月12日以渝字第26号通令抄发各关遵照在案。查该项条例第13条内有"依本条例规定之没收或罚锾处分，由海关呈经财政部转经济部核准执行之"等语，为免接近战区各关缉获此项货物，因手续转折需时，致遭意外损失起见，兹经海关总税务司署呈请关务署转奉财政部1942年5月21日关渝字第64372号代电内称："关务署案呈该总税务司1942年4月渝字第148号佳代电悉，此案业经财政部电准经济部4月齐管代电复称，关于缉获禁运资敌物品，如系接近战区有损失可能时，可由当地海关先行变价存储，依《禁运资敌物品条例》第13条之规定办理，请查照饬遵等因合行电，仰遵照办理。"奉此，合行令仰遵照办理，并将此项货物变卖价款存入各该管暂记账内，俟呈奉核准后，再行支配，至所有经由其他各机关缉获后，移交海关处理之禁运资敌物品，亦应依照上项办法处理，并仰知照为要。[①]

为防止各地缉私机关私自放行其所查获的走私货物，1943年12月30日国民政府军委会专门核定《禁止对于走私货物私放办法》（原名为《禁止对于走私货物征税放行办法》）规定：凡载在《战时管理进口出口物品条例》中的各项物品，如属私运，经军政机关查获时，均应依照法令分别报请或送由主管机关处理，不得私自放行，其偷税货物或偷运专卖物品，应分别性质送交就近海关关卡或税务局所或专卖事业机关处理。该规定还明确各海关税务局及缉私机关缉获走私货物，应切实依照各项法令处理，不得假借其他理由私自放行，若查有舞弊卖放情事，除另有法令规定外，均送交法院按普通刑法加重处治。[②]

第四节　战时海关缉私成效

抗战期间，沿海沿江各关沦陷殆尽，国统区海关组织支离破碎，仅靠西北西南边关和后方内地关卡勉强支撑着残缺的局面，海关缉私职能遭到极大的破坏。因此，缉获走私的数量可谓少之又少。据统计（见表4—

2），1939 年海关缉私的数量下降到 1931 年海关缉私科创设以来的最低点。

表4—2　　海关缉获私货充公变价及罚款金额表（1937—1943 年）①

单位：法币元

年度	1937	1938	1939	1940	1941	1942	1943 (1—3 月)
合计	4179326	2514710	1685653	3529956	6779365	18759283	7565572

国民政府财政部缉私处成立后，与海关所属分卡分所配合运用，加强缉私查验工作，1941 年缉获量才恢复到 1933 年的水平。只是在海关于1941 年年底接收了各地货运稽查处以及国民政府在重庆成立新的海关总税务司署后，才使得 1942 年缉获数量大幅度提高，1943 年保持了继续增长的势头。反映了国统区海关缉私能力有所恢复。

当然，我们也应当看到，因抗战时期法币不断贬值，充公变价及罚款金额并不能真正反映缉获走私货的实际数量与价值。

从缉获案件的数量上看（见表4—3），1942 年缉获 23406 起案件，1943 年缉获 52686 起案件，1944 年缉获 6922 起案件，仍然能反映 1943年国统区海关缉私能力有所恢复，但是到 1944 年却急剧下降，这不仅说明海关在抗战时期的缉私职能已经很小，而且也表明缉私主体已经发生重大转移，即国民政府已经主要依赖缉私署进行战时缉私工作。当时国家残破不堪，海关日渐式微，关务凌乱没落，缉私政出多门，职能混杂重叠，所以对于国统区海关缉私成效，我们不能给予过高的估计。

表4—3　　　　　　　　1942—1944 年海关缉获案件分类统计表②

类别	案件数	1942 年	1943 年	1944 年	百分比
关税	25139	9209	14164	1766	30.28

---

① 资料来源：根据 Preventive Secretary's Printed Notes. No. 14、No. 20、No. 27、No. 33、No. 40、No. 44. Enclosure；《海关缉私统计（1942—1948）》，［关务署档案］，档案号：一七九(2) /29，二档馆藏；宋同福：《战时关税》（下），载《经济汇报》第 9 卷第 4 期，1944 年 2 月16 日；《十年来之海关》，第 17—18 页。

② 《海关缉私统计（1942—1948）》，［关务署档案］，档案号：一七九（2）/29，二档馆藏。

在抗战以前及抗战初期，缉私工作原由海关单独主管，历年沿海及沿陆地边境堵截私运，成绩昭著，久为中外称誉。自战区日广，内地暨沿封锁线之查缉，需用员兵名额众多，海关力量不敷分展，财政部为战时集中缉私力量，增进缉私效能起见，于1941年1月，设立缉私处。嗣于1942年6月，改为缉私署，并于各省区设立缉私分支机构，与海关所属分支卡所配合运用。两年以来，双方通力合作，颇著成效。[①]

抗战期中，日本在对我施行经济封锁的同时，加紧掠夺沦陷区各种战略物资以实现其"以战养战"之阴谋。国民政府为打击此种阴谋，1941年4月，国民党五届八中全会通过的《积极动员人力物力财力确立战时经济体系案》决议明确提出："厉行对敌经济斗争。凡军事及后方迫切需要之物资，鼓励爱国商人透过敌人封锁线，售交公营贸易机关。不需要之奢侈品或敌货，应由缉私机关绝对严格予以查禁。"[②] 1941年12月，中国国民党五届九中全会作出《加强国家总动员实施纲领案》决议也指出："加强对敌经济战，严密防止走私，并加紧抢购及抢运沦陷区物资。"[③] 随后，国民政府相关职能机构即着手实施"加强对沦陷区之封锁，管制物资向沦陷区输出输入，并奖助商人抢购抢运，以达到防止物资外流及争取物资之双重目的"[④]。

战时物资，至关重要，抗战后期，在日伪的经济及军事封锁下，国统区战时物资供应遇到极大的困难。为谋消极地减少敌人物资之供给及积极地增加我战时必需物资起见，国民政府对敌经济作战政策做了大幅度调整，采取"立即统一物资作战机构，对敌伪亦厉行物资抢购与封锁，从技术与工作竞赛中，制胜敌人，对走私商人，施以严格指挥与管制，凡我方奇缺之军用民生必需品，如汽油、五金、机器、粮食、布匹、棉纱、西药、日用品之抢购，加以奖励协助，而对于消耗品，奢侈品，毒品私人，即科以重典，务求根绝。若因取得敌方某项物资不得不以我方物资交换时，则应尽量择其无损于我无益于敌者，且依其所换入物资之重要性而决定我方之换出货物。如桐油、生漆、猪鬃、羽毛、药材、茶叶、皮毛、骨角、纸张、竹木之类，皆为可供交换者，反之，如为我方之军用民生必需品，如钨矿、五金、废铜铁、粮食等，则严予封锁，在责有专管，事权统一，令出法汇，信赏必罚之下，敌伪之物资封锁与抢购，必将无所施其

---

① 《十年来之海关》，第19页。
② 秦孝仪主编：《中华民国经济发展史》，第614页。
③ 同上书，第617页。
④ 财政部财政年鉴编纂处编：《财政年鉴》（三编）第十一篇物资，第53页。

技，我方之走私问题遂可转祸为福，物资资敌，因而杜绝，物资来源，更得加大，抗建前途，实利赖之"①。

战时，财政部加强海关稽征工作的改善。"关税政策之实施，端赖税则分类之运用。自关税自主后，税则分类日趋繁复，其执行与运用渐成专门技术。抗战以前，海关稽征工作着重于估验方面，举凡高级估验人员之养成，各关估验部门之增设暨充实，税则分类实例之研讨，与实施指南之增订，各地货价情报之搜集交换与整理，分类估价审核制度之运用，各埠仓栈管理之加强，凡为执行自主税则，海关必具之条件者，经历年改进，均已规模毕具。自抗战开始，海关之稽征手续以力求简单迅捷为主，除沿海、沿边处于敌海空军威胁之地点；海关遇必要时，尝昼夜轮值办公，随到随放，以减少物资之损失外，凡内地空袭频繁及战火迫近之城市，其商民向外疏散之物资，迭由财政部令饬各关，准凭保证放行。如逾规定期限尚未运回，始作为运往他处销售之货，照章补税，其当地有特殊情形者，仍酌准展限，以示宽大。自裁撤转口税举办战时消费税后，在内地运输免征战时消费税之国货，无庸填表具报单，藉省手续。惟经过关卡时，仍应停候查明有无夹带应税或禁运货品，各关卡与查验之后，立即放行，商民称便。"②

1942 年 6 月，行政院颁布了《战时争取物资办法大纲》17 条，着力要求国民政府各机关开展大规模的抢购物资行动。③ 国统区各海关依照这一规定，对于抢购物资在封锁线或在国境起运时应办的缴税报关及沿途检查等一切手续，准由国营运输机关保证后，凭主管机关或分支机关或其委托机关所发的运照，先予放行，俟运到指定或核准的拟定地点，再行补办验货纳税手续，战时消费税开征后，并由各关卡将税表与章则，详细布告周知，各商民如仍有不明手续前来询问者，由关员详为指导，藉便纳税验放。其验征普通未税货物及验放已税货物，均在必需之时间内尽速办理。④

第五节　战时货运管理局

抗战全面爆发后，由于日寇的军事打击和严厉的经济封锁，国民政府

---

① 《第五年之倭寇经济侵略》，第 77—78 页。

② 《十年来之海关》，第 21—22 页。

③ 重庆档案馆编：《抗日战争时期国民政府经济法规》（上），第 158—159 页。

④ 《十年来之关税》，第 27—28 页。

财政危机日渐严重，随着国统区通货膨胀的加剧，国民政府战时税收实值亦逐年急剧下滑，"至 1940 年，已下降为 1936 年的 15％，还不到 1/5 了"[①]。战时财政收入锐减，军费支出猛增，财政收支严重失衡，这是国民政府战时财政的基本特征。[②] 而战时物资的严重匮乏更使抗战后期国民政府财政更加拮据。为支撑抗战危局，1943 年 4 月—1945 年 3 月，国民政府财政部组设战时货运管理局争取物资内移国统区并管制重要军需民用物资进出沦陷区。

一　战时货运管理局的设置

国民政府原先规定对敌实施严密的经济封锁，实施查禁走私的工作，然而为了获取必需资源，事实上允许大后方急需的军需民用物品运入，只查禁奢侈品和半奢侈品。为支撑抗战危局，国民政府对敌经济作战政策做了大幅度调整，采取了"立即统一物资作战机构，对敌伪亦厉行物资抢购与封锁"政策，对各类重要的军需民用物资，施以严格管制措施，规定凡我方奇缺之军用民生必需品，如汽油、五金、机器、粮食、布匹、棉纱、西药、日用品之抢购，加以奖励协助，而对于消耗品、奢侈品、毒品私入，即科以重典，务求根绝。

抗战中期大后方积存的物资逐步告罄，与此同时，日本在对我施行经济封锁的同时，加紧掠夺沦陷区各种战略物资以实现其"以战养战"之阴谋。国民政府为打击日伪的阴谋，"乃计议加强对沦陷区之封锁，管制物资向沦陷区输出输入，并奖助商人抢购抢运，以达到防止物资外流及争取物资之双重目的"[③]。早在 1939 年 12 月，邓葆光就提出"以战养战"的战时经济方针，建议成立相应的战时物资管理机构以统一规划、管理、监督战时物资的调配和流动。报告得到蒋介石的首肯后即批转在国家总动员会议之下成立了"对敌经济作战委员会"筹划物资抢购事宜。[④] 到 1940 年，国民政府利用"走私"策略"抢购沦陷区物资"的方案正式浮上台面。[⑤]

---

① 杨荫溥：《民国财政史》，中国财政经济出版社 1985 年版，第 106 页；董长芝、马东玉主编：《民国财政经济史》，辽宁师范大学出版社 1997 年版，第 394 页。

② 虞宝棠编著：《国民政府与民国经济》，华东师范大学出版社 1998 年版，第 366 页。

③ 财政部财政年鉴编纂处编：《财政年鉴》（三编）第 11 篇物资，编者发行，1948 年，第 53 页。

④ 杨者圣：《特工王戴笠》，上海人民出版社 1993 年版，第 346—347 页。

⑤ 林美莉：《抗战时期国民政府对走私贸易的应对措施》，载台北《史原》1991 年第 18 期。

1942 年 6 月，行政院颁布了《战时争取物资办法大纲》17 条，[①] 由行政院专责指导抢购物资事宜。为加强抢购物资工作，国民政府一方面督促缉私署加强战时物资管理及抢运工作；[②] 另一方面，专门成立财政部战时货运管理局从事抢购工作，同时加大其查禁走私的力度。

1942 年 10 月，蒋介石批示尽快设立战时货运管理局。[③] 1943 年 3 月 16 日，行政院第 605 次会议通过《货运管理局组织规程》（1944 年 3 月 5 日行政院公布）、《货运管理局工作计划纲要》、《财政部战时货运管理局甄审委员会组织大纲》、《财政部战时货运管理局设计委员会组织规程草案》、《财政部战时货运管理局办事细则》（共 85 条），[④] 1943 年 4 月 5 日，财政部正式成立负责抢购沦陷区物资的货运管理局，[⑤] 由戴笠就任战时货运管理局局长，而邓葆光被戴笠任命为货运局业务处长，负责指挥抢夺沦陷区物资，确定缉私、封锁物资流向的位置，指导经济检查大队、管理战时物价、取缔投机倒把等重大经济管理活动。[⑥]

为了规范战时货运管理局工作，国民政府制定了一系列的相关法令法规，如《封锁线输出输入实物结算办法草案》、《封锁线输出输入商人及货运登记实施办法草案》、《抢运物资征发运输工具实施办法草案》、《争取物资奖金发给实施办法草案》、《货运管理局委托代办货运管理站业务办法》、《调整战区缉私及经济交通封锁办法》、《封锁敌区交通办法》、《战时管理封锁区由后方购销民生日用品办法》、《管理封锁线输出物资工作联系办法》、《特许出口物品输出封锁线领证报运办法》、《奖励商人抢购办法》等法令法规。[⑦] 根据这些法令法规，战时货运管理局确立的主要工作方针有四："1. 管制对沦陷区物资的输出输入，实行实物结算制度，限制输出，奖励输入，用以增加后方必需物资的供应；2. 发动并鼓励商民对沦陷区抢购抢运物资；3. 自设业务及运输机构，办理商民无力经营

---

① 重庆档案馆编：《抗日战争时期国民政府经济法规》（上），第 158—159 页。
② 《本署对三届一次参政会关于加强"物资管理及抢运工作"决议案办理情形报告表》（1943 年 7 月），缉私署档案，一四五（2）/31，二档馆藏。
③ 费云文：《戴笠的几个战场》（三），载台北《中外杂志》第 36 卷，1984 年第 5 期。
④ 《财政部战时货运管理局组织条例暨办事细则》（1943—1945），战时货运管理局档案，档案号：三一三（2）/23，二档馆藏。
⑤ 财政部货运管理处编：《一年来之货运》，中央信托局 1943 年版，第 1 页。
⑥ 杨者圣：《特工王戴笠》，第 347 页。
⑦ 《战时管理封锁区物资输出输入各项法令及有关资料》（1943—1945），战时货运管理局档案，档案号：三一三（2）/24，二档馆藏。

的抢购抢运工作；4. 破坏敌人的金融与经济。"① 1943 年 3 月 14 日军事委员会秘书处专门致函戴笠，对抢购事宜提出具体要求："查抢购物资如属于政府需用之物资，则一方面政府机构秘密抢购，一方面并应鼓励商人抢购，由政府机关给予合法利润收买之，至民生必需物资而需自外间运入者，原不以单纯之限价方法相束缚，亦不能专恃政府贴本，应采用保障商人合法利润，鼓励抢购。"②

为有效开展物资抢购抢运工作，战时货运管理局加强了组织机构建设，不以战区或省界为限，而以军事、经济、交通、运输全部情形为根据，设置了区货运管理处。③ 以邻近封锁线能与税务及检查机关相配合且便于办理商业登记为原则，在区货运管理处之下设货运管理站。战时货运管理局对于负责自行经营抢购抢运业务的，则于各区所辖的重要据点设置"庄号"；例如在豫皖交界的界首，称为"兴豫庄"，在柳州的称为"桂泰庄"。原计划在国统区设立 8 个管理处、8 个庄和若干个站：④ 豫皖区货运管理处——处设界首，下设洛阳、明港、潢川、六安、阜阳、庐江 6 个管理站；广东区货运管理处——处设曲江，下设惠阳、高要、清远、揭阳、台山、陆丰、骝隍 7 个管理站；广西区货运管理处——处设柳州，下设龙州、靖西、郁林、梧州、信宜、东兴 6 个管理站；湘赣区货运管理处——处设衡阳，下设长沙、常德、津市、浮梁、樟树、奉新 6 个管理站；福建区货运管理处——处设福州，下设涵江、晋江、龙溪、福安、诏安 5 个管理站；浙东区货运管理处——处设丽水，下设永嘉、临海、宁海、天台 4 个管理站；苏浙皖边区货运管理处——处设淳安，下设於潜、龙游、泾县、横船渡、安吉、河沥溪 6 个管理站；湖北区暂设三斗坪、宜都、樊城、环罩等四站，另云南之保山设直属站 1 处；而后来实际的设置是：豫皖区管理处，设于皖豫交界的界首，处长王兆槐；湘鄂区管理处，设于三斗坪，处长朱若愚；苏浙区管理处，设于龙泉，处长赵世瑞；福建区管理处，设于南平，处长江秀清；广东区管理处，设于韶关，处长李崇诗；广西区管理处，设于柳州，处长杨继荣。⑤

---

① 张霈之：《戴笠与抗战》，台北县新店市国史馆 1999 年版，第 231 页。
② 《各机关团体条陈战时抢购物资各问题之意见》（1943—1944），战时货运管理局档案，档案号：三一三（2）/35，二档馆藏。
③ 《财政部各区货运管理处组织规程》（1943 年 2 月），载《经济汇报》第 8 卷，1943 年第 11 期。
④ 《一年来之货运》，第 3—4 页。
⑤ 张霈之：《戴笠与抗战》，第 232 页。

二　战时货运管理局的运作

抢购是积极性的经济攻击行动，一方面可运用物资管制作用实施抢购抢运，另一方面更可以其他种种方式向沦陷区争取物资。在抗战初期，"关于民生物资之供应，后方并未感到缺乏，待至武汉撤退，物资内运通路渐少，运费高涨，后方不能自给之各项工业品，价格猛涨，遂感物资供应问题之严重"①。战时货运管理局因应需要，抢购抢运物资。抗战期间的物资缺乏情形有几个不同的阶段，抗战中前期首先是汽油；其次则为五金器材及西药。到抗战中后期，主要是五金器材、纱布、西药和粮食。②这些重要物资的来源主要是上海、香港、汉口等地，其中以上海最为重要。当时货运管理局分支机构的布置，即系针对这一形势设立处站、庄号。桂粤两区争取香港物资内运，湘鄂争取长江中部及汉口的物资，而豫皖区设界首，苏浙区之淳安站，则系由南北两路争取上海之物资内运。后来，货运管理局认为花纱布则军需民用需要更为殷切，因此便确定花纱布为抢购之重心，用80%以上的力量从事花纱布的抢购抢运工作，同时兼顾其他物资如农产品的抢购抢运工作。③

抢运与抢购同等重要，无所轩轾，如果抢购物资不能内运，则仍不能达到供给后方需用的目的。且物资滞留战区，一旦发生战事变化，得而复失，则人力、物力、财力的损失更属不赀。因此，战时货运管理局制定了办理抢运的三原则，即迅速、安全、经济，迅速就是避免战事的波及，安全就是避免物资的损失，经济即减少物资的成本。货运管理局为强调抢购与抢运同时并重起见，特设立运输机构。有水路可资利用者，尽量利用船只；有驿运路线可资利用者，则设法设置板车、手车、驼、马；公路则利用汽车。经过拟订的各地运输路线及交通工具分别是：重庆独山线——由重庆经贵阳至独山，自备汽车行驶；曲江广德线——由曲江经南城、建阳、浦城、淳安至广德；曲江贵阳线——由曲江经衡阳、桂林、柳州、金城江至独山一段利用湘桂、黔桂铁路，独山至贵阳一段，利用汽车运输；重庆宝鸡线——由重庆经广元至宝鸡，全系汽车运输；界首至洛阳、界首至老河口线——以漯河为中心，自备汽车行驶；昆明独山线——由昆明经

---

① 吴大明等主编：《中国贸易年鉴》，1948年，见沈云龙主编《近代中国史料丛刊》，台北：文海出版社有限公司1971年版，第29页。
② 张霈之：《戴笠与抗战》，第235—236页。
③ 《本局1944年工作报告计划》 （1944年），战时货运管理局档案，档案号：三一三(2)/27，二档馆藏。

贵阳至独山，自备汽车行驶；昆明重庆线——由昆明至泸州，自备汽车行驶。由泸州至重庆，改用水运，租用汽船。货运运输的机构分为两类：固定性的运输站与流动性运输队。运输站以配合管理站，及业务机构为原则；运输队以配合运输站为原则，其业务范围主要是：争取沦陷区军需民用的必需物资；抢购受敌威胁地区的积存物资；收购边境前方各口输入的重要物资；收购战区易于走私资敌的必需物资；收购后方过剩而准许出口的物资，推销于沦陷区。

为鼓励商人向鄂省沦陷区或接近沦陷区各地抢购棉花内运，1943年12月3日，财政部核准花纱布管制颁布《奖助商人抢购棉花内运办法》，规定商人抢购内运的棉花，一律交由花纱布管制局收购或交鄂省平价物品供应处代为收购。为抢购内运物资商人的利益和安全计，1944年3月13日，行政院核定饬遵《政府机关及部队协助争取物资办法》，规定：财政部各区货运管理处站与各该地区军政机关、交通、金融机关及驻军，应密切联系，交换对敌经济作战情报，上述各机关并应就主管职权，对于抢运工作予以切实之协助；各地海关关卡、缉私处所及其他检查机关，对持有货运管理机关核发之运输凭照、自用运照及实物结算出口证随运之输出入物资，应遵照《战时争取物资办法大纲》与封锁线输出入商及货运登记办法之规定办理。在抗战胜利前夕，为大量吸收沦陷区物资，免敌利用，国民政府依旧积极抢购沦陷区物资，如1945年7月5日，经济部颁布《沦陷区物资内运奖助办法》，[①] 规定：经济部得商同财政部、战时运输管理局，并督导各省市政府，执行本办法规定之事项；内运物资，不论其为后方或为沦陷区之公司行号或人民，均得享受优待与便利。

战时货运管理局策动商民抢购的方式主要有：随时指导商民抢购的途径；随时与商民交换抢购情报；商民物资输入时，尽量便利其运输，并协助内运；核发运输凭照，以简化检查手续；厘订输入商押汇、押款、兑承、贴现、汇兑、保险等资金融通办法；订立奖励制度，给予商民以物资上的奖励。1943年春，战时货运管理局与杜月笙合作成立一个"货运庄"的计划，并于1943年组建通济公司（"通济隆"），总处设在重庆，以民营姿态，经营进出口贸易，[②] 通济公司先后在重庆、上海、浙江淳安、河

<hr />

① 《抗日战争时期国民政府经济法规》（上），第161—164页。

② 良雄：《戴笠传》，台北传记文学出版社1985年版，第311—313页；章君穀编：《杜月笙传》第2册，台北传记文学出版社1981年版，第29—90页；梅臻、韶菁：《上海闻人杜月笙》，河南人民出版社1987年版，第212—216页。

南商丘等地设立分公司，和战时货运管理局一起努力打通了三条贩运路线。① 据郭旭回忆，通济公司从成立起，到日本投降后为止，由上海购运了两批物资——棉纱和布匹到国统区。第一批纱布共 3000 件；第二批纱布共 500 件。② 截至 1944 年 4 月，通济公司共运回布匹 24 万匹、棉纱716 件。③

三　战时货运管理局的评估

自战时货运管理局成立以来，"至 1943 年 8 月底，经抢运的物资，计五金、机器、仪器、交通器材、生丝、橡胶及花纱布等，约值 5000余万元。8 月以后，战时货运管理局与花纱布管制局及四联总处购料委员会合作，大量抢购花纱布。9、10 月份抢购近 2 亿元以上"④。1943年 10 月至 1944 年 1 月，"战时货运管理局还与商人抢购物资 4.5 万吨，总值 9 亿多元，其中花纱布占第一位，达 3.9 亿多元，其他如五金 1.4亿元，电工、医疗器材 1.2 亿多元，化学原料 6200 余万元，交通燃料3200 余万元，另外还协助商人抢购一定数量的纸张、粮食、羊毛及其制品、皮革、猪鬃等"⑤。截至 1944 年 4 月，战时货运管理局"自行抢购物资价值达 3.6 亿元，其中花纱布就达 3.34 亿元，其余为五金、西药、各种器材等"⑥。抗战进入 1945 年，战时货运管理局仍计划加紧抢购，如："计划抢购鄂中沦陷区 1.5 万市担棉花，在鄂北、豫中一带抢购 3.5万市担棉花，并利用各种关系陆续抢购了大量的花纱布、橡胶、生丝等。"⑦ 根据财政部《财政年鉴》（三编）统计："战时货运管理局从 1943年 4 月成立，到 1945 年 3 月撤销为止，共抢购价值 100 亿元的物资，商民抢购数量更数倍于此。"⑧ 货运局工作成果，在一次集会中，戴笠曾略

---

① 杨者圣：《特工王戴笠》，第 347—348 页。

② 陈楚君、俞兴茂编：《特工秘闻——军统活动纪实》，中国文史出版社 1990 年版，第 394页。

③ 《本局 1944 年工作报告计划》（1944 年），战时货运管理局档案，档案号：三—三(2) /27，二档馆藏。

④ 《一年来之货运》，第 7 页。

⑤ 《本局 1944 年工作报告计划》，战时货运管理局档案，档案号：三—三（2）/28，二档馆藏。

⑥ 《本局 1944 年工作报告计划》（1944 年）、《本局 1944 年工作报告计划》，战时货运管理局档案，档案号：三—三（2）/27、28，二档馆藏。

⑦ 《本局 1945 年工作报告及计划》，战时货运管理局档案，档案号：三—三（2）/29，二档馆藏。

⑧ 财政部财政年鉴编纂处编：《财政年鉴》（三编），第十一篇物资，第 54 页。

为说明，他说："吾人缉私与年来抢购物资，已交与'花纱布管制局'者，只是阴丹士林布，就有 6 万匹，价值达 6 亿元。白布价值，亦在 5 亿元以上。"① 军统局工作人员周昭尤，在韶关以惠韶行为掩护，暗中抢购广州一带食盐，以接济粤、湘、桂、赣边境驻军与人民，为数以百万吨计。② 这些重要军需民用物资的购运虽然对日伪军亦有益处，但对艰苦卓绝的中国人民抗战可谓是雪中送炭，有力地支援了中国军民抗战，可以说是利大于弊。

战时货运管理局在实施抢购抢运的同时，还着力加强查缉走私的工作。据战时货运管理局全国缉私统计报告，仅 1943 年 1—6 月，"共查处 10266 件走私案件"③。1944 年，为规范战时货运管理局缉私行为，财政部还专门颁行战时货运管理局《查缉走私办法》，④ 明确了各战区货运管理局的缉私职责。1944 年，财政部第一战区货运管理处安徽泾县货运站"在琴川河面查获木材陆军一九二师武装走私木材合计 40970 根资敌"⑤；根据相关档案资料，在 1944—1945 年，战时货运管理局查处大量走私案件，主要有："河南广州总工会理事长蔡蓥臣及安徽立煌田粮处长戴沙英等私运物资资敌案件"⑥；"由徽州地区到场口走私给日伪六艘船装桐油，计 1309 听；潘某走私 1500 斤昌化积存锑砂；商民胡永安萧宝山私运木材出口；浙东区青田木材输出走私；第三战区挺三总队长吴志敏以木料资敌走私；湖北中国物产贸易行私运桐油生漆出口；福建金门大登乡郑宗海私运食盐；另外，自太平洋战争爆发后，日寇在澳门遍设收购机关收买各项军需资源，并与福建、广东地区的国民党驻军或土豪劣绅勾结，大肆走私物资到台湾，战时货运管理局破获大量澳门奸商走私案件"⑦。

总的说来，战时货运管理局自成立后，通过审定详细的抢购抢运计

---

① 良雄：《戴笠传》，第 312—313 页。

② 同上书，第 313 页。

③ 《一九四三年全国缉私统计报告》（1943），战时货运管理局档案，档案号：三一三（2）/50，二档馆藏。

④ 《查缉走私办法》（1944 年），战时货运管理局档案，档案号：三一四/252，二档馆藏。

⑤ 《安徽泾县货运站报告陆军一九二师武装私运木材资敌有关文书》（1944），战时货运管理局档案，档案号：三一三（2）/49，二档馆藏。

⑥ 《河南广州总工会理事长蔡蓥臣及安徽立煌田粮处长戴沙英等私运物资资敌有关文书》（1944），战时货运管理局档案，档案号：三一四/255，二档馆藏。

⑦ 《各处report奸商私运物资资敌情报及有关文书（1944—1945）》，战时货运管理局档案，档案号：三一四/253，二档馆藏。

划，修订相关法令，策动民间商人，有条不紊地开展各项业务，取得了很好的效果，由上可知，战时货运管理局通过采取抢购抢运及严密查缉走私等对敌经济战措施，为国民政府争取了大量的重要军需民用物资，对缓解国统区战时物质紧张、平抑国统区物价起到了一定的积极作用。

第五章　战时国民政府关税政策绩效评估

抗战时期国民政府战时关税政策及其实施，是国民政府为解决财政危机的一项因应措施。总体上看，国民政府战时关税政策的制定基本适应战时情势的发展与变化，基本达到了预期目标。

第一节　战时国民政府关税收入

抗战时期，国民政府通过施行积极关税政策，因势利导，主要施行以争取物资为主要特征的关税政策，力争增裕关税。

一　关税总收入

关税税项，包括进口税、出口税、转口税和船舶吨税。主要包括：[①]进口税。凡进口外国货，应在进口海关，按照进口税则，征收进口税。如以缴纳进口税的外国货，复出口运往外国，或途经其他通商口岸，准免课税。如外国货物，以倾销方法，在中国市场与中国同等货物竞争时，除征进口税外，并征收倾销货物税，税率以货价差额为率。出口税。凡出口土货，应在出口海关，按照出口税则，征收出口税。其为机制洋式货物，倾销外国者，免纳出口税，并由此一通商口岸出口，运于另一通商口岸时，原须征收转口税，现转口税业已取消，则可免征出口税。船钞：凡贸易船只，依吨位大小，分级计算，每四个月征收船钞一次，其为军用，或私用，不以赢利为目的之船只，则可免纳船钞。

海关除上述正税外，复于进口出口二税征收时，加征附加税，并有代征统税，及各种救灾捐、浚河捐等。一般说来，在抗战时期，海关关税收入列项包括进口税、出口税、转口税、战时消费税、船钞、海关附加税、

---

① 匡球：《中国抗战时期税制概要》，第161—162页。

救灾附加税等。

（一）战前关税总收入分析

抗战全面爆发前，虽然世界经济仍呈不景气之现象，但由于我国进出口贸易尚称安定，且进出口税则多次修订后，税率大幅度提高，因此税收收效颇宏。"计至 1937 年 6 月为止，共有海关 38 关。关税税收数目在 1934 年至 1936 年之间，每年收入均在 3 亿元以上，1934 年为 334645408 元，1935 年为 315519712 元，1936 年为 324633291 元。"[①] 见表 5—1 所示。

表 5—1　　　　　　1931—1936 年国库总收入中关税所占比例表

年度	关税占总收入百分比
1931	54.17%
1932	48.35%
1933	43.90%
1934	5.81%
1935	1.79%
1936	32.00%

根据表 5—1，1934 年及 1935 年年度因抵解坐拨及报部转账迟延以及日本对我国大规模的走私等原因，故关税收入数字特显低落。由上表的分析，可以窥知我国平时财政收入特征有三：

（1）关税是消费税，是间接税，也是恶税；

（2）关税收入呆定，很少弹性，不能适应战争爆发大量筹措战费的要求；

（3）一旦战争爆发，由于战争的破坏和国土被敌人占领的可能，关税在战时不但不容易增加，而且会因而锐减。

虽然这三种特征，"早就为国民政府财政当局所洞察，而思增辟新税源以谋代替旧税，可惜新税的基础尚未巩固，战争已经爆发，这使我国战时财政的困难特别增重"[②]。

---

① 财政部财政年鉴编纂处编：《财政年鉴》（续编）第六篇关税，第 1—2 页。

② 邹宗伊：《我国之战时财政》，载朱斯煌主编《民国经济史》，银行学会银行周报社 1948 年版，第 411—424 页。

（二）战时关税总收入分析——基于表面数据之分析

抗战全面爆发后，世界经济虽已逐渐繁荣，但因日寇大举侵华，我国对外贸易几为停顿，沿海沿江各重要口岸相继沦陷后，关卡被日伪占据，关税税款被敌劫掠，战时我国的进出口关税收入影响甚大。

从财政预算角度看，在抗战全面爆发后的最初几年，尽管关税预算数已大大减少，但实收数还远远低于预算（见表5—2）。

表5—2　　　　　关税预算数与实收数对照表（1937—1944年）[①]

单位：国币千元

年度	关税	
	预算数	实收数
1937	369267	342900
1938	184634	254565
1939	243250	331324
1940	259390	475749
1941	520000	487436
1942	827000	499569
1943	1165015	1077492
1944	2811000	2978849

从表5—2所列表面数据可看出，关税预算数以1937年度为最高，其后逐年减少，有的减少很多，如1940年关税实收仅占预算百分数的14.5%。关税实收数与预算数之比，四年平均来说为71.4%。

从关税税收数额来分析，尽管在抗战全面爆发后，我沿海沿江重要口岸相继沦陷，海关关口大部被敌强占，税款大多被劫掠，国统区面积日渐缩小，由此，关税收入大受影响，但国民政府通过一系列的关税政策调整措施，特别是转口税制的调整，加上各地物价逐渐上扬，使得抗战期间的关税收入维持着一定的数量。见表5—3所示。

---

① 《各年度国家岁入总预算（1937—1944年度）》，［国民政府财政部档案］，载《资料汇编》第五辑第二编，《财政经济》（一），第314—315页。

表5—3　　　　　　　1937—1945 年海关税收数量统计表　　　　单位：国币元

年度	税收数量
1937	342899739
1938	254565468
1939	331323640
1940	475749134
1941	487436138
1942	499568989
1943	1077492468
1944	2978849140
1945	4981832568
总计	11429717283

说明：

（1）1938 年的关税收入包括沦陷区各关关税在内，该年度关税较上年度锐减与战事态势密切，且国统区进口多数为军需用品、交通器材，奉准免税进口，对于税收，自不无很大影响。

（2）1940 年税收大增，除相关征税部门和缉私部门的努力外，也应当考虑物价此时已呈普遍上涨因素。

（3）1942 年度，国统区后方海关仅仅只有 16 个，税收大增，足见改办战时消费税以及关税改按从价征收密切相关。

（4）资料来源：《1934 年—1942 年海关税收数目表》和《1943 年—1946 年海关税款收入总表》二表分别载于财政部财政年鉴编纂处编《财政年鉴》（续编）第六篇关税，第 24—25 页，财政部财政年鉴编纂处编：《财政年鉴》（三编）第六篇关税，第 28—29 页。1937—1945 年海关税收数量统计包括战时消费税，但其各方统计数字不一，如 1942 年战时消费税，财政部海关总税务司署统计为 343106728 元（见《十年来之海关》，第 9 页）。据《财政年鉴》统计为 343105017 元（见《财政年鉴》（续编）第六篇关税，第 12 页、第 25 页）。另外，根据古僧编著《孔祥熙与中国财政》，台北博学出版社 1979 年版，第 299 页，1938 年为 254565469 元，1939 年为 331323640 元，1940 年为 475747134 元，1941 年为 487436138 元，1942 年为 499570700 元。

　　根据上表所列数据，总计抗战八年中，全国各关共征起关税国币 11429717283 元。

　　从表5—3 所列表面数据来看，1937 年到 1938 年的关税收入趋势为降，1939 年到 1940 年，其趋势为高涨，1940 年到 1941 年、1942 年为平稳增加，1942 年到 1943 年、1943 年到 1944 年和 1944 年到 1945 年关税收入数值几乎是成倍增长。

具体分析各年的税收情况如下：1937 年 342899739 元，1938 年以上海与内地因战事隔绝之影响，全国各关（连沦陷区各关在内）仅征起国币 254565468 元，其时多数军需用品，交通器材，奉准免税进口，对于税收，自亦不无影响。1939 年税收稍增，为国币 331323640 元。1940 年以物价普遍上涨，税收亦增为 475749134 元。1941 年后增为 487436138 元，以上系就后方与沦陷区各关之收数合并计算。

自太平洋战争发生后，国民政府所能控制的海关数量急剧下降，但 1942 年、1943 年、1944 年、1945 年，国统区各关卡所征税收竟分别达到 499568989 元、1077492468 元、2978849140 元、4981832568 元，从表面数据看，改办战时消费税，与关税改按从价征收成效显著。

根据《国民政府 1942 年度国家岁入总预算表》（1942 年）关税经常门常时部分为 535000000 元和经常门临时部分 42000000 元，战时消费税部分为 250000000 元，合计为 827000000 元，① 但实际收数却为 499568989 元，甚至少于纯关税收入预算 577000000 元。

根据《国民政府 1944 年度国家岁入总预算表》关税经常门常时部分为 371325000 元和经常门临时部分 37130000 元，战时消费税部分为 1500000000 元，合计为 1908455000 元，② 虽然实际收数为 2978849140 元，但是实际收入大为降低。

为了保证有限的关税收入充实抗战，国民政府还采取了其他措施，如鉴于海关人员"待遇特别优厚，其他一切开支，亦较糜费，甚至高级职员俸给，较同等之一般文官，高出数倍，并有职位保障及养老储蓄长假等种种优遇，在平时已觉其不公，值此抗战之际，尤易引起不平之感，实有予以纠正之必要，拟请责成各该主管机关重行厘订其待遇办法，限期提请核定，以昭公允，而节滥费"③。见表 5—4 所示。

---

① 《国民政府 1942 年度国家岁入总预算表（1942 年）》，[国民政府主计处档案]，载《资料汇编》第五辑第二编，《财政经济》（一），第 222 页。

② 《三十三年度国家岁入总预算表》，[国民政府财政部档案]，载《资料汇编》第五辑第二编，《财政经济》（一），第 243—244 页。

③ 《国防最高委员会关于核定 1939 年度国家普通岁出入总预算请分饬执行并交立法院查照函（1939 年 3 月 13 日）》，[国民政府档案]，载《资料汇编》第五辑第二编，《财政经济》（一），第 188 页。

表5—4　　　　　　战时关税分类收入（1937—1945年）[①]　　　单位：国币元

年别	总计	进口税	出口税	转口税	船钞	海关附加税	救灾附加税
1937	342899739	261286534	29073179	20148871	3224610	14578836	14587709
1938	254565469	160936329	16530239	55840004	2913405	9166331	9179161
1939	331323640	237683384	17115280	46661699	3660836	12951045	12951396
1940	475749134	343597869	27552965	63813940	3094980	18844021	18845359
1941	487436138	325295129	28629858	95644811	1833427	18015578	18017335
1942	156463971	88058479	3146804	56057067	20674	4588794	4592153
1943	355389008	315744866	1039878	6928069	17958	15829063	15829172
1944	716924925	651178797	2422889	——	33861	31644689	31644689
1945	4231413077	3593883202	82971099	——	76540560	239009108	239009108

说明：

（1）资料来源：1937—1942年根据财政统计年报编制，1943—1945年根据财政统计总报告编制。

（2）说明：1943年转口税除55506.65元外，余为财产收入惩罚收入规费等项。

（3）另根据《财政部统计处编制之1943—1945年消费税分关收入统计表（1946年9月）》载：1943—1945年的战时消费税分别是728784461元、2137842886元和242296203元。（国民政府财政部档案，《中华民国史档案资料汇编》第五辑第二编，《财政经济》（二），第104页）

　　总体上看，内地关税大增。"自日军占据华北、华中、华南沿海各地后，唯一最便利入内地之路，乃先经由香港至广州湾，是以各项进口物资，均由此输运至粤之南路各县（如遂溪、茂名、化州、吴川、信宜等），桂之郁林、南宁、柳州、桂林等县市。湘之长沙、衡阳，渝之重庆、成都及滇之昆明等城市。各项出口土产亦须运至广州湾再转运至香港及其他各国推销；因此之故，雷州关之税收，日见倍增。该关所管辖之分卡、分所，除沿广州湾地区以外，设有麻章、麻章墟、莫村、福建村、大埠罨船、海康、西涌尾、乌泥、城月、城月路、沈塘等分卡所外，尚有安铺、廉江、化州、茂名、黄波、梅菉、水东、阳江、阳春、三埠、新昌、获海、台山、单水口等卡所。其范围之广阔，为其他关区所不及，而走私情形，尤难应付。"[②] 就关税而言，"1943年度洛阳关所收税款计90678807

　　① 《财政部统计处之战时关税分类收入统计表（1946年9月）》，［国民政府财政部档案］，载《资料汇编》第五辑第二编，《财政经济》（二），第88—89页。

　　② 林乐明：《海关服务卅五年回忆录》，香港龙门书店1982年版，第24—25页。

元，占第一位，梧州关 74982151 元，占第二位。1944 年 1 月至 3 月洛阳关 46289841 元，占第一位，梧州关 35150805 元，占第二位。就战时消费税而言，1943 年度以重庆关之 1.97 余亿元为最多，其次长沙关计 1.11 余元，再次为西安、梧州等关。1944 年度 1—3 月，以重庆关 8200 余万元为最多，其次长沙关 6100 余万元，再次梧州、万县、西安关等。"[①] 见表 5—5 所示。

表 5—5　　　　　　　　1943—1945 年海关税款收入总表[②]　　　　单位：国币元

税别 \ 年度	1943 年	百分数	1944 年	百分数	1945 年	百分数
进口税	315538000	29.28	689983580	23.17	4201653749	84.34
出口税	1039784	0.10	3726606	0.13	99481548	1.99
船舶吨税	17962	——	32787	——	11844866	0.24
转口税	2669682	0.25	——	——		
进出口关税附加税	15818431	1.47	34688764	1.16	215035514	4.32
进出口救灾附加税	15818538	1.47	34688770	1.16	215238851	4.32
战时消费税	726590069	67.43	2215728633	74.38	238778040	4.79
总计	1077492466	100	2978849140	100	4981832568	100

说明：

1. 1943 年度至 1945 年度系根据海关总署呈报岁入部门实征数字编列。

2. 转口税于 1942 年 4 月 15 日裁撤，此后数字，系转口货物先缴保证金放行，嗣后结算而于保证金内扣算之税款。

（三）战时关税总收入分析——基于通胀因素之分析

抗战时期，由于日本帝国主义的侵略，国民政府统治区日益缩小，法币急速贬值，导致通货膨胀问题日趋严重。关于这个问题，学界已有大量

---

① 《财政部关务署向国民党五届十二中全会等会议口头报告问答资料（1944）》，[国民政府财政部关务署档案]，载《资料汇编》第五辑第二编，《财政经济》（二），第 75 页。

② 《财政年鉴（三编）》第六篇关税，第 28—29 页。

学术成果，① 在此不再详述。

　　一般说来，抗战时期物价上涨分三大时期，第一期自"七七事变"到 1938 年广州武汉沦陷前；第二期自 1938 年 10 月底到 1941 年年底太平洋战争爆发前；第三期自太平洋战争爆发到抗战结束。在这三个时期，影响物价变动的因素，已由简单而趋向复杂，其作用也由缓和而渐趋剧烈，以致在第一期中，各地各类商品的价格涨跌互见，第二期中，不但各地物价普遍上涨，而且有些商品上涨更剧，第三期中，物价的波动已经呈现全面跳跃式的暴涨局面。造成抗战后期国统区物价上涨的因素是多方面的，除了通货膨胀外，还有物资缺乏和商业资本的畸形发展等原因。②

　　必须指出的是，抗战时期的物价上涨在空间上是不平衡的，即各地物价上涨的速率相差颇大，物价的上涨在各类商品间也是不平衡的，即各类商品不能保持同一的或差不多的上涨速率，物价的上涨在时间上又是不平衡的，这使得各地的物价水准和各类商品的上涨速度，时时发生变化，不能保持相对不变的比例，由于国民政府在战时实施价格干预措施，使得大量商品的实际市场价格和账面统计价格相差很大，各地主要大宗商品的物价指数也不大一致，各地零售物价指数和趸售物价指数差异也不一，所有这些，给我们分析抗战时期关税收入实际价值带来了巨大的困惑。

---

　　① 参见郭传玺《抗日战争时期通货膨胀述评》，《历史档案》1990 年第 3 期；冯宪龙《抗战时期国民政府通货膨胀政策评析》，《社会科学辑刊》1997 年第 3 期；杨菁《试论抗战时期的通货膨胀》，《抗日战争研究》1990 年第 4 期；李学昌《试析抗日战争时期国民党政府的通货膨胀》，载《抗日战争史论文集——中国现代史学会第四、五次学术讨论会论文选》，1987 年；陈雷、戴建兵《统制经济与抗日战争》，《抗日战争研究》2007 年第 2 期；荣岫岚《略论抗日战争时期国统区的通货膨胀》，《金融科学》1989 年第 4 期；陈民《法币发行制度与通货膨胀》，《苏州大学学报》2000 年第 4 期；莫建明《抗战时期国民政府财政危机研究》，《西南财经大学》2003 年；董廷之《抗日战争时期国民党统治区的通货膨胀》，《中共党史研究》1989 年第 2 期；郑起东《通货膨胀史话》，社会科学文献出版社 2000 年版；张公权《中国通货膨胀》，杨志信译，文史资料出版社 1986 年版；杨培新《旧中国的通货膨胀》，三联书店 1963 年版；吴冈编《旧中国通货膨胀史料》，上海人民出版社 1958 年版；魏建猷《中国近代货币史》，黄山书社 1986 年版；杨荫溥：《民国财政史》，中国财政经济出版社 1987 年版；彭信威《中国货币史》，上海人民出版社 1958 年版；中国人民银行总行参事室金融史料组编《中国近代货币史资料》，中华书局 1964 年版；中国人民银行编辑：《中国历代货币》，新华出版社 1988 年版；寿进文《抗日战争时期国民党统治区的物价问题》，上海人民出版社 1958 年版。相关著述，在此不一一列举。

　　② 寿进文：《抗日战争时期国民党统治区的物价问题》，上海人民出版社 1958 年版，序言第 2 页。

表5—6　　　　　　　　1937—1945 年税收与物价比较表①

年度	物价指数基期：1937 年 1—6 月 = 100	税收总数单位：百万元	税收指数基期：1936 年 = 100	消除物价影响后之税收指数
1937	103	451	43	41
1938	131	211	40	30
1939	220	484	46	21
1940	513	267	25	5
1941	1296	667	63	5
1942	3900	4164	394	10
1943	12936	15326	1450	11
1944	43197	34353	3250	8
1945	163160	114409	10824	7

说明：

1. 此物价指数系根据国民政府主计处所编全国趸售物价指数编列。

2. 1937 年度为 1937 年 7 月—1938 年 6 月数字，1938 年度为 1938 年 7—12 月数字。

3. 另，根据《历年法币发行额和物价指数表》② 显示，抗战时期国统区的国货趸售物价指数以 1937 年 6 月为 100，1937 年 12 月为 109，1938 年 12 月为 155，1939 年 12 月为 306，1940 年 12 月为 801，1941 年 12 月为 2111，1942 年 12 月为 6128，1943 年 12 月为 22304，1944 年 12 月为 67988，1945 年 6 月为 201531，1945 年 12 月为 212690。我们可以看出，在 1937—1938 年两年中上升还不是很多，此后则飞速上升，膨胀幅度越来越大，1945 年 6 月的物价竟然是 1937 年 6 月的 2015.31 倍。

根据上列《1937—1945 年海关税收数量统计表》和《1937—1945 年税收与物价比较表》两表，若折合成 1937 年上半年的币值，1938—1945 年国民政府关税收入分别是：1938 年 194324785 元；1939 年 164021604 元，1940 年 92738623 元，1941 年 37610813 元，1942 年 12809461 元，1943 年 8329410 元，1944 年 6895963 元，1945 年 3053342 元。可见，抗战时期国民政府 1938 年以后每年关税"实际"收入，不仅大大低于 1937 年的水平，且是逐年减少的。这一现象，与战时国民政府财政状况呈现逐渐恶化

①　《财政部编制之中国财政备忘录附表 1937—1947 年（1947 年 7 月）》，[国民政府财政部档案]，载《资料汇编》第五辑第二编，《财政经济》（一），第 323 页。

②　参见中国第二历史档案馆（魏振民编选）《国民党政府的法币政策》，《历史档案》1982 年第 1 期。

的趋向趋同。①

可见，若把通货膨胀这一因素估计在内，战时关税收入实际数量是严重下降的。当然，在中国海关大部被日寇劫夺、大后方通货膨胀、战时我国对外进出口贸易锐减的情况下，关税实际收入的激减，也是不难理解的。

二　进口税收入

"七七事变"以后，随着日寇大规模侵华，战区逐步扩大，我国沿海沿江各重要口岸相继沦陷，华北走私复又猖獗起来，导致国民政府进口关税逐渐下降，1938 年为 160936329 元，比 1937 年下降 10350205 元，1939年后方对于进口物资努力抢运，而沦陷区各地商人也多以输入物资转运后方为业务，税收因之稍有起色，更以 1940 年下半年物价波动甚剧，进口洋货中从价征税者，均先以国币价格折合金单位再行计税，故总税价格随之逐日增高，而税收也自增益不已，1939 年计收 237683384 元，较之1938 年已增收 7000 多万元，1940 年增至 343597869 元，突破民国元年以来之收数纪录，1941 年为 325295129 元，稍有减少。自太平洋战争爆发后，沦陷区海关行政完全被敌伪劫持，国际交通被敌伪完全封锁，1942年度后方各关进口税收仅为 88058479 元，然在此被日寇整个封锁情势之下，犹能使进口税达到这个数字，不可谓非国民政府机关与爱国商人协力抢运之效果也。1943 年至 1945 年 9 月 3 日之间，沿海各口虽被敌封锁，唯以政府鼓励输入外洋物资，经由中印空运史迪威公路以及沦陷区输入后方者，源源不绝。兼以随时调整税率，最低者为 3%，最高者不过 10%，平均税率尚不及 6%。②

　　1943 年 1 月 16 日起将所有减税货物从量征收部分，均改从价征收。③故此数年间进口税收入，反而日见起色。计 1943 年收入 315538000 元，此较 1942 年收入之 88058479 元增幅较大，1944 年又猛增为 689983580

　　① 虞和平指出：从表面数字看，国民政府财政经常收入似乎历年有较大增加，并从 1940年起大大超过 1936 年，但是折合成 1937 年上半年的币值，历年的经常收入数为：7.32 亿元（一年半的收入）、3.25 亿元、2.57 亿元、0.91 亿元、1.35 亿元、1.32 亿元、0.84 亿元、0.92 亿元，不仅大大低于 1936 年的水平，财政经常收入逐年减少，表明战时国民政府财政状况呈现出逐渐恶化的趋向。参见虞和平《抗日战争时期后方的金融、财政及其投资》，载《近代中国：经济和社会研究》，复旦大学出版社 2006 年版。

　　② 金柱著，刘秉麟教授指导：《中国关税税率问题》，民国时期国立武汉大学法学院经济系毕业论文，1946 年。

　　③ 郑莱：《十年来中国之关税》，载《经济汇报》第 8 卷，1943 年第 9、10 期合刊。

元，1945 年后方各关区收入居然达到 237000 余万元，显然主要是通货膨胀的效果。

自关税自主之后，进口税迭年收数均占关税总收入的 80% 以上，为海关收入之最主要部分（表 5—7）。

表 5—7　　　　　　　1937—1945 年进口税收入数目①　　　　单位：国币元

年度	进口税		
	税收数	指数（以 1912 年为基数）	指数（以 1937 年为基数）
1937 年	261286534	1045. 21	100
1938 年	160936329	643. 79	——
1939 年	237683384	950. 79	——
1940 年	343597869	1374. 48	——
1941 年	325295129	1301. 26	——
1942 年	88058479	——	——
1943 年	315538000	1262. 23	120. 76
1944 年	689983580	2760. 11	264. 07
1945 年	4201653749	16807. 67	1608. 06

三　出口税收入

1937—1941 年间，世界经济已逐渐恢复繁盛，各国需要我国农产品增多，出口贸易原可日趋发展，1937 年我国出口关税已达 29073179 元，惜以抗战关系，运输困难，不克尽量输出，仅较上年增收 400 多万元，1938 年出口贸易益减，税收降至 16530239 元，1940 年、1941 年两年又复激增为 27552965 元和 28629858 元，其原因由于 1940 年物价波动甚剧，完税价格提高，税收也随之增多，1942 年以太平洋战争爆发之故，出口线路多数被敌封锁，所以该年后方各关出口税收仅仅为 3146804 元。1943 年至 1945 年 9 月 3 日之间，我国沿海国际路线，完全被敌人封锁。至中印航空线及史迪威公路，又以商运工具缺乏，以致出口货物困难万分，几濒断绝。出口税收数额不足道，计 1943 年征收 1039784 元，比较 1942 年收数之 300 余万元，仅达 1/3。1944 年增为 3726606 元，1945 年后方各关

---

① 《财政年鉴（续编）》第六章关税，第 26 页以及《财政年鉴（三编）》第六章，第 30 页。

区征收 19481548 元（表 5—8）。

表 5—8　　　　　　1937—1945 年出口税收入数目[①]　　　单位：国币元

年度	出口税		
	税收数	指数以 1912 年为基数	指数以 1937 年为基数
1937 年	29073179	235. 13	100
1938 年	16530239	76. 85	——
1939 年	17115280	80. 95	——
1940 年	27552965	128. 07	——
1941 年	28629858	131. 12	——
1942 年	3146804	——	——
1943 年	1039784	4. 83	3. 58
1944 年	3726606	17. 32	12. 82
1945 年	19481548	462. 39	342. 18

四　转口税收入

整理转口税的主要目的是增加国民政府的税收，以资抗战。转口税的征收使国民政府关税收入激增，这对需款紧急的中国抗战事业意义重大。

到 1938 年 4 月半年多的时间，其收入已达 640 万元。但转口税则实行后，一时对百姓生活必需品造成了一定的影响，特别是提高了居民消费必需品的物价。

王亚南在当时就指出："增收土货转口税，算是增补财政缺陷的有效方法，但在课转口税的土货里面，把米粮亦包括进去，米每百公斤征税 5 角，谷每百公斤征 2 角半；更把柴每百公斤征税 5 分，炭每百公斤征税 2 角 1 分，这都要直接增加人民的生活负担；叫穷人和富人担负同等的责任，换言之，就是叫有钱的人减免他们有钱出钱的责任；有钱的人，拿点钱出来，于国有益，于自己本身无何等损害；无钱的人一增加负担，马上就要影响其生活，影响其'有力出力'的责任，从而影响战争的前途。"[②]

国民政府"推行战时税制"，导致后来的苛捐杂税越来越多，特别是

---

① 《财政年鉴（续编）》第六章关税，第 27 页以及《财政年鉴（三编）》第六章，第 30 页。

② 王亚南：《战时的经济问题与经济政策》，光明书局 1938 年版，第 22 页。

在抗战后期，由于各地官员中饱私囊，乱开税种，使广大人民群众叫苦不迭。

据知情者回忆，在新开了竹木税后，一把扫帚要征 1 元的税，一个粪箕也要收 5 角，一把锅刷竟要收 3 角，"在四川的一些地区，竟连一只鸡、一个蛋或一棵白菜都要征税"。1937 年 10 月 4 日的《大公报》上，上海市民食调节委员会宣布米粮每担加价 4 角，但原因不是因为战争，而是因为"海关征收转口税"。

由上我们可以看出，转口税的征收，充裕了财政，但也窒碍了国内贸易。① 1941 年 6 月财政部举行第三次全国财政会议，经遵照国民党五届八中全会关于整理税制的指示，由大会议决，各省市对货物征收之一切捐费，应予一律废除。再加上在 1942 年 4 月 15 日，财政部已开征战时消费税，因此，国民政府全面裁撤了转口税。见表 5—9 所示。

表 5—9　　　　　　　　战时转口税征收情况②　　　　　（单位：国币元）

年份	税收数量	税收指数	战区（沦陷区）	非战区（国统区）
1937 年	20148871	98.04	752116	19396755
1938 年	55840004	271.70	19456941	36383063
1939 年	46661699	227.04	28139033	18522666
1940 年	63813940	310.50	38172816	25641124
1941 年	95064811	462.56	56513059	38551752
1942 年	56057067			56057067

说明：

（1）税收指数以 1936 年为基数。

（2）因转口税于 1942 年 4 月 15 日裁撤，所以 1942 年的税收数字系 1942 年 1 月—4 月 14 日数字，不知何故，原表在非战区（国统区）一栏中 1942 年的数字有两个，一为 55995091 元，一为 56057067 元，现根据《财政部统计处之战时税分类收入统计表（1946 年 9 月）》，国民政府财政部档案，载《中华民国史档案资料汇编》第五辑第二编，《财政经济》（二），第 88—89 页，暂定为 56057067 元。

五　战时消费税收入

抗战时期，国民政府为节约消费及充裕战时财政起见，于 1942 年 4

---

① 蔡渭洲：《中国海关史》，中国展望出版社 1989 年版，第 153 页。

② 《财政年鉴（续编）》第六篇关税，第 28 页。

月 15 日举办战时消费税，其征税品目，分为洋货国货两部分，历年收数均属可观，1942 年 8 个半月收入 34000 余万元，1943 年收入 72600 余万元，[①] 1944 年增为 221000 余万元，1945 年 1 月 25 日奉令取消，亦已收达 23800 余万元。见表 5—10 所示。

表 5—10　　　　　1942—1945 年战时消费税收数[②]　　　（单位：国币元）

年度	收数
1942 年	343106728
1943 年	726590069
1944 年	2215728633
1945 年（1 月份）	238778040

六　其他收入概况

（一）船舶吨税（船钞）

船舶吨税（船钞）与进口贸易有相互之关系，故收数亦随贸易总额而增减。1937—1941 年间，因抗战关系，沿海沿江交通被敌封锁或破坏，进出口商轮日少，船舶吨税也随之年减，也没有能达到 1936 年的收数。

1941 年 12 月 8 日太平洋战事发生后，后方各关船舶吨税收数甚少，1943 年至 1945 年 9 月 3 日海口全部沦陷，船舶吨税收数亦与出口税相似，微不足道。计 1943 年收入 17000 余元，1944 年增为 32000 余元，1945 年因抗战胜利结束，我国对外贸易开始恢复，收数增为 1180 余万元。1946 年重要海口之对外航运次第恢复，收数更增为 23900 余万元。见表 5—11 所示。

---

　　① 《财政部关务署向国民党五届十二中全会等会议口头报告问答资料（1944）》，［国民政府财政部关务署档案］，载《资料汇编》第五辑第二编，《财政经济》（二），第 69 页。

　　② 《财政年鉴（三编）》第六篇关税，第 32 页。1943—1945 年度系根据海关总署呈报岁入部门实征数字，财政部财政年鉴编纂处编：《财政年鉴》（三编）第六篇关税，编者发行，1948 年，第 29 页；而根据国民政府财政部档案，1943 年、1944 年战时消费税收入分别为 728784461 元、2137842886 元；另根据石柏林书载战时消费税在其开征的当年即收税 4 亿元，1943 年增至 7.18 亿元，1944 年达到 18.38 亿元，到 1945 年上半年止，共计征得 32.59 亿元。见石柏林《凄苦风雨中的民国经济》，河南人民出版社 1993 年版，第 333 页。

表5—11　　　　　　1937—1945年船舶吨税收数① 　　　　单位：国币元

年度	船舶吨税（船钞）		
	税收数	指数以1912年为基数	指数以1937年为基数
1937年	3224610	150.90	100
1938年	2913405	136.33	——
1939年	3660836	171.31	——
1940年	3094980	144.83	——
1941年	1833427	85.80	——
1942年	20674		
1943年	315538000	1262.23	120.76
1944年	689983580	2760.11	264.07
1945年	4201653749	16807.67	1608.06

（二）关税附加税

进出口附加税及救灾附加税，其收数均随关税收数之多寡而增减，而税率又同为5%，故彼此收数也复相同，海关总税务司署分别于1939年5月和1940年6月通令各关进出口货物应征之5%海关附加税照案延展征收一年。②

1937—1941年间每年收数初减后增，以1938年为最少，仅各收900多万元，1940年为最多，竟达1800多万元，1942年后方各关所收之数为400多万元。救灾附加税原为偿还美国棉麦借款之用，第以抗战发生后，是税每年实收数不足偿还债款本息定额，国民政府为维持债信起见，每届还本付息之期，仍照常由中央银行如数借款归还，从未有所延误也。1943—1945年之间，进出口关税附加税，分为海关附加税及救灾附加税两种。其收数均随关税收数之多寡而增减。而税率又同为5%，故彼此收数，亦复相同。1943年收数各为1500余万元，1944年各增为3400余万元，1945年9月3日复员开始后，因进出口税收数增加，故收数各增为2亿1500余万元。见表5—12所示。

----

① 《财政年鉴（续编）》第六篇关税，第29页，《财政年鉴（三编）》第六篇关税，第30—31页。

② 《税收一般问题（1935—1945年）》，[海关总税务司署档案]，档案号：六七九/2940，二档馆藏。

表 5—12　　　　　1937—1945 年海关附加税及救灾附加税收数①　　　单位：国币元

年度	海关附加税		
	税收数	指数以 1933 年为基数	指数以 1937 年为基数
1937 年	14578836	103.20	100
1938 年	9166331	64.87	——
1939 年	12951045	91.68	——
1940 年	18844021	133.39	——
1941 年	18015578	127.53	——
1942 年	4588794	——	——
1943 年	315538000	1262.23	120.76
1944 年	689983580	2760.11	264.07
1945 年	4201653749	16807.67	1608.06

年度	救灾附加税		
	税收数	指数以 1933 年为基数	指数以 1937 年为基数
1937 年	14587709	103.20	100
1938 年	9179161	64.94	——
1939 年	12951396	91.62	——
1940 年	18845359	133.32	——
1941 年	18017335	127.54	——
1942 年	4592153	——	——
1943 年	315538000	1262.23	120.76
1944 年	689983580	2760.11	264.07
1945 年	4201653749	16807.67	1608.06

（三）代征各捐

海关代征各捐，名目不一，损率亦不相同，概系备作各地建设码头及水利工程之用，由海关按照规定捐率，对于进出口货物，分别附征。所征税款，并由海关按期解缴当地之主管机关，拨充指定用途。

1933 年各关代征前项附捐者，计有津海、东海、宜昌、沙市、长沙、

---

① 《财政年鉴（续编）》第六篇关税，第 30—31 页，《财政年鉴（三编）》第六篇关税，第 31 页。

岳州、江汉、金陵、江海、浙海、福海、闽海等12关，自1934年至1941年，其间以抗战关系，沿海沿江各关逐渐沦陷，其代征附捐情形不得其详，1942年由海关各关代征前项附捐者，计有重庆、万县、宜昌、福海、闽海等5关，共代征捐款数为1945528.76元。

1943年各关代征前项附捐者，计有重庆、万县、宜昌、沙市、长沙、福海、闽海等7关，共代征捐款数为400余万元。1944年有重庆、万县、宜昌、闽海、福海等5关，共代征捐款1900余万元。1945年有江海、江汉、津海、重庆、万县、宜昌、福海、闽海、厦门、金陵、粤海等11关，共代征捐款13700余万元。见表5—13所示。

表5—13　　　　　　1942—1945年海关代征各捐数目表①　　　　单位：国币元

附捐名称	1942 年	1943 年	1944 年	1945 年
长江上游打摊费	重庆 791864. 24 县 508190. 56	2012875	12157632	1692292
堤工捐	宜昌 501808. 12	1884818	6564881	46297972
码头捐	福海 37. 56	——	83	15235310
河捐	143628. 17	889781	906189	11205626
桥捐	——	——	——	198767
疏浚海河附捐	——	——	——	795063
浚浦捐	——	——	——	39990807
浚河捐	——	——	——	——
浚河附加税	——	——	——	22942408
合计	1945528. 76	4787474	19628785	138363245

由上可见，战时国民政府不断整合各种关税政策，以应瞬息万变的战时军政情势，以期增裕关税，在一定程度上增强了我坚持抗战的经济力。但是，若扣除物价上涨因素，战时国民政府1938年以后每年关税"实际"收入，不仅大大低于1937年的水平，且是逐年减少的。这一现象，与战时国民政府财政状况呈现逐渐恶化的趋向趋同；若单从关税收入占战时财政总收入的比重看，那可是微不足道的。正如蒋介石在第三次全国财政会议开幕式上所指出的"我们国家平时税收，向来是以海关税与盐税

① 《财政年鉴（续编）》第六篇关税，第33页；《财政年鉴（三编）》第六篇关税，第32页。

为大宗。这两种税收，除了内地少数收入以外，其余大部分都集中在沿海地区，我们国家没有海军，根本就说不上海防，因而一到外寇侵略，抗战发生，沿海地区，遂告沦陷，此时我们政府的一切财政，自然再不能藉关税与盐税来作持久抗战时期财政的根据"①。

第二节　战时关税收入影响因素分析

"关税收数之多寡，与所订税率之高低，物价之涨落，国内外贸易以及世界经济之盛衰，均有密切关系。"② 考察一个国家关税收入增长的原因，不可忽视以下三个重要因素，即关税征收范围的扩大、关卡的增设以及关税税率的提高。

一　维持一定关税数量成因

国民政府之所以能在战火纷飞的战时维持着一定的关税收数，是由多方面的因素共同作用的结果，具体说来包括以下几个方面：

第一，税源的扩展。例如为扩大关税收入，1937 年 9 月 20 日，国民政府关务署长郑莱电令中国海关总税务司梅乐和，要求各海关施行《整理海关转口税办法大纲修订转口税则》，海关转口税，在战前仅对于往来通商口岸间之轮船或航空机运输之货物征收。其由民船铁路及其他陆运货物，概行免征。即轮船运货物之往来通商口岸与内地间者，亦不征收。故商人每有取巧，将原可由轮运之货物，改由其他各种方法运转。即由轮运货物亦多有故意先运至口岸附件之内地，再用其他方法运至另一口岸行销，以图避免转口关税。因此转口税之征收，有征有免，商人负担显有不公。即正当商人税负较重，不正当商人则免税行销，大违政府保护正当商人之原意。而转口关税因亦蒙受最大损失。故至战事发生后，拟将转口关税切实加以调整，以裕税收。并首先扩大其征收范围，凡由民船、铁路、公路及轮船运输往来通商口岸与内地间，暨内地与内地间之土货，一律照征转口税。

第二，实行从价税制。抗战全面爆发后，物价逐渐上涨，原有从量税

———————————

① 《蒋介石在第三次全国财政会议开闭幕式上所作训词（1941 年 6 月 16 日及 6 月 24 日）》，[国民政府财政部档案]，载《资料汇编》第五辑第二编，《财政经济》（一），第 606 页。

② 国民政府财政部编：《财政年鉴》（续编）第六篇关税，第 23 页。

之比率，实际上已相对下降，1941 年 4 月，国民党五届八中全会遂有消费税应予一律改行从价税制，以增裕税收之决议案，国民政府当即遵照全会决议案，并考量当时情形，决定就特许购运之禁止进口物品先行实施，于 1942 年 1 月 1 日起照下列规定实行从价税制。从价税制"实行以后，进口税收激增，计 1942 年每月平均为国币 7338064.99 元，1943 年 1 月至 8 月中旬止，每月平均为国币 14571475.00 元，增加约达一倍"①。

第三，征税机构的展布及时及征税关卡数量在内地的扩大。1939 年 8 月 7 日，财政部公布《第二期战时行政计划》中提出："调查战区税务稽征机构，战区以内稽征机构拟随时就环境之变迁作适当之临时措置。在关税方面，拟于适宜地点添设战区关卡及稽征处，以免外货绕越侵销内地，土货绕越出口避结外汇。"② 海关职员在国难期间，大多能恪尽职守，忠勤自矢，为此，财政部长孔祥熙还专门给海关总税务司梅乐和发去密函，表彰梅乐和及其率领的中国海关关员，"阁下（指梅乐和）及所属海关人员，在此非常时期，均能忠勤自矢，为余（指孔祥熙）臂助，以保持海关行政之完整及其信誉，则余将永志不忘，希将此意密转所属一体知悉"③。

第四，推进海关人事管理制度的改革。抗战时期，国民政府着力推进海关人事管理制度的改革，这对增加海关稽征关税、提高办事效率大有益处。海关人事管理制度原具有登进严格、待遇合理、保障坚强、考核严明等优点。国民政府"为发扬光大起见，经督饬海关总税务司严格执行，务使海关永为效力最著之征税机关"④。国民政府通过废除不平等条约关于关务行政束缚，充分展示中国人治理海关的能力，按照以前的不平等的惯例，"海关总税务司应由英人充任，但在中英两国间究不能谓无协定关系，若不明白解除此项束缚，实于国人自管关务颇有影响，爰与美英商订新约，由英国声明放弃其要求任用英人为海关总税务司之权利，梅乐和旋亦自请退休，当即于 1943 年春间予以照准，并遴选资历相当之美籍税务

① 《十年来之海关》，第 3 页。

② 《财政部秘书处检送财政部第二期战时行政计划函（1939 年 8 月 7 日）》，［国民政府财政部档案］，载《资料汇编》第五辑第二编，《财政经济》（一），第 83 页；第二历史档案馆编：《财政部第二期战时行政计划实施方案》及《财政部第二期战时行政计划实施方案》（续），《民国档案》1993 年第 4 期和 1994 年第 1 期。

③ 《为转达财政部长孔祥熙博士赞扬总税务司及海关全体人员在国难期间之机警审慎及忠贞事》，载《旧中国海关总税务司署通令选编》（第 3 卷）（1931—1942 年），第 444 页。

④ 《财政部长孔祥熙任内政绩报告（节略）（1944 年 11 月）》，［国民政府财政部档案］，载《资料汇编》第五辑第二编，《财政经济》（一），第 402 页。

司李度派为海关总税务司，以示我政府用人惟能惟贤之主旨"①。为便利中国商民更好地开展对内对外贸易活动，财政部饬令："海关文告改用中文：海关所有一切文告多用英文，商民颇觉不便，经严令海关对于一切文告单证改用中文，以重体制而便商民。"② 抗战时期，国民政府力争自主行使海关行政管理权，对于"海关洋员酌予裁遣：海关原有洋员经饬总税务司详加考核，其在后方服务之20余人照旧任用，至未在后方服务或请假未返或被敌俘虏业已释回者，除拟继续留用各员分别情形发给薪津以资救济外，其无继续留用必要各员经于1944年间裁遣90余人"③。

第五，提高稽查与缉私效能；战时的物资紧缺及通货膨胀使得国统区军需民用物资物价差别巨大，只要走私货物到大后方即能获取暴利。日寇铁蹄所到之处，海关征税与缉私工作无不横遭摧残，被日伪劫持的沿海沿江各关，不仅不能为国民政府行使经济防线之任务，且反成为日伪经济侵略中国的工具，故抗战之初，敌货走私，无孔不入。而全面抗战时期查禁走私的机构叠床架屋，主要有海关查缉科及海关分卡、战区货运稽查处、水陆交通统一检查处、财政部税务署、盐务稽查队、战区经济游击队、各地日货检查队（仇货检查所、肃清敌货委员会）、对敌经济封锁委员会、战区经济委员会（战区经济作战处）、军事委员会办公厅特检处（军事委员会办公厅邮航检查处）、总动员委员会经济检查队等。为有效遏制日益猖獗的日伪走私活动，增加抗击日寇侵略的经济力，国民政府建立了全权负责全国缉私的统一机关——财政部缉私处（署），为国统区有效开展全面缉私工作奠定了组织基础。缉私署成立后，不仅积极配合散处内地的中国海关关卡加强各地的税收征管，而且独立开展大规模的查缉走私活动，尽管缉私署所属机关也存在着种种腐败现象，但总的说来，财政部缉私署为国民政府增裕税收、争取各种军需民用物资以便支撑抗战发挥了一定的积极作用。为适应战局变化，1940年8月13日，行政院会议通过《统一缉私办法》（1941年2月24日又进行了修正），该办法的出台标志着抗战时期"统一缉私之制度予以确立"④，也标志着国民政府统一了抗战时期的缉私政令，促进了缉私机构缉私效能的提高。总的说来，国民政府在统一缉私机构、统一缉私政令以及完善了缉私制度后，奸商走私日渐困难，

① 《财政部长孔祥熙任内政绩报告（节略）（1944年11月）》，［国民政府财政部档案］，载《资料汇编》第五辑第二编，《财政经济》（一），第402页。

② 同上。

③ 同上。

④ 财务部参事厅编：《十年来之财务法制》，中央信托局印制1943年版，第27页。

缉私取得了显著成效。海关人员一丝不苟地查处走私行为，常常遭人陷害。如据福建上杭县农会等呈福建上杭县海关分卡主任陈士修等情到部，说1942年6月26日陈容留私娼杂坐谈笑，经警局查获，报纸登载。其实，根据警局调查，在案发前的6月23日当地暴民强提扣留私货后屡屡鼓励罢市并宣传打倒海关。海关关务署查证后认为，此案系该员受人设计陷害，令免于撤职。①

根据财政部长俞鸿钧1944年12月13日指令，我们可以看到，先前湘潭报关业公会理事刘泽武等，为华湘报关行伪造内运完税凭证，控诉湘潭支关曹思燊主任受贿枉法，而后经长沙关查明属实，华湘报关行伪造完税凭证，处以等于漏税额之罚金，并撤销其营业执照，同时通知本案检举人华中、联通两报关行，着于3月15日恢复营业；至该湘潭支关曹主任被控贪污枉法一节，虽查无实据，但该曹主任对于该案未能迅捷处理，复不免意气用事，自欠妥当，仍应由该署严加申诫，以儆将来。②

第六，强化海关便利措施的推行。国民政府在关税稽查方面，除了采取严厉查禁措施外，还采取了一些便利货运验放的措施。这一方面是出于畅运货物，便利国统区对内对外贸易；另一方面，是为了适应战时国民政府对敌经济作战策略重大调整的需要。货物报关纳税时，海关须鉴别货色等级，考核其完税价格，确定其适用税率，稽征手续上，颇费时间，顾战时运输，或由汽车陆运，或由民船水运，交通工具，数多量少，在运输途中，允宜尽量疏通。因在货运拥挤各关，如粤之九龙、雷州，桂之龙州，滇之蒙自、腾越，浙之浙海、瓯海，增派关员服务，延长各关办公时间，规定星期假日照常工作，必要时，并指派关员，昼夜轮班服务。并由各关扩充验货厂栈，在海关办公时间以外，验放货物，免缴特别准单费。其在一关范围以内，已验放之货物，运至其他卡所，非有疑问，不再复验，借以简化验放手续，以避免货运之耽延。嗣又会同经济部商订统一检查办法，确定检查权责及场所，使各地检查人员，不得在沿途复查，留难货运。继由国民政府颁布《水陆交通统一检查条例》，以谋统一检查之改进。专订进口货运施行检查办法，规定进口外货，第一道关卡在必要及可能之情形时，得不分昼夜，举行简易之抽查。在第一道关卡指定附近安全

---

① 《关务署代电政字第1191号》（1943年1月22日）、《财政部渝人二字第83780号》（1943年12月9日）、《财政部关务署代电政字第1627号》（1943年12月30日），[海关总税务司署档案]，档案号：六七九（8）/180，二档馆藏。

② 《财政部指令海关总税务司署第394号》（1944年12月13日），载《有关稽征问题来文》（1944—1945年），[海关总税务司署档案]，档案号：六七九（8）/379，二档馆藏。

地之内地关卡，或到达地关卡，施行详密之复查。所有入口货物，不得于海关附近停留，应即报即查，不分昼夜。如当日不能检查完毕，须择离海关一日或二日里程之后方举行之，俾便抢运。1942年6月，行政院颁订《战时争取物资办法大纲》，海关依照规定，对于抢购物资在封锁线，或国境起运时，应办之缴税报关及沿途检查等一切手续，准由国营运输机关保证后，凭主管机关，或分支机关，或其委托机关所发之运照，先予放行。俟运到指定或核准之拟定地点，再行补办验货纳税手续，战时消费税开征后，并由各关卡将税表与章则，详细布告周知，各商民如仍有不明手续前来询问者，由关员详为指导，藉便纳税验放。其验征普通未税货物，及验放已税货物，均在必需之时间内，尽速办理。①

　　自战事发生以后，政府即力谋便利货运，为统一检查以免阻滞起见，先后颁行《统一检查办法》、《水陆交通统一检查条例》、《民用空运统一检查实施规则》及《进口货物简易检查办法》，通饬施行。一面并延长各关办公时间，规定星期日照常工作，必要时派员轮班昼夜不停，同时饬关对于验货手续，力求简捷，以期输入输出各项物资，均臻流畅。②

　　财政部鉴于战时运输困难，交通工具缺乏，货运拥挤，允宜尽量疏通，以应需要。因在货运集中各关，如粤之九龙、雷州，桂之龙州，滇之蒙自、腾越，浙之瓯海，增派关员服务，延长各关办公时间，规定星期假日照常工作，必要时并指派关员昼夜轮班服务，并由各关扩充验货厂栈，在海关办公时间以外验放货物，免缴特别准单费，其在一关范围以内已验放之货物运至其他卡所，非有疑问，不再复验，借以简化验放手续，以免货运之耽延，嗣又会同经济部商订统一检查办法，确定检查权责及场所，使各地检查人员不得在沿途复查留难货运，继由国民政府颁布《水陆交通统一检查条例》，以谋统一检查之改进，专订进口货物简易检查办法，规定进口外货第一道关卡指定附近安全地之内地关卡施行详密之复查，所有入口货物不得于海关附近停留，应即报查，不分昼夜，如当日不能检查完毕，须择离海关一日或二日里程之后方举行之，俾便抢运。此外对于战事紧张各地之疏散货物，并经饬关准凭当地主持疏散机关所发证件先予验

---

① 《十年来之关税》，第27—28页。

② 《关政》，第15页。

放，俟到后方安全地点，再行补办手续，以保物资。①

"如何推进实施关税税则谋以最少之劳费，而发挥最大之效果，是谓关务行政"②，且关务行政的效率如何直接关系到海关所征关税收入的高低。为便利货运，战时我国国统区海关主要有以下措施：（1）随货运路线之变迁，增派关员前往粤之九龙雷州、桂之龙州、滇之蒙自腾越、浙之浙海瓯海等关服务。（2）延长各该关办公时间，星期假日，照常工作。必要时派员轮班，昼夜不停。（3）请报在海关办公时间以外验放之特别准单费，酌量准免。（4）验货手续，力求简捷，在一关范围以内验过之货物，运至其他卡所，非有疑问，不再复验。（5）督饬各关设法扩展验货厂栈。以上五项措施见诸实行后，对于流畅货运，颇著成效。③抗战后期，财政部为谋必需物资内运便捷起见，经厘订海关检查进口货物简易办法，"规定验征未税或验收已税各货，应随到随办，不得片刻耽延，并饬增派关员延长办公时间，星期、例假照常工作。必要时派员轮值，其进口外货在第一道关卡施行简易之抽查后，再由该关卡指定安全地之内地或到达关卡施行详密之复查。至由沦陷区抢购政府需要物资，并经遵照战时争取物资办法大纲规定，饬关验凭主管机关或分支机关或其委托机关所发之运照先准内运，俟运到指定或核准之拟定地点，再由海关补办检查征税等手续"④。

考虑到各地军政机关，为种种不同之目标，往往对于货运，亦施行检查。因此，运输商人仍不免有不便之感。财政部随即会同经济部，拟订《统一检查办法》，于1940年3月间，呈奉国民政府颁布施行。依照该办法的规定，各地商货之检查，除海关、中央税务机关及商品检验局，仍依法令照常查验外，设有海关及货运稽查处地方各种检查，以委托海关及货运稽查处办理为原则。在未设有海关及货运稽查处地方，各地方最高行政官署，应在适当地点，设立该地方联合检查所，为各机关派员执行检查职务之共同场所，于货到12小时内，检查竣事。沿途检查所，不得借口复查留难。此项办法实施后，对于商运，更得免除节节受检查之困难。同时对于空运复拟订民用航空统一检查实施规则，将检查民用空运之机构加以统一，由关系机关在必要航空站合组检查所，同时执行各该机关所需检查

① 《财政部长孔祥熙任内政绩报告（节略）（1944年11月）》，[国民政府财政部档案]，载《资料汇编》第五辑第二编，《财政经济》（一），第403页。

② 郑莱：《十年来中国之关税》，载《经济汇报》第8卷，1943年第9、10期合刊。

③ 《财政年鉴（续编）》第六篇关税，第32页。

④ 《财政部关务署向国民党五届十二中全会等会议口头报告问答资料（1944）》，[国民政府财政部关务署档案]，载《资料汇编》第五辑第二编，《财政经济》（二），第68页。

之事项，以期一次查毕，以后不再复查。1941 年 3 月，经过财政部拟订《海关对于进口货物施行简易检查及与运输机关合作之具体办法》六项：（1）进口外货，第一道关卡，在必要及可能之情形时，得不分昼夜举行简易之抽查。再由第一道关卡，指定附近安全之内地关卡，或到达关卡施行详密之复查。需要注意的是：此项复查地点，体察当前情势，随时酌定，免为敌人注目。（2）运货商人应在第一道关卡缴纳发票及报关单，并取具押款保证，以免进口后有抽换货物及逃避税款之弊端发生。（3）海关组织流动巡查队，在水陆交通路线，往来巡弋，以防走漏调换，此项巡查队员，由军事委员会及交通部核给凭证，得以随时随地免费搭乘军政机关之车船。（4）管理运输机关，应在各海口对于各项交通工具加以切实之管理，视货运情形随时将交通工具预为配备妥当，使得随到随运，不致积滞，并免空袭危险。（5）管理运输机关，对于在运输过程中的货物，应负监视之责，遇有中途抽换卸售等情事，即予以扣留，通知海关，依法惩处。（6）凡经海关查验之货物，在运输过程中其他机关不得再行检查。[①] 以上六项，经呈奉军事委员会核准通行照办。1941 年 4 月，奉国民政府颁行《水陆交通统一检查条例》，规定军事运输、交通违章及人事等检查事宜，由军事委员会运输统制局监察处所属之检查所站主持办理。货物之进出转口检查事宜，由财政部缉私处或海关主持办理。在全国水陆各线路，除监察处检查所站及缉私处或海关关卡外，不得有其他检查机关。如同一地点，设有监察处检查所站，及缉私处所或海关关卡者，应联合办公，其运输检查及货物检查均应力求简便。经过第一次检查后，以不再行检查为原则。凡各项货物及交通工具，于第一次检查完竣后，应由各所站或缉私处所或海关在其所持合法运照或完税照及其他单证上，加盖查讫戳记放行。其他检查机关或人员，不得复查留难。此项条例实施后，前项统一检查法即行废止。各地海关税务及缉私机关均经遵照前项条例规定，派员参加统一检查，颇收便利货运之效。[②]

1945 年 6 月 9 日财政部长俞鸿钧指令："查战时各硝磺产硝区交通不便，邮递迟缓，为简化手续，便捷运输起见，嗣后在本省境内运输之硝磺类，无论经过海关与否，准一律暂凭财政部内字运单验放，一俟时局平定再行照旧办理。"[③]

---

① 《财政年鉴（续编）》第六篇关税，第 32—33 页。
② 同上书，第 33 页。
③ 《有关货运管制问题来文（1942—1946 年）》，［海关总税务司署档案］，档案号：六七九（8）/376，二档馆藏。

第七，战时的通货膨胀，"这也不能不占一部分因素"[①]。到抗战结束时，法币膨胀了395倍，物价上涨了2100倍。[②] 抗战发生以后，各地物价或涨或跌，程度不一，大抵洋货涨而土货跌，其上涨原因系由运输不便、工厂被毁及政府限制多数洋货进口之故，以法币发行增加额与物价上涨之程度比较，足知物价增高，绝非发行增加一端所致。[③] 大后方物价上涨之原因："任何国家，在战争期内，物价必然上涨。其原因，有物资之消耗，运输之困难，通货与人民购买力之增加，以及人口之移动，供求之失调等。关于最近物价腾贵原因之研究，论者已多，或谓交通不便，运费奇昂，或谓汇价下落，通货增加，或谓生产不足，需要加多，或谓奸商操纵，私人囤积。"[④] 抗战以来，物价之腾贵，以及最近之飞涨，据赵兰坪1939年的观察，其原因约有十种："为物资供求之失调、为运费高昂、为囤积居奇垄断市面商人本以牟利为目的、为一般购买能力之增加、欧战影响、为外汇市价之变动、为物价涨迭之连锁性、工资上升、为国内汇费之增高、为空袭损失之补偿。"[⑤] 但是，如果辟除通货膨胀的物价因素，关税的增长程度实际上也是很有限的。

二　战时关税收数不高成因

造成关税收数微少的原因很复杂，主要包括以下几个方面的原因：

第一，日寇的野蛮入侵。前已论述，随着日寇对华侵略的扩大以及经济封锁的加强，中国沿海进出口关税较大的沿海沿江海关损失殆尽，这是造成抗战时期国民政府关税收入剧减的最重要原因。抗战全面爆发后关盐统三税之中，尤其以关税的变动为最多："一方面因为沿海沿江一带敌伪之劫持税收，他方面因为一向把持我国关政的英国霸权之日趋没落，于是，关务方面，遂呈空前未有之剧变。"[⑥] 据国民政府估计，抗战时期，我国关税被日伪劫夺在226亿元以上，而此期间国民政府逐年关税收入总

---

① 古僧编著：《孔祥熙与中国财政》，台北博学出版社1979年版，第298页。

② 吴冈：《旧中国通货膨胀史料》，上海人民出版社1985年版，第92页。

③ 《财政部秘书处检送财政部第二期战时行政计划函（1939年8月7日）》，[国民政府财政部档案]，载《资料汇编》第五辑第二编，《财政经济》（一），第86页；第二历史档案馆编：《财政部第二期战时行政计划实施方案》及《财政部第二期战时行政计划实施方案》（续），《民国档案》1993年第4期和1994年第1期。

④ 赵兰坪：《我国后方物价上涨之原因》，载《经济汇报》第1卷1939年第3期。

⑤ 同上。

⑥ 朱偰：《战时及战后之关务行政问题》，载《训练月刊》第1卷第4期。

和不到 30 亿元。①

第二，我国对外贸易的困顿。在抗战的最初六个月里，我国经济由海路与外界联络之途径，除广东省外，几乎完全被切断，至 1938 年 10 月，广东失守，由于日军严密经济封锁的影响，国统区的进口总额从 1938 年的 886199569 元，下降到 1939 年的 1733653896 元，1940 年虽然回升为 2029143048 元，但与 1937 年的 953386007 元相比，仍减少很多（见表 5—14、表 5—15）。②

表 5—14　　　　　　1937—1944 年海关进口货物净值表③　　　　单位：国币元

年别	总计
1937	953386007
1938	886199569
1939	1733653896
1940	2029143048
1041	2163755997
1942	1444339357
1943	3384324100
1944	4418262400

表 5—15　　　　　　1937—1944 年海关出口货物净值表④　　　　单位：国币元

年别	总计
1937	838255705
1938	762641058
1939	1027246508
1940	1970120647
1041	2577442970
1942	191604884
1943	164459288
1944	996878414

---

①　杨荫溥：《民国财政史》，中国财政经济出版社 1985 年版，第 105 页；王真：《论日本侵华期间削弱中国国力的经济战略》，《民国档案》2000 年第 3 期。

②　另参见薛光前编著《八年对日抗战中之国民政府》，第 249 页。

③　《财政部设计考核委员会统计处 1937—1944 年海关进出口货物净值表（1945 年 10 月）》，[国民政府财政部档案]，载《资料汇编》第五辑第二编，《财政经济》（二），第 82 页。

④　同上书，第 83 页。

第三，国统区经济基础落后，导致税源严重不足。毋庸赘言，抗战以前，西南地区基本上由军阀控制，经济基础非常薄弱，发展迟缓，本来大后方的经济基础就十分薄弱，再加上艰苦的战争环境的影响，抗战时期的中国经济依旧十分落后。战时工业内迁，不仅极大地支持了抗战，而且对大后方的实业建设及经济发展，对中国西南西北地区的现代化进程，都有着重大的意义，但同时由于其带有鲜明的战时性，对大后方经济的促进也是有限度的。① 杨小凯的《百年经济史》将 1937—1949 年称为经济的崩溃时期，即将 1937 年的全民族抗战作为中国近代经济的转折点：本来就发育不良的中国民族资本在战争中饱受摧残，而官僚资本（即国家资本）的地位在战时和战后都得到强化，这种结构性的变化使中国经济过早地结束了自由竞争时代而加速步入以国家资本为主体的垄断时代。

第四，战时走私的猖獗。日本为了支持其对华长期侵略战争，实行"以战养战"经济战措施，一方面大肆由沦陷区向国统区走私倾销其廉价的剩余商品，希图套取国民政府发行的法币和外汇，破坏国统区工农业经济，扰乱国统区商业、贸易和金融秩序；另一方面由国统区向沦陷区走私各种重要的军需民用物资，以扩充其侵华军力，实现其完全吞并中国之阴谋。与此同时，一些奸商为谋取暴利，罔顾民族大义，也大肆进行走私活动。猖獗的走私在经济、政治和军事方面都给国民政府坚持抗战带来巨大的破坏作用。不仅使国民政府的关税收入锐减，严重扰乱国统区工农业经济秩序，且妨碍国民政府对敌实行经济封锁和经济反封锁，削弱国民政府的抗战实力。

第五，关税税则的复杂化，尤其是分类过细与混合税率，势必引起关税行政费的膨胀。近代中国海关在客卿的主持下，夙以其具有办事效率著称，凭心而论，民国缔造而后，国内变故相寻，政府财政呈支离破碎之局面，独海关经营之债赔各款，得以按期偿付，为中国财政树一线之生机，客卿之功，有不可没者，然据韦罗贝的调查，"外籍税务司控制的中国海关自总税收内扣去的海关行政费用，达 15% 之多，近年关税收入激增，但依海关开支统计仍在 10% 左右，较之同样的外国机关相差甚多"②。

---

① 林建曾：《一次异常的工业化空间传动——抗日战争时期厂矿内迁的客观作用》，载《抗日战争研究》1996 年第 3 期；魏宏运：《抗战初期工厂内迁的剖析》，《南开学报》1999 年第 5 期；黄立人：《抗战时期大后方经济史研究》，档案出版社 1998 年版。

② 钟兆璿：《论关税与我国财政及工商业之关系》，载《东方杂志》第 40 卷第 6 号，1944 年 3 月 31 日，第 16、18 页。

"为鼓励物资输入助益抗战，以争取最后胜利计，关税之保护政策，不得不予以放弃，而代以争取物资之鼓励政策。"①

第七，关税稽征人员的贪腐。"……战争对我们的税课有相当的影响，虽然我们的战费似乎不靠税课为挹注。……此次战争给予我国财政的影响至为重大，虽则战费的筹措，多赖发行公债一途，但无论租税收入如何薄弱，多一分税收对抗战就多一分帮助。"② 如，瓯海关税务司葛敦诺被控各案就是一个十分典型的案例，1942 年 9 月 9 日，郭郏呈总税务司署：葛敦诺措置乖张妨公害税，外籍税务司葛敦诺 1941 年 1 月间来瓯任事，1941 年 4 月 19 日倭寇扰瓯，因为英日关系未决裂，葛敦诺未率僚属撤退。置华员生命财产于不顾，在日寇占据永嘉城后，葛敦诺与伪组织往来；1942 年倭寇来犯前，6 月 26 日葛敦诺将瓯海关及各卡一律停止征税，并将职员遣散，到 8 月 15 日，日寇完全退去，永嘉已克复两月之久，瓯海关尚未开始办公，税收损失巨大。1942 年 9 月 12 日，林崇元呈总税务司：为瓯海关税务司葛敦诺耽溺女色荒芜关政有妨政风危及国库陈请究办，并附上《浙瓯日报》和《温州日报》1942 年 4 月 20 日分别刊载朱仁寿《请瓯海关答复》，抗战以后，财政部明令古鳌头准许轮船停泊、装卸货物，不啻已将古鳌头开放，大通轮拟自古鳌头开往香港，贵关擅加扣留，据何项法令是何用意？如果不许大轮自古鳌头开往香港，何不拒签由古鳌头口岸装货运往香港之落货单？1942 年 12 月 8 日与 12 月 28 号，财政部关务署两次要求周代总税务司彻底查明具报关务署。③

针对各地关卡林立、自缉自征、自征自收的情形十分普遍，内地通行货物，各关卡仍有重复检查及抽税情形，商民甚以为苦，在 1942 年的参政会议上，参政员王隐三、马毅、刘景健、陈逸云等四人向财政部长孔祥熙提出关卡重复有无严厉制止办法的询问案，孔祥熙答复说：内地通行货物，按照法令规定，在关卡方面，仅对列在国货战时消费税分省征税品目表以内之 19 项货物，按各该省应征品目抽税一次，通行全国，并不重征。商民在内地运货，应于运到第一道关卡时报请查验，其应征税者，由关随时收税放行，其不征税者，由关立予放行，沿途关卡对于放行之货，向系凭单放行，概不重施检查。惟海关放行货物，向系以单货合符为证，如无

---

① 金柱著，刘秉麟教授指导：《中国关税税率问题》，民国时期国立武汉大学法学院经济系毕业论文，1946 年。

② 朱炳南：《论我国战时及战后的税制》，载《今日评论》第 1 卷，1939 年第 3 期。

③ 《瓯海关税务司葛敦诺被控各案》，［海关总税务司署档案］，档案号：六七九（8）/180，二档馆藏。

单或单货不符，在海关因无从知其为已经征收之货物，或确属已经征税之原货物，自不得不照章验征，以防私运漏税。此与重复检查及重征之情形，自属不同。财政部对于海关验放货物，已匣订简易办法，规定验征普通未税货物及验放持有单证之已税货物，随到随办，不得片延，严饬各关遵照，并布告商民周知。除由部随时派员视察督饬，切实遵行外，商民如发觉海关未能通用前项规定办理者，亦可随时报告财政部严予究办。①

就职于监察机关的梅公任中央委员在亲赴江南各战区巡察三年，历经八省，对于各种公务人员营私舞弊的现象，或由自己考察，或由各方控诉报告，知之较详。1943 年 1 月 12 日，梅公任等八人在五届十中全会上提出《中央税务机关应行改善之各种办法案》，指出：现在之税吏，无法无天，为一般人所共知，为全国人民所怨恨。（1）就海关方面而言，有两点：第一是关于防空疏散物资问题，各地方政府为保护商民货物免遭空袭炸毁起见，规定疏散至城市附件乡村保存办法，乃海关及直接税局假防范私运漏税等名义，必须强迫商民先纳税，而后疏散，商民感受不便，且增加苛税，往往不能自由疏散。因此，各较繁华之城市，每遭敌机之轰炸，货物损失少者数十万，多者数百万，商民损失货物，地方减少物资，国家牺牲税收，同时招致物价腾贵。此种弊害不可胜数，中央必须令财政部设法改良。第二是征收战时消费税的问题，战时消费税可谓为最普遍之税收。全国人人每日皆消费，即每日皆纳税，其收额当然广大。此种税收，财政部指定海关负责，然现在海关之组织简易，万难胜其责任。此隶属之问题，宜改为将来统一之税务机关。（2）就消费税征收方面，大量者固有之，而零星者亦有之。该关收税时，对于大量者发给收据，对于零星者，概不发给收据；既无收据，税吏容易饱入私囊，国库不得其实收入，其弊害之大，可胜言哉。日后无论收税若干，必须发给收据，在库帑，有据可证，在人民，无有怨言，在征收员，免去弊害，此为一般税收必须具备之条件。（3）在检查机关工作作风方面，监察机关（运输统制局）、军警宪检查机关……往往假名检查，故意刁难勒索，行贿而后免，此实商民行旅之最大痛苦。今后各负责机关必须各自监察，督责隶属机关彻底肃清，以解商民行旅之痛苦。据闻韶关因延误检查时期，被敌机炸毁者3000 余万元。1942 年，福州宁绍因检查征税延误，致为敌人所抢夺者，约在 1 亿元以上。此次浙赣沦陷，因检查征税延误，不能早日迁运关系，

① 《财政部对参政员王隐三等关于关卡重复有无制止办法询问案的答复（1942 年）》，[财政部缉私署档案]，载《资料汇编》第五辑第二编，《财政经济》（二），第33—34 页。

损失至少在 1 亿数千万元之谱。此种刁难障碍勒索等弊害，必须彻底革除。（4）在征税收据方面，所有税收机关对于普通税收不发给收据者，为今日税务机关之惯例。此种弊病，国库损失最大，税收多入私囊，漏卮难塞，欲壑无底。假使不严密防止，江河滔滔，川流不息，国家税收如何增加。故今后唯有责成各税收机关，无论收税额数若干，皆须发给收据，漏卮可以杜塞，私囊可以空虚，税额可以增加。假使有不发给收据者，纳税人可以自由告发，监察机关可以随时监察检举，为国税财政改革除积弊。如不改悔，一经查出，以贪污论罪。再者，各税务机关检查机关往往假查税查货之机会，向商人勒索货物，向商人贱价购货，以为走私营利之商品。此种弊害，亦为普遍之现象，商人受其损害，不敢怨言拒绝，尚须喜笑欢忭而奉赠，否则即增其税额，查其货物，延其时间，阻其出售，娱〔误〕其行程，商人为求顺利，予取予求，无不应允，失之东隅，收之桑榆，将所有损失增加物价补偿于各消费者耳，此为勒捐之一种方式。今后亦务须严察禁绝，发觉者以贪污论罪。①

　　时人指出："环顾目前全国各地税务机关，组织简陋，人员不堪一饱，以致员吏贪污舞弊，苛勒需索者，比比皆是；故欲剔除此种积弊，建立财政改革新干部，则非有优厚之待遇与保障不可。况徒有优厚之待遇与保障，仍不足以刷新财务人员之基层干部。何则？举例言之，银行海关人员之待遇固优矣，保障亦至善矣。然默察各地实际内幕情况，反因而发生流弊，盖待遇过优，即无异促使趋向于优裕之生活，渐渐不顾吃苦硬干矣；保障过甚，则反使其过于安定，因而习于骄慢，而无坚苦卓绝冒险进取之志趣与朝气矣，此皆由于其待遇与保障之规定均不足以收工作奖励之效，因而日久玩生，颓唐腐败者有之，因循敷衍不顾进取者亦有之。"②

　　依照财政部 1939 年 7 月 2 日公布的《非常时期禁止进口物品办法》，舶来奢侈品大半已禁入口。实则内地豪富之士仍能享用此种舶来奢侈品者，其来源则数靠走私。钱端升指出："我们以为与其不能严禁而开走私之风，不如让其运入而征收高度的关税。如果每年有 1000 万元的奢侈品进口，再如果值百抽四五百，则每年亦可有四五千万的收入，以与外汇损失相进，国库仍可增加不少。"③ 由于出现湖南省银行柳州分行假借部照

---

　　① 《行政院秘书处检送国民党五届十中全会关于税务机关改善办法提案（1943 年 1 月 12 日）》，[国民政府财政部档案]，载《资料汇编》第五辑第二编，《财政经济》（二），第 35—37 页。

　　② 刘支藩：《论战时消费税》，载《财政评论》第 6 卷，1941 年第 6 期。

　　③ 钱端升：《今日的财政及经济》，载《今日评论》第 3 卷，1940 年第 18 期。

夹带私盐，被广西分处柳州查缉所查获，海关呈财政部是否要另定检查办法，财政部答复：四行运券数量较巨次数频繁，且以时间极关重要，若逐箱检验，不仅有滞碍之虑影响军需供应即缉政方面恐亦不胜其烦（缉私处来电也这样认为），应仍照向例凭照免验放行，至于其他银行持有部照运送钞券者应将所运之钞券与部照核对检验无误后方予放行。财政部1942年8月17日渝钱币字第31607号训令：以四行运券应仍照向例，凭照免验放行，至其他各银行持有部照运钞券者，应将所运之钞券与部照核对检验无误后方予放行，海关一直在遵行，但是查关于银行运输已发行钞券办法前，经海关总税务司署根据财政部1935年政字第15008号指令之规定通饬各关，嗣后，凡由中央银行报运之钞券，应验凭财政部特准中央银行运送钞券长期专照，免予开箱查验放行，其余任何银行报运纸币，仍应验凭财政部准运纸币专用护照查验放行，请问是不是中国交通农民三行也可以持专照免验放行呢？财政部要求海关依照向例办理此类事情。①

1942年4月，洛阳海关函称：查上海总署前颁之通令无卷可查，自洛阳关成立以来，对于军用物品免税之准许，向以洛阳货运稽查处以往之办法加以审慎之核定，1941年4月3日财政部以0333号密电（原文附呈）令饬洛阳货运稽查处，对于军队在内地转运医药服装给养等军用品，应准验凭各该军队自发之军用证明免征转口税，原令关于军队之单位既未加以标准之规定，货运稽查处对于职权之行使，向即根据本身之解释，洛阳关辖境接近战区，军运频繁，倘照军用物品免税办法之规定严格执行，其困难自较后方与平时为多，反之倘对任何军队填发之证明书不加鉴别，一律予以承认，则恐弊窦丛生，易滋紊乱。关务署所拨各地军需局在内地转运军用品，准凭自发军用证明书免税放行，应以专供军用之制成品为限，已经电请军政部查核办理，令遵照执行。②

财政部自实施从价征税及举办国家专卖事业以来，货物价格之评议，遂为核定完税及收购等价格之必要步骤。惟各单位主管业务其价格之调查方法，既各有不同，而评价之标推及其期间亦多互异；税务人员更易乘机舞弊，益难防止；关务署所拟办法，规定由商人自行报价，缺点仍多，如商人所报之货价具有确实证据，即应按率照征，但其价格若有差别，税负即有差别，商人以负担不均，不免引起纠纷，实予地方不良观感，而对于

---

① 《有关货运管制问题来文（1942年）》，［海关总税务司署档案］，档案号：六七九(8) /377，二档馆藏。

② 《有关查缉问题来文（1942—1945年）》，［海关总税务司署档案］，档案号：六七九(8) /381，二档馆藏。

征收人员与纳税人串通作弊，事实上亦难防止。① 又如财政部1944年12月26日验放令：由部核定准予参议郑方珩由印携回美军所送香烟8条以为后方勤务部招待所外宾之用发给证特许进口照章征收关税及专卖利益；财政部1944年12月28日验放令：由财政部核定准予重庆教会联合会计处 DR·GEOGETITCH 由印运渝包裹一件内有唱片五张发给进口特许证。②

第三节　战时国民政府关税政策特征

一　一个漏洞百出的关税政策

造成这一特征的重要原因就是抗战全面爆发以后，我国沿海各关区相继沦陷，国外贸易几为停顿，进口税收锐减，各关税收遂以转口税为主，中国海关行政管理机构尤其是海关稽征机关在抗战时期遭受严重的破坏，一方面海关征收关税的职能发生重大转变，战时中国海关的任务发生了重大转变，"此时原以收税为重要任务的海关一变而为散处内地之惟一缉私机关。此为海关90余年历史之重要变化"③。另一方面，由于战局的混乱，战时各地行政人员贪污腐败盛行，偷逃关税严重，走私猖獗。

有学者指出，在国民政府实行关税自主之前，我国几乎没有什么关税政策，无论财政关税或保护关税在关税自主权收回之前80余年间均不存于我国，当税率仅限于值百抽五（实际上仅有3%—4%之间而已），无论国库有何急需，均不能有丝毫之变更。苟税率无自由制定权，财政收入上之目的亦无由贯彻，故财政关税之意义并不存在。至于保护关税政策更未采行。在关税自主权收回之前，不但进口税及出口税均受值百抽五的协定，内地关税反协定于有害我国产业之税率，如子口税我国商人不得享受，复进口税我国商人独负担之，外人在内地设工厂，须与我国商人同等待遇，他如关税行政之旁落，陆地之减税，修改年限之延长，货物分类之粗疏，标准年度之不符，征收税率之不实等等，在在足以妨碍我国产业之

---

① 《财政部秘书处关于税收机构评价办法的签呈（1943年11月30日）》，[国民政府财政部档案]，载《资料汇编》第五辑第二编，《财政经济》（二），第49—50页。

② 《总署等有关货物验放征免问题案（1944年）》，[海关总税务司署档案]，档案号：六七九（8）/505，二档馆藏。

③ 陈诗启：《中国近代海关史》，人民出版社2002年版，第841页。

发达，然则保护关税云乎哉？① 所以，1924 年 2 月 3 日，孙中山在《民族主义》演讲的第一讲中痛陈海关主权丧失的严重危害。孙中山指出："中国关税，不特不来保护自己，并且要去保护外人，好比自己挖了战壕，自己不但不能去妨敌人，并且反被敌人用来打自己。"②

以税率对进口贸易之关系而言，根据郑友揆的研究，我国关税政策虽着重于税收，但税率之提高，对外货之进口已发生明显之阻碍作用（税率之提高程度较进口贸易减少之程度为大，故税收仍能增加）。1931 年后我国整个进口贸易量之下降，税准之增高且为其主要因素。但税率之增大，在我国并未能使贸易率（Terms of Trade）转趋于有利地位。查其原由，即因我国出口货大部为农产品，而进口货多为工业制造品。近数年来，国外农产品物价下跌之程度较制造品为甚；且我国进口之制造品，大部为必需品，进口关价不因增税之关系而激减。③

再以分类的税率水准来分析战前我国关税税则的内容，根据郑友揆的研究，其情形又如下：（1）由保护分类观之，我国关税除财政政策外，确尚有若干保护国内实业之作用。1929 年税则，保护作用甚为稀微，1931 年之税则则较浓。1933 年税则之保护色彩最浓，现行税则（1934 年的）之保护作用，较之上届税则亦无多大逊色。但由另一方面观之，历届税则中原料品及生产工具税率之增加，税则之不断改订，高税品走私之猖獗，以及不平等条约给予外商在华设厂之特权等等，皆足以使税则中原有之保护作用，减少效力。（2）由需要分类观之，我国关税因受财政政策之牵制，不能充分调整进口贸易。工业用必需品，生产工具，交通工具等之进口贸易的发展，殊太迟缓；而奢侈品等之进口，则尚未减至最少限度。（3）由工业化程度分类观之，"已加工饮食品"类之税准较任何类为大，制成品之税准则不甚高，1933 年后约为 30% 左右，与进口总税率相仿。半制品之税准，却与制成品相若。此种现象，当为我国今日经济落后之反影。因半制品，如水泥、植物油等国内已有相当产量，需要关税保护；制成品，尤其重工业制品，如各种机器、交通工具、钢铁制品等，亟待国外进口，以助国内实业之发展，故不能以高度税率阻碍其进口。（4）再由需要及工业化程度二种分类以观察我国关税对各级人民之利害情形，我国今日之税则，实最有利于厂主及富裕阶级。因其所需之进口生产品，

①　章友江：《战后我国关税政策》，载《经济论横》第 2 卷，1944 年第 3 期。

②　孙中山：《孙中山选集》（下卷），人民出版社 1956 年版，第 609 页。

③　郑友揆：《我国关税自主后进口税率水准之变迁》，商务印书馆 1939 年版，第 55 页。

如生产材料、生产工具等不过纳 15% 左右关税。所需之粮食，纳 27% 关税；即奢侈品，亦不过 37% 关税。而其所生产之各货，则享 30%—80% 税率之保护。农村人民则处于最不利地位，其日常生活必需品，须纳高至 80% 税率；而其生产之原料品及粮食，平均仅受 20% 左右税率之保护。工人阶级之情形，则介乎二者之间。此种义务及权利不平衡之情形，当为我国今日欲借关税之力，在农业社会中发达工业之过程中所不能避免之现象。①

国民政府抗战时期的战时税收政策，突出表现在三方面：

（1）扩大旧有税种的征收范围并提高其税率，举办战时消费税等新税，皆在尽可能的范围内增加收入，以弥补因战争所造成的税收损失；同时抑制人民的消费。（2）因势利导，建立并完善直接税体系，使整个税制逐步趋于合理化。（3）实行应税货品的征实与专卖，以配合政府统制经济，使政府掌握的重要战略物资，以便保证军队供应，调节市场供需，平准物价，减缓通货膨胀压力。实行专卖，不仅可增裕库收，更可避免用增税形式转嫁于消费者，从而刺激物价进一步上涨。②

战时随时修订关税税率以及颁布许多禁止进出口物品管制的条例主要是为了适应战时财政经济政策，增加国民政府支撑抗战的经济实力。随时修改关税税率，在立法者固然时时都觉得有新的漏洞发现，而时时在谋补救。但在执行者因命令繁复，更改过多，层层传递，不单误解误行以碍事，甚而曲解硬行以邀功。在一般人民则觉法令如毛，朝令夕改，动辄得咎，无所适从。这确是抗战时期修订税率与时时修改禁止进口物品条例后所发生不可讳言的病态。然而何以会有此恶果呢？是立法不善吗？是执行不力吗？还是人民守法者少吗？其实都不是，在我看来，抗战全面爆发以来历次实施修改税率与颁布的各种禁止进口物品条例，在立法同执行的原则上说都不错，而最大的缺点则在事前事后未能配合具体的技术而付之实施，也即是缺乏信任专门技术顾问的意见而已。现举两个实例：一为 1942 年 4 月第五次修改税率时，最初因金单位与外币比价的提高，而将

① 郑友揆：《我国关税自主后进口税率水准之变迁》，商务印书馆 1939 年版，第 55—56 页。

② 国家税务总局主编：《中华民国工商税收史纲》，中国财政经济出版社 2000 年版，第 302 页。

进口从量从价各税一律减为 1/6 征税，照理论既然将金单位自国币 2 元 7 角 7 厘增为 20 元，同时与外币的比价自美金 4 角增为 1 元，英镑也增为 5 先令，进口税系以金单位计，自应比照增加税收。可是，实际情形则不然，根据《进口税则暂行章程》第一款第一节进口货物完税价格之规定，自应先将货价折合金单位后，再计算其完税价格，但是，自香港和上海沦陷后，直接自外洋进口货物日少，而经由沦陷区域转运进口者日渐增多，且货品的发票价格多以国币为标准而不以外币为标准，因此，除从量税率的货品，可因金单位的比价提高而多征外，凡属从价征税货品，都于无形之中自 1/3 减收为 1/6，也就是较以前减半征收，这种技术上的错误由海关验估员指出后，才加更正，以从量者仍按 1/6 减征，从价者改按 1/3 征收。这是修改税率未能于事前事后与技术配合而发生错误的实例之一。

抗战中的大后方舆论对国民政府税收征稽机关颇有微词，人们大多形成这样的印象，即抗战时期关卡林立，系统复杂，税目繁多，无人能详其底蕴。如黄炎培在 1945 年 4 月 30 日宪政座谈会上讲：关税既实行统税，按理是统一一次征收，现在不仅统一，简直是"统二"、"统三"、"统四"，甚至到"统八"都有的。① 1945 年 4 月 6 日《华西日报》社论指出："抗战以来，一切部门的税收，均较战前大为加重，时立新税，另组机关，另成系统，演进嬗递，以迄于今，各种部门之税征，名目繁多，机构纷立，无论如何老练之纳税人，甚至经办税收之官吏，对于税征机关之体系，缴纳税捐之手续，均不能周详理会，而稽查工作，亦因体系繁杂，绝非普通纳税人所能明辨，每一种物品出关，检查人员，千头万绪，东面报税，西面清货，甲机关放行，乙机关留滞，商贾寒心，商货阻运。弊窦之难以杜绝，亦为必然之结果，因为税征系统剧杂，而乘机舞弊，势所必然，私人中饱，已成目前普遍现象。"② 1945 年 4 月 6 日《大刚报》社论也指出：国民政府以不健全的人事，行不健全的制度，漏洞太多，毛病百出，所谓"苛政猛于虎"，亦为此而发。税务人员，与贪污结不解之缘。因此提到税官，人们就会投以异样眼光，联想到贪污舞弊，消费者总是无声地忍受一切，情形至此，宁不令人有无穷之叹！大商人与税官勾结，向税局"临时买税"，甚至能将存根抽去，税款尽入私囊，或税官与商人合作，合伙开店，只须空树招牌，便可利用权位，上下其手。诸如此类，不

---

① 《抗战中的大后方舆论》，编者不详，出版地不详，辽河书店 1946 年版，第 55 页。

② 《华西日报》1945 年 4 月 6 日，载《抗战中的大后方舆论》，出版地不详，辽河书店 1946 年版，第 55—56 页。

一而足。①

二　主要是以争取战时物资为主

税收调控理论认为，完善的税收调控机制，必须以由国家制定的、与社会经济发展和运行状况相适应的目标为前提，以健全的市场环境中守法自律的纳税人为基础，以一定时期内社会、经济发展水平制约下所设计的税制和征管方式为手段。唯有此，税收才能有效地发挥调控作用。综观抗战时期海关的工作，"关于税则及关税政策之调整，系由关务署主管；其有关贸易政策者，由贸易委员会主管；俱尚能配合国策，适应战时需要。海关人员于执行方面，亦颇能贯彻政令，达到预期之目的。自抗战以后，进出口及转口税则之项目，为适应国策起见，或减免税项，或列入禁品，税收方面，自不免受其影响。但历年税收数额，仍能维持相当水准"②。战时关税收入的多少是衡量战时征收与稽查货物成效最重要的指标，但是，要想准确估算也是很困难的。一方面由于战局混乱，相关统计数据的失真情况严重；另一方面，战时通货膨胀使得表面上征收到的巨额关税实际上水分很大。因此，仅以战时关税增减作为评估国民政府战时关税政策的得失是不够的，必须考虑到国民政府的战时关税政策在增裕我战时军需民用物资、加强对敌经济作战的功能。"平时关税任务，为财政收入与维护产业，然于战时，则关税之任务，应在鼓励必需物资之输入与奖励外销物资之输出，藉期配合战时国策，完成经济作战任务，至于税资，犹其余二。"③ 抗战时期对关税税则的调整着重降低大部分进出口商品的税率就是明证。战时进口税则已全部实行从价征税制，其征税率最高者10%，最低者3%，平均约6%。④

三　战时关税政策基本是自主的

抗战给国民政府提供了收回海关行政管理权的最好机会，由于战争，海关不能够按期偿付外债赔款，关税也不在政府财政中占重要地位，战争使海关分裂，无法维护英美等国在华经济利益，各国放弃赔款也大大降低了海关作为各帝国主义国家在华利益担保者的重要性；英、美代中国管理

---

① 《大刚报》1945年4月6日，载《抗战中的大后方舆论》，出版地不详，辽河书店1946年版，第56页。

② 《十年来之海关》，第28页。

③ 关吉玉：《中国税制》，经济研究社1945年版，第160页。

④ 《十年来之关税》，第14页；关吉玉：《中国税制》，经济研究社1945年版，第162页。

海关已毫无意义，外籍税务司制度也被战争摧毁，因为国民政府在抗战期间确立了对海关的绝对领导权、管理权，战后关税基本自主也就顺理成章。① 值得注意的是，海关《公库法》的施行和海关税款保管权的最后收回。在抗战初期，由于沿海通商口岸沦陷殆尽，对外贸易几乎陷于停顿，海关进出口税主要限于来往边区货物及少数国外航运邮包，关税锐减，使得外籍税务司控制的近代中国海关丧失其在国民政府财政中的重要地位，海关的基本任务由此发生了根本性变化，海关成了散处内地各处的缉私机关，这个变化使得英国逐渐丧失、放弃了对中国海关行政管理权的垄断控制。国民政府充分掌握时机终于收回了在辛亥革命时被帝国主义夺取的海关税款保管、支配使用权，具有很强的政治意义，也表明战时国民政府具有一定的主权意识。

至于我国海关关税行政主权得以收回问题，得益于 1943 年国民政府的废约外交的基本成功，有学者指出：抗战时废约外交并非完美无缺，了无遗憾，它甚至还带有弱国外交的烙印，但综观整个废约交涉的得失，我们仍不妨说，其成就斐然。它不仅是中华民族自鸦片战争以来长期不懈顽强御侮的历史报偿，而且是世界人民共同反抗暴政的意志在国家关系层面上的必然反映；它不仅属于中国抗战，属于中华民族，它还属于世界反法西斯战争，属于全人类为民主和平而奋斗的人们。② 许多有识之士在当时就提出"我国必须收回海关行政主权"的呼声，如朱偰曾撰写文章指出，中国必须收回海关行政主权。

其理由至多，举其要者，约有四端：（1）关务行政是行政主权之一部分，在独立自主的国家，决无听任外人管理之理。1929 年关税自主，所得者不过形式上之自主，但关税行政主权，依然未能收回。我国此次抗战，所争者为民族之自由平等，故关税行政主权，无论如何，必须收回！（2）关税是一国经济战争的武器，平时管制货物出入，战时担任经济防线，故关税行政权之运用，至关重要。我国因一向外人管理关权，故有许多切身的利害问题，外人从来未为我国考虑过：如处商战激烈之今日，各国多用双重或多重税则（如普通税则与协定税则，最高税则与最低税则），而我国则直至今日，仍用单一税则；各国多用各式各样差别税则（如国旗附加税，间接输入

---

① 尉亚春：《中国海关关税税率的变迁（1912—2001）》，新疆大学，2001 年 5 月。

② 马芸芸：《试论抗日战争时期中国的废约外交》，《中华文化论坛》2006 年第 3 期。

附加税，陆路通商附加税，殖民地与母国间之互惠，报复税则，制止倾销税等，）以应付千变万化的商战，但我国则除倾销货物税外，其他从未加以。这也无怪其然：因为外人为我国海关总税务司，本只为其本身利益着想，至于我国的经济利害的关系，自然在所不同。（3）海关征收经费之高，在我国超过其他各国，有时甚且超过其他各税，亦为外人把持关政之一自然结果。查抗战未发动以前，以1936年度预算而论：关税收入为317973514元、经常关务费为31230424元以及非常关务费为35500元，可见，海关行政经费已占全体税收的10%，其中海关总税务司署及所属机关，每年经费即达29924980元之巨！再以1940年度预算而论，关税之行政经费，约占其税收的10.66%，而直接税之行政经费（包括所得税，过分理得税与遗产税）仅占税收的4.68%。可见海关行政经费，异常之高；即与欧美各国公认税收6%征收费比较，亦超过远甚。其所以然之原因，盖在海关总税务司，各关税务司，以及其他洋员之支薪，皆以英人生活程度为标准，薪俸动辄以数千元计；而华员支薪，方可分庭抗礼。结果徒然养成一种洋官及买办阶级，而国民经济及财政税收，则较受其损害。（4）海关税务人员（包括洋员及本国税收人员）生活之奢侈，收入之丰裕，形成一特殊阶级，尤以总税务司及各海关税务司，多半皆为英人，平日高官厚禄，作威作福，年年汇巨款回其祖国，为我国国际收支上之一漏洞；及至战时，则依违敌我之间，甚且处处迁就日本，以求保全其地位。试举二例以明之：（甲）海关总税务司中之声名最恶者，莫如安格联氏。当时北京政府于1922年2月发行九六公债（官名为偿还内外短债八厘债券），于关税实行切实值百抽五之日起，由所增关余项下拨充担保，故此债之信用与关税税收之增减有密切关系。安格联遂利用其优越地位，制造种种消息：如谓关税收入减少，九六公债跌落，则使其左右竞事购入；继再制造空气，谓关税激增，俟九六公债行市上涨，则相继抛卖，如此一涨一落之间，获利不赀。此为平时海关总税务司凭藉其地位从事公债投机之一例。（乙）1939年秋海关总税务司梅乐和与敌人所订恢复浚浦局之秘密协定，于英籍总工程师之外，许日人再派总工程师一人；其日人所释放被扣留之二浚浦船只，须完全受敌海军支配，且须为其从事间谍性质之特务工作。此种秘密协定，皆不利于我国，而由我国任命之总税务司，则背弃我国政府，暗中与敌人订立丧权辱国之协定。此为战时海关总税务司迁就敌人以保全其地位之一显例。故海关行政主权之当收回，在原则方面，毫无疑义。①

抗战后期，由于美国军事与经济势力的进入中国，中国海关总税务司一职由美国人李度担任，在某种程度上，中国海关主权的自主性依旧受到削弱。例如，关于管理由史迪威路及腾冲至密芝那公路入境之美军车辆，以防走私一事，驻昆明美军当局与昆明关及腾冲分关税务司经正式磋商后，该两关税务司呈以准驻昆明美军当局将所扣之办法节略交送到关，后来请海关总税务司署核准，1945 年 3 月 21 日，海关总税务司李度以《总税务司署机密第 38 号急代电》呈财政部和关务署称，总署认为，所有缉获之私货禁品等，除美军之用品外，均应交由中国海关处理，因此主张将其中该条文第二条卯款"美军当局由美军车辆内查获之违禁物品，应交由当地，按美国军法处理"修改为"美军当局由美军车辆内查获之私运禁运限运或违禁物品，除美军之用品外，均应就近交由中国海关，按照中国法律办理"，并分呈关务署、财政部。可是，1945 年 3 月 24 日海关总税务司李度以《总税务司署机密第 39 号急代电》称："驻华美军总部声称，该项办法节略，并未送经该总部核准，不能生效，亦不足以代表该总部之意见，请将该件正副本悉予送还等由，查该项办法节略，既经驻华美军总部声明作为无效自应予以退还，除分呈关务署、财政部外理合电请，准将职署上项密代电予以注销，并将所有英文附件悉予掷还，实为公便。"②

抗战时期的关税政策是对外贸易的重要组成部分，适应时局变化的关税政策对于处于危困中的对外贸易作用明显。尽管由于沿海重要都市的沦陷，海口遭到敌人的封锁，我国对外贸易通路几乎完全中断，但是，国民政府依据战时不同阶段对敌经济战的需要及时调整其关税政策，使得我国对外贸易依然取得了一定的积极效果。但我们也注意到，抗战时期，国民政府在制定关税政策时，往往从政策层面去考虑，对实践层面即可操作性的角度考虑上欠缺量多。正好比在经济理论中有人指出的那样，制度与观念之间有一个先后，这是差序，又如费孝通在《乡土中国》中曾指出人的观念与现行法治的冲突问题，理论上的"好现象"到了实践中却使人无法叫好，法律制定者的意愿与法律实际所产生的影响总是南辕北辙。但

---

① 朱偰：《战时及战后之关务行政问题》，载《训练月刊》第 1 卷第 4 期。

② 《总税务司署机密第 38 号急代电（1945 年 3 月 21 日）》，《总税务司署机密第 39 号急代电》（1945 年 3 月 24 日），载《有关稽征问题来文（1944—1945 年）》，[海关总税务司署档案]，档案号：六七九（8）/379，二档馆藏。

是，人们往往只是关注良好愿望，予以理论层次的肯定，而忽视实践层面上的结果。①

抗战开始以后，据财政部会计处的统计，沦于战区的海关，在1937年其数不过14个，到了1938年度，则增至20个，②所以中国在海关关税收入的损失相当重大。但是关税主要靠着进口税，而进口税是入超的反映，此税愈增，入超愈甚，其打击中国经济者亦愈烈，故关税短收，正是因祸得福。中国的国际贸易突然由一向入超转变为出超，这其中，所受战争封锁的影响固然是主要原因，在输入缩减，输出又锐减的比较情形下所产生的出超，却在事实上对中国非常有利，中国在这时期的战争经济可以说是因祸得福。根据上海通商银行的调查统计，1937年7月至12月的进出口贸易情况：进口贸易值为347371000元，出口贸易值为355397000元，出超达8026000元。③尽管整个1937年的对外贸易依旧是入超115130000元，④但在抗战全面爆发的初期阶段，我国出现了近代史上难得的贸易出超现象，这或多或少地有助于我国民族工业的发展。

通过加强进出口贸易来获取外援，是补充我国抵抗日寇巨大消耗以支撑持久抗战与稳定后方经济的重要措施，增加进口抗战所急需的军用和民用物资，通过出口土货以得到大量借贷及物资。为切断中国外援，日本对海陆交通进行封锁。"七七事变"爆发后仅一个月，日本就宣布封锁我国北方至上海的航路；1939年5月，又宣布禁止第三国船只在中国沿海航行。1940年日军入侵越南，切断了滇越铁路，国民政府大后方的交通几乎断绝，加之日伪在沦陷区与国统区军事交界处遍设封锁线、站、卡，使国统区经济极度恶化。与此同时，日本利用对国民政府进行经济封锁以及降低关税等办法，使其控制区的贸易进口大幅度增加，据不完全统计，从1937—1940年，沦陷区进口额从15600余万元增至52130余万元（法币）。⑤

抗战进入相持阶段后，日本还实行严格的经济贸易统制政策，限制军事战略物资流向大后方和抗日根据地。据《日本昭和十六年度经济封锁

①　苏全有：《对后文革时期中国近代史学研究状况的反思》，文章来源：http：//www. china1840－1949. com/modern/shownews. asp? NewsID＝589。

②　沈雷春、陈禾章编：《中国战时经济志》，台北文海出版社，见沈云龙主编《近代中国史料丛刊》三编第20辑，第6页。

③　冯子超：《中国抗战史》，正气书局1946年版，第15页。

④　吴大明、黄宇乾、池廷熹主编：《中国贸易年鉴》，中国贸易年鉴社1948年版，第31页。

⑤　郑伯彬：《日本侵占区之经济》，资源委员会经济研究室印，1945年，第178—179页。

要领》和《昭和十六年度经济封锁协力要领》的规定，对于（1）"直接战力补充原材料"包括军器、弹药、硫磺、火药类及无线电同样零件；（2）"军需重工业原材料"包括钢材、钢块、铣铁、碎铁、特殊钢、钨矿、铝矿、锰矿、格洛矿、镁矿、钴矿、镍铜块、亚铝、锡、石棉、电极用原料等均限制，实行管制，要么绝对搬出禁止，要么需有日本军宪各机关的许可才可以移动。① 1943 年 3 月，日本在上海成立了"全国商业统制总会"，其下设备专业委员会，形成一个严密经济贸易统制网络，以加强对国统区经济封锁，并借以遏制国统区抗战经济的成长。

　　国民政府为适应战时环境起见，始有主动贸易政策之采用。"战时贸易政策，主要目的在于应付战时的物资问题，使战争期间能获得充分的物力，以争取最后胜利，政策内容，经纬万端，要而言之，可分为下列四端：第一是统制出口贸易，集中出口外汇，以充裕外汇基金，增强对外购买力，并藉以稳定汇价。第二是出口贸易部分国营，并履行易货协定，以把握外汇，确保军需供应。第三是禁止敌货输入，禁运物资资敌，实行经济战。第四是抢运输入物资，充裕民生必需物资之供应。"②

　　国民政府在对外贸易方面实行管制，这是与日本针锋相对的政策。1938 年夏，国民政府经改组，成立隶属于财政部的贸易委员会，总揽一切有关外贸的行政管理权：进出口贸易管制事项；国营对外贸易之督促考核事项；商营对外贸易之调整协助事项；关于出口外汇之管理事项；对外借款购料易货偿债之筹划查核清算事项；其他关于物资供求之调节事项等。③ 贸易委员会在各省分设办事处，并直辖东南、西北两运输处及复兴商业、富华贸易、中国茶叶三公司。贸易会对进出口贸易实行严格管制。金银及其制成品、钢铁、各种金属及其制成品、粮食、棉花、茶叶、桐油、猪鬃、钨、锡、锑等，都明令禁止出口。进口贸易管制主要是对非必须品进口予以限制，以尽可能节省外汇。1938 年 10 月，国民政府还颁布了《禁运资敌物品条例》、《查禁敌货条例》，规定：凡国内物品足增加敌人实力者，一律禁止运往敌国；凡属敌国与其殖民地及在敌人控制下有敌人资本或供敌人利用之工厂所生产之物资，皆在查禁之列。1940 年 8 月以后，针对日敌禁止输入，以减少我方物资来源的新动向，对后一条例予

---

① 《北平日伪组织经济封锁禁止限制事项一览表（1942 年）》，载中国抗日战争史学会等编《抗日战争时期重要资料统计集》，北京出版社 1997 年版，第 322 页。

② 吴大明、黄宇乾、池廷熹主编：《中国贸易年鉴》，中国贸易年鉴社 1948 年版，第 25 页。

③ 章伯锋、庄建平主编：《抗日战争》经济卷，四川大学出版社 1997 年版，第 714 页。

以变动，即只要为后方迫切需要者，不问其来自何地，一律准予进口。①
这体现了国民政府灵活应变的对日经济作战策略。

抗战时期国民政府关税政策之所以具备上述三大特质，根本原因是无
论是国民政府制定战时关税政策的背景，还是国民政府战时关税政策实施
的过程都具有战时性质。国民政府战时关税政策特以增加收入、增裕物资
为重，有时国民政府为谋税收之充足，不得不迹近苛政，如扩大转口税征
收范围、增征战时消费税等，在征税过程中，公平原则有时也不能顾及，
质言之，战时关税政策实质上就是财政关税政策，目的是一切为了抗战。

第四节　战时关税政策配套措施运用

战时关税政策的配套措施基本涵盖整个抗战时期国民政府对外贸易政
策问题，鉴于该课题的研究已经硕果累累，② 故仅就与战时关税政策相关
的配套措施，简而论之。

战时进出口物资之统制，若单靠关税政策之运用，不易见效。因敌我
经济作战，旨在争夺经济资源，实超乎利润率之调节作用之外而关税政策
之运用，则仅能伸缩进出口物品之利润率而已。故必须于关税政策之外，

---

① 章伯锋、庄建平主编：《抗日战争》经济卷，第42—43页。

② 参见郑会欣《试析战时贸易统制实施的阶段及其特点》，《民国档案》2005年第3期；
[日]久保亨《抗战时期中国的关税贸易问题》，载张宪文等编《民国档案与民国史学术讨论会会
议文集》，档案出版社1988年版，第514—519页；抗日战争时期国民政府财政经济战略措施研
究课题组《抗日战争时期国民政府财政经济战略措施研究》，西南财经大学出版社1988年版；
褚葆一《工业化与中国国际贸易》，商务印书馆1946年版；李康华等《中国对外贸易史简论》，
对外贸易出版社1981年版；孟宪章主编《中苏经济贸易史》，黑龙江人民出版社1992年版；孙
玉琴《中国对外贸易史》（第二册），对外经济贸易大学出版社2004年版；张晓辉《香港与近代
中国对外贸易》，中国华侨出版社2000年版；郑友揆《中国的对外贸易和工业发展（1840—
1948）——史实的综合分析》，程麟荪译，上海社会科学院出版社1984年版；冯治《抗战时期国
民政府对外贸易管制述评》，《近代史研究》1988年第6期；郑会欣《统制经济与国营贸易——
太平洋战争爆发后复兴商业公司的经营活动》，《近代史研究》2006年第2期；邹琳《十年来中
国之国外贸易》，《经济汇报》第8卷，1943年第9、10期合刊。樊瑛华《抗战时期国统区的农
产品对外贸易研究》，《人文杂志》2006年第3期；孙定国《抗战初期与德中军火贸易》，《中学
历史教学参考》1999年第8期；刘玄启《桐油贸易与抗战初期美国对华政策的变化》，《玉林师
范学院学报》2005年第6期；张赛群《论上海"孤岛"与大后方的贸易》，《玉林师范学院学
报》2005年第4期；颜星《历史上的滇越交通贸易及其影响》，《学术探索》2002年第4期；张
晓辉《抗战前期国统区的南方外贸运输线》，《民国档案》2006年第4期；杨雨青《抗日战争时
期中美经济关系研究述评》，《历史研究》2006年第3期；刘卫东《印支通道的战时功能述论》，
《近代史研究》1999年第2期，等等。

有适当的对外贸易政策与之配合，对于若干物资严格禁止其进口或出口，并加强缉私行政，强制执行，方克有济。因此，抗战时期，国民政府在调整海关关税税则之外，着力实施外汇统制政策，积极管制对外贸易，以争取军需民用物资，严厉防止物资走私资敌，全面增强抗战力量。

一 从进出口方向上看

（一）进口方面主要配套措施

1938 年 3 月，国民政府加强对进口外汇的管理，对于非必需品之进口，间接予以限制。同年 10 月颁布《查禁敌货条例》，防止敌货侵销国统区，规定所有敌国及其殖民地或委任统治地之货物或其他各地工厂、商号，由敌人投资经营或为敌人攫夺统制利用者的货物，一律禁止其进口，运销国内。[①] 到 1939 年 7 月，国民政府又颁布《非常时期禁止进口物品办法及附表》，对于奢侈品及一部分消耗品禁止进口，其办法为：（1）禁止进口物品，以期逐渐肃清。在特种需要之下可特许专用进口而不准商销者，如烟酒、海产品等，计包括进口税则 162 号列货品。（2）禁止进口物品，以期节制消费。在政府管理之下可特许进口商销者只有汽油、煤油、食糖三类。（3）沦陷口岸无法执行禁令，所有禁止进口物品及以禁止进口物品为原料所制成之物品，均限制转口至后方。迨 1941 年 12 月太平洋战争发生后，鉴于禁止进出口物品政策有随国际情势之转变而酌予调整之必要，又于 1942 年 5 月颁布《战时管理进口出口物品条例》，规定凡属国防民生所需要之物品，不以敌友为取舍，一律准其输入，且设法以奖励之，而国内有关国防及民生必需之物品，除与友邦有易货合约者外，则一律禁止其输出。至国内过剩之非必需品，则运往战区或敌国在所不禁，而具有奢侈性及无益之物品，即属友邦货物，亦不准其输入。至原有《查禁敌货条例》、《禁运资敌物品条例》及《非常时期禁止进口物品办法及附表》同时废止。[②]

（二）出口方面主要配套措施

国民政府采取视物品性质之不同而异其管理之办法，综括为下列四种办法：（1）为国防需要及经济文化关系禁止出口者，例如粮食、动物、

---

① 《抗战期中之财政（1946 年 2 月）》，[国民政府财政部档案]，载《资料汇编》第五辑第二编，《财政经济》（一），第 447 页。

② 同上书，第 447—448 页。

金属、钱币、食品、书籍等，多由关系机关决定种类后，执行禁运。（2）为防止资敌者，依照 1938 年 9 月《禁运资敌物品条例》的规定，所有国内物品足以增加敌人富力者，一律禁止运往敌国及其殖民地，或委任统治地，以及敌人暴力控制下之地区，其品目随时由经济部指定。1942 年 5 月，《战时管理进口出口物品条例》施行后，上列两项悉依该条例规定办理，《禁运资敌物品条例》随之废止。（3）1938 年 4 月颁布结汇办法，管理出口外汇。凡商货出口，应以所得外汇售与国家银行，凭国家银行承购外汇证明书报关起运，待结汇货物到达海外市场销售后，按实售所得外汇八成结算，其余二成准由商人扣作外销业务上保险储运等所需外币费用。（4）政府为易货偿债所需，经指定若干主要出口货品归由国营机关统购统销，计有桐油、茶叶、猪鬃、矿产。生丝、羊毛等六种，不准商人自由营运，并分别订有专章，以资管理。①

以上这些战时关税政策的配套措施，尤其是管理战时进出口物品的办法制定与及时调整进出口关税税率及加强缉私行政等措施互相配合。施行以来，促进了对于战时进出口物资的统制，增强了国民政府抗战实力。

二 从抗战发展阶段看

（一）战初以限制非必需品进口和禁止敌货进口为主

国民政府于 1937 年 9 月颁布《增进生产调整贸易办法大纲》，规定必需品的进口可以酌免一部分关税，奢侈消耗品则提高关税。1938 年 3 月 12 日颁布《中央银行办理外汇请核办法》三条以及《购买外汇请核规定》六条，对于非必需品之货物进口限制购买外汇，以此来达到统治进口贸易的作用。另外，于 1938 年 10 月 15 日颁布《查禁敌货条例》规定凡敌国（日本）及其殖民地和委任统治地，或由敌投资经营以及为敌攫夺加以统制的各种企业其所生产的物品，统称敌货，一律禁止进口及运销国内。这样限制非必需品进口和禁输敌货政策的主要目的是借此维持国际收支平衡，制止外汇的低落。同时，厉行节约以减少不必要之消费，进行对敌贸易战等等，也自然成为重要的目标。② 1938 年秋天，武汉、广州相继沦陷后，国民政府的进口贸易政策有所改变。

---

① 《抗战期中之财政（1946 年 2 月）》，[国民政府财政部档案]，载《资料汇编》第五辑第二编，《财政经济》（一），第 448 页。

② 谭熙鸿主编：《十年来之中国经济》，1948 年版。转引自［日］久保亨《抗战时期中国的关税贸易问题》，载张宪文、陈兴唐、郑会欣编《民国档案与民国史学术讨论会论文集》，档案出版社 1988 年版，第 514—519 页。

（二）相持阶段及以后以争取战略物资进口为主

1939 年 3 月，财政部《第二期战时行政计划实施具体方案》提出："商订中缅陆路贸易互惠办法：滇缅交通发达以后，我国产品如丝茶、桐油、药材及各种土货，均有经由缅甸大量出口之可能，将来英方或因便利贸易提出税则互惠问题，如我国货物通过缅甸运往欧洲，能以享受优惠待遇，及销在缅境之我国货物，能以享受减免税项之利益，届时与英方就税则上之互惠妥为筹划洽商进行，拟于 1939 年 4 月至 9 月第二第三期内办理。"① 还提出："恰办中苏贸易税务及改善稽征办法：西北边省前以交通未经开发输出入贸易数额无多，仅由新甘两省所设常关征税，向未设置海关，现在中苏货运增繁，按照各该省所行征税办法，税率过轻足以影响国家税收，而由甘新两省各自征收，又不免重叠征税之嫌，允宜设法改善，以期税务边情双方兼顾，拟于 1939 年第一期起，即着手调查，依据调查所得，筹划适宜征税办法，随时与新省洽商办理，以利施行，按照关税在国境征收之原则，将来对于由新疆进出口之货物，自应适用海关税则，在新疆中苏边境征收关税，以期关税制度之完整，限于 1940 年内办竣。"② 西北边省，向系由新、甘两省所设关卡征税。抗战全面爆发后中苏陆路货运，日见增繁；中苏商约与中苏航空合约，复由双方商洽议定，亟应由中央于新疆边境设关征税，以符税制。在 1940 年制定的《财政部三十年度工作计划》中提出改进中苏边境关税制度："拟俟请由国防最高委员会与新省盛督办商有头绪后，即由部规划，准备设关一切措施，并实行中苏贸易边省划一征收关税。"③

1939 年 7 月 2 日，国民政府颁布《非常时期禁止进口物品办法》及《禁止进口物品表》中规定：凡奢侈品或可以国产代用等的物品，共计 234 税则号列。与其说这种办法的目的是禁止这 234 种物品的进口，毋宁说目的是放宽其他品目的进口。实际上，同年 9 月 2 日，国民政府曾规定：凡未经命令禁止进口之货品，一律准照原税率减按 1/3 征税，以谋促进战时必需品之输入。其后，1940 年 9 月及 1942 年 5 月，被禁项目又有所削减。同时，1938 年 11 月初国民政府已拟定对生产事业必需的请求外

① 《财政部拟具第二期战时行政计划实施具体方案（1939 年 3 月）》，［国民政府财政部档案］，载《资料汇编》第五辑第二编，《财政经济》（一），第 23—24 页。

② 同上书，第 24 页。

③ 《财政部拟 1941 年度工作计划（1940 年）》，［国民政府财政部档案］，载《资料汇编》第五辑第二编，《财政经济》（一），第 89 页。

汇原则 3 条，优先给予外汇以为奖励。1939 年 4 月颁布的《非常时期各公路管理机关购运交通用进口关税折半付现办法》，也有奖励进口的意义。① 另外，新的海关条例规定对于进口商品无需申报商品原产国，即不管其产品来自哪个国家（含有日本），其目的乃为增加必需品的进口。总之，1938 年年底以后，国民政府相继实行奖励必需品进口的措施，重视获得物资，维持抗战，企图抑制物价腾涨。根据郑友揆的分析，"进口商品的实际值都是随着国统区的贸易政策的变化而上下升降的"②。确切地说，国民政府的输入限制政策使 1939 年的进口总值降至 1938 年的 45%（1938 年、1939 年的进口总值分别是 86388000 美元、39077000 美元），而其输入放宽政策的实行，使得 1940 年和 1941 年的进口总值激增（1940年、1941 年的进口总值分别是 67133000 美元、135952000 美元）。③ 考虑到战时纷乱的客观因素，我们是不能苛求国民政府的战时关税政策及其实施的。"自抗战以后，（海关）进出口及转口税则之项目，为适应国策起见，或减免税项，或列入禁品，税收方面，自不免受其影响。但历年税收数额，仍能维持相当水准。自开征战时消费税后，税收激增，且远愈预期。"④

就在抗战即将胜利前夕，许多有识之士呼吁在战后实行贸易保护主义，施行保护关税政策。他们撰文指出，战后美英等战胜国生产力亦空前提高，但其民众购买力由于战时破坏及损失，复员工作难以迅速完成，必将大量降低，因此，外货向我国倾销必更汹涌，而且我国抗战时期最久，破坏损失亦最多，战后产业多须重新兴建，故阻止外货倾销的能力亦最弱小，如不采取保护关税政策，一切民族产业势无重建的可能。章友江就曾指出："战后我国关税政策以配合管理贸易之各种办法而辅助计划贸易之推行为目的，故应采取保护关税政策以建立自主统一之关税制度及妥订关税税率，务使税关行政简捷而有力，关税税率适度而具有保护作用。"⑤

通过对抗战时期国民政府的关税政策及其实施过程的整体考察，我们看到，战时中国海关在征收关税方面，为争取抗战最后胜利起了重要经济

① ［日］久保亨《抗战时期中国的关税贸易问题》，载张宪文、陈兴唐、郑会欣编《民国档案与民国史学术讨论会论文集》，档案出版社 1988 年版，第 514—519 页。

② 郑友揆：《中国的对外贸易和工业发展（1840—1948）——史实的综合分析》，程麟荪译，上海社会科学院出版社 1984 年版，第 164 页。

③ 参见郑友揆《中国的对外贸易和工业发展（1840—1948）——史实的综合分析》表 44，程麟荪译，第 171 页。

④ 《十年来之海关》，第 28 页。

⑤ 章友江：《战后我国关税政策》，载《经济论横》第 2 卷，1944 年第 3 期。

作用。但同时我们也应该看到，由于国民党政治腐败，贪官污吏强留税款贪污中饱者大有人在。据《华西日报》1944 年 5 月 16 日社论说："贪官污吏到处充斥，官愈大，势愈厚，而贪污数目愈为惊人"，各级税收机关及税收工作人员每每截留税款贪污中饱。① 据谢伟思估计，仅有不到三分之一征来的税款缴到政府。② 毫无疑问，实际征得税额必大大超过国民政府财政部的统计数字，足见其国民政府相关职能部门未能发挥其应有的作用。

---

① 崔国华主编：《抗日战争时期国民政府财政金融政策》，西南财经大学出版社 1995 年版，第 154 页。

② 谢伟思：《美国与中国的关系》，载中国人民解放军政治学院编《中共党史参考资料》第八册，人民出版社 1979 年版，第 334 页。

参考文献

一 档案与史料

（一）中国第二历史档案馆藏档案

1. 财政部（1927—1949）全宗号三。

2. 关务署（1927—1949）全宗号一七九。

3. 海关总税务司署（1859—1949）全宗号六七九。

4. 缉私署（处）（1940—1945）全宗号一四五。

5. 经济部（1938—1949）全宗号四。

6. 贸易委员会（1938—1946）全宗号三〇九。

7. 战时货运管理局（1943—1945）全宗号一三四。

8. 资源委员会（1935—1949）全宗号二八。

（二）史料

1. ［美］布鲁纳、费正清、司马富编：《赫德日记——步入中国清廷仕途》，傅曾仁等译，中国海关出版社 2003 年版。

2. ［日］长野朗：《中国的财政（续）》，李占才译，《民国档案》1993年第 4 期。

3. ［日］长野朗：《中国的财政（续）》，李占才译，《民国档案》1994年第 2 期。

4. ［日］长野朗：《中国的财政（续）》，李占才译，《民国档案》1994年第 4 期。

5. ［日］长野朗：《中国的财政》，李占才译，《民国档案》1993 年第 3 期。

6. ［日］长野朗：《中国的财政》，李占才译，《民国档案》1994 年第 3 期。

7. ［日］长野朗：《民国财政》，王晓华译，《民国档案》1994 年第 1 期。

8.［日］防卫厅战史室编：《日本军国主义侵华资料长编》，天津市政协编译委员会译，四川人民出版社 1987 年版。

9.［日］防卫厅战史室编：《华北治安战》，天津市政协编译组译，天津人民出版社 1982 年版。

10.［日］今井武夫：《今井武夫回忆录》，天津市政协编译委员会译，中国文史出版社 1987 年版。

11.［日］日本产经新闻古屋奎二编：《蒋总统秘录》，台北"中央"时报出版社 1986 年版。

12.［英］班思德编：《最近百年中国对外贸易史》，海关总税务司统计科译，海关总税务司统计科印行，中英合璧本，1931 年。

13.［英］魏尔特著，郭本校阅：《自民国元年起至二十三年止关税纪实》（简称《关税纪实》），总税务司署统计印行科，1936 年。

14. Imperial Maritime Customs Service List.

15. Inspector General's Semi-Official Circulars, Volume 1. （1911.—1933.），Volume 2. （1933—1949.）

16. Inspector General's Circulars, Ⅰ（1861—1875），Ⅱ（1876—1949. 8.）

17. Preventive Secretary's Printed Note, 1949.

18. Stanley F. Wright, Documents Illustrative of Origin, Development, and Activities of the Chinese Customs Service, 共 7 卷，总税务司署统计科编印，1940 年。

19. 财务部参事厅编：《十年来之财务法制》，中央信托局 1943 年版。

20. 财政部：《全国财政会议汇编》，台湾文海出版社重印，收入《近代中国史料丛刊》三编。

21. 财政部财政科学研究所、中国第二历史档案馆编：《国民政府财政金融税收档案史料（1927—1937 年）》，中国财政经济出版社 1996 年版。

22. 财政部财政年鉴编纂处编：《财政年鉴（三编)》（2 册），编者发行，1948 年。

23. 财政部财政年鉴编纂处编：《财政年鉴（续编)》（3 册），编者发行，1943 年。

24. 财政部财政年鉴编纂处编：《财政年鉴》（2 册），商务印书馆 1935 年版。

25. 财政部关务署编：《财政部关务署法令汇编（1928—1932)》，出版地出版时间不详。

26. 财政部关务署编：《海关罚则评议会章则议案汇编》，编者刊，1936 年。

27. 财政部关务署编：《十年来之关税》，中央信托局印制处 1943 年版。

28. 财政部海关总税务司署编：《十年来之海关》，中央信托局印制处 1943 年版。

29. 财政部花纱布管制局编：《花纱布管制局之概况》，中央信托局 1943 年版。

30. 财政部缉私署编：《十年来之缉私》，中央信托局印制处 1943 年版。

31. 财政部贸易委员会编：《六年来之贸易》，中央信托局 1943 年版。

32. 财政部税制委员会编：《关税海关缉私法令汇编》，台北财政部税制委员会发行，1992 年。

33. 财政科学研究所、中国第二历史档案馆编：《民国外债档案史料》，档案出版社 1990、1991 年版。

34. 蔡德金编著：《周佛海日记》（2 册），中国社会科学出版社 1986 年版。

35. 陈海超编：《关税文牍辑要》，台北学海出版社 1970 年版。

36. 陈霞飞主编：《中国海关密档——赫德、金登干函电汇编（1874—1907）》（1—9 卷），中华书局 1990—1996 年版。

37. 陈向元：《中国关税问题资料四种》，台北学海出版社 1971 年版。

38. 程大成、毕德林主编：《第三次全国财政会议汇编》，国民政府财政部，1941 年。

39. 戴一峰主编：《厦门海关历史档案选编（1911—1949）》，厦门大学出版社 1997 年版。

40. 第二历史档案馆：《财政部第二期战时行政计划实施方案》及《财政部第二期战时行政计划实施方案》（续），《民国档案》1993 年第 4 期和 1994 年第 1 期。

41. 第三战区司令长官司令部编：《经济游击队应用法令汇编》，编者刊，油印本，1941 年。

42. 丁长清等：《中外经济关系史纲要》，科学出版社 2003 年版。

43. 复旦大学历史系日本史组编译：《日本帝国主义对外侵略史料选编（1931—1945）》，上海人民出版社 1975 年版。

44. 公安部档案馆编注：《在蒋介石身边八年——侍从室高级幕僚唐

纵日记》，群众出版社 1991 年版。

45. 顾维钧：《顾维钧回忆录》，中国社会科学院近代史研究所译，中华书局 1983—1994 年版。

46. 顾翊群：《经济封锁》，《中央训练团讲词选录》第 3 册，中国国民党中执委会训练委员会，1940 年。

47. 广东省档案馆编：《代理总税务司罗福德对近代中国海关缉私情形的回顾》，郑泽隆译，《民国档案》1992 年第 2 期。

48. 广东省档案馆编印：《陈济棠研究史料（1928—1936）》，1985年，广东省档案馆藏。

49. 广州市地方编纂委员会办公室、广州海关志编纂委员会编译：《近代广州口岸经济社会概况——粤海关报告汇集》，暨南大学出版社 1995 年版。

50. 广州市军事管理委员会海关处：《华南区进出口货物稽征暂行办法港澳边缘区小额肩挑贸易临时办法华南区海关暂行进出口税则》，广州市军事管理委员会印制，1949 年。

51. 郭化若等：《抗日游击战争的战术问题》，中国文化社 1939 年版。

52. 郭廷以编：《中华民国史事日志（1931—1937）》，台北"中央"研究院近代史研究所 1984 年版。

53. 郭廷以编：《中华民国史事日志（1938—1949）》，台北"中央"研究院近代史研究所 1985 年版。

54. 国防最高委员会、对敌经济封锁委员会编：《现行有关对敌经济封锁法令汇编》，编者刊，出版地不详，1941 年。

55. 海关罚则评议会编：《海关罚则评议会章则决议案》，海关罚则评议会编印，1936 年。

56. 海关总署《旧中国海关总税务司署通令选编》编译委员会编：《旧中国海关总税务司署通令选编》（1—3 卷），中国海关出版社 2003 年版。

57. 海关总署政策法规司编译：《中华人民共和国海关法》，中国海关出版社 2001 年版。

58. 海关总税务司署编：《渝字通令》（1—300）（4 册），海关总税务司署印行。

59. 海关总税务司署统计科编：《各国海关行政制度类编》，海关总税务司署统计科印行 1937 年版。

60. 海关总税务司署统计科编：《海关法规汇编》，总税务司署统计科编印，1937 年。

　　61. 海关总税务司署统计科编：《中国海关人事管理制度》，海关总税务司署统计科印行，出版时间不详。

　　62. 海关总税务司署统计科编：《中华民国海关出口税税则：自中华民国二十三年六月二十一日施行》，编者刊行，1940 年。

　　63. 海关总税务司署统计科编：《中华民国海关进口税税则：自中华民国二十三年七月施行》，编者刊行，1939 年。

　　64. 杭州海关编：《近代浙江通商口岸经济社会概况：浙海关瓯海关杭州关贸易报告集成》，浙江人民出版社 2002 年版。

　　65. 赫德：《这些从秦国来：中国问题论文集》，叶凤美译，天津出版社 2004 年版。

　　66. 黄臻等编译：《历史镜鉴——旧中国海关诫律》，中国海关出版社 2001 年版。

　　67. 江恒源编：《中国关税史料》，人文编辑所 1931 年版。

　　68. 江苏省地方志编纂委员会编：《江苏省志·工商行政管理志》，江苏古籍出版社 1995 年版。

　　69. 姜子云编：《缉私概要》，财政部粤东盐务管理局职员训练班编印，1940 年。

　　70. 李剑白主编：《东北抗日救宣运动资料》，黑龙江人民出版社 1991 年版。

　　71. 李竹溪、曾德久、黄为虎编：《近代四川物价史料》，四川科学技术出版社 1987 年版。

　　72. 刘寿林、万仁元等编：《民国职官年表》，中华书局 1995 年版。

　　73. 陆允昌编：《苏州洋关史料》，南京大学出版社 1991 年版。

　　74. 马模贞主编：《中国禁毒史资料》，天津人民出版社 1998 年版。

　　75. 马寅初著，田原主编：《马寅初全集》，浙江人民出版社 1999 年版。

　　76. 孟宪章主编：《中苏贸易史资料》，中国对外经济贸易出版社 1991 年版。

　　77. 莫世祥等编译：《近代拱北海关报告汇编》，澳门基金会出版社 1998 年版。

　　78. 南开大学马列主义教研室中共党史教研组编：《华北事变资料选编》，河南人民出版社 1983 年版。

　　79. 潘安生：《赫德史料》，台北“交通部”邮政总局邮政博物馆 1969

年版。

80. 彭明：《中国现代史资料选辑》，中国人民大学出版社 1989 年版。

81. 千家驹编：《旧中国公债史资料》（1894—1949），中华书局 1984 年版。

82. 千家驹主编：《帝国主义与中国海关（丛书）》，中国近代经济史资料丛刊编辑委员会、海关总署研究室编辑，第四编《中国海关与中法战争》；第五编《中国海关与缅甸问题》；第六编《中国海关与中葡里斯本草约》；第七编《中国海关与中日战争》；第八编《中国海关与英德续借款》；第九编《中国海关与义和团运动》；第十编《中国海关与庚子赔款》；第十二编《中国海关与邮政》；第十三编《中国海关与辛亥革命》；第十五编《1938 年英日关于中国海关的非法协定》，中华书局 1983 年重版。

83. 钱自强、王玥辑编：《抗战时期禁烟禁毒史料选》，载于近代史资料编辑部编《近代史资料》总 95 号，中国社会科学出版社 1998 年版。

84. 乔家才编：《戴笠传记资料》（8 册），台北天一出版社 1985 年版。

85. 秦孝仪主编：《革命文献·财政方面》，台北"中央"文物供应社 1977 年版。

86. 秦孝仪主编：《中华民国重要史料初编——对日抗战时期》，台北中国国民党中央委员会党史委员会，1988 年。

87. 日本防卫厅战史室编：《华北治安战》，天津市政协编译组译，天津人民出版社 1982 年版。

88. 荣孟源主编：《中国国民党历次代表大会及中央全会资料》，光明日报出版社 1985 年版。

89. 上海科学院近代史研究所编：《上海小刀会起义史料汇编》，上海人民出版社 1980 年版。

90. 上海市档案馆编：《日本帝国主义侵略上海罪行史料汇编》，上海人民出版社 1997 年版。

91. 沈雷春等编：《中国战时经济法规汇编》，世界书局铅印本 1940 年版。

92. 石源华主编：《中华民国外交史辞典》，上海古籍出版社 1996 年版。

93. 实业部中国经济年鉴编纂委员会编：《中国经济年鉴》，1934 年。

94. 实业部总务、商业司编：《全国工商会议汇编》，京华印书馆 1931 年版，台湾文海出版社重印，收入《近代中国史料丛刊》三编。

95. 四联总处秘书处编：《四联总处重要文献汇编》，台北学海出版社

1970 年版。

96. 孙修福编：《近代中国华洋机构译名大全》，中国海关出版社 2003 年版。

97. 台北国防部情报局编：《戴雨农先生全集》（上、下），编者印行，1979 年。

98. 太平天国历史博物馆编：《吴煦档案选编》（7 辑），江苏人民出版社 1983 年版。

99. 铁道部财务司调查科编：《粤滇线云贵段经济调查总报告》，台北文海出版社有限公司 1999 年重印。

100. 吴大明、黄宇乾、池廷熹主编：《中国贸易年鉴》，中国贸易年鉴社 1948 年版。

101. 吴冈编：《旧中国通货膨胀史料》，上海人民出版社 1958 年版。

102. 徐雪筠等译编：《上海近代社会经济发展概况（1882—1931）——〈海关十年报告〉译编》，上海社会科学院出版社 1985 年版。

103. 严中平等编：《中国近代经济史统计资料选辑》，科学出版社 1955 年版。

104. 姚贤镐编：《中国近代对外贸易史资料》，中华书局 1962 年版。

105. 喻春生：《孔祥熙在国民党五届五中全会上的财政报告》，《民国档案》2006 年第 1 期。

106. 张其昀编：《先总统蒋公全集》（四册），台北中国文化大学出版部 1984 年版。

107. 章伯锋、庄建平主编，李学通编：《抗日战争（第五卷）——国民政府与大后方经济》，四川大学出版社 1997 年版。

108. 浙江省中共党史学会编：《中国国民党历次会议宣言决议案汇编》（4 册），浙江省中共党史学会印，1985 年。

109. 中国第二历史档案馆、中国海关总署办公厅《中国旧海关史料》编辑委员会编：《中国旧海关史料（1859—1948 年）》，共 170 册，京华出版社 2001 年版。

110. 中国第二历史档案馆、中国社会科学院近代史研究所合编，陈霞飞主编：《中国海关密档，赫德、金登干函电汇编（1874—1907）》，中华书局 1990 年、1992 年、1994 年、1995 年陆续出版。

111. 中国第二历史档案馆：《行政院经济会议、国家总动员会议会议录》，广西师范大学出版社 2004 年版。

112. 中国第二历史档案馆编：《抗日战争正面战场》（上、下册），江苏古籍出版社 1987 年版。

113. 中国第二历史档案馆编：《中华民国史档案资料汇编》第五辑，第一编，第二编，江苏古籍出版社 1997 年版。

114. 中国第二历史档案馆等编：《中华民国金融法规档案资料选编》，档案出版社 1989 年版。

115. 中国海关学会汕头海关小组、汕头市地方编纂委员会办公室编：《潮海关史料汇编》，1988 年 11 月，内部发行，厦门大学历史系资料室藏。

116. 中国经济学社编：《关税问题专刊》，台北文海出版社 1988 年版。

117. 中国抗日战争史学会等编：《抗日战争时期重要资料统计集》，北京出版社 1997 年版。

118. 中国科学院经济研究所编：《中国近代工业史资料》，科学出版社 1957 年版。

119. 中国科学院历史研究所第三所南京史料整理处编：《中国政治史资料汇编》，编者印行，1961 年，线装油印本，南京大学中华民国史中心藏。

120. 中国科学院上海经济研究所、上海社会科学院编：《南洋兄弟烟草公司史料》，上海人民出版社 1958 年版。

121. 中国银行总管理处调查部：《最近中国对外贸易统计图解 1912—1930 附历年海关税则》。

122. 中华年鉴社编：《中华年鉴》，中华年鉴社发行 1948 年版。

123. 中央党部国民经济计划委员会主编：《十年来之中国经济建设》，扶轮日报社 1937 年版。

124. 中央调查统计局特种经济调查处编：《第五年之倭寇经济侵略》，编者印行 1943 年版。

125. 中央训练团编：《团长训词——经济抗战之精神和要务》，出版地不详，编者印行，1940 年。

126. 钟山编译：《抗战时期日本以毒品换取中国内地战略物资史料》，载《档案与史学》1996 年第 4 期。

127. 重庆档案馆编：《抗日战争时期国民政府经济法规》（上、下），档案出版社 1992 年版。

128. 重庆市档案馆、重庆市人民银行金融研究所编：《四联总处史料》（三册），档案出版社 1993 年版。

129. 周诚南编著：《实用查缉走私法规》，台北，出版社不详，1986

年版。

130. 周浩编著：《二十八年福建省海关贸易统计》，福建省政府统计处 1941 年版。

131. 朱传誉主编：《孔祥熙传记资料》，台北天一出版社 1979—1982 年版。

二　政协文史资料

当地中国人民政治协商会议文史资料研究委员会编，包括全国政协文史资料研究委员会：革命史资料、工商经济史料、人物事件专辑、文史资料选辑、文史通讯、纵横。

1. 《安徽文史资料选辑》第 14 辑（1983 年）。

2. 《福建文史资料》第 10 辑（1985 年 9 月）。

3. 《广东文史资料》第 7 辑（1962 年）。

4. 《广东文史资料》第 9 辑（1963 年）。

5. 《广汉文史资料选辑》（四川）第 3 辑（1984 年）。

6. 《广州文史资料》（广东）第 16 辑。

7. 《汉沽文史参考资料选编》（天津）第 1 辑（1987 年）。

8. 《洪江市文史资料》（湖南）第 2 辑（1987 年）。

9. 《兰溪文史资料》（浙江）第 4 辑（1986 年）。

10. 《宁夏文史资料》（宁夏）。

11. 《彭水文史资料选辑》（四川）第 3 辑（1987 年）。

12. 《仁寿文史》（四川）第 5 辑（1989 年）。

13. 《上海文史资料存稿汇编》（4）《经济金融》，上海市政协文史资料委员会编，上海古籍出版社 2001 年版。

14. 《文史资料辑存》（江苏常熟）第 5 辑（1964 年）。

15. 《文史资料选辑》（全国政协）第 50 辑（1964 年）。

16. 《厦门文史资料（选辑）》第 2 辑（1983 年）。

17. 《厦门文史资料》福建第 8 辑（1986 年）。

18. 《有关日本策动华北走私情况档案史料选》，《民国档案》1987 年第 4 期。

19. 《湛江文史资料》（广东）第 9 辑（1990 年）。

20. 《中山文史资料》（广东）第 1 辑（1963 年）。

21. 《中山文史资料》（广东）第 2 辑（1964 年）。

22. 《中山文史资料》（广东）第 3 辑（1965 年）。

23. 王恩湛：《旧海关的缉私工作》，载上海市政协文史资料委员会编：《上海文史资料存稿汇编》（4）《经济金融》，上海古籍出版社 2001年版。

24. 中国人民政治协商会议巴彦淖尔盟委员会文史资料研究委员会编：《巴彦淖尔文史资料选辑》第 4 辑（1985 年）。

25. 中国人民政治协商会议汉源县委员会文史资料工作组编：《汉源文史资料选辑》第 1 辑（1984 年）。

26. 中国人民政治协商会议四川省乐至县委员会文史资料研究组编：《乐至文史资料选辑》第 7 辑（1985 年）。

27. 朱偰：《抗战时期海关内幕（节选）》，载《全国政协文史资料选辑》，第 112 辑。

三 海关史志

1. 福建省地方志编纂委员会编：《福建省志·海关志》，方志出版社1995 年版。

2. 福州海关编：《福州海关志》，鹭江出版社 1991 年版。

3. 拱北海关编：《拱北海关志》，海洋出版社 1993 年版。

4. 拱北海关志编辑委员会编：《拱北关史料集》，编者编印，1998 年。

5. 广州海关志编志办公室编：《广州海关志》，广东人民出版社 1997年版。

6. 哈尔滨海关志编纂委员会编：《哈尔滨海关志》，黑龙江人民出版社 1999 年版。

7. 海南省地方史志办公室编：《海南省志》第九卷《海关志》，南海出版公司 1997 年版。

8. 黑河海关编：《黑河海关志》，中国社会科学出版社 1999 年版。

9. 吉林省地方志编纂委员会编纂：《吉林省志·海关商检志》，吉林人民出版社 1995 年版。

10. 交通部烟台港务管理局编：《近代山东沿海通商口岸贸易统计资料》，对外贸易教育出版社 1986 年版。

11. 周勇、刘竞修译编：《近代重庆经济与社会发展（1876—1949）》，四川大学出版社 1987 年版。

12. 厦门市志编纂委员会、厦门海关志编委会编：《近代厦门社会经济概况》，鹭江出版社 1990 年版。

13. 李策编译：《近代武汉经济与社会——〈海关十年报告·汉口江

海关〉》，香港天马图书有限公司 1993 年版。

14. 李必樟译：《上海近代贸易经济发展概况——1854—1898 年英国驻沪领事贸易报告汇编》，上海社会科学院出版社 1993 年版。

15. 广州地方志编纂委员会办公室、广州海关志编纂委员会编译：《近代广州口岸经济社会概况——粤海关报告汇集》，暨南大学出版社 1996 年版。

16. 中华人民共和国杭州海关译编：《近代浙江通商口岸经济社会概况——浙海关、瓯海关、杭海关贸易报告集成》，浙江人民出版社 2002 年版。

17. 黄富三等编：《清末台湾海关历年资料》，台北中研院台湾史研究所筹备处 1997 年版。

18. 莫世祥等编译：《近代拱北海关报告汇编（1887—1946）》，澳门基金会 1998 年版。

19. 池贤仁主编：《近代福州及闽东地区社会经济概况》，华艺出版社 1992 年版。

20. 江门海关编：《江门海关志（1904—1990）》，编者印行，1996 年。

21. 江苏省地方志编纂委员会编：《江苏省志·海关志》，江苏古籍出版社 1998 年版。

22. 九龙海关志办公室编：《九龙海关志（1887—1990）》，广东人民出版社 1993 年版。

23. 梁金成编：《广东省志·海关志》，广东人民出版社 2002 年版。

24. 南京市地方编纂委员会：《南京海关志》，中国城市出版社 1993 年版。

25. 南宁海关修志办公室编：《南宁海关志》，南宁海关修志办公室出版发行 1997 年版。

26. 青岛市档案馆编：《帝国主义与胶海关》，档案出版社 1986 年版。

27. 泉州海关编：《泉州海关志》，厦门大学出版社 2005 年版。

28. 任与孝主编：《宁波海关志》，浙江科学技术出版社 2000 年版。

29. 山东省地方史志编纂委员会编纂：《山东省志·海关志》，山东人民出版社 1997 年版。

30. 汕头海关编志办公室编：《汕头海关志》，1988 年 10 月，厦门大学中国海关史研究中心藏。

31.《上海海关志》编纂委员会编：《上海海关志》，上海社会科学院出版社 1997 年版。

32. 四川省地方志编纂委员会编纂：《四川省志·海关志》，四川科学技术出版社 1998 年版。

33. 绥芬河海关编：《绥芬河海关志（1907—1996）》，新华出版社 1998 年版。

34. 孙维玉：《宜昌海关史略》，出版地不详，1995 年。

35. 天津海关编志室编印：《天津海关志》，1993 年。

36. 温州海关志编纂委员会编著：《温州海关志》，上海社会科学院出版社 1996 年版。

37. 武汉海关编：《武汉海关志》，中华人民共和国武汉海关出版发行 1995 年版。

38. 徐蔚葳：《杭州海关志》，浙江人民出版社 2003 年版。

39. 甄朴：《北京海关志（1929—1999）》，《北京海关志》编纂委员会出版，内部发行，2002 年。

40. 中华人民共和国海口海关：《海口海关志》，编者编印，内部发行，1992 年。

41. 周荣国主编：《广西通志·海关志》，广西壮族自治区地方志编纂委员会编，广西人民出版社 1997 年版。

四　论著、译著、回忆录

1. ［澳大利亚］骆惠敏编：《清末民初政情内幕》，陈泽宪等译，《泰晤士报》驻北京记者袁世凯政治顾问乔·厄·莫理循的书信集，分上下两卷，知识出版社 1986 年版。

2. ［法］雅·洛瓦耶：《法国海关与对外贸易》，黄胜强、贾利群译，中国展望出版社 1987 年版。

3. ［韩］孙准植：《战前日本（1933—1937）在华北的走私活动》，民国史学丛书第 5 辑，台北国史馆印行 1997 年版。

4. ［加拿大］葛松：《李泰国与中英关系》，中国海关史研究中心译，厦门大学出版社 1991 年版。

5. ［美］阿瑟·恩·杨格：《一九二七至一九三七年中国财政经济情况》，陈泽宪、陈霞飞译，中国社会科学出版社 1981 年版。

6. ［美］埃谢里克编著：《在中国失掉的机会》，罗清等译，国际文化出版公司 1989 年版。

7. ［美］艾德加·法伊格编著：《地下经济学》，三联书店、上海人民出版社 1994 年版。

8. ［美］爱泼斯坦：《人民之战》，贾宗谊译，新华出版社 1991 年版。

9. ［美］安娜·雅各布、西奥多·怀特：《风暴遍中国》，康之非、王健康译，解放军出版社 1985 年版；另外一个版本是［美］白修德、贾安娜《中国的惊雷》，端纳译，新华出版社 1988 年版。

10. ［美］费正清、费维恺编：《剑桥中华民国史》（上、下卷），刘敬坤等译，中国社会科学出版社 1994 年版。

11. ［美］费正清主编：《剑桥中华民国史》，章则刚等译，上海人民出版社 1992 年版。

12. ［美］费正清：《费正清对华回忆录》，陆惠勤等译，知识出版社 1991 年版。

13. ［美］格兰姆·贝克：《一个美国人看旧中国》，朱启明、赵叔翼译，三联书店 1987 年版。

14. ［美］郝延平：《中国近代商业革命》，陈潮、陈任译，上海人民出版社 1991 年版。

15. ［美］黄仁宇：《从大历史的角度读蒋介石日记》，中国社会科学出版社 1998 年版。

16. ［美］吉尔伯特·罗兹曼主编：《中国的现代化》中译本，江苏人民出版社 2003 年版。

17. ［美］凯瑟琳·F. 布鲁纳等编：《步入中国清廷仕途——赫德日记（1854—1863）》，傅曾仁等译，中国海关出版社 2003 年版。

18. ［美］马士：《东印度公司对华贸易编年史》，区宗华译，中山大学出版社 1991 年版。

19. ［美］马士：《中华帝国对外关系史》，张汇文、姚曾廙等译，上海书店、世纪出版集团 2000 年版。

20. ［美］泰勒·丹涅特：《美国人在东亚》，姚曾廙译，商务印书馆 1959 年版。

21. ［美］提摩西·格林：《国际走私秘闻——现代走私世界内幕》，许崇山等译，群众出版社 1983 年版。

22. ［美］西蒙·库兹涅茨：《各国的经济增长》中译本，商务印书馆 2005 年版。

23. ［美］小科布尔：《江浙财阀与国民政府》，蔡静仪译，南开大学出版社 1987 年版。

24. ［美］伊斯雷尔·爱泼斯坦：《中国未完成的革命》，陈瑶华等译，新华出版社 1987 年版。

25.〔美〕约翰·亨特·博伊尔：《中日战争时期的通敌内幕》，陈体芳等译，商务印书馆 1978 年版。

26.〔日〕滨下武志：《近代中国的国际契机：朝贡贸易体系与近代亚洲经济圈》，朱荫贵、欧阳菲译，中国社会科学出版社 1999 年版。

27.〔日〕草柳大藏：《满铁调查内幕》，刘耀武等译，黑龙江人民出版社 1982 年版。

28.〔日〕池田诚著，中国人民抗日战争纪念馆编研部译校：《抗日战争与中国民众——中国的民族主义与民主主义》，求实出版社 1989 年版。

29.〔日〕高柳松一郎：《中国关税制度论》，李达译，商务印书馆 1929 年版。

30.〔日〕堀场一雄：《日本对华战争指导史》，王培岚等译，商务印书馆 1984 年版。

31.〔日〕浅田乔二等：《1937—1945 年日本在中国沦陷区的经济掠夺》，袁愈佺译，复旦大学出版社 1997 年版。

32.〔日〕上田贞次郎：《最近各国关税政策》，陈城译，商务印书馆。

33.〔日〕小岛清：《对外贸易论》，周宝廉译，南开大学出版社 1987 年版。

34.〔日〕中村隆英：《近代日本经济发展》，史作政译，知识出版社 1987 年版。

35.〔日〕重光葵：《日本侵华内幕》，齐福霖等译，解放军出版社 1987 年版。

36.〔瑞典〕伯尔蒂尔·奥林著，王继祖等译校：《地区贸易和国际贸易》，商务印书馆 1986 年版。

37.〔苏〕G. M. 乌加罗夫：《国际反走私的斗争》，孔松林等译，中国对外翻译出版公司 1982 年版。

38.〔英〕弗雷特·厄特利：《蒙难的中国——国民党战区纪行》，唐亮等译，解放军出版社 1987 年版。

39.〔英〕哈耶克：《通往奴役之路》，王明毅等译，中国社会科学出版社 1997 年版。

40.〔英〕克拉潘：《现代英国经济史》，姚曾廙译，商务印书馆 1997 年版。

41.〔英〕莱特：《中国关税沿革史》，姚曾廙译，三联书店 1958 年版。

42.〔英〕魏尔特：《赫德与中国海关》，陈敉才、陆琢成等译，厦门大学出版社 1997 年版。

43. 《上海港史话》编写组编:《上海港史话》,上海人民出版社 1979 年版。

44. 《外国史知识》编辑部编:《帝国主义是怎样侵略中国的》,湖南人民出版社 1986 年版。

45. 北京银行月刊社编辑:《中国关税问题》,北京银行月刊社 1923 年版。

46. 财政部关税总局编撰:《中华民国海关简史》,台北财政部关税总局 1995 年版,上海图书馆藏。

47. 蔡谦:《近二十年来之中日贸易及其主要商品 (1912—1931)》,商务印书馆 1936 年版。

48. 蔡谦:《粤省对外贸易调查报告》,商务印书馆 1939 年版。

49. 蔡伟、高恒、王明贤编著:《军统在大陆的兴亡》,中州古籍出版社 1990 年版。

50. 蔡渭洲、谢咸铠编:《海关文选》,中国展望出版社 1985 年版。

51. 蔡渭洲:《中国海关简史》,中国展望出版社 1989 年版。

52. 曹骏:《禁烟与抗战之关系》,建康日报社 1942 年版。

53. 曹英编:《军统实录》,团结出版社 1995 年版。

54. 常奥定:《经济封锁与反封锁》,1943 年。

55. 陈楚君、俞兴茂编:《特工秘闻——军统活动纪实》,中国文史出版社 1990 年版。

56. 陈琮:《我国海关人事制度之研究》,台北"国立"政治大学财政学系硕士论文,1971 年。

57. 陈存恭: 《列强对中国的军火禁运》,台北"中研院"近史所 1983 年版。

58. 陈大钢编著:《海关关税制度》,上海财经大学出版社 2002 年版。

59. 陈度编:《中国近代币制问题汇编》,上海瑞华印务局 1932 年版。

60. 陈晖:《走私犯罪论》,法律出版社 2002 年版。

61. 陈立廷:《关税问题讨论大纲》,青年协会书报部 1925 年版。

62. 陈鹏仁译:《近代日本外交与中国》,台北水牛出版社 1986 年版。

63. 陈诗启:《中国近代海关史》,人民出版社 2002 年版。

64. 陈诗启:《中国近代海关史问题初探》,中国展望出版社 1987 年版。

65. 陈松峰、陈文峰:《菸史闻见录》,中国商业出版社 1989 年版。

66. 陈霞飞：《海关史话》，社会科学文献出版社 2000 年版。

67. 陈向元：《中国关税史》，世界书局 1926 年版。

68. 陈争平：《1895—1936 年中国国际收支研究》，中国社会科学出版社 1996 年版。

69. 程浩编：《广州港史（近代部分）》，海洋出版社 1985 年版。

70. 仇华飞：《中美经济关系研究（1927—1937）》，人民出版社 2002 年版。

71. 褚葆一：《工业化与中国国际贸易》，商务印书馆 1946 年版。

72. 崔国华主编：《抗日战争时期国民政府财政金融政策》，西南财经大学出版社 1995 年版。

73. 戴蔼庐：《关税特别会议史》，北京银行月刊社 1925 年版。

74. 戴一峰：《近代中国海关与中国财政》，厦门大学出版社 1993 年版。

75. 当代中国海关编辑委员会主编：《当代中国海关》，当代中国出版社 1992 年版。

76. 邓开颂、吴志良、陆晓敏主编：《粤澳关系史》，中国书店 1999 年版。

77. 董长芝主编：《民国财政经济史》，辽宁师范大学出版社 1997 年版。

78. 杜廷绚：《美国对华商业》，商务印书馆 1933 年版。

79. 端木君：《海关调查学概论》，三联书店 1997 年版。

80. 鄂岸盐务办事处编：《税警战时读物》，出版地不详，鄂岸盐务办事处印行 1938 年版。

81. 费云文：《戴笠新传》，台湾圣文书局 1985 年版。

82. 冯子超：《中国抗战史》，正气书局 1946 年版。

83. 高德步、王珏编著：《世界经济史》，中国人民大学出版社 2001 年版。

84. 高鸿志：《近代中英关系史》，四川人民出版社 2001 年版。

85. 高融昆：《中国海关的制度创新和管理变革》，经济管理出版社 2002 年版。

86. 龚古今、唐培吉主编：《中国抗日战争史稿》，湖南人民出版社 1984 年版。

87. 龚学遂：《战时交通史》，商务印书馆 1947 年版。

88. 谷志杰：《关税概论》，中国财政经济出版社 1989 年版。

89. 顾毓珍：《液体燃料》，正中书局 1943 年版。

90. 关吉玉：《十五年来中国经济》，经济研究社丛书，1947 年。

91. 关吉玉：《中国税制》，经济研究社 1945 年版。

92. 郭飞平：《中华民国经济史》，人民出版社 1994 年版。

93. 郭廷以：《近代中国史纲》，香港中文大学出版社 1982 年版。

94. 国家税务总局主编：《中华民国工商税收史：税务管理卷》，中国财政经济出版社 1998 年版。

95. 国家税务总局主编：《中华民国工商税收史：盐税卷》，中国财政经济出版社 1999 年版。

96. 国家税务总局主编：《中华民国工商税收史纲》，中国财政经济出版社 2000 年版。

97. 国民出版社编辑：《经济游击战》，国民出版社 1939 年版。

98. 海关总署调查司编：《海关调查文选》，1990 年 4 月，内部发行。

99. 韩延龙主编：《中国近代警察制度》，中国人民公安大学出版社 1993 年版。

100. 韩渝辉主编：《抗战时期重庆的经济》，重庆出版社 1995 年版。

101. 何思眯：《抗战时期的专卖事业（1941—1945）》，台北“国史馆”1997 年版。

102. 何晓兵：《中国关税实务》，中国对外经济贸易出版社 2002 年版。

103. 何应钦：《日军侵华八年抗战史》，台北黎明文化事业公司 1982 年版。

104. 何珍如：《清代云南的盐务缉私》，《中国历史博物馆馆刊》1985 年第 6 期。

105. 洪钧培：《国民政府外交史》，华通书局 1930 年版。

106. 胡德坤：《中日战争史》（1931—1945），武汉大学出版社 1988 年版。

107. 胡家庆、王秀琼：《进出口商品学》，上海社会科学院出版社 1990 年版。

108. 胡仁奎：《游击区经济问题研究》，黄河出版社 1939 年版。

109. 胡怡建主编：《税收学》，上海财经大学出版社 1999 年版。

110. 华北问题研究会编著：《走私问题与关税问题》，出版地不详，华北问题研究会刊印 1936 年版。

111. 华民：《中国海关之实际状况》，神州国光社 1933 年版。

112. 黄国盛：《鸦片战争前的东南四省海关》，福建人民出版社 2000 年版。

113. 黄立人：《抗战时期大后方经济史研究》，中国档案出版社 1998 年版。

114. 黄美真主编：《日伪对华中沦陷区经济的掠夺与统制》，社会科学文献出版社 2005 年版。

115. 黄天华编：《WTO 与中国关税》，复旦大学出版社 2002 年版。

116. 黄序鹓：《海关通志》，商务印书馆 1915 年版。

117. 黄炎培：《中国商战失败史》，商务印书馆 1917 年版。

118. 贾士毅：《关税与国权》，财政部驻沪调查货价处，1927 年。

119. 贾士毅：《关税与国权补遗》，商务印书馆 1930 年版。

120. 贾秀岩、陆满平：《民国价格史》，中国物价出版社 1992 年版。

121. 江绍贞：《戴笠和军统》，河南人民出版社 1994 年版。

122. 姜铎：《抗战时期的大后方经济》，四川大学出版社 1989 年版。

123. 姜丕承：《中国关税自主运动经过》，中央政治会议武汉分会 1929 年版。

124. 蒋秋明、朱庆葆：《中国禁毒历程》，天津教育出版社 1996 年版。

125. 蒋纬国：《国民革命战史——抗日御侮》，台北黎明文化事业公司 1978 年版。

126. 金葆光：《海关权与民国前途》，商务印书馆 1928 年版。

127. 金祥荣：《关税与非关税壁垒的效应分析》，学苑出版社 1993 年版。

128. 警官教育出版社编：《走私·贩私与缉私》，警官教育出版社 1991 年版。

129. 居之芬主编：《日本对华北经济的掠夺和统制》，北京出版社 1995 年版。

130. 卷烟统制局编：《卷烟统税史》，见沈云龙主编《近代中国史料丛刊》第 64 辑，台北文海出版社 1972 年版。

131. 军事科学院军事历史研究部：《中国抗日战争史》，解放军出版社 1991—1994 年陆续出版。

132. 抗日战争时期国民政府财政经济战略措施研究课题组编：《抗日战争时期国民政府财政经济战略措施研究》，西南财政大学出版社 1988 年版。

133. 克鲁格曼·奥伯斯法尔德：《国际经济学》，中国人民大学出版社 1996 年版。

134. 孔经纬：《东北经济史》，四川人民出版社 1986 年版。

135. 孔经纬：《续中国经济史略（抗战至解放前）》，吉林人民出版社 1959 年版。

136. 孔祥熙：《抗战以来的财政》，胜利出版社 1942 年版。

137. 匡球：《中国抗战时期税制概要》，中国财政经济出版社 1988 年版。

138. 冷家骥：《中国盐政述要》，文岚籍印书局 1939 年版。

139. 李伯重：《理论、方法、发展趋势：中国经济史研究新探》，清华大学出版社 2002 年版。

140. 李恩涵编著：《战时日本贩毒与"三光作战"研究》，江苏人民出版社 1999 年版。

141. 李桂荣选编：《腐败的旧中国》，内蒙古人民出版社 1991 年版。

142. 李海生、完颜绍元：《军统巨枭——毛人凤》，上海人民出版社 1995 年版。

143. 李继星主编：《戴笠传》，敦煌文艺出版社 1993 年版。

144. 李景铭编辑：《修改税则始末记》，经济学会，1919 年。

145. 李康华等：《中国对外贸易史简论》，对外贸易出版社 1981 年版。

146. 李茂盛：《孔祥熙传》，中国广播电视出版社 1992 年版。

147. 李明银、武树帜编著：《帝国主义对华经济侵略史况》，经济日报出版社 1991 年版。

148. 李鹏南：《海关税收管理》，中国海关出版社 2002 年版。

149. 李权时：《统制经济研究》，商务印书馆 1937 年版。

150. 李权时：《中国关税问题》，商务印书馆 1937 年版。

151. 李权时：《自由贸易与保护关税》，东南书店 1929 年版。

152. 李晓武主编：《走私犯罪侦查业务》，中国海关出版社 2002 年版。

153. 李育民：《中国废约史》，中华书局 2005 年版。

154. 李云良编拟：《六（辰）确立缉私方案问题》，油印本，出版地、出版具体时间不详，上海图书馆藏。

155. 李占才、张劲：《抗日战争史丛书续编·综合系列：超载——抗战与交通》，广西师范大学出版社 1996 年版。

156. 连心豪：《水客走水——近代中国沿海的走私与反走私》，江西高校出版社 2005 年版。

157. 良雄：《戴笠传》，台北传记文学出版社 1985 年 4 月 30 日再版。

158. 梁择奇：《国际走私内幕》，香港奔马出版社 1984 年版。

159. 廖振华：《海关查私学》，中国海关学会编，1987 年 1 月，内部发行。

160. 林阔编著：《中国最辣的军统魔头——戴笠全传》，中国文史出版社 2001 年版。

161. 林乐明：《海关服务卅五年回忆录》，香港龙门书店 1982 年版。

162. 林庆元主编：《福建近代经济史》，福建教育出版社 2001 年版。

163. 林仁川：《福建对外贸易与海关史》，鹭江出版社 1991 年版。

164. 刘百闵编辑：《日本之关税政策》，正中书局 1933 年版。

165. 刘大钧：《经济动员与统制经济》，商务印书馆 1939 年版。

166. 刘佛丁、王玉茹、于建玮：《近代中国的经济发展》，山东人民出版社 1997 年版。

167. 刘佛丁主编：《中国近代经济发展史》，高等教育出版社 2002 年版。

168. 刘广平主编：《海关征税》，中山大学出版社 1999 年版。

169. 刘国良：《中国工业史》，江苏科技出版社 1992 年版。

170. 刘惠吾主编：《上海近代史》，华东师范大学出版社 1987 年版。

171. 刘延宇等：《发达国家缉私管理制度》，时事出版社 2001 年版。

172. 刘佐：《中国税制五十年》，中国税务出版社 2000 年版。

173. 卢海鸣：《海关蜕变年代——任职海关四十二载经历》，台湾美术印刷有限公司 1993 年版。

174. 卢汉超：《赫德传》，上海人民出版社 1986 年版。

175. 陆仰渊、方庆秋主编：《民国社会经济史》，中国经济出版社 1991 年版。

176. 马敏、朱英等：《中国经济通史》第八卷（下），湖南人民出版社 2002 年版。

177. 马寅初：《中国关税问题》，商务印书馆 1930 年版。

178. 马振犊、戚如高：《友乎？敌乎？——德国与中国抗战》，广西师范大学出版社 1997 年版。

179. 毛锡学、李德章主编：《抗日根据地财经史稿》，河南人民出版社 1995 年版。

180. 孟宪章主编：《中苏经济贸易史》，黑龙江人民出版社 1992 年版。

181. 莫开勤、颜茂昆主编：《走私犯罪》，中国人民公安大学出版社 1999 年版。

182. 牟瀛、冯晴、胡迟编著：《世界各国关税制度》，中国大百科全书出版社 1995 年版。

183. 潘嘉钊等编撰：《蒋介石警察密档》，群众出版社 1994 年版。

184. 潘嘉钊等编撰：《蒋介石特工密档及其他》，群众出版社 1993 年版。

185. 潘君祥、沈祖炜主编：《近代中国国情透视——关于近代中国经济、社会的研究》，上海社会科学院出版社 1992 年版。

186. 潘忠甲：《致上海总商会解决关税十大问题意见书》，华丰印刷铸字所。

187. 彭南生：《中间经济：传统与现代之间的中国近代手工业（1840—1936)》，华中师范大学博士论文。

188. 彭平：《共和国的另类战争——中国海关反走私之战》，新华出版社 2001 年版。

189. 彭永福主编：《国际贸易》，上海财经大学出版社 2004 年版。

190. 彭雨新：《清代关税制度》，湖北人民出版社 1956 年版。

191. 彭泽益：《十九世纪后半期的中国财政与经济》，人民出版社 1983 年版。

192. 漆树芬：《经济侵略下之中国》，三联书店 1954 年版。

193. 祁美琴：《清代榷关制度研究》，内蒙古大学出版社 2004 年版。

194. 齐春风：《中日经济战中的走私活动（1937—1945)》，人民出版社 2002 年版。

195. 钦本立：《美帝经济侵华史》，世界知识出版社 1950 年版。

196. 秦孝仪主编：《中华民国经济发展史》，台北近代中国出版社 1983 年版。

197. 清庆瑞主编：《抗战时期的经济》，北京出版社 1995 年版。

198. 邱克：《局内旁观者——赫德》，陕西人民出版社 1990 年版。

199. 全国海关教育培训中心、海关总署走私犯罪侦查局编：《走私犯罪侦查教程》，编者印行，2000 年。

200. 入江昭、孔华润编：《巨大的转变——美国与东亚（1931—1949)》，复旦大学出版社 1991 年版。

201. 汕头海关学会编：《汕头海关论文选编》，查私理论政策研讨会专辑，1990 年 12 月。

202. 商业部商业经济研究所《中国的酒类专卖》编写组编：《中国的酒类专卖》，中国商业出版社 1982 年版。

203. 上海海关专科学校编：《海关概论》，上海海关专科学校编印 1985 年版。

204. 上海社会科学院政治法律研究所社会问题组编：《大流氓杜月笙》，群众出版社 1965 年版。

205. 上海市医药公司、上海市工商行政管理局、上海市社会科学院经济研究所编著：《上海近代西药行业史》，上海社会科学院出版社 1988 年版。

206. 申元编著：《江山戴笠》，中国文史出版社 1991 年版。

207. 沈美娟：《孽海枭雄戴笠》，中国文史出版社 2003 年版。

208. 沈美娟：《孽海枭雄——戴笠新传》，十月文艺出版社 1992 年版。

209. 沈美娟主编：《沈醉回忆作品全集》，九州图书出版社 1998 年版。

210. 沈肇章编著：《关税理论与实务》，暨南大学出版社 2000 年版。

211. 沈醉、文强：《戴笠其人》，文史资料出版社 1980 年版。

212. 沈醉：《军统·战犯·命运》，九州图书出版社 1998 年版。

213. 沈醉：《军统内幕》，文史资料出版社 1995 年版。

214. 沈醉：《我所知道的戴笠》，群众出版社 1962 年版。

215. 盛俊：《海关税务纪要》，商务印书馆 1919 年版。

216. 石柏林：《凄苦风雨中的民国经济》，河南人民出版社 1993 年版。

217. 史全生主编：《中华民国经济史》，江苏人民出版社 1989 年版。

218. 寿充一编：《孔祥熙其人其事》，中国文史出版社 1987 年版。

219. 寿进文：《抗日经济战略》，中山文化教育馆，1938 年。

220. 寿进文：《抗日战争时期国民党统治区的物价问题》，上海人民出版社 1958 年版。

221. 税务总局主编：《中华民国工商税收史：直接税卷》，中国财政经济出版社 1996 年版。

222. 司鹏程、吴尚鹰：《中国海关法论纲》，上海人民出版社 2000 年版。

223. 四川省中国经济史学会编：《抗战时期大后方的经济》，四川大学出版社 1989 年版。

224. 苏智良：《中国毒品史》，上海人民出版社 1997 年版。

225. 苏志荣等：《白崇禧回忆录》，解放军出版社 1987 年版。

226. 宿世芳主编：《当代中国海关》，当代中国出版社 1992 年版。

227. 粟寄沧：《中国战时经济问题研究》，中新印务股份有限公司 1942 年版。

228. 孙宝根：《抗战时期国民政府缉私研究（1931—1945）》，中国档案出版社 2006 年版。

229. 孙文学等：《中国近代财政史》，东北财经大学出版社 1990 年版。

230. 孙文学主编：《中国关税史》，中国财政经济出版社 2003 年版。

231. 孙翊刚、董庆铮主编：《中国赋税史》，中国财经出版社 1987 年版。

232. 孙玉琴：《中国对外贸易史》（第二册），对外经济贸易大学出版社 2004 年版。

233. 谭熙鸿主编：《十年来之中国经济》，中华书局 1948 年版。

234. 汤象龙编著：《中国近代海关税收和分配统计（1861—1910）》，中华书局 1990 年版。

235. 唐凌：《开发与掠夺——抗战时期的中国矿业》，广西师范大学出版社 2000 年版。

236. 陶菊隐：《孤岛见闻——抗战时期的上海》，上海人民出版社 1979 年版。

237. 陶明、杨水康、刘国华、赵永珍编著：《WTO 与海关实务》，上海人民出版社 2002 年版。

238. 陶文钊：《中美关系史（1911—1949）》，上海人民出版社 2004 年版。

239. 童蒙正：《关税概论》，商务印书馆 1946 年版。

240. 童蒙正：《关税论》，商务印书馆 1934 年版。

241. 童蒙正：《中国陆路关税史》，商务印书馆 1928 年版。

242. 外交部编纂委员会编：《中国恢复关税主权之经过》，外交部编纂委员会，1929 年 2 月。

243. 万安培、邹进文：《社会经济病态寻根》，湖北人民出版社 1994 年版。

244. 汪敬虞主编：《中国近代经济史（1895—1927）》，人民出版社 2000 年版。

245. 汪敬虞：《赫德与近代中西关系》，人民出版社 1987 年版。

246. 王福明编著：《海关缉私》，对外经济贸易大学出版社 1997 年版。

247. 王福明编著：《现代国际走私案》，对外贸易教育出版社 1989 年版。

248. 王鹤鸣：《芜湖海关》，黄山书社 1994 年版。

249. 王宏斌：《赫德爵士传——大清海关洋总管》，文化艺术出版社 2000 年版。

250. 王宏斌：《禁毒史鉴》，岳麓书社 1997 年版。

251. 王洪峻编著：《抗战时期国统区的粮食价格》，四川省社会科学院出版社 1985 年版。

252. 王桦主编：《飓风行动——中国海关反走私纪实》，南方日报出版社 2001 年版。

253. 王金香：《中国禁毒简史》，学林出版社 1996 年版。

254. 王立诚：《中国近代外交制度史》，甘肃人民出版社 1990 年版。

255. 王铭鏊编著：《军统和中统秘史》，海南出版社 2002 年版。

256. 王普光等编著：《关税理论政策与实务》，对外贸易教育出版社 1999 年版。

257. 王士花：《开发与掠夺——抗日战争时期日本在华北华中沦陷区的经济统治》，中国社会科学出版社 1998 年版。

258. 王松等：《孔祥熙和宋蔼龄》，河南人民出版社 1992 年版。

259. 王铁崖编：《中外旧约章汇编》（3 册），三联书店 1957 年版、1959 年版和 1962 年版。

260. 王维馥、王普光：《话说关税》，改革出版社、中国金融出版社 1993 年版。

261. 王文泉、刘天路主编：《中国近代史（1840—1949）》，高等教育出版社 2001 年版。

262. 王相钦、吴太昌主编：《中国近代商业史论》，中国财政经济出版社 1999 年版。

263. 王秀鑫、郭德宏主编：《中华民族抗日战争史》（1931—1945），中共党史出版社 1995 年版。

264. 王询、于秋华编著：《中国近现代经济史》，东北财经大学出版社 2004 年版。

265. 王意家、甄鸣、孙国权编著：《海关概论》，中山大学出版社 1997 年版。

266. 王意家、甄鸣、孙国权编著：《中国海关概论》，中国海关出版社 2002 年版。

267. 王雍君：《税制优化原理》，中国财政经济出版社 1995 年版。

268. 王玉洁、侯放编著：《关税与贸易总协定知识入门》，上海社会科学院出版社 1992 年版。

269. 王真：《论抗战时期日本削弱中国国力的经济战略》，载《日本研究》1999 年第 3 期。

270. 王正廷：《中国恢复关税主权之经过》，北洋政府外交部编纂委员会编印，1929 年。

271. 魏宏运：《抗日战争与中国社会》，辽宁人民出版社 1997 年版。

272. 魏建猷：《中国近代货币史》，群联出版社 1955 年版。

273. 翁国民主编：《入世与中国海关法》，世界图书出版公司 2001 年版。

274. 翁文灏：《战时经济建设》，载《中央训练团党政训练班讲演录》，1942 年。

275. 吴承明：《中国资本主义与国内市场》，中国社会科学出版社 1985 年版。

276. 吴家煌主编：《世界主要国家关税政策与措施》，法律出版社 1998 年版。

277. 吴景平：《宋子文评传》，福建人民出版社 1992 年版。

278. 吴伦霓霞、何佩然主编：《中国海关史论文集》，香港中文大学历史系，1997 年。

279. 吴申元主编：《中国近代经济史》，上海人民出版社 2003 年版。

280. 吴松弟主编：《中国百年经济拼图：港口城市及其腹地与中国现代化》，山东画报出版社 2006 年版。

281. 吴兆莘：《中国税制史》，商务印书馆 1937 年版。

282. 吴忠礼、刘钦斌主编：《西北五马》，河南人民出版社 1993 年版。

283. 武堉幹：《中国关税问题》，商务印书馆 1930 年版。

284. 夏东元主编：《二十世纪上海大博览（1900—2000）》，文汇出版社 2001 年版。

285. 厦门海关编著：《厦门海关志》，科学出版社 1994 年版。

286. 谢君哲：《经济战争论》，大刚印书馆 1944 年版。

287. 忻平等主编：《中华民国纪事》，福建人民出版社 2001 年版。

288. 辛剑锋编著：《严守国门——共和国 50 年缉私斗争纪实》，广东经济出版社 2000 年版。

289. 邢军纪、曹岩：《中国文物大走私》，中国工人出版社 1991 年版。

290. 熊沛彪：《近现代日本霸权战略》，社会科学文献出版社 2005 年版。

291. 徐蓝：《英国与中日战争（1931—1941）》，北京师范大学出版社 1991 年版。

292. 徐义生编：《中国近代外债史统计资料（1853—1927）》，中华书局 1962 年版。

293. 许涤新、吴承明主编：《中国资本主义发展史》（第二卷），人民出版社 2005 年版。

294. 许涤新：《现代中国经济教程》，新知书店 1947 年版。

295. 薛光前：《八年对日抗战中之国民政府》，台湾商务印书馆 1978 年版。

296. 薛毅：《国民政府资源委员会研究》，社会科学文献出版社 2005 年版。

297. 亚子、从蓉编著：《最高动员令——中国海关反走私纪实》，中国社会出版社 1999 年版。

298. 延安时事问题研究会：《日本帝国主义在中国沦陷区》，上海人民出版社 1958 年版。

299. 延安时事问题研究会编：《抗战中的中国经济》，抗战书店 1940 年版，中国现代史资料编辑委员会 1957 年翻印。

300. 严中平等编：《中国近代经济史统计资料选辑》，科学出版社 1955 年版。

301. 颜悉达编著：《经济作战论》，拔提书店 1944 年版。

302. 杨德才：《中国经济史新论（1840—1949）》，经济科学出版社 2004 年版。

303. 杨德森编：《中国海关制度沿革》，商务印书馆 1925 年版。

304. 杨光彦等主编：《重庆国民政府》，重庆出版社 1995 年版。

305. 杨圣明主编：《中国关税制度改革》，中国社会科学出版社 1997 年版。

306. 杨天宏：《中国的近代转型与传统制约》，贵州人民出版社 2000 年版。

307. 杨天石：《海外访史录》，社会科学文献出版社 1993 年版。

308. 杨荫溥：《民国财政史》，中国财政经济出版社 1985 年版。

309. 杨者圣：《特工王戴笠》，上海人民出版社 1993 年版。

310. 叶凤美：《失守的国门——旧中国的海关》，高等教育出版社 1993 年版。

311. 叶松年：《中国近代海关税则史》，三联书店 1991 年版。

312. 叶永刚、胡昌生主编：《WTO：挑战 21 世纪　中国金融》，武汉测绘科技大学出版社 2000 年版。

313. 叶元龙：《中国财政问题》，商务印书馆 1937 年版。

314. 殷崇浩主编：《国民政府时期的税收》，光明日报出版社 1991 年版。

315. 殷崇浩主编：《中国税收通史》，光明日报出版社 1991 年版。

316. 游国立、席晓勤：《戴笠全传》，吉林人民出版社 1996 年版。

317. 余炳勋等编：《税警缉私概要》，盐务缉私督察人员训练班，1935 年。

318. 俞小敏编：《民国官场厚黑学》，团结出版社 1995 年版。

319. 俞晓松主编：《走向 21 世纪的中国关税》，中国经济出版社 1997 年版。

320. 虞奇：《抗日战争简史》，台北黎明文化事业公司 1982 年版。

321. 臧运祜：《七七事变前的日本对华政策》，社会科学文献出版社 2000 年版。

322. 张凤鸣：《中国东北与俄国（苏联）经济关系史》，中国社会科学出版社 2003 年版。

323. 张公权：《中国通货膨胀史（1937—1949）》，文史资料出版社 1986 年版。

324. 张国贵主编：《走私犯罪的惩治与防范》，西苑出版社 2000 年版。

325. 张宏志：《中国抗日游击战争史》，陕西人民出版社 1995 年版。

326. 张鸿春：《关税概论》，台北世界书局 1977 年版。

327. 张建平、李安：《孔氏家族全传》，中国文史出版社 1997 年版。

328. 张君俊：《长期抗战的收获是什么》，上海杂志公司 1938 年版。

329. 张霈之（张宜生）：《戴笠与抗战》，台北"国史馆"1999 年版。

330. 张群主编：《中外关税税制比较》，中国财政经济出版社 2002 年版。

331. 张生：《南京国民政府的税收（1927—1937）》，南京出版社 2001 年版。

332. 张素民：《抗战与经济统制》，商务印书馆 1937 年初版，1938 年再版。

333. 张同新：《陪都风雨——重庆时期的国民政府》，黑龙江人民出版社 1993 年版。

334. 张宪文、方庆秋主编：《蒋介石全传》，河南人民出版社 1996 年版。

335. 张宪文等：《中华民国史》，南京大学出版社 2006 年版。

336. 张宪文主编：《中国抗日战争史（1931—1945）》，南京大学出版社 2001 年版。

337. 张宪文主编：《中华民国史纲》，河南人民出版社 1985 年版。

338. 张晓辉：《香港近代经济史（1840—1949）》，广东人民出版社 2001 年版。

339. 张晓辉：《香港与近代中国对外贸易》，中国华侨出版社 2000 年版。

340. 张亚雄编：《关税》，机械工业出版社 1994 年版。

341. 张仲礼、陈曾年：《沙逊集团在中国》，人民出版社 1985 年版。

342. 张仲礼等主编：《长江沿岸城市与中国近代化》，上海人民出版社 2002 年版。

343. 张仲礼主编：《中国近代经济史论著选译》，上海社会科学院出版社 1987 年版。

344. 章君榖：《杜月笙传》（四册），台北传记文学出版社 1978 年版。

345. 章开沅、朱英主编：《对外经济关系与中国近代化》，华中师范大学出版社 1990 年版。

346. 赵长天：《孤独的外来者——大清海关总税务司赫德》，文汇出版社 2003 年版。

347. 赵兰坪：《日本对华商业》，上海商务印书馆 1933 年版。

348. 赵凌云主编：《中国共产党经济工作史》，湖北人民出版社 2005 年版。

349. 赵淑敏：《中国海关史》，台北"中央"文物供应社 1982 年版。

350. 郑伯彬：《日本侵占区之经济》，资源委员会经济研究室 1945 年版。

351. 郑友揆、程磷荪、张传洪：《旧中国的资源委员会（1932—1949）》，上海社会科学院出版社 1991 年版。

352. 郑友揆：《中国的对外贸易和工业发展（1840—1948）——史实的综合分析》，程麟荪译，上海社会科学院出版社 1984 年版。

353. 郑友揆：《我国关税自主后进口税率水准之变迁》，商务印书馆 1939 年版。

354. 政协江苏省委文史资料研究委员会编：《中统内幕》，江苏古籍出版社 1987 年版。

355. 中国国民党中央执行委员会宣传部编：《如何防止走私》，编者印行，1942 年。

356. 中国国民党中央执行委员会宣传部编印：《六年来之财政金融》，

国民图书出版社 1943 年版。

357. 中国海关学会编：《海关职工革命斗争史文集》，中国展望出版社 1990 年版。

358. 中国社会科学院近代史研究所：《日本侵华七十年史》，中国社会科学出版社 1992 年版。

359. 中国问题研究会编：《走私问题》，中国问题研究会印行 1936 年版。

360. 周大豹、凌承学主编：《抗日战争时期西南经济发展概述》，西南师范大学出版社 1988 年版。

361. 周念明：《中国海关之组织及其事务》，商务印书馆 1933 年版。

362. 周熊：《海关古今谈》，上海教育出版社 1989 年版。

363. 周育民、邵雍：《中国帮会史》，上海人民出版社 1993 年版。

364. 朱进：《中国关税问题》，出版地不详，主张国际税法平等会印行 1919 年版。

365. 朱君毅：《民国时期政府统计工作》，中国统计出版社 1988 年版。

366. 朱荣基编著：《近代中国海关及其档案》，海天出版社 1996 年版。

367. 朱斯煌主编：《民国经济史》，银行学会银行周报社 1948 年版。

368. 朱偰：《中国战时税制》，财政评论社 1943 年版。

369. 朱英、石柏林：《近代中国经济政策演变史稿》，湖北人民出版社 1998 年版。

370. 朱英：《晚清经济政策与改革措施》，华中师范大学出版社 1996 年版。

371. 主计部统计局编：《中华民国统计年鉴》，出版地不详，中国文化事业公司 1948 年版。

372. 庄维民、刘大可：《日本工商资本与近代山东》，社科文献出版社 2006 年版。

373. 总税务司署统计科编：《海关稽征章则概述》，总税务司署统计科 1949 年版。

374. 邹郎：《戴笠新传》，团结出版社 1988 年版。

375. 左治生：《中国近代财政史丛稿》，西南财政大学出版社 1987 年版。

五 部分论文

1. ［澳大利亚］林肯·李：《1937—1941 年日军对华北的经济控制》，

摘译自 Lincoln Li：The Japanese Army in North China 1937—1941.
(《1937—1941 年在华北的日军》)，牛津大学出版社 1975 年版，第 122—
146 页。载张仲礼主编《中国近代经济史论著选译》，上海社会科学院出
版社 1987 年版，第 168—179 页。

2. ［日］久保亨：《二十世纪三十年代中国的关税政策与资产阶级》，
载张仲礼主编《中国近代经济史论著选译》，上海社会科学院出版社 1987
年版，第 252—271 页。

3. ［日］久保亨：《抗战时期中国的关税贸易问题》，载张宪文等编
《民国档案与民国史学术讨论会议文集》，档案出版社 1988 年版，第
514—519 页。

4. ［日］中村隆英：《冀东走私的兴衰》，李秀石译，载中国社会科
学院近代史研究所《国外中国近代史研究》编辑部编《国外中国近代史
研究》（第九辑），中国社会科学出版社 1987 年版，第 302—307 页。

5. Lloyd E. Eastman，"Facets of an Ambivalent Relationship：Smuggling
Puppets，and Atrocities During the War，1937—1945"，in Akira Iriye
(ed.)，The Chinese and the Japanese：Essays in Political and Cultural Interac-
tions，Princeton，Princeton N. J.：University Press，1980.

6. 伯亮：《戴笠直接控制的衡阳"查干班"》，《民国春秋》1998 年第
2 期。

7. 伯亮：《戴笠直接控制的西安"查干班"》，《民国春秋》1999 年第
1 期。

8. 蔡勤禹：《抗战时期国民政府对工商业团体的管制》，《河北师范
大学学报》（哲学社会版）1998 年第 3 期。

9. 蔡渭洲：《略谈抗日战争时期的中国海关》，《中国海关》1995 年
第 8 期。

10. 蔡渭洲：《中国土地革命时期苏区的海关机构和进出境管理》，
《中国海关史论文集》，中国海关学会编，1996 年。

11. 曹泉：《中国关税政策效应分析》，山东大学硕士论文，2005 年
10 月。

12. 陈谦平、陈红民、张生：《第四次中华民国史国际学术讨论会述
评》，《历史研究》2001 年第 1 期。

13. 陈勤：《试论南京国民政府的税制改革》，《南京社会科学》1998
年第 2 期。

14. 陈诗启：《论清末税务处的设立和海关隶属关系的改变》，《历史

研究》1987 年第 3 期。

15. 陈争平：《1912—1936 年中国进出口商品结构变化考略》，载张东刚等主编《世界经济体制下的民国时期经济》，中国财政经济出版社 2005 年版。

16. 陈争平：《19 世纪中国海关关税制度的演变》，载《19 世纪中国》，见 http：//rwxy. tsinghua. edu. cn/xi-suo/lsx/learning/meeting2005/pa-pers/chenzhengping. pdf。

17. 陈争平：《货币战、物资战：抗战时期的特殊战线》，载金明善《经济学家茶座（第三辑）》，山东人民出版社 2000 年版。

18. 仇华飞：《20 世纪 30 年代美国关税政策与中美贸易》，《南京大学学报》（哲学人文科学社会科学版）2004 年第 2 期。

19. 戴一峰：《近代中国租借地海关及其关税制度试探》，《社会科学战线》1988 年第 2 期。

20. 戴一峰：《论清末海关兼管常关》，《历史研究》1989 年第 6 期。

21. 单冠初：《日本与南京国民政府初期的关税自主运动》，《档案与史学》2002 年第 2 期。

22. 丁孝智：《孔祥熙战时财政政策及其评价》，《西北师范大学学报》（社会科学版）1996 年第 2 期。

23. 董长芝：《论孔祥熙抗战前的财政金融改革》，《民国档案》1992 年第 4 期。

24. 董长芝：《宋子文、孔祥熙与国民政府的税制改革》，《民国档案》1999 年第 3 期。

25. 董振平：《1927—1937 年南京国民政府关税的整理与改革述论》，《齐鲁学刊》1999 年第 4 期。

26. 董振平：《南京国民政府关税自主的背景分析》，《齐鲁学刊》2002 年第 1 期。

27. 董振平：《试论 1927 年—1937 年南京国民政府对关税、盐税和统税的整理与改革》，杭州大学硕士学位论文。

28. 杜位育著，钟兆璐教授指导：《今后之中国关税问题》，民国时期国立武汉大学法学院经济系毕业论文，1943 年。

29. 杜恂诚：《民国时期的中央与地方财政划分》，《中国社会科学》1998 年第 3 期。

30. 樊卫国：《论 1929—1934 年中国关税改革对民族经济的影响》，《上海社会科学院学术季刊》2000 年第 2 期。

31. 冯家禄著，温嗣芳教授指导：《论保护关税》，国立武汉大学法学院经济系毕业论文，1945 年。

32. 冯治：《抗战时期国民政府对外贸易管制述评》，《近代史研究》1988 年第 6 期。

33. 傅志明：《抗战时期国民党政府统制经济刍议》，《四川师范大学学报》1988 年第 4 期。

34. 郭崇武：《清代海关关务与中央政府财政关系之研究——太平军时期——道光三十年（一八五〇年）至同治三年（一八六四）》，台北文化大学史学研究所硕士论文，1980 年。

35. 郭贵儒：《华北事变前后的华北走私述评》，《河北师院学报》1984 年第 1 期。

36. 郭绍宗：《现行缉私制度问题商榷》，《新中华》复刊第 1 卷第 12 期，中华书局 1943 年版。

37. 侯继明：《一九三七至一九四五年中国的经济发展与政府财政》，载薛光前编著《八年对日抗战中之国民政府》，台湾商务印书馆 1978 年版。

38. 黄岭峻：《"统制经济"思潮述论》，《江汉论坛》2002 年第 11 期。

39. 黄岭峻：《30—40 年代中国思想界的计划经济思潮》，《近代史研究》2000 年第 2 期。

40. 简笙簧：《抗战中期的走私问题》（1939—1941 年），载中国历史学会编《史学集刊》第 11 期，另载中华文化复兴运动推行委员会主编《中国近代现代史论集》第二十编对日抗战（下），台湾商务印书馆 1986 年版。

41. 江南良著，钟兆璿教授指导：《我国今后关税政策之检讨》，民国时期国立武汉大学法学院经济系毕业论文，1940 年。

42. 金柱著，刘秉麟教授指导：《中国关税税率问题》，民国时期国立武汉大学法学院经济系毕业论文，1946 年。

43. 康之国：《试述海关外籍税务司对近代中国革命的破坏活动》，《河南教育学院学报》（哲学社会科学版）1993 年第 1 期。

44. 孔祥熙：《十年来的中国金融与财政》，载中国文化建设协会编《十年来的中国》，商务印书馆 1937 年版。

45. 雷国珍：《论抗战初期湖南的经济抗战》，《湖湘论坛》1995 年第 3 期。

46. 李恩涵：《日本在华南的贩毒活动，1937—1945》，台北《中研院近史所集刊》1999 年第 31 期。

47. 李福德、赵伯蒂：《从历代缉私看川盐缉私》，《盐业史研究》1995 年第 2 期。

48. 李桂林：《日本帝国主义在我国华北冀东秦皇岛地区进行大规模走私述略》，《海关研究》1987 年第 2 期。

49. 李良玉：《论民国时期的关税自主》，《南京大学学报》1986 年第 3 期。

50. 李秀领：《列强在华协定关税特权的废除》，《江海学刊》1997 年第 4 期。

51. 连心豪：《近代潮汕地区的走私问题》，《中国社会经济史研究》1996 年第 1 期。

52. 连心豪：《抗日战争时期海关缉私工作的破坏》，《中国经济史研究》1991 年第 2 期。

53. 连心豪：《南京国民政府建立初期海关缉私工作的整顿与加强》，《厦门大学学报》（哲学社会科学版）1989 年第 3 期。

54. 连心豪：《南京国民政府建立初期海关缉私工作述评》，《中国社会经济史研究》1989 年第 4 期。

55. 连心豪：《三十年代台湾海峡海上走私与海关缉私》，《中国社会经济史研究》1997 年第 3 期。

56. 连心豪硕士论文：《南京国民政府统治时期海关缉私工作的演变》，厦门大学，1988 年 6 月。

57. 林兰芳：《资源委员会的特种矿产统制与各地之反应》，《国史馆复刊》1989 年第 7 期。

58. 林美莉：《抗战后期国民政府对沦陷区的物资抢购》，《第三届国际汉学会议论文集军事组织与战争》，台北"中央"研究院近代史研究所，2002 年 10 月，第 275—310 页。

59. 林美莉：《日汪政权的米粮统制与粮政机关的变迁》，《中央研究院近代史研究所集刊》2002 年第 37 期，第 145—186 页。

60. 林美莉：《抗战时期的走私活动与走私市镇》，台北"纪念七七抗战六十周年学术研讨会"论文，1997 年 7 月。

61. 林美莉：《抗战时期国民政府对走私贸易的应对措施》，载台北《史原》1991 年第 18 期。

62. 蔺学熙：《抗日战争时期的"战时消费税"》，载四川财政学会等编《税收史话》，中国财政经济出版社 1987 年版，第 200—202 页。

63. 刘冰：《国民党政府抗战建国纲领财政金融实施方案》，《民国档案》1987 年第 1 期。

64. 刘冰：《抗战期间国民政府的赋税政策》，赵铭忠、陈兴唐主编：《民国史与民国档案论文集》，档案出版社 1991 年版。

65. 刘殿君：《评抗战时期国民政府经济统制》，《南开经济研究》1996 年第 3 期。

66. 刘克俭著，陶因教授指导：《保护关税的研究》，民国时期国立武汉大学毕业论文，1944 年夏季。

67. 刘万铮：《抗战时期日本帝国主义对中国经济金融的掠夺——二战结束日本投降五十周年的回顾》，《银行与经济》1995 年第 11 期。

68. 刘熙明：《抗战时期关内伪军的财源》，载中央研究院近代史研究所社会经济史组编《财政与近代历史论文集》，台北"中央研究院"近代史研究所，1999 年 6 月。

69. 陆大钺：《抗战时期国统区的粮食问题及国民党政府的战时粮食政策》，《民国档案》1989 年第 4 期。

70. 马春光著，陶因教授指导：《论战后我国关税之商榷》，国立武汉大学毕业论文，1944 年。

71. 马陵合：《民国时期的关金问题》，《江苏文史研究》2002 年第 2 期。

72. 马鸣瑶著，温嗣芳教授指导：《关税与物价》，民国时期国立武汉大学法学院经济系毕业论文，1945 年。

73. 潘益民：《国民政府在大陆执政时期警察组织制度考略》，《民国档案》1995 年第 4 期。

74. 钱端升：《今日的财政及经济》，载《今日评论》第 3 卷，1940 年第 18 期。

75. 邱松庆：《简评南京国民政府的关税自主政策》，《党史研究与教学》1997 年第 6 期。

76. 邱松庆：《南京国民政府初建时期财经政策述评》，《中国社会经济史研究》1996 年第 4 期。

77. 商永胜：《津海关区长城各口分卡的设立经过及其结局》，《海关研究》1988 年第 4 期。

78. 石汝广硕士论文：《九龙关缉私研究（1929—1937 年 8 月）》，中山大学，2002 年 5 月。

79. 史寿民著，钟兆璋教授指导：《关税制度与商约论》，民国时期国立武汉大学法学院经济系毕业论文，1941年。

80. 宋同福：《战时关税》（上），载《经济汇报》第9卷，1944年第3期。

81. 宋同福：《战时关税》（下），载《经济汇报》第9卷，1944年第4期。

82. 孙克荣：《三十年代北方的走私贸易》，《国际贸易》1982年第5期。

83. 孙若怡：《"关税特别会议"中有关附加税及税率问题之讨论》，《民国档案》2005年第4期。

84. 孙修福：《日本侵华期间海关损失初探》，《海关研究》1996年第2期。

85. 汤象龙：《光绪三十年粤海关的改革》，载《中国近代经济史研究集刊》1935年第3卷第1期。

86. 汤象龙：《民国以前的赔款是如何偿付的》，载《中国近代经济史研究集刊》1934年第2卷第2期。

87. 汤象龙：《民国以前关税担保之外债》，载《中国近代经济史研究集刊》1935年第3卷第1期。

88. 唐凌：《抗战时期的特矿走私》，《近代史研究》1995年第3期。

89. 唐凌：《协定关税——一条束缚中国的巨大绳索》，《广西师范大学学报》（哲学社会科学版）1992年第3期。

90. 佟静：《论南京政府关税自主政策的实施及意义》，《辽宁师范大学学报》（社会科学版）1999年第6期。

91. 王桦、米博华：《走私与反走私聚焦》，《人民日报》1998年8月9日。

92. 王建朗：《日本与国民政府的"革命外交"：对关税自主交涉的考察》，《历史研究》2002年第4期。

93. 王立诚：《英国与近代中外贸易"法治"的建立》，《历史研究》2001年第2期。

94. 王屏藩著，温嗣芳教授指导：《论我国战后关税政策》，国立武汉大学法学院经济系毕业论文，1945年。

95. 王蓉霞：《1925年关税特别会议前英国对中国关税问题政策的确立》，《北京科技大学学报》（社会科学版）2002年第3期。

96. 王蓉霞：《试论英国和日本在1925—1926年间中国关税特别会议

上的政策分歧》，《北京档案史料》2003 年第 4 辑。

97. 王瑞成：《战时后方经济的若干关系》，《西南师范大学学报》（人文社科版）2000 年第 3 期。

98. 王同起：《抗战初期国民政府经济体制与政策的调整》，《历史教学》1998 年第 9 期。

99. 王卫星：《国防设计委员会活动评述》，《学海》1994 年第 5 期。

100. 王珍富：《北洋政府时期的关税自主运动——以关税特别会议为中心的研究》，四川师范大学硕士论文，2003 年。

101. 王珍富：《关税特别会议的议事范围及其突破》，《四川师范大学学报》（社会科学版）2003 年第 4 期。

102. 卫东峰、石根庆：《安格联与中国近代海关》，《海关研究》1989 年第 2 期。

103. 魏文享：《商人团体与抗战时期国统区的经济统制》，《中国经济史研究》2006 年第 1 期。

104. 夏良才：《海关与中国近代化的关系——论中国海关驻伦敦办事处》，《历史研究》1991 年第 2 期。

105. 夏兆营：《论抗战时期的西南运输总处》，《抗日战争研究》2003 年第 3 期。

106. 徐志：《民国时期的税务警察》，《涉外税务》2002 年第 6 期。

107. 许涤新、吴承明主编：《中国资本主义发展史·新民主主义革命时期的中国资本主义》，人民出版社 1993 年版。

108. 薛鹏志：《中国近代保税关栈的起源和设立》，《近代史研究》1991 年第 3 期。

109. 杨赞珠著，刘秉麟教授指导：《关税政策之研讨》，民国时期国立武汉大学经济系毕业论文，1947 年。

110. 姚洪卓：《七七事变前夕华北地区的海关缉私》，《海关研究》1988 年第 2 期。

111. 姚贤镐：《两次鸦片战争后西方侵略势力对中国关税自主权的破坏》，《中国社会科学》1981 年第 5 期。

112. 姚贤镐：《一九三四至三七年日本对华北的走私政策》，载《社会科学杂志》第 10 卷，1948 年第 1 期。

113. 尹倩：《近年来抗战时期国统区经济研究综述》，《学术探索》2004 年第 9 期。

114. 虞宝棠：《国民政府战时统制经济政策论析》，《史林》1995 年第 2 期。

115. 虞和平：《1895—1936 年间中国关税制度与外贸状况的变化》，载戴一峰主编《中国海关与中国近代社会：陈诗启教授九秩华诞祝寿文集》，厦门大学出版社 2005 年版。

116. 袁伟时：《强国梦与宪政之路——蒋介石在 1943 年》，《炎黄春秋》2003 年 7 月号。

117. 张大春：《走私罪研究》，吉林大学博士论文，2003 年。

118. 张景岩：《"九·一八"—"七·七"期间日本帝国主义在华北的走私活动》，《海关研究》1987 年第 3 期。

119. 张谦：《试析我国的走私问题》，《国际经贸问题》1996 年第 7 期。

120. 张生：《1927—1937 年南京国民政府关税政策与实践述评》，载《江苏社会科学》1998 年第 2 期。

121. 张胜勋：《由首三任海关总税务司的施政风格论近代中国海关的精神（约 1850—1927）》，台北暨南国际大学历史学研究所硕士学位论文，1990 年。

122. 张宪文：《民国史研究述评》，《历史研究》1995 年第 2 期。

123. 张宪文：《民国史研究中的几个问题》，《人民日报》2000 年 11 月 2 日。

124. 张湘豫、杜志华：《简述近代中国海关税率的四次修订》，《河南商业高等专科学校学报》2000 年第 4 期。

125. 张徐乐：《南京国民政府时期修订海关进口税则的再评价》，《历史教学问题》2003 年第 2 期。

126. 张燕萍：《抗战时期资源委员会特矿统制述评》，《江苏社会科学》2004 年第 3 期。

127. 张兆茹、张怡梅：《抗战时期国民政府的财金政策研究》，《河北师范大学学报》（社会科学版）1996 年第 3 期。

128. 章宏伟：《海关造册处初步研究》，2003 年发表于《明清论丛》第四辑，《中国社会科学文摘》2004 年第 1 期摘登。

129. 章有义：《海关报告中的近代中国农业生产力状况》，《中国农史》1991 年第 2 期。

130. 赵叔文：《原九龙关华南缉私舰队的基本情况》，《海关研究》1987 年第 4 期。

131. 赵淑敏：《"税专"与中国海关的人事制度》，《历史研究》1989

年第 2 期。

132. 赵新安：《税收弹性与税收增长——1927—1936 年中国税收增长的相关分析》，《南开经济研究》2000 年第 2 期。

133. 赵兴胜：《传统经验与现代理想——南京国民政府时期的国营工业研究》，齐鲁书社 2004 年版。

134. 甄鸣：《关税—走私联动说质疑——从走私涨消规律看转变海关工作方针的必要性》，《现代法学》1999 年第 5 期。

135. 甄鸣：《近代中国海关警史探微——关于缉私警察制度的历史启示》，《现代法学》1999 年第 1 期。

136. 郑会欣：《〈中美白银协定〉述评》，载中美关系史丛书编辑委员会编《中美关系史论文集》，重庆出版社 1988 年版。

137. 郑会欣：《步向全面侵华战争前的准备——论九一八事变后日本对中国财政的破坏》，《抗日战争研究》2002 年第 3 期。

138. 郑会欣：《抗战初期杨格提出关于中国财政金融的建议》，《民国档案》1985 年第 2 期。

139. 郑会欣：《统制经济与国营贸易——太平洋战争爆发后复兴商业公司的经营活动》，《近代史研究》2006 年第 2 期。

140. 郑友揆：《我国海关贸易统计编制方法及其内容沿革考》，载《社会科学杂志》1934 年第 5 卷第 3 期。

141. 中国人民银行总行参事室编：《中华民国货币史资料》，上海人民出版社 1992 年版。

142. 钟昌元：《中国关税财政收入作用探析》，《世界经济情况》2005 年第 18 期。

143. 钟春翔：《抗战初期抢运沿海存盐述论》，《抗日战争研究》1996 年第 3 期。

144. 仲华：《试论抗战时期国民党军队的腐败问题》，《军事历史研究》2003 年第 4 期。

145. 周岚：《抗战期间国民政府赋税政策述略》，《民国档案》1991 年第 1 期。

146. 朱宝琴：《论南京国民政府的工业政策（1927—1937 年）》，《南京大学学报》（哲学人文社科版）2000 年第 1 期。

147. 朱建忠：《梅乐和与旧中国海关》，《中国海关》1990 年第 2 期。

148. 朱荣基：《广东旧海关档案史料价值初探》，《档案学通讯》1981 年第 1 期。

149. 朱秀琴：《浅谈抗战期间国民党政府的经济统制》，《南开学报》1985 年第 5 期。

150. 朱玉湘：《抗日战争与中国经济》，《文史哲》1995 年第 5 期。

151. 邹琳：《十年来中国之国外贸易》，载《经济汇报》第 8 卷，1943 年第 9、10 期合刊。

152. 孙宝根、单淮：《抗日根据地缉私述论》，《理论学刊》2005 年第 3 期。

153. 孙宝根：《抗日战争中的经济游击队》，《华东船舶工业学院学报》（社会科学版）2004 年第 2 期。

154. 孙宝根：《抗战时期国民政府缉私署述论》，《学术界》2006 年第 6 期。

155. 孙宝根：《抗战时期国民政府缉私制度》，《苏州大学学报》（社会科学版）2004 年第 2 期。

156. 孙宝根：《抗战时期国民政府经济游击队述论》，《民国档案》2004 年第 2 期。

157. 孙宝根：《抗战时期陕甘宁边区缉私述论》，《延安大学学报》（社会科学版）2005 年第 6 期。

158. 孙宝根：《论近代中国海关缉私制度的确立》，《广西民族学院学报》（社会科学版）2004 年第 2 期。

159. 孙宝根：《晚清海关缉私述论》，《苏州科技学院学报》（社会科学版）2004 年第 2 期。

160. 孙宝根：《评〈海关缉私条例〉的历史地位》，《求索》2007 年第 2 期。

161. 孙宝根：《抗战时期国民政府战区货运稽查处述论》，《中州学刊》2007 年第 3 期。

162. 孙宝根：《抗战时期国民政府货运管理局述论》，《社会科学战线》2007 年第 3 期。

六　民国报刊

1.《关声》2.《时代批评》3.《时事月报》4.《中行月刊》5.《东方杂志》6.《申报》7.《财政评论》8.《金融知识》9.《拒毒月刊》10.《经济周报》11.《国闻周报》12.《申报每周增刊》13.《资源委员会季刊》14.《华商报》15.《永生周刊》16.《银行周报》17.《禁烟委员会公报》18.《观察》19.《经济情报》20.《中央日报》21.《训练月

刊》22.《时事评论周刊》23.《大公报》24.《民国日报》25.《经济汇报》26.《国讯旬刊》27.《今日评论》28.《全民抗战》29.《中国农村》30.《战时经济》31.《新经济》32.《新政治》33.《新建设》34.《四川经济季刊》35.《经济季刊》36.《经济情报丛刊》37.《经世战时特刊》38.《力行》39.《群众》40.《人事管理汇报》41.《日用经济月刊》42.《上海物价年刊》43.《史政季刊》44.《时事月报》45.《西南实业通讯》46.《战时中学生》47.《政治经济学报》48.《中国经济评论》。

后　记

　　2001年9月，我师从苏州大学社会学院王国平先生，三年后，顺利完成博士学位论文《抗战时期国民政府缉私研究（1931—1945）》的答辩，以博士论文为基础，2006年由中国档案出版社出版同名书稿。2004年9月，我有幸进入南京大学中华民国史研究中心博士后流动站工作，师从陈谦平先生，并得到了崔之清先生、张宪文先生等中华民国史专家们的精心指导。在站期间，本人时刻铭记"板凳须坐十年冷，文章不写半句空"的研训，踏踏实实地做研究，大部分时间是在中国第二历史档案馆、南京图书馆特藏部、上海图书馆古籍部、南京大学图书馆期刊室、南京大学历史系资料室、南京大学博士后公寓勤奋刻苦地学习。

　　经过不懈努力，2007年3月，完成《抗战时期国民政府关税政策及其实施（1937—1945）》博士后研究课题。报告的完成要特别感谢恩师陈谦平先生，先生虽十分繁忙，却依然花费大量的心血对我进行悉心指导和无微不至的关怀。先生的培育之恩，我将铭记在心，终生不忘。又经过一年多的修改润色，本课题经过资格审查、匿名通讯评审、会议评审三个环节，2008年11月获得国家社科基金后期资助，为本项目的研究又增添了活力。又经过四年多的修改，终于在2013年1月结项。

　　本书稿能够顺利完成，还得益于社会各界方方面面的帮助和关心。特别是南京大学中华民国史研究中心张生教授、申晓云教授、李良玉教授、马俊亚教授、姜良芹教授、李玉教授等，南京大学人事处胡民众老师，苏州科技学院的姚海教授、朱小田教授、袁成亮教授，江苏大学马克思主义学院董德福教授、李传良副教授，湘潭大学王继平教授、章育良教授、郭汉民教授、罗玉明教授、唐正芒教授，厦门大学陈诗启教授、连心豪教授、戴一峰教授、薛鹏志研究员，上海海关詹庆华研究员，原中国海关管理干部学院甄鸣教授，中国第二历史档案馆利用部张开森主任、编研部郭必强主任，南京医科大学医政学院孟国祥教授，中国人民解放军防空兵指挥学院马凤实教授，天津海关黄臻处长，汕头海关学会廖振华、王宏强，泰安海关赵淼，广州中山大学历史系李爱丽博士，苏州大学社会学院王卫平教授、池子华教授、金卫星教授、朱从兵教授、单强教授，中国社会科学出版社社长赵剑英先生、编审郭沂纹女士等，他们都给了我很大的帮助，在此表示感激之情。

还有一些部门和单位在资料方面也给了我大力的支持，如中国第二历史档案馆、上海图书馆、南京图书馆特藏部、天津市档案馆、海关总署档案馆、广东省档案馆、福州海关、厦门海关、厦门大学中国海关史研究中心、南京大学历史系资料室、南京大学图书馆、中国海关学会等，在此一并表示感谢。

感谢教育部高校人文社会科学重点研究基地湘潭大学毛泽东思想研究中心的资助。

书稿的完成，也应感谢贤妻蝶平，她不仅完全承担繁重的家务，且不辞辛劳地帮我输入了大量原始资料，在此表示深深的钦佩和谢意。